Elogios à dra. Sue Morter e ao seu livro *Os Sete Códigos da Energia*

"*Os Sete Códigos da Energia* oferecem percepções profundas e técnicas poderosas, bem como práticas que fundem brilhantemente os mundos, sempre mesclados, da ciência e da espiritualidade para ajudar a revelar a verdade do ser e as profundezas da grandeza humana. Neste livro fenomenal, cuja leitura recomendo vigorosamente, a dra. Sue Morter ajuda a orientar o leitor a viver de forma mais plena e a expressar seu verdadeiro potencial."

– Jack Canfield, coautor da série *Canja de Galinha para a Alma®* e *Os Princípios do Sucesso™*

"Acabei de encontrar um livro que torna *práticas* e *funcionais* as percepções metafísicas e a sabedoria mística da mais alta literatura espiritual dos últimos cinquenta anos. *Os Sete Códigos da Energia*, da dra. Sue Morter, oferecem explicações surpreendentemente simples, mas maravilhosamente magistrais, que transformam todas as informações sobre 'O Que É Verdade' em uma única revelação de 'Como Fazer' que pode mudar vidas praticamente da noite para o dia. Conhecimento espiritual é uma coisa, ferramentas espirituais são outra. Para quem estiver pronto e disposto a construir uma nova vida, *aqui estão as ferramentas*. Escrita poderosa, incisiva e extraordinária."

– Neale Donald Walsch, autor de *Como Conversar com Deus*, *best-seller* do *New York Times*

"Neste livro maravilhosamente poderoso, a dra. Sue Morter faz a ponte entre os domínios da ciência, da espiritualidade e da verdadeira transformação pessoal. Seus anos de pesquisa, de investigação e de prática mudarão o leitor e sua vida para sempre. Aplicando essas ferramentas práticas e efetivamente comprovadas, podemos curar a mente, o corpo e a realidade. Adorei a leitura!"

– Dr. Joe Dispenza, autor de *Você É o Placebo: O Poder de Curar a Si Mesmo*, *best-seller* do *New York Times*

"Simplesmente, a dra. Sue Morter é pra valer. Suas percepções autênticas, sua integração e incorporação da verdade sagrada fica evidente quando a ouvimos lecionar e temos o privilégio de ser um de seus clientes. Neste livro, ela integra com maestria a espiritualidade e a ciência de uma maneira que muda vidas. Sue instila seus anos de pesquisa e experiência nesta poderosa contribuição literária que, como nenhuma outra, ajudará o leitor em sua transformação. Você tem em mãos uma chave poderosa para a verdadeira transformação. Use-a."

– Michael Bernard Beckwith, fundador do Agape International Spiritual Center e autor de *Spiritual Liberation* e *Life Visioning*

"De vez em quando, surge um livro com tamanha verdade, clareza e genialidade que consegue transformar poderosamente sua vida. *Os Sete Códigos da Energia* é um desses livros. É um manual de instruções para compreender quem realmente somos e para criar felicidade duradoura, saúde excepcional e uma vida milagrosa."

– Marci Shimoff, autora de *Os Sete Passos para Ficar de Bem com a Vida* e *Histórias para Aquecer o Coração das Mulheres*, *best-sellers* do *New York Times*

"Brilhante e acessível, *Os Sete Códigos da Energia* é uma obra repleta de práticas e princípios poderosos, profundos, intensos e transformadores, que são, ao mesmo tempo, descomplicados e relevantes. A dra. Sue Morter é uma visionária iluminada e extraordinária, preenchendo a lacuna entre o céu e a terra, e convidando-nos plenamente para assumirmos a condição de criadores. Recomendo enfaticamente este livro!"

– Anita Moorjani, autor de *Morri para Renascer*, *best-seller* do *New York Times*

"A dra. Sue Morter, uma das profissionais de saúde mais instigantes e originais da atualidade, adota uma visão autenticamente holística da saúde, concentrando-se nos sistemas de energia dinâmicos e interconectados do corpo, examinando inclusive o papel do propósito da alma e o poder de certos movimentos-chave para mudar radicalmente a energia. Tome uma dose diária dos sete princípios presentes em *Os Sete Códigos da Energia* e desfrute de uma receita poderosa para viver em radiante bem-estar e harmonia."

– Lynne McTaggart, autora de *best-sellers* internacionalmente reconhecidos, como *O Campo*, *O Experimento da Intenção* e *The Power of Eight*

"Em meio ao crescente movimento de transição que ocorre na saúde e na consciência humana, *Os Sete Códigos da Energia* da dra. Sue Morter estabelecem um novo terreno com uma abordagem multidisciplinar para a cura. Combinando as artes do movimento do yoga com um trabalho energizante de respiração, crença profunda e meditações que expandem o coração, ela leva os leitores à maior das experiências de cura: a elevação da mente a uma descoberta intensificada do verdadeiro eu e sua missão."

– James Redfield, autor de *A Profecia Celestina*, *best-seller* do *New York Times*

"Este livro mostra por que abraçar com paixão sua natureza energética – seu Eu Unificado com a Alma – é a coisa mais importante que podemos fazer. Uma leitura obrigatória!"

– Janet Bray Attwood, autora de *Teste da Paixão*, *best-seller* do *New York Times*

"[Um] valioso programa de exercícios de sete 'códigos' que capacita o leitor a expressar plenamente sua magia criativa na manifestação da vida. O livro da dra. Morter é praticamente um mapa do tesouro científico que nos permite encontrar saúde, felicidade e amor no fim do arco-íris."

– Bruce H. Lipton, Ph.D., biólogo celular e autor dos *best-sellers A Biologia da Crença*, *Evolução Espontânea* e *Efeito Lua de Mel*

OS SETE CÓDIGOS DA ENERGIA

DRA. SUE MORTER
Mestre em Medicina Bioenergética

OS SETE CÓDIGOS DA ENERGIA

Um Sistema Completo para
Curar a Mente e o Corpo,
Mudar a Realidade e Viver Melhor

Tradução
Mayra Teruya Eichemberg
Newton Roberval Eichemberg

Editora
Pensamento
SÃO PAULO

Título do original: *The Energy Codes*.

Publicado mediante acordo com Atria Books, uma divisão da Simon & Schuster, Inc.

1ª edição 2025.

Editor: Adilson Silva Ramachandra

Gerente editorial: Roseli de S. Ferraz

Gerente de produção editorial: Indiara Faria Kayo

Preparação de originais: Carolina Itimura de Camargo

Editoração eletrônica: Cauê Veroneze Rosa

Revisão: Vivian Miwa Matsushita

Dados Internacionais de Catalogação na Publicação (CIP)
(Câmara Brasileira do Livro, SP, Brasil)

Morter, Sue

Os sete códigos da energia : um sistema completo para curar a mente e o corpo, mudar a realidade e viver melhor / Dra. Sue Morter ; tradução Mayra Teruya Eichemberg, Newton Roberval Eichemberg ; prefácio de Jill Bolte Taylor. -- 1. ed. -- São Paulo : Editora Pensamento, 2025.

Título original: The energy codes

Bibliografia.

ISBN 978-85-315-2428-8

1. Medicina alternativa 2. Medicina energética I. Taylor, Jill Bolte. II. Título. 4. Psicologia junguiana I. Título.

25-263457 CDD-615.85

Índices para catálogo sistemático:

1. Medicina alternativa 615.85

Cibele Maria Dias - Bibliotecária - CRB-8/9427

Direitos de tradução para o Brasil adquiridos com exclusividade pela EDITORA PENSAMENTO-CULTRIX LTDA., que se reserva a propriedade literária desta tradução.

Rua Dr. Mário Vicente, 368 – 04270-000 – São Paulo – SP – Fone: (11) 2066-9000

http://www.editorapensamento.com.br

E-mail: atendimento@editorapensamento.com.br

Foi feito o depósito legal.

Isenção de Responsabilidade Médica

Esta publicação contém as opiniões e ideias de sua autora. Ela pretende fornecer ao leitor um material útil e informativo sobre os assuntos que aborda. É vendida com o entendimento de que o autor e a editora não prestam assistência médica, de saúde ou qualquer outro tipo de serviços profissionais pessoais descritos no livro. O leitor deve consultar seu médico, profissional de saúde ou outro profissional competente antes de adotar qualquer uma das sugestões apresentadas neste livro ou de extrair inferências a partir dele.

A autora e a editora se isentam, especificamente, de toda responsabilidade por qualquer dano, perda ou risco, pessoal ou não, incorrido como consequência, direta ou indireta, do uso e aplicação de qualquer um dos conteúdos deste livro.

Alguns nomes e características de identificação foram alterados.

À minha mãe e meu pai,
Marjorie Ruth Kibler Morter e dr. M. T. Morter Jr.
Agradeço-lhes do fundo de minha Alma.
E que possamos manter o sonho vivo...

Sumário

Prefácio

De tempos em tempos, esbarro com outro viajante da vida cujas experiências e crenças refletem minhas próprias experiências e crenças de forma tão ruidosa que eu literalmente começo a pular e cantar. Meu primeiro encontro com a dra. Sue não apenas me fez cantar, mas também dançar com vigor uma dancinha de alegria. É realmente um prazer olhar nos olhos de outra pessoa que enxerga a vida, e o nosso relacionamento com o cérebro, de maneira semelhante.

Em 2008, meu TED Talk "My Stroke of *Insight*" ("A Poderosa Revelação pelo Derrame") tornou-se o primeiro TED Talk a viralizar na internet. Essa palestra tocou milhões de pessoas no mundo todo, não apenas porque eu era uma neurocientista em Harvard que vivenciou e se recuperou completamente de uma hemorragia cerebral grave, mas também por causa das lições que reunimos sobre a relação entre ciência e espiritualidade em um nível neurológico.

Como afirmou Louis Pasteur, "a sorte favorece a mente bem preparada", e assim como eu era a pessoa certa com o histórico e a educação certos para obter a máxima percepção sobre o cérebro com base em minha experiência com um derrame, a dra. Sue é exatamente a pessoa certa para acumular sabedoria a partir de suas experiências extraordinárias com medicina energética, meditação, iluminação e corporificação.

O pai da dra. Sue, o dr. M. T. Morter Jr., foi um médico quiroprata altamente respeitado, que explorou e definiu muitos dos princípios modernos subjacentes ao campo científico da bioenergética. Ele desenvolveu a técnica de Sincronização Bioenergética (BEST – BioEnergetic Synchronization Technique), que funciona estimulando as capacidades naturais de cura do corpo. Para ele, essa busca de treinamento bioenergético era cognitiva, clínica e intuitiva.

A dra. Sue cresceu imersa nessa discussão em desenvolvimento e, para ela, a bioenergética se tornou um modo de vida, um despertar e uma *consciência profunda*. Equipada com uma educação quiroprática tradicional, apoiada por dezenas de milhares de horas de prática clínica, a dra. Sue emergiu como uma verdadeira líder no campo em desenvolvimento da medicina quântica. Sei disso em primeira mão, pois ela me ajudou a reequilibrar meu próprio cérebro ferido para que eu pudesse completar minha recuperação. Depois de realizar sessões com a dra. Sue, senti como se tivesse voltado para casa pela primeira vez nos dezessete anos desde o derrame.

Felizmente, nossa sociedade exige que qualquer ciência em evolução seja questionada e devidamente testada pelo *status quo*. No entanto, embora a ciência tradicional exija a aplicação do método científico – que, pela própria definição, requer que os resultados sejam linearmente testados e replicados –, milagres inexplicáveis de cura estão acontecendo com frequência porque *o mundo ao nosso redor não obedece às leis da linearidade*.

É realmente emocionante existir em uma época na qual neurocientistas reconhecidos utilizam métodos inovadores para nos ajudar a compreender melhor a biologia subjacente ao sucesso das modalidades não lineares de cura.

Perto do fim do meu TED Talk, compartilhei que estava motivada a me recuperar daquele derrame devastador porque imaginava um mundo repleto de pessoas belas, pacíficas, piedosas e amorosas – pessoas que soubessem que tinham o poder de escolher, momento a momento, quem e como gostariam de ser no mundo. A dra. Sue é uma dessas pessoas, e sua missão da vida se tornou ajudar outras pessoas a incorporar essa mesma visão.

Na minha linguagem, a paz está apenas a um pensamento de distância. Ao escolhermos de maneira consciente colocar para funcionar o circuito todo do cérebro, temos o poder de experimentar uma profunda paz interior. No texto a seguir, a dra. Sue apresenta técnicas que treinarão o leitor para fazer exatamente isso – e por essa dádiva à humanidade, sou eternamente grata.

Aproveite a melhor jornada da sua vida!

Jill Bolte Taylor, Ph.D.

Introdução

Estava sentada de olhos fechados em um salão de baile escurecido com centenas de colegas meditadores ao meu redor, quando, de repente, fiquei leve, suspensa bem acima da Terra, envolta em um brilho tão intenso que me fez sentir como se estivesse em chamas irradiando luz. Podia sentir minha vastidão absoluta. Podia ver em 360° – em todas as direções –, em uma luz tão brilhante que reluzia dez vezes mais do que o dia mais claro que já vira brilhar no deserto. Minha sensação de ter um corpo havia desaparecido; em vez disso, eu era um raio de luz cristalino. E, vendo a vastidão com os olhos da mente, sabia que, de fato, eu *era* isso. Eu era o próprio universo e tudo o que ele continha. O esplendor brilhante e abrangente que permeava o meu ser *era* eu. Podia ver a Terra abaixo de mim, do tamanho de uma bolinha de gude, e cada respiração que eu dava permitia que a luz se tornasse uma presença amorosa que fluía pelo meu sistema e para dentro da Terra. Eu era imensa e em unidade com toda a criação.

Sim, essa experiência abalou totalmente o meu mundo!

Desde o tempo em que era uma garotinha, ouvia meus pais conversando sobre energia à mesa de jantar: tudo é energia, e a energia é aquilo de que nós, seres humanos, somos realmente feitos. Meu pai foi um pioneiro em "medicina energética", um brilhante médico quiroprata com um conjunto de obras de renome internacional, uma lenda em seu campo. Quando era uma criança crescendo sob sua sombra, sempre queria estar perto dele e buscava sua aprovação continuamente. Na juventude, trabalhei ao seu lado em sua clínica de saúde e assisti aos seus seminários populares. Passei de observadora do trabalho do meu pai a uma parceira ativa, e depois que me tornei uma quiroprata licenciada, passei muitas horas e momentos significativos com ele. Compartilhávamos uma profunda devoção pela humanidade e um entusiasmo contínuo em relação às novas práticas energéticas que estávamos descobrindo para ajudar as pessoas que atendíamos.

Mas mesmo com toda a minha exposição ao conceito de energia, jamais havia conhecido essa infinita vastidão de energia. Depois dessa experiência pessoal, minha realidade mudou. O conceito de energia, de repente, adquiriu um significado muito mais profundo. Naquele instante, eu soube que *quem eu realmente era* era isto: essa energia pura e inteligente – ardente e viva. Pacífica. Eterna. Fora do tempo e do espaço. Eu era sábia e absoluta. Minha existência não exigia esforço algum. Não havia nada que me faltasse ou a que aspirasse; eu era total e absolutamente inteira e completa. Era um estado de perfeição sublime, que eu sabia ser o meu lar. Mais real do que qualquer realidade que já tivesse conhecido, era o único lugar onde sempre quis estar.

E que contraste cabal essa experiência representou em relação às minhas experiências de vida até então, que às vezes pareciam absolutamente tortuosas e, na melhor das hipóteses, uma escalada íngreme. Tudo exigia muito esforço. Todos os dias, em um nível profundo, eu me sentia como se estivesse sendo enviada ao campo de batalha em uma luta pela minha vida. Quando era criança, lidando com esses sentimentos, desenvolvi uma timidez debilitante, que a todo momento me fazia sentir apavorada e insegura. Durante dois verões, assisti a partidas de softbol de fora porque tinha medo de "fazer algo errado" no campo. Quando finalmente decidi rebater, fiz *home runs*. Com isso, entendi que deveria sempre observar e aprender o máximo que pudesse antes de entrar no jogo, caso contrário poderia falhar. No ensino fundamental e médio, me preveni com um desempenho acima do necessário, sempre fazendo as coisas "certas" como forma de me sentir segura e de obter a aprovação dos outros por ser uma "boa pessoa". Eu era líder de torcida, praticava esportes, tirava ótimas notas, ganhei prêmios de "melhor atriz" em concursos estaduais de teatro, e fui eleita a "mais popular" e "mais promissora". Mas apesar de todos os meus esforços, e até mesmo da considerável validação que recebi, meu medo de não ser boa o suficiente nunca diminuiu. Na verdade, na maior parte do tempo eu estava completamente apavorada.

Por volta dos meus 35 anos, tendo me tornado minha melhor versão de uma boa médica, cidadã e amiga, movida pelo perfeccionismo e pela abnegação excessiva, sentia-me exausta. Embora tivesse alcançado sucesso profissional e financeiro, faltava-me alegria, amor, realização e um verdadeiro senso de identidade. Também estava sofrendo fisicamente, em especial de enxaquecas quase diárias que me impossibilitavam de tirar a cabeça do travesseiro, que dirá de ir trabalhar. Com frequência cada vez maior, eu me perguntava: *Isso é realmente tudo o que existe?*

Então, certo dia, algo dentro de mim estalou. Embora Deus nunca tivesse feito parte da minha visão de mundo, agora eu estava desesperada o suficiente para me dispor a deixar de fazer as coisas da minha maneira e procurar ajuda. Naquela noite, fui até a varanda, olhei para o céu e quase exigi: "Me mostre, pois claramente não estou entendendo essa coisa de vida!".

Naquele exato momento de entrega, algo mudou. Me senti mais leve e, de imediato, minha vida começou a melhorar. Uma série de eventos fortuitos passaram a ocorrer: pessoas começaram a me convidar para retiros de meditação e a conversar comigo sobre a consciência e o estudo da iluminação, bem como a me oferecer livros e instruções a respeito de como me envolver na vida de uma maneira totalmente diferente da convencional. Conforme participava das aulas de meditação, sensações de despertar começaram imediatamente a mudar a minha perspectiva do que era real. Pouco tempo depois, eu estava naquele salão de baile tendo a experiência intensa e profunda que me tiraria para sempre do sofrimento e da dificuldade que tantas vezes minha vida havia se tornado até aquele ponto.

Suspeito que você também tenha tido seu quinhão de dificuldades e problemas que o levaram à beira da exaustão e que fazem com que você se identifique com essa parte da minha experiência. Talvez você tenha tido um coração partido ou não tenha encontrado um amor duradouro. Talvez tenha sofrido de uma doença ou dor física, uma dificuldade financeira ou estresse, uma decepção ou desilusão. Há muitas razões que podem nos levar a sofrer: por baixa autoestima, raiva, tristeza, ressentimento ou arrependimento; por incapacidade de abandonar o passado e viver no presente; por culpa, vergonha ou incapacidade de criar o que realmente mais amaríamos ter na vida; por ansiedade, depressão, perda ou abuso; ou pela perda do nosso verdadeiro senso de identidade.

A razão pela qual sei com certeza que você vivenciou alguns desses sentimentos e condições é porque todos nós já os vivenciamos. Eles *são* a condição humana... isto é, *até que não sejam*! A maravilhosa verdade é que, como espécie, estamos evoluindo para além disso. Coletivamente, estamos à beira de um avanço revolucionário e fundamental nos estudos da consciência humana. Viver com base nessa perspectiva do eu pequeno e inseguro, dominado pela dor, que conhecemos desde sempre, não é a única escolha possível. Outra opção está embutida em nós – na verdade, estamos programados para rodar outra perspectiva de vida, na qual somos equipados com uma plena consciência de nossa verdadeira grandeza.

Como podemos mudar sistematicamente para essa perspectiva muito mais gratificante é o que vou compartilhar em *Os Sete Códigos da Energia*. Vou mostrar que há uma versão mais feliz e bem-sucedida de si mesmo disponível a você aqui e agora: a experiência equivalente à versão de mim mesma que vivenciei naquele dia no salão de baile. A versão que sei, com cada pedacinho do meu ser, que é a verdadeira realidade de quem sou... e de quem você é, também. Isso porque não é apenas a minha verdade; é também a sua. É quem *todos nós* realmente somos.

A melhor parte é que, de tempos em tempos, não apenas podemos perceber essa realidade por meio de uma descoberta espontânea durante a meditação, mas também podemos, efetivamente, *viver essa realidade*, de maneira confiável e consistente, ao longo de cada momento, a cada respiração e a cada passo de nossa vida diária. Essa é a promessa do que chamo de Códigos de Energia. O que aprenderemos ao começar a usar os Códigos de Energia não é como atingir um estado exaltado ocasional. Por mais instigante que isso possa parecer, o poder dos Códigos de Energia é muito mais envolvente e abrangente do que isso. Não: ao realizarmos esse trabalho, estaremos fazendo a única mudança que transforma tudo em nosso mundo para melhor. Estaremos implementando a única solução que faz com que todos os problemas que já tivemos desapareçam.

Difícil de acreditar? Parece bom demais para ser verdade? Garanto que é real. Quando se vive a partir da perspectiva alcançada por meio dos Códigos de Energia, a vida se torna significativa e, mais do que isso, torna-se gratificante e satisfatória. Cada dia é alimentado por um poderoso sentido de propósito e paixão. A saúde melhora drasticamente: sintomas desaparecem; nos sentimos energizados, repletos de vida e vigor. Temos ferramentas simples e eficazes para lidar com qualquer dor ou doença que possa surgir. Sentimos clareza, positividade, empoderamento e uma profunda conexão com nós mesmos e com o restante da vida. Sentir amor-próprio e autoestima é o estado interior constante. Ao viver como todo o nosso eu, em vez de viver apenas como uma mente racional e condicionada, faz com que nossas escolhas sejam realizadas de acordo com a nossa profunda sabedoria interior, que é facilmente acessível a nós. Todo empenho é uma aventura emocionante em que somos a força criativa que predomina. Você é o criador da sua vida, manifestando de maneira consciente o que realmente amaria fazer. A vida é mágica, cheia de maravilhas, fascínio e confiança.

Sei que é assim porque vivo isso todos os dias, e ajudei milhares de pessoas a também aprender a vivê-lo. Comecei a vivenciar resultados intensos e profundos como esses imediatamente depois de minha exaltada experiência no salão de baile, um despertar da consciência, em 2001. De repente, era capaz de resolver problemas duradouros em minha vida.

Na verdade, nem reconhecia mais problemas como *problemas*. Conseguia facilmente compreender como qualquer desafio estava servindo à minha evolução e ao meu despertar – meu bem mais elevado. Minha vida se tornou mais feliz e mais saudável, superando de longe qualquer coisa que já havia conhecido antes. Tive curas espontâneas: minhas enxaquecas simplesmente desapareceram e, dentro de alguns meses, a dolorosa escoliose que eu tinha desde o nascimento começou a se corrigir – hoje ela desapareceu por completo. Nos anos seguintes, lesões como duas fraturas por compressão, uma em cada braço, e uma terrível torção do tornozelo foram corrigidas rapidamente e sem a necessidade de métodos de tratamento tradicionais com imobilização. Em vez de ser retida pelo perfeccionismo, comecei a fluir em colaboração com a vida, experimentando uma profunda sensação de bem-estar. Não sentia mais pressa. Confiava no *timing* em que as circunstâncias se desdobravam. Não sentia mais a necessidade de provar minha capacidade melhorando tudo com que entrava em contato; em vez disso, percebia a beleza perfeita que existia inerentemente dentro de tudo. A realização, e não o sucesso, era o meu objetivo; no entanto, o sucesso parecia acontecer naturalmente, como um subproduto.

Minha carteira de pacientes cresceu sem esforços para gerar novos negócios, e os desafios de casos difíceis foram resolvidos. As pessoas apresentavam curas e me recomendavam às suas famílias e amigos. Funcionários novos e incríveis chegavam à clínica sem que precisasse procurá-los. Também recebi um convite do gabinete do governador para preencher uma vaga no conselho de licenciamento (Conselho de Examinadores Quiropráticos de Indiana), bem como convites para ministrar palestras em conferências profissionais. A vida estava se expandindo em todos os níveis com graça e facilidade.

Fiquei tão empolgada com as mudanças positivas que queria poder voltar repetidas vezes à minha experiência exaltada. Mais que isso, queria aprender como *residir* lá. Descobrir como poderia fazer isso se tornou a minha missão: não apenas para mim, mas também para que outras pessoas também pudessem vivenciar a verdade de quem são e colher os benefícios extraordinários. Durante os anos seguintes, transformei minha vida em um laboratório vivo, fiz muitas descobertas e passei a compartilhá-las com outras pessoas. Em pouco tempo, todos os envolvidos começaram a obter resultados surpreendentes. Eu sabia que estava lidando com algo significativo. Algo imenso. Até mesmo revolucionário. Na verdade, para mim, foi a realização de todo o propósito da vida humana!

Desde o início dos nossos dias na terra, nós, seres humanos, temos procurado maneiras de nos envolver com a nossa natureza verdadeira e ilimitada como seres espirituais (a alma ou Eu Unificado com a Alma*) e de transcender a nossa identidade pequena, limitada, medrosa e crivada de dores (o ego ou Personalidade Protetora) na qual passamos grande parte da vida. Quando passei a trabalhar com outras pessoas (usando as versões mais antigas dos métodos que ensinarei neste livro), e elas começaram a encontrar suas próprias versões e interpretações da descoberta que eu havia alcançado, sabia que estava na rota para encontrar as chaves que destrancariam esse potencial em todos nós. As pessoas começaram me contar que suas meditações estavam progredindo para além de um simples relaxamento da mente e de uma centralização no âmago de um estado pacífico; estavam agora começando a experimentar realidades expandidas, "observando" com o olho interior e tendo acesso a uma sabedoria mais profunda do que aquela que conheciam anteriormente. Relatavam que não se sentiam mais tão inclinadas a se envolverem em discussões, mas, em vez disso, enxergavam novas soluções a partir de uma perspectiva mais elevada, as quais beneficiariam todos os envolvidos. Elas perceberam que era mais fácil amar, ter compaixão e perdoar. E, emocional e fisicamente, também começaram a se curar.

E embora eu tenha descoberto por acaso uma versão profunda e intensa de quem somos, e tivesse consciência de que geralmente isso só é alcançado por meditadores iogues devotos, eu sabia que *todos* nós fomos feitos para viver nesse lugar – que está lá para que *todos* o descubramos, se ao menos soubermos como.

---

* Em inglês: *Soulful Self*. Em seu uso mais significativo, *Soulful* indica uma condição comovente, como a alta carga emocional de uma canção ou filme, e *Self*, que significa "Eu", indica nessa expressão uma forma superior de eu, que se afasta do ego, do intelecto, e se aproxima da unidade supraindividual, da percepção não dualista. (N. do T.)

O Desenvolvimento dos Códigos de Energia

Felizmente, minha experiência exaltada deixou uma impressão indelével em minha mente e corpo. Quando voltei ao meu corpo no salão de baile naquele dia, ainda conseguia me lembrar em detalhes intrincados daquilo que havia sentido dentro de mim, e eu sabia que a maneira de retornar a esse sentimento era recriar suas características ali: em meu corpo e em minha consciência. A maneira específica de focalizar minha mente; uma respiração lenta e intencional; uma imensa sensação de estar centrada no meu âmago; uma disposição devocional; e uma presença íntima, terna, amorosa eram, todas elas, peças integrantes do quebra-cabeça. Repeti e examinei com atenção todas as nuances da minha experiência. Então, pratiquei a recriação dessas nuances e observei o que poderia se revelar à minha percepção enquanto o fazia.

Passava minhas noites em longas meditações, que às vezes se estendiam por todo o período noturno, e meus dias em consultas com meus pacientes e clientes, implementando o que eu havia aprendido na jornada interior da noite passada. Em cada experimento que fazia, tomava notas detalhadas sobre o que parecia levar meu corpo e minha mente até esse estado expandido, ou próximo a ele, até que pudesse recriá-lo à vontade.

Aos poucos, de oficina em oficina e de paciente em paciente, decodifiquei o que funcionava para mim e para outras pessoas que também quisessem explorar sua verdadeira natureza. E no processo, uma série de princípios e práticas capazes de transformar a vida emergiram. Mantendo apenas os mais eficazes e eficientes dos que funcionavam, codifiquei os passos que nos permitem viver como o Eu Unificado com a Alma. Como todos esses princípios e práticas tinham a ver com sentir, ancorar e intensificar a presença de nossa energia essencial dentro do corpo, dei a esses passos o nome de Códigos de Energia. Desde então, descobri, por meio da minha pesquisa, que tanto os textos antigos como a ciência moderna verificam o que descobri. Os Códigos são abrangentes e holísticos, e o melhor de tudo é que qualquer pessoa pode usá-los com facilidade.

Somos todos capazes de despertar para essa dimensão superior de nós mesmos – e de viver em conformidade com nosso verdadeiro potencial, desfrutando de um bem-estar ideal como a condição constante da vida. Na verdade, faz parte do propósito da vida fazer exatamente isso. *Conhecer*, *vivenciar*, e o mais importante, *viver* como nossa divindade – não isolados em silêncio meditativo, mas na vida cotidiana – é o Céu na Terra, que agora é nosso para tomarmos posse dele.

O conhecimento necessário está em suas mãos. Estes passos, os Códigos de Energia, são explicados claramente em termos simples nas páginas deste livro. Assim como eles mudaram minha vida e as vidas de milhares de outras pessoas, sei, com certeza, que eles também mudarão a sua.

Descobrindo a Própria Magnificência

Como veremos, o que eu quero compartilhar é mais sobre o que há de *certo* em nós – o que é bom e verdadeiro – do que sobre qualquer coisa que aprendi na escola a respeito de como diagnosticar problemas e consertá-los. Seja em patologia ou prevenção, nossa cultura tem se preocupado com o que há de errado e como consertá-lo. Minha mensagem é diferente. Tem a ver com a verdade de quem realmente somos, e do que somos feitos. Sim, ela mostrará como obter a cura – física, mental e emocional –, mas, ainda melhor, também mostrará como abraçar nossa própria magnificência e a verdade profunda segundo a qual realmente nunca houve, desde o início, nada de errado conosco. Quero que todos experimentem isso em um nível muito profundo e aprendam como expressá-lo e vivenciá-lo todos os dias.

Isso é muito mais importante do que qualquer realização em sua vida exterior, como ganhar um troféu ou prêmio, quebrar um recorde, adquirir mais coisas, perder peso ou pedir uma promoção – ou mesmo consegui-la! A simples e única conquista interior que importa mais do que qualquer outra coisa é esta: *despertar para a sua verdadeira natureza*. Parece incrível, talvez, mas esse empreendimento está na linha de frente de nossa consciência enquanto espécie. Está verdadeiramente em primeiro plano!

Isso também não é novo. É um elemento basilar para a Bíblia, o Alcorão, a Torá, os *Upanishads* e muitos textos antigos. Pessoas de todas as culturas se voltaram a essa linha de indagações por milhares de anos. Muitos de nós se interessam, em algum momento, por saber quem somos e por que estamos aqui.

O uso de energia como remédio também remonta aos primeiros registros históricos. Antigos hieróglifos egípcios descreviam o uso de energia para tonificar e curar o corpo físico. Os cristãos antigos usavam o método de "imposição das mãos" para criar curas milagrosas. Há mais de cinco mil anos, na Índia Antiga, os Vedas, a mais antiga anotação registrada sobre o potencial e o desenvolvimento humanos, descreveram o movimento da energia no corpo e o aumento de nossa frequência vibracional para facilitar a cura e despertar a consciência para domínios mais elevados. Essas práticas não eram "mágicas" imaginárias; pelo contrário, eram (e são) baseadas na verdade segundo a qual *somos seres de energia*!

Hoje, pesquisas científicas estão revelando o que antigos praticantes já sabiam havia muito tempo. A ciência está comprovando a existência do campo de energia humano; esse campo é tão real e tão sensível quanto nossa pele física – e afeta a realidade física de maneira dramática. Estamos descobrindo, por exemplo, que é por intermédio do nosso campo de energia que nosso próprio DNA recebe suas instruções de como agir. Vemos isso, por exemplo, nas descobertas do dr. Bruce Lipton, que, em seu trabalho na Escola de Medicina da Universidade de Stanford, revelou evidências de que mudanças nos organismos são causadas pela ativação dos genes a partir de um estímulo vindo da *superfície da parede celular*, e não do código genético no núcleo da célula, como em geral se acreditava. Isso nos mostra que mensagens vindas do ambiente de nossas células, inclusive de nossos pensamentos e estados emocionais, geram, na superfície da célula, um fluxo de energia de natureza particular, que determina o que a célula "fará". Essa descoberta resultou em uma contribuição significativa a um novo ramo da ciência chamado epigenética, que, basicamente, afirma que o ambiente é mais importante do que a herança genética no que tange à nossa experiência e expressão de saúde e bem–estar. Esse ambiente é gerado pela energia dos nossos pensamentos e ações individuais, que levam à produção e ao movimento de moléculas químicas que, por sua vez, levam à ativação do nosso DNA e da função celular global. Em outras palavras, por meio do que pensamos e fazemos, que afeta nossa energia, criamos nossas próprias possibilidades de cura!

Com esses novos avanços, a importância de restaurar e manter o fluxo de energia tornou-se mais clara do que nunca. Se quisermos reivindicar nosso verdadeiro potencial, precisamos construir os circuitos em nosso cérebro e corpo para podermos viver como seres de energia conscientes. Quando fazemos isso, podemos curar cada parte de nós mesmos e começar a criar com maestria uma experiência de vida de magnificência.

Não *preciso* que a ciência me diga que é assim; porém, tendo crescido em uma família na qual era importante saber se um entendimento tinha respaldo científico, a cientista condicionada em mim se deleita com cada peça de evidência científica que flui para validar minha experiência. Isso ajuda minha mente a alcançar o que meu coração, intuição e sabedoria mais profunda já sabem de maneira inata. Felizmente, a ciência está avançando de forma tão maravilhosa em sua tarefa de preencher a lacuna entre o mundo material visível e o mundo invisível da intuição, intenção e espiritualidade que cada um de nós tem a oportunidade de experimentar esse "conhecimento" antes de virmos a conhecê-lo efetivamente, e de confiar nele!

A questão que agora se coloca diante de nós é a seguinte: Quanto tempo levará para tornarmos essa investigação de nossa verdadeira natureza uma prioridade, e começarmos a respondê-la por nós mesmos? Quando realmente ficará claro o fato de que conhecer e viver a partir dessa verdadeira natureza é o que mais importa? A resposta é que geralmente leva o tempo até que a dor se torne tão insuportável que começamos a olhar à nossa volta e perguntar se a vida não tem mais a oferecer. Mas eu digo, por que não se interessar por viver a partir de seu eu mais verdadeiro agora e não mais tarde, de modo que possamos passar o restante da vida celebrando a maior conquista conhecida até hoje? Este livro guiará o leitor, passo a passo, ao longo do caminho para alcançar esse objetivo.

O Que Há Neste Livro

Na Parte 1, "Uma Nova Maneira de Ver: A Inversão Quântica", construiremos a fundação necessária para mudar com sucesso nosso modo de viver confinado pelo eu cuja base é o medo, para viver como o ser ilimitado, total e criativo que realmente somos. Essa seção estabelece o trabalho de base para que nos envolvamos com nós mesmos e com o mundo externo para que possamos acessar nosso potencial ilimitado e criar a vida que realmente queremos. Com a compreensão obtida na Parte 1, estaremos prontos para começar a realizar o trabalho que nos levará ao Eu Unificado com a Alma na Parte 2.

Na Parte 2, "Uma Nova Maneira de Ser: O Programa dos Códigos de Energia", aprenderemos os Sete Códigos de Energia que ligam a fiação ou os circuitos necessários dentro de nós, que nos permitirão viver como o Eu Unificado com a Alma. Os Códigos oferecem um sistema completo para curar desequilíbrios, despertando-nos à nossa própria e verdadeira magnificência e – o que é ainda mais importante – nos permitindo viver uma vida mágica. De uma maneira simples e direta, eles mostrarão como incorporar a verdade sobre quem somos e criar uma vida que realmente amaremos.

Seja esta sua primeira exploração com o uso de energia como remédio, seja você bem versado no assunto, os métodos revolucionários dos Códigos de Energia oferecem percepções e protocolos únicos que mudarão sua vida e a daqueles que você toca.

Na Parte 3, "Uma Nova Maneira de Viver: A Vida Corporificada", veremos como podemos integrar os Códigos de Energia na vida diária, e também como esse novo modo de vida amplificará, em última instância, nossa presença no mundo, e a contribuição que podemos oferecer ao mundo.

Embora este livro seja uma poderosa ferramenta de transformação que extrai elementos das ciências da física quântica, da neurobiologia e da cura energética, trabalhei arduamente para torná-lo acessível a fim de que os leitores possam *usá-lo*. Com base nos resultados que observei, as pessoas poderiam ser versões totalmente novas de si mesmas – mais saudáveis, mais felizes, mais empoderadas – em apenas alguns meses, ou mesmo semanas. Mas apenas se aplicarem o que aprenderem! O tempo passará, independentemente do que fizermos. Por isso, convido-os a abraçar realmente esse trabalho – e prometo que se sentirão gratos a si mesmos por isso.

Prontos para começar? Ótimo, vamos lá!

Parte I

Uma Nova Maneira de Ver: A Inversão Quântica

Capítulo 1

Projeto Despertar: Mudando da Dor à Felicidade

"Tudo é energia... incluindo este púlpito", costumo dizer em minhas palestras, e então bato minha caneta na superfície de madeira ao meu lado. Com o som de clique que ressoa quando os dois objetos sólidos se conectam, percebo algo estalando na mente da audiência.

A percepção mais importante e esclarecedora (e, para muitos dos participantes, surpreendente) oferecida nessas sessões é o fato de que, sob a forma tangível e física do corpo, nós, seres humanos, somos energia pura, inteligente e consciente – assim como tudo no universo.

Não tendemos a pensar que os pisos sobre os quais caminhamos, os equipamentos que usamos ou as pessoas que conhecemos e com as quais interagimos são feitos de energia. Mas são. E, o que é ainda mais importante, *nós* somos. O mundo físico que percebemos com os cinco sentidos é, na verdade, apenas energia que está comprimida e densa o suficiente para ser tocada. Chamamos essa energia comprimida de *matéria*, mas, na realidade, ela não é diferente de outros tipos de energia – ondas luminosas, ondas sonoras ou pensamentos.

Cresci como a filha de um pioneiro da medicina energética e vi e ouvi muitas coisas que validavam a realidade energética de nossa natureza. Em sua longa carreira, meu pai, o dr. M. T. Morter Jr., presidiu duas faculdades de quiropraxia e, como pesquisador e educador, trabalhou com centenas de milhares de pacientes e profissionais em todo o mundo, sempre na linha de frente dos avanços na área. No entanto, por mais surpreendentes que fossem as descobertas a que frequentemente tive acesso, nada do que vi ou ouvi em meus anos de trabalho com meu pai me preparou para conhecer e vivenciar toda a realidade e as implicações do que significa ser um *ser de energia*. Foi só quando vivenciei a intensa e profunda experiência de sentir que eu era um ser de energia, que aprendi, da forma mais profunda, o que e quem realmente sou – quem somos *todos* nós.

Somos *energia*. Nossa matéria, mente e pensamentos são energia. Nossa carne e ossos são energia. Somos seres multidimensionais integrados feitos de energia pura. E o grau em que sabemos dessa verdade sobre nós mesmos é o grau em que vivemos na dor ou na felicidade.

Depois do meu despertar, percebi que havia aspectos da minha nova compreensão de quem e do que realmente somos que não foram abordados no trabalho do meu pai. Aprender a me dominar no nível da consciência pura e explorar a vida de dentro para fora nesse nível de energia "espiritual" invisível foi algo novo para mim. Por isso, busquei respostas nas antigas tradições orientais e nos mestres da consciência que lá praticavam. Por fim, deixei o negócio da família e fui sozinha ensinar as verdades profundas que estava vivendo e experimentando. Achava que meu pai entenderia. Ele dizia que entendia; afinal, havia feito o mesmo quando começou sua carreira na área da saúde e se afastou do trabalho de sua própria família. Ficou desapontado por eu ter me mudado para longe da família, e discordava de algumas das minhas escolhas, mas em geral éramos dois lados da mesma moeda, ambos trabalhando para curar e empoderar pessoas ao redor do mundo.

Quando meu pai faleceu, eu tinha 51 anos. Estava ao seu lado, segurando sua mão, no momento de sua transição. Não queria que ele partisse: era meu ídolo, meu herói, meu mentor. Ele desenvolveu algumas das técnicas fundamentais que uso hoje na minha clínica. Compartilhávamos tanto, mesmo que não estivéssemos mais trabalhando lado a lado. Simplesmente não conseguia imaginar a vida sem ele.

As últimas palavras de meu pai para mim foram: "Eu te amo do fundo do meu coração".

"Eu também te amo, pai", sussurrei.

Duas semanas depois que ele faleceu, eu estava no Colorado, liderando um retiro de três dias para um grupo de mulheres. Vinte minutos antes de subir ao palco para começar a primeira sessão do retiro, recebi um e-mail do meu irmão, Ted, que dizia simplesmente: "Aqui está o testamento do pai". Como minha mãe havia falecido muitos anos antes, o testamento de meu pai determinaria a distribuição de todos os seus bens.

Conforme li, arquejei de surpresa. Fora a minha parte dos rendimentos pela venda da casa dos meus pais, meus dois irmãos seriam os únicos beneficiários de todo o espólio.

Será que ele não me amava mais? Eu me perguntei. *O que eu fiz para merecer esse tipo de rejeição?* Lágrimas inundaram meus olhos enquanto eu tateava em busca da cadeira mais próxima. Por vários minutos, fiquei ali sentada, balançando a cabeça. *Como pode ser?* Me sentia destroçada. Como poderia subir ao palco para conduzir esse programa em apenas alguns instantes?

Não era que eu quisesse ou mesmo precisasse de dinheiro ou itens materiais, embora ser impedida de receber as xícaras de chá e os quadros de minha mãe fosse um golpe. Não era isso, mas ser excluída do testamento do meu pai parecia a maior supressão de amor que eu poderia imaginar. Trabalhamos juntos, descobrimos juntos, realizamos tantas coisas juntos. Passei toda a minha juventude desejando sua aprovação e atenção, e mais tarde dediquei a ele muitos anos e milhares de quilômetros de viagem para ensinar o seu trabalho, mesmo que isso sempre significasse abandonar minha própria clínica. Agora, naquele momento, parecia que ele havia rescindido seu apoio de tudo o que eu era e de tudo o que estava fazendo. A dor era profunda. Era insuportável.

"Pronta, dra. Sue?" Uma voz me trouxe de volta à sala, lembrando-me de que tinha de subir ao palco em alguns instantes. *Como posso ser uma facilitadora e professora para os outros agora?*, indaguei novamente. Então, lembrei-me do próprio trabalho que faço e das verdades que ensino. Precisei me recompor – mental, emocional e, sobretudo, energeticamente. Precisei realinhar e reintegrar minha energia "estilhaçada" para que pudesse me sentir inteira e continuar a fazer o trabalho que é a minha missão no mundo. Então, de imediato, fiz o que passei os últimos quinze anos descobrindo e ensinando aos outros.

Apliquei os Códigos de Energia.

Meu corpo se acalmou primeiro, enquanto sentimentos de segurança e paz tomavam conta de mim. Minha mente o seguiu, aterrissando suavemente no sólido senso de identidade que era como uma bola quente de luz ficando maior e mais brilhante dentro de mim. De repente, eu sabia que estava ilesa em meio aos acontecimentos. Tudo ficaria bem. Sabia por experiência própria que aquilo que parecia tão devastador um momento atrás acabaria sendo benéfico para mim em um contexto maior e mais completo.

Acima de tudo, podia mais uma vez sentir a verdade do amor de meu pai. Podia ver que, em última análise, me excluir do testamento não era uma traição. Podia vivenciar isso como um presente de amor, que seria revelado a mim exatamente no momento perfeito.

Quando essa nova perspectiva tomou conta de mim, um sorriso surgiu em meu rosto. De dentro do meu âmago, me senti empoderada, energizada. Mal podia esperar para subir ao palco e fazer o que faço mais de 250 dias por ano: compartilhar a descoberta – ao mesmo tempo inspiradora e fascinante – de *quem somos de verdade* e de como podemos transformar milagrosamente todos os aspectos da vida vivendo mais conscientemente como *aquela* versão de nós mesmos.

À medida que o fim de semana avançou, continuei a aplicar os Códigos de Energia e permaneci calma, amorosa e totalmente presente. Nas semanas e meses que se seguiram, caso pensamentos ou emoções negativos sobre o testamento de meu pai surgissem, eu novamente usava os Códigos de Energia não apenas para lidar com esses sentimentos, mas também para me beneficiar deles. Aprofundei minha compaixão e compreensão por todos os envolvidos na situação, e cheguei até a ter um vislumbre do propósito superior que havia por trás do motivo pelo qual isso havia acontecido em primeiro lugar. (Vou compartilhar isso um pouco mais adiante no livro.)

Agora, devo dizer que se as notícias sobre o testamento de meu pai tivessem chegado a mim em um momento anterior da minha vida – antes da minha descoberta espiritual e antes de desenvolver os Códigos de Energia –, tudo teria sido muito, muito diferente. Teria traduzido a escolha de meu pai como "O que há de errado comigo?" ou "O que eu fiz para merecer isso?" e mergulhado em um turbilhão de dúvidas. Sentindo raiva e mágoa, poderia ter me afastado de minha família, possivelmente arruinando nossas relações. E como minha carreira estava ligada de maneira tão estreita à de meu pai, poderia até mesmo ter abandonado o trabalho da minha vida. Tenho certeza de que teria sido um caminho de sofrimento e dor para mim.

Como sei disso? Porque até que qualquer um de nós tenha a experiência de uma realidade maior sobre nós mesmos, só podemos enfrentar as situações desafiadoras da vida a partir da percepção de que somos inadequados, de que alguma coisa está faltando, de que há algo errado ou quebrado em nós. Sem conhecer uma versão de nós mesmos que seja realmente perfeita, total e completa – a versão que chamo de Eu Unificado com a Alma –, não temos nenhum ponto de referência fora daquela velha história da inadequação.

Nosso problema como seres humanos não é que somos inadequados ou que estamos errados ou quebrados; nosso problema é que *acreditamos* nisso. Esse equívoco fundamental está por trás de todos os outros problemas, disfunções e dores. Pode transformar dons em fardos, amor em uma necessidade não correspondida e alguns momentos desafiadores em uma aflição que dura a vida toda.

A boa notícia é que não precisamos mais viver com essa mentira. Não precisamos continuar nos contando as mesmas velhas histórias sobre quem somos e o que é "real" na vida. Podemos compreender e reivindicar nossa magnificência e nos aceitar como os poderosos seres de energia que somos – e criar a partir daí.

Podemos fazer isso nos lembrando de que somos *seres de energia* e que a energia é a chave para tudo.

Vivendo na Dor ou na Felicidade

Minha experiência transformadora com o "raio de luz", meu despertar espontâneo obtido durante a meditação, me mostrou a verdade da minha essência como um ser de energia de uma maneira que eu não podia ignorar ou negar. Suspensa acima da Terra como um radiante ser de luz, eu estava em outra realidade, por completo. Havia despertado para uma versão diferente de vida perceptiva – e de mim mesma. Era como se estivesse fazendo mergulho, vendo tudo através de uma máscara, ciente de que o mundo subaquático que estava experimentando agora era mais real e mais verdadeiro do que a vida na orla. Sentia como se estivesse nesse lugar para sempre e nunca iria deixá-lo. Me sentia mais em casa aqui do que em qualquer conceito de "casa" que jamais pudesse ter concebido em minha mente. Em vez de ser completamente tomada pelo medo, como durante grande parte da minha vida, de repente me senti inteiramente *completa*. Não havia para onde ir, não havia nada para fazer; eu podia simplesmente *ser* no estado absoluto que atingira, em minha unicidade com tudo.

Esse sentido de completude que abrangia tudo estava em total contraste com a maneira como me sentia até então. Como uma adulta trabalhando com meu pai em seus seminários, encontrei significado e propósito, mas também sofria de enxaquecas debilitantes e uma fadiga persistente; durante anos, cochilava em meus intervalos de almoço. Estava sempre pronta para agradar, consertar e evitar conflitos de qualquer tipo. Os relacionamentos costumavam ser árduos, mas decidi "fazê-los funcionar", mesmo que isso significasse não ser fiel a mim mesma. Depois de me formar na faculdade de quiropraxia, abri uma clínica e tive grande sucesso no mundo exterior, mas carecia de profunda alegria interior e verdadeira realização. Resumindo, eu estava sofrendo. Não porque estivesse fazendo algo "errado", mas porque estava operando de acordo com um conjunto de regras que não eram baseadas em minha verdadeira natureza.

Quando temos dificuldades, não é porque somos imperfeitos ou indignos, mas porque estamos tentando resolver problemas, dores e desafios usando as próprias forças que os geraram: a mente e a Personalidade Protetora.

A PERSPECTIVA DOLOROSA DA PERSONALIDADE PROTETORA

Até que saibamos que somos energia, ou espírito, acreditamos que somos o corpo e/ou a mente. Essa única percepção errônea sobre a identidade causa-nos um sofrimento incalculável e está no cerne de cada problema que temos na vida. Por quê? Porque grande parte de nossa verdadeira natureza é excluída com essa visão. Algo parece faltar; então percebemos que algo *está* faltando, ou que está errado, ou quebrado em nós. Em seguida, dedicamos todo o nosso tempo e esforço tentando compensar por nos sentirmos inadequados, como eu fazia na infância e durante anos em minha carreira. Estresse, disfunções e doenças são subprodutos dessa percepção errônea. Sentimos como se alguma coisa estivesse faltando; tentamos provar que estamos certos ou que somos dignos; tentamos consertar o que está quebrado. Quando não nos identificamos com a energia que realmente somos, não podemos sentir nossa totalidade e bem-estar inerentes. A fim de obter algum sentido de orientação para navegar pela vida, a mente começa então a escrever histórias sobre como algo *está* faltando, ou que está errado ou quebrado em nós.

Essas histórias e pensamentos, por sua vez, nos afetam em um nível energético (porque *somos* energia). O poder do pensamento afeta a realidade; essas histórias internas não são diferentes. Quando a mente, em vez de reconhecer como estamos integrados ao tecido do universo e inerentemente conectados a Tudo O Que É, escreve histórias sobre como estamos separados e sozinhos, passamos a nos perceber como separados e sozinhos. Assim isolados, não nos sentimos seguros. Pensamos que precisamos de proteção para existir no mundo. Estamos em constante estado de alerta contra ameaças e buscamos no mundo externo todos os lugares onde não estamos obtendo a aprovação, aceitação e amor que acreditamos ser necessários para ficarmos seguros. Em vez de criar a partir do desejo do próprio coração e de buscar ativamente uma vida que amamos, lutamos continuamente pela sobrevivência.

Às vezes, essa identidade baseada no medo e centrada na sobrevivência é chamada de ego ou falso eu, mas eu a chamo de Personalidade Protetora. Como quer que deseje chamá-la, essa abordagem protetora da vida tende a limitar o que estamos dispostos a tentar, pois a "segurança" é sua prioridade primária. Isso torna os relacionamentos com os outros muito condicionados, nos mantém fora de equilíbrio e cria um estresse contínuo que acaba causando prejuízos mentais, emocionais e físicos.

Além disso, a batalha que travamos como Personalidade Protetora é uma luta perdida, pois tem por base aquela crença destrutiva segundo a qual *nós* somos o problema. Embora cada um de nós tenha suas próprias ferramentas para lidar com essa crença e, até certo ponto, até mesmo para contorná-la, nenhum de nós está isento de viver a partir dessa perspectiva dolorosa (pelo menos em parte). É simplesmente um aspecto da condição humana... de novo, até que não seja!

Felizmente, o propósito mais profundo dos Códigos de Energia é a integração da Personalidade Protetora com nossa verdadeira natureza – o Eu Unificado com a Alma; essa integração oferece um potencial quase ilimitado para a cura em todos os níveis da vida. Estamos mudando as regras do jogo. Estamos desconsiderando a noção de que viver da Personalidade Protetora é a única opção. Estamos evoluindo como espécie para uma nova e mais completa maneira de viver, amar e ser.

CÉUTERRA: NOSSA EVOLUÇÃO PARA VIVER COMO O EU UNIFICADO COM A ALMA

Quando começamos a nos reconhecer como os seres de energia pura e magnífica que somos, automaticamente iniciamos a jornada para vivenciar a completeude. É realmente simples assim.

Quando sabemos que somos seres de energia, começamos a viver longe das histórias baseadas no medo, criadas por nossa mente, e passamos a viver a partir da *outra* opção que está disponível a nós – a perspectiva de nossa natureza verdadeira e eterna como o Eu Unificado com a Alma. Em vez de nos concentrarmos externamente, sempre perscrutando o horizonte em busca do que pode nos prejudicar, nos concentramos intimamente na energia interior e ao redor de nosso corpo e contamos com ela para nos mostrar o que é verdadeiro para nós. Quando fazemos isso, a vida flui sem esforço. Oportunidades de amor e expansão revelam-se naturalmente; só temos que encarar, dizer sim e deixá-las se desdobrarem. Somos poderosamente amorosos e amorosamente poderosos. Conhecemos e sentimos a unicidade com tudo e não nos sentimos separados de nada. Estresse e preocupação não existem, pois sabemos, inequivocamente, que tudo na vida serve, em última análise, à nossa expansão e bem-estar.

Falo sobre esse estado pacífico e mágico por experiência direta. Minha jornada para o despertar como o Eu Unificado com a Alma ocorreu após um momento crucial de entrega que me mudou irreversivelmente. Meu corpo parecia estar brilhando. Minha mente queria apenas se deleitar com aquilo a que havia sido exposta, em vez de processar a situação de qualquer maneira. Ganhei uma perspectiva completamente nova sobre quem e o que realmente somos. Embora ainda não tivesse começado a integrar minha experiência (na verdade, inicialmente me senti muito desorientada e fui levada para uma casa na vizinhança a fim de me deitar), eu sabia que minha realidade nunca mais seria a mesma. Isso se provou verdadeiro, e o período que se seguiu imediatamente à experiência foi interessante, para dizer o mínimo!

Quando cheguei em casa naquela noite, entrei em um estado de felicidade que nunca mais quis que fosse embora. Durante muitos dias, sempre que tirava a cabeça do travesseiro, era transportada do êxtase para uma sensação de estar sob o rodopio estrondoso das hélices de um helicóptero prestes a decolar. Era como se tivesse absorvido uma energia de frequência superalta para a qual nem meu corpo, nem minha mente tinham um contexto. Então, quando voltava a deitar a cabeça ou quando deslizava a um estado de meditação, eu era instantaneamente imersa no estado mais extraordinário que se possa imaginar. Visões de cores elétricas e iridescentes, formas e outros domínios se abriam em minha mente – as mais belas visões que já testemunhei. Estas eram seguidas por vinhetas de imagens que traziam simultaneamente mensagens e percepções de todos os tipos de verdades. Era tudo tão grandioso, brilhante e prístino! Estava em êxtase, em um estado de *ananda* ou *samadhi*, como é chamado nas tradições iogues, e não queria mais me afastar desse estado!

Durante dias, permaneci na cama e simplesmente me deixei experimentar como um ser de energia pura e divina. Minha Personalidade Protetora passou a se fundir com meu Eu Unificado com a Alma. Eu tinha liberdade em minha mente e no meu coração, um relaxamento profundo e belo em meu corpo, e passei muitos momentos maravilhada e admirada com a pura consciência de que somos seres verdadeiramente cósmicos. Ainda assim, esse processo não foi instantâneo. Minha abertura de energia sutil foi apenas o começo de minha compreensão do que significa *ser* o ser de energia que é o Eu Unificado com a Alma.

Após cerca de uma semana, integrei a energia de alta frequência o suficiente para poder sentar, ficar de pé e andar. Mas, mesmo assim, o mundo fora do meu quarto parecia áspero, desagradável e barulhento. Eu estava extraordinariamente sensível aos sons do dia a dia, como o rádio ou a televisão, e a atividades velozes – pessoas apressadas passando por mim, carros disparando, e até mesmo garçons indo de lá para cá em um restaurante. A princípio, meu corpo parecia tão leve que mal conseguia senti-lo. Então, com o passar do tempo, comecei a me ancorar conscientemente em meu corpo de maneira mais consistente, o que gerou uma sensação de força incrível.

Mesmo assim, voltar ao meu cotidiano foi um desafio. Me sentia, de alguma forma, "entre mundos" e não tinha ideia de como agir a partir desse lugar. Não conseguia mais apenas olhar para o rosto das pessoas, ler sua linguagem corporal e simplesmente confiar em suas palavras. Agora eu conseguia ver a energia *sob* o verniz superficial que elas apresentavam. Algo mais estava se revelando para mim, algo que me parecia mais real e verdadeiro.

Minha atenção foi atraída para outro nível de realidade, que antes era imperceptível, exceto durante um curto período na minha primeira infância.

Quando eu tinha cerca de 6 anos, estava brincando no leito de um riacho enquanto o sol brilhava na superfície ondulante da água. Girinos estavam criando patas nas águas rasas, e o ar de verão estava perfeito e parado. Olhei para minhas mãos acima da água e vi uma luz dourada ao redor delas, irradiando em todas as direções. Nessa idade, também via com frequência esferas de energia colorida ao redor das pessoas – ao redor do meu pai, por exemplo, quando ele estava trabalhando com pacientes ou ensinando, ou ao redor da minha mãe enquanto ela pintava, ou ao redor das outras crianças no pátio da escola. Achava que isso era normal e que todo mundo via essas coisas.

Mas depois de várias experiências dolorosas de falar sobre o que eu via, e de ouvir outras pessoas dizerem que não viam as mesmas coisas, fiquei com medo de que pensassem que eu era estranha e me rejeitassem. Então, por volta dos oito anos, simplesmente desliguei minha conexão com essas visões. Durante meus vinte e trinta anos, no entanto, lembrei-me dessas belas experiências e ansiei por recriá-las, mas não consegui. Me perguntava se não teria, talvez, simplesmente "inventado tudo", como as crianças supostamente fazem.

Depois da minha abertura ao domínio energético, porém, não só pude *ver* a energia novamente, como fizera na infância, como também pude *senti-la* e *percebê-la*. Havia sido real o tempo todo. Só as histórias que eu havia contado a mim mesma sobre as luzes me fizeram parar de vê-las!

Mais uma vez, descobri que era capaz de perceber coisas que os outros não percebiam – e, mais uma vez, senti-me desconfortável com essa capacidade, sobretudo porque muitas vezes tinha dificuldade de entender o que via e sentia. Perguntava aos pacientes sobre algo que eu estava vendo ou sentindo, e eles não reconheciam o que eu estava captando. Seus padrões de energia, que representavam uma emoção perturbada, como tristeza, medo ou raiva, eram óbvios para mim, mas eles diziam que "estavam bem" e que "tudo estava ótimo".

No entanto, em vez de, mais uma vez, esconder minhas novas percepções, eu persisti. E notei que meus pacientes que "não sabiam do que eu estava falando" durante uma visita, relataram, na visita seguinte, que aquilo que eu havia percebido era o que estava acontecendo esse tempo todo; só não tinham percebido isso na hora. Por exemplo, durante uma consulta com minha paciente Cecile, indaguei-lhe sobre o fraco fluxo de energia em seu sistema. Na época, ela relatou que tudo estava bem com seu relacionamento, mas voltou para dizer que negava um problema muito real com o marido. Da mesma forma, Brian, que, quando lhe perguntei sobre a drenagem de energia que via ao seu redor, afirmou que estava bem com todas as viagens a trabalho, mas voltou dizendo que havia percebido que era hora de seguir outra carreira. Inúmeras vezes, pessoas voltavam para dizer que desconheciam um problema, mas então uma "luz se acendia" depois da sessão.

Eu estava vendo e sentindo interferência no campo de energia de uma pessoa antes mesmo que ela pudesse perceber sua presença. Um campo de energia fragmentado me guiaria para perguntar a um cliente, o que muitas vezes levaria a uma revelação esclarecedora de seu problema subjacente, como uma história de abuso sexual na infância ou padrões de comportamento doentio. Conseguíamos resolver esses problemas quando a luz da própria consciência do paciente pudesse iluminar o quadro maior, o contexto geral. Essa validação de meus *insights* chamou minha atenção. Era como se houvesse uma camada sutil de verdade sob o que a mente consciente de alguém estava percebendo, uma camada que precisava de tempo e atenção para se tornar óbvia.

Outras mudanças foram um pouco mais difíceis de administrar, como minha percepção cada vez mais intensa de meu próprio campo de energia. Às vezes, quando estava conversando com alguém, podia sentir e ver meu próprio campo de energia ao redor do meu corpo; de repente, parecia que minha energia estava se sobrepondo à da outra pessoa e que eu estava em cima dela, quando na verdade estava a uma distância normal. Eu me incomodava e recuava para não ser invasiva, mas a pessoa se aproximava de mim a fim de manter a distância normal. Isso era confuso! Parecia que estávamos "dentro" um do outro, porque nossas energias estavam completamente sobrepostas. Eu me afastava várias vezes e a pessoa me seguia até que tivéssemos atravessado uma sala ou descido da calçada nessa "dança". (Mais tarde, descobri que os campos de energia se sobrepõem; até mesmo nossos sistemas nervosos desenvolvem a sensibilidade sensorial – ou "conjunto de circuitos", como eu chamo – para percebê-lo, simplesmente não notamos isso, então sentimos como se "não houvesse nada ali" no espaço entre nós. Mas esse campo de energia é realmente a maneira mais profunda e intensa pela qual estamos todos conectados uns aos outros, como uma só humanidade unida.).

Por mais estranha que seja essa nova maneira de ser que às vezes sentimos, cada interação que tive com o mundo me dizia que *eu estava de volta*. O *verdadeiro eu* estava de volta. Me sentia mais em paz e em casa comigo mesma do que quando experimentei aqueles momentos especiais e místicos na infância. Me sentia alegre sem motivo, aquecida e relaxada, confortável dia e noite. Respirava de maneira diferente e mais profunda do que jamais fizera antes. Eu sabia que tudo estava bem e que as circunstâncias anteriormente dolorosas do meu trabalho e da minha vida pessoal seriam diferentes – como se alguma "resposta" tivesse se aberto.

Também sabia que esse eu *real* recém-expandido precisaria aprender a navegar pelas contradições que eu enfrentava continuamente – como tomar decisões "racionais" enquanto, ao mesmo tempo, seguia meu conhecimento interior, não apenas para mim como pessoa, mas também como médica, amiga e confidente de muitos líderes importantes da minha comunidade. Por exemplo, muitas vezes eu podia ver que os líderes da comunidade metropolitana mais ampla não estavam agindo com integridade, e essa percepção me permitiu tomar decisões que eram verdadeiras para mim sem que sentisse nenhum conflito ou qualquer necessidade de tentar pertencer ao grupo ou de me rebelar. Frequentemente, ao conversar com alguém, podia ver com clareza como a pessoa estava criando suas circunstâncias de vida para defender e proteger uma versão "menor" de quem ela era, como se estivesse inconscientemente insistindo em viver como um falso eu, alimentando-se de drama e dor.

Simplificando, a realidade que eu agora podia ver – a realidade de nós mesmos como seres de energia completos e poderosos, em sua totalidade

– muitas vezes não se alinhava com as percepções das outras pessoas sobre si mesmas, ou com a maneira como elas estavam vivendo suas vidas. Percebi que estava numa encruzilhada. Tive de decidir: Aceitar e seguir o que era verdade ou não? Viver no êxtase ou retornar a uma vida de negação, autoilusão e dor? Muito do que eu havia estabelecido na vida – minhas amizades, negócios e relacionamentos – parecia estar em jogo; no entanto, estava claro para mim que minha nova realidade era mais importante do que qualquer outra coisa. Ela era a minha verdade, e eu *precisava* acompanhá-la.

Momento a momento, seguindo as mensagens energéticas que surgiam de dentro de mim, escolhi o êxtase, a felicidade – muitas vezes além da lógica ou daquilo que os outros chamavam de realidade. Eu era vigorosamente encorajada por conselheiros a incorporar modalidades ou equipamentos específicos em minha clínica, tratamentos que afirmavam ser os "avanços mais modernos" em tecnologia, mas se o conselho não parecesse certo para mim, minha escolha se tornava um simples: "Não, obrigada". Então, meses ou anos depois, relatórios mostravam que o equipamento não funcionava como fora originalmente anunciado. Ou então, era convidada a participar de investimentos, negócios ou conferências que, aparentemente, pareciam oportunidades muito boas, mas esse fluxo de energia simplesmente tomava decisões por mim, o que me levou a recusar muitos desses convites. Em seguida, seria revelado, às vezes até anos depois, que a oportunidade de negócio não estava operando com integridade para aqueles que haviam participado.

Tornou-se uma graça – o que chamo de *onda* de graça – guiando minha vida. Muitas vezes eu simplesmente sentia que deveria dedicar minha atenção em uma direção específica, e quando me dava conta, muitas vezes dentro de horas ou dias, um convite fabuloso exatamente naquela área vinha ao meu encontro – para participar de um documentário ou para ministrar uma palestra em uma conferência muito importante, por exemplo – com literalmente zero esforço de minha parte. Além disso, inúmeras vezes sentia que deveria me conectar com alguma pessoa com quem não falava havia meses ou anos, e ligava ou enviava uma mensagem apenas para receber uma resposta dizendo que justamente "naquele mesmo dia" quiseram me fazer uma pergunta ou falar comigo de uma preocupação, e "lá estava eu!".

Minha vida tornou-se mágica, desdobrando-se sem esforço e cheia de alegria, sem que estivesse presente nenhum dos meus antigos sentimentos paralisantes de insegurança e conflito interno. Finalmente, aterrissara em um plano superior, capaz de sintonizar uma versão de tomada de decisão que não exigia raciocínio. Simplesmente acompanhava os impulsos energéticos palpáveis que, num instante, me indicavam qual era minha verdadeira escolha e, milagrosamente, esses impulsos estavam sempre certos. Minha reação instintiva inevitavelmente provou ser uma escolha muito melhor do que minha mente lógica e instruída sozinha. Começar um novo negócio, mudar meu escritório e abandonar relações de trabalho que não serviam mais ao propósito mais elevado de minha verdadeira visão eram agora decisões fáceis que vinham do meu âmago. A energia que fluía através de mim tornou-se minha bússola; com o tempo, não precisei mais de opiniões vindas de fontes externas para validar minhas decisões.

Passar pela vida com esse tipo de conhecimento e orientação interior absolutos é mais do que libertador. Em vez de me esforçar tanto para entender as coisas e submeter a vida à minha vontade, deixei minha vida tomar a frente – e isso se tornou uma revelação, um desdobramento do meu caminho certo. Uma sabedoria superior entrou em jogo e excedeu a visão limitada de minha mente condicionada e educada.

Enquanto eu seguia a verdade que estava surgindo dentro de mim, uma nova direção para minha vida começou a se desdobrar. Sentia-me levada a dar mais aulas de cura energética. Ocupando a sala da recepção da minha clínica, as pessoas imediatamente a lotavam e ficavam de pé, na maioria das vezes. Também dei aulas regulares de meditação, em que compartilhava com meus pacientes e alunos as experiências que tive em minhas próprias meditações.

Por exemplo, certa noite, em meio a um estado meditativo, notei um jorro de energia que desceu pelo centro da minha coluna e circulou pela parte inferior da minha área pélvica e, ao fazê-lo, o centro do meu cérebro "se iluminou" com uma experiência de presença plena, enquanto uma sensação de conhecimento tomou conta de todo o meu ser. Então, na aula seguinte, guiei o grupo por um processo semelhante. Enquanto praticávamos o que eu havia feito, procurei observar o que seus campos de energia respondiam. Pude ver que meu compartilhamento ajudou as pessoas a despertar sua própria capacidade de mudar e administrar seus campos de energia, o que, por sua vez, produziu mudanças em suas vidas. Na aula seguinte, elas contaram histórias sobre as coisas novas que estavam acontecendo com elas desde a última vez que as vi.

Semana após semana, mês após mês, elas estavam passando por uma verdadeira transformação. Bonnie, por exemplo, finalmente percebeu que poderia deixar seu emprego após um longo período de indecisão. Nicole teve percepções reveladoras que lhe permitiram aprofundar-se em um estado meditativo intensamente relaxante que ela nunca havia alcançado em anos de tentativas. E Courtney finalmente penetrou no estado de meditação e permitiu que a energia fluísse por seu corpo, o que a levou a se libertar de um padrão de enxaqueca que tinha havia vinte anos. Esses resultados, e muitos outros, desdobraram-se por meio de uma prática regular de padrões respiratórios específicos, relaxamento da mente e meditação guiada. Observei, anotei e comecei a codificar tudo. Surgiram princípios e práticas claras que, finalmente, se tornariam os Códigos de Energia que ensino neste livro.

Em minha nova vida, também fui convidada para falar em hospitais nas redondezas sobre as ferramentas de medicina energética que eu estava ensinando e compartilhando em minha clínica, muito antes de tais tópicos se tornarem comuns no ambiente de assistência à saúde. Pessoas reagiram, e mais e maiores convites vieram. Tudo aconteceu depressa e sem esforço, tudo porque eu havia me rendido e dito sim à energia tangível e à sua sabedoria inata que emergiu dentro de mim. Eu conseguia, literalmente, *ver* que a energia fluía de uma situação para outra.

Hoje, vejo todas as situações que ocorrem como impulsos do universo empurrando-me em direção à minha grandeza. Dissipo dinâmicas de relacionamento antigas e inúteis e encontro amor onde existia dor e até mesmo afastamento. Além de ter curado completamente minhas enxaquecas e escoliose, sinto-me mais jovem do que há vinte anos. Agora não apenas acredito em milagres, mas também os vejo acontecer o tempo todo. E agora que sei de onde vêm esses milagres e como podemos ter acesso a esse lugar, posso constantemente encorajar e apoiar o milagroso e o mágico na vida das outras pessoas.

Viver esse tipo de existência cheia de graça não apenas é possível, mas é também nosso direito de nascença. É o que nós e nossa vida fomos *planejados* para ser. Portanto, assim como aconteceu comigo, também pode acontecer com você.

Na verdade, despertar para essa mudança de identidade pessoal – de viver como a Personalidade Protetora e passar a viver como o Eu Unificado com a Alma – é *o próprio propósito da vida humana*. Quando a alma encontra a consciência, a humanidade desperta para sua verdade e conhecemos a paz. É para isso que estamos aqui – para descobrir nossa natureza energética na qual o eu é unificado com a alma, e *viver em conformidade com essa verdadeira natureza* aqui na forma física. Estamos aqui para despertar nossa divindade dentro de nossa humanidade. Experimentar o Céu enquanto estamos na Terra e viver o que chamo de Céuterra – um espaço unificado.

Tudo isso está disponível para nós neste exato minuto. Como? Porque, na realidade, *já somos* o Eu Unificado com a Alma. Podemos experimentar essa realidade espontaneamente, em um nanossegundo, assim como fiz na meditação naquele dia. Está bem aqui, esperando que o reconheçamos. Não há um lugar aonde ir e algo a fazer para nos tornarmos o Eu Unificado com a Alma. Não há qualificações, nem obstáculos para superar, mas... simplesmente não sabemos disso. E esse não saber sobre nossa verdadeira natureza é o estado de permanência na Personalidade Protetora.

Com os Códigos de Energia, ensino a despertar para a nossa totalidade e perfeição, para nosso verdadeiro eu, para nossa magnificência – e intensificar a presença desse eu verdadeiro em sua vida cotidiana. Quando fizer isso, sua vida será magicamente transformada, assim como a minha também foi.

Embora essa mudança da Personalidade Protetora para o Eu Unificado com a Alma possa acontecer espontaneamente (como aconteceu, em parte, comigo e com outras pessoas que tiveram experiências igualmente profundas e transformadoras), para a maioria de nós, a realização do Eu Unificado com a Alma acontece em fases. E embora você possa ou não ter trabalhado *intencionalmente* até agora em direção a esse objetivo de despertar, a verdade é que você tem trabalhado para isso durante toda a vida, porque é o que veio fazer aqui. Sim, tudo o que aconteceu em sua vida até agora o guiou rumo ao despertar para sua verdadeira natureza. Por isso chamo a vida de Projeto Despertar.

Ao compreender como esse despertar progride, podemos ajudar a nós mesmos a facilitar consciente e intencionalmente que isso aconteça com maior tranquilidade, velocidade e graça. Expus tudo aqui, no que chamei de Modelo do Despertar. Ser capaz de "ver" de onde estamos evoluindo e para onde estamos evoluindo pode ajudar a mente a fazer a mudança necessária para perceber mais prontamente e, assim, viver como o Eu Unificado com a Alma.

O Modelo do Despertar

O Modelo do Despertar reflete os três níveis distintos de consciência que incorporamos à medida que evoluímos para descobrir e viver nossa verdade. O modelo também tem dois lados, como uma moeda. O Lado Anverso do Modelo ("coroa", na moeda da imagem da página 48), que tem dois estágios, representa a Personalidade Protetora. Aqui, estamos em constante modo de sobrevivência, empregando os padrões reativos em nosso sistema, gastando toda a nossa energia em estratégias de segurança e proteção. Só alcançamos o Lado Reverso do Modelo ("caras") quando abandonamos o apego aos padrões ou circuitos reativos de nosso sistema nervoso, e construímos novos circuitos de maior capacidade que nos permitirão ativar totalmente nosso gênio criativo, nosso Poder de Criação. É no Lado Reverso do Modelo que reivindicamos e vivemos a partir do verdadeiro poder – criando consciente e ativamente nossa vida como o Eu Unificado com a Alma.

ESTÁGIO 1: VITIMIZAÇÃO

O Estágio 1 do Lado Anverso do Modelo, localizado na parte inferior esquerda do diagrama, é a perspectiva de Sobrevivência/Vitimização. Em termos simples, é aqui que vemos a vida acontecendo *conosco,* e acreditamos que não podemos ter nenhum impacto. Ignoramos completamente a nós mesmos enquanto influenciadores ou criadores e, portanto, sentimos um forte senso de fatalismo e resignação. Acreditamos que somos incapazes de fazer o que queremos por causa de forças externas opositoras que parecem estar além de nosso controle. Na verdade, podemos estar tão entranhados no Lado Anverso do Modelo que nem sabemos que estamos infelizes, ou que existe qualquer outra maneira de ser. Podemos simplesmente estar seguindo distraídos, acreditando que isso é exatamente o que temos de fazer, porque a vida é assim.

Por exemplo, no Estágio 1, talvez justifiquemos a infelicidade e sentimentos de insatisfação culpando o fato de ter nascido em circunstâncias desafortunadas, não ter tido a educação universitária que desejávamos, ter casado cedo demais e não ter conseguido seguir uma paixão ou uma carreira específica, ou simplesmente não ter dinheiro suficiente para fazer as coisas que realmente queremos fazer. (Ou talvez sequer pensamos nisso ou damos nome a isso.) Esse paradigma é caracterizado por raiva, medo, desesperança, desamparo, resignação, fatalismo, luta para sobreviver e assim por diante. Seu *slogan* é "A vida está acontecendo comigo e não tenho controle sobre ela. A vida é assim". Mal conseguimos colocar isso em palavras; a percepção simplesmente se desdobra como se fosse a verdade.

ESTÁGIO 2: AUTOAJUDA

É aqui que a maioria das pessoas encontra-se hoje. É um grande avanço na consciência em relação ao Estágio 1 – mas ainda está no Lado Anverso do Modelo porque ainda se baseia na operação reativa a partir de uma percepção *subconsciente* de inadequação como a Personalidade Protetora, em vez de operar criativamente a partir de um lugar de conhecimento do nosso verdadeiro poder e magnificência como o Eu Unificado com a Alma.

Nesse estágio, não aceitamos mais o estado miserável que nos leva a crer que a vida é assim. Em vez disso, despertamos para a sensação de que estamos sofrendo e para a possibilidade de que talvez não precisemos estar. Em vez de sermos vítimas resignadas, ficamos com a ideia de que algo poderia mudar; *poderíamos* ser mais felizes e saudáveis ou mais respeitados e honrados. E assim começamos a voltar os olhos para o que podemos fazer a fim de que essas mudanças ocorram.

Nesse paradigma, ainda vemos a vida (tanto "boa" como "ruim") como algo que, em grande medida, está acontecendo conosco, mas pelo menos acreditamos que há *algo* que possamos fazer a respeito (pelo menos em parte do tempo). Percebemos que muitas vezes podemos melhorar ou mesmo consertar nossa situação – e possivelmente, ao escolher alguns de nossos pensamentos e ações, exercer algum controle sobre o que vivenciamos. Com a mentalidade certa, podemos tirar o melhor proveito de uma situação ruim e, ao fazer isso, podemos encontrar algum benefício ou dádiva na dor. O *slogan* para essa fase é "Embora a vida esteja acontecendo comigo, eu escolho tirar proveito dela". É a visão: "Algo está errado, mas vou consertar. Isto não vai me derrotar".

Chamo isso de Autoajuda porque nesse estágio trabalhamos duro para curar o que acreditamos estar errado, faltando ou mesmo quebrado dentro de nós ou nos outros, e nos esforçamos para ser mais felizes. Muitas de nossas habilidades de enfrentamento, sessões de terapia e livros e programas de autoajuda operam nesse nível de consciência. Diagnosticamos um problema e depois nos ocupamos em tratá-lo. Esse paradigma certamente me ajudou a diminuir meu próprio nível de dor e a alcançar mais daquilo que eu queria em um momento anterior da vida, e sou muito grata por isso e pela ajuda que ofereceu a muitos de meus pacientes. Mas, embora isso seja muito melhor do que ser completamente frustrado e tenha servido bem a muitos de nós por muitas décadas, não é o estado avançado de consciência em que queremos estar e não honra nossa verdadeira capacidade.

Continuar procurando e encontrando "problemas" e gastando recursos para consertá-los só nos torna melhores em solucionar problemas. Infelizmente, isso faz com que precisemos resolver problemas para "saber quem somos". Não nos capacitamos para perceber a alegria e a totalidade sem depender do contraste da dor. Nunca avançamos no jogo. Em um nível profundo, no Estágio 2, na verdade, ainda nos vemos como tendo uma vida curta; só que agora temos algumas ferramentas para compensar isso. Ainda não estamos pensando como criadores poderosos; portanto, esse paradigma não pode nos servir plenamente para seguir adiante.

Felizmente, podemos atingir um nível de consciência que nos leva muito além de "tirar proveito do que a vida nos oferece". É o Lado Reverso do Modelo, no qual vivenciamos quem realmente somos em todo o nosso poder e glória. Naquele momento em que eu estava suspensa acima da Terra, banhada em meu próprio esplendor, *conheci* essa verdade sobre mim mesma – e sobre todos nós. Sim, até sobre você!

ESTÁGIO 3: PODER DE CRIAÇÃO

O Lado Reverso do Modelo é uma interpretação da vida muito diferente do Lado Anverso do Modelo. É o lugar de viver no modo de Gênio Criativo, ou de Criação, do Eu Unificado com a Alma. Aqui começamos a ver que, na verdade, não existe uma circunstância que seja tão ruim que não tenha um "lado bom", uma vez que nunca houve nada errado, faltante ou quebrado em primeiro lugar. Embora o "lado bom" seja um belo conceito e tenha nos ajudado quando estávamos presos no Lado Anverso do Modelo, é um uso muito incompleto de nossas habilidades criativas. Em vez disso, no Lado Reverso, sabemos que todo desafio que acontece é útil para nós, e sentimos, vivenciamos e sabemos que desempenhamos, no nível mais alto da alma, um papel em sua própria criação. Há um propósito para tudo e esse propósito é o de *nos* despertar para nossa verdadeira grandeza. Sim, estamos desempenhando um papel em nosso próprio processo de despertar. A parte maior de nós está convidando a parte menor a se fundir com ela, gerando a experiência de totalidade que procuramos.

A partir dessa perspectiva, a vida está sempre se desdobrando a nosso favor, para servir à nossa expansão, apesar de como isso possa nos parecer ou nos fazer sentir no momento. Não há exceções. A Personalidade Protetora começa a se fundir dentro dessa verdade ao reconhecer que se as coisas devessem ocorrer de maneira diferente em nossa vida, elas efetivamente ocorreriam. Como costumo perguntar aos alunos em meus cursos presenciais: "Como sabemos que isso deveria acontecer?". A resposta é: "Porque aconteceu!".

Em vez de "tirar proveito" de uma situação, o que implica que alguma coisa "ruim" aconteceu e que devemos trabalhar para transformá-la em algo "bom", e se a verdade for que a situação, não importa qual seja, realmente nunca tenha sido ruim em primeiro lugar? Quanto mais dolorosa for uma situação, é claro, mais essa noção pode ser um desafio a ser abraçado. Tudo bem. Continuaremos a trabalhar com essa ideia à medida que progredirmos no livro. Por enquanto, gostaria apenas que ponderasse o seguinte: e se *tivesse* o poder de ver que cada evento em sua vida realmente ocorre *por nenhum outro motivo senão seu benefício eventual?* E se soubesse que está desempenhando um papel nesse processo a fim de que *você* possa ser levado a despertar *a si mesmo* para uma realidade maior, com mais liberdade e empoderamento? E se o seu maior ponto de dor estivesse escondendo o maior presente que jamais receberia? Essa compreensão realmente mudaria a qualidade de sua vida na Terra – o que, evidentemente, é o motivo de estar aqui.

Se fôssemos empoderados de modo a conseguir ver a vida dessa maneira – acontecendo inteira e exclusivamente para nosso benefício eventual –, estaríamos vivendo em fluxo e colaboração com a vida. Veríamos o plano maior em ação, operando nos bastidores. Veríamos muito mais rapidamente os ganhos em qualquer perda. Seria visível, por exemplo, como perder aquele emprego resultou no encontro de sua verdadeira e gratificante vocação. Ou que a lesão que o deixou incapaz de atuar ensinou compaixão e um senso mais profundo de si mesmo. Que aceitar a perda de um ente querido é uma maneira de aprofundar o coração até níveis que talvez nunca viesse a conhecer de outra maneira. Você se sentiria profundamente grato pela vida e todos os seus mistérios. Em última análise, pararia de reconhecer as perdas como perdas. Saberia e veria que, a cada acontecimento, por mais difícil que seja, surgiria um benefício igual ou maior do que o sofrimento que ele acarreta. Sabendo disso, o sofrimento diminuiria drasticamente e talvez até deixasse de existir.

Agora imagine que poderíamos saber de antemão como trabalhar com o corpo, mente e campo de energia para que as grandes experiências nunca gerassem dor e sofrimento em primeiro lugar. É isso que ensinarei neste livro: como trabalhar com *tudo o que somos*, conscientemente, abaixo da superfície de histórias contadas pela Personalidade Protetora, de modo que cada experiência de vida se torne um passo significativo capaz de levar-nos mais fundo em nossa plenitude, nossa verdade e um relacionamento confiável com o universo.

Interpretar os acontecimentos da vida através das lentes da confiança – sabendo que "tudo é bom" e que tudo está a nosso favor – *no momento em que eles ocorrem*, evita que tenhamos de passar pelo processo, com o tempo, de perdoar a nós mesmos ou aos outros pelas situações em que nos encontramos. Esse é o ponto de vista do Eu Unificado com a Alma, cujo *slogan* é "Tudo o que acontece em minha vida está sempre a meu favor, e eu criei isso em algum nível superior de minha própria consciência com o propósito de descobrir minha própria magnificência".

Quando voltamos os olhos para a vida a partir dessa perspectiva de que "tudo é bom", estamos no limiar do Lado Reverso do Modelo. No entanto, esse despertar não acontece simplesmente reenquadrando as próprias crenças a respeito de quem somos ou apenas mudando a forma de pensar sobre a natureza da vida. Não há um "atalho espiritual" de apenas contar a nós mesmos uma história mais cor-de-rosa. Longe disso.

Por milênios, as tradições espirituais adotaram a noção de que somos seres espirituais tendo uma experiência terrena ou física. Gostaria de oferecer uma outra compreensão sobre esse ponto: a de que, na verdade, somos seres espirituais tendo uma experiência *espiritual* em um mundo físico e energético. E que, para experimentar e viver a plenitude de nossa verdadeira natureza, devemos passar a viver conscientemente como seres de espírito – como *seres de energia* – neste aspecto físico da vida.

Isso significa que precisamos ir além de saber intelectualmente que somos energia ou espírito e *incorporar* de verdade nossa natureza energética ou espiritual. Precisamos literalmente dar vida à nossa energia dentro do corpo físico e nos identificar como essa energia. Quando fazemos isso, a transformação para a perspectiva do Eu Unificado com a Alma e do Lado Reverso do Modelo ocorre de maneira automática, em uma mudança repentina, radical e abrangente que chamo de Inversão Quântica.

Corporificação, Não Apenas Iluminação, É o que Faz a Inversão Quântica

Na física quântica, existe um fenômeno conhecido como "inversão quântica". Ele descreve a capacidade de um átomo, um elemento fundamental no mundo quântico, de mudar de direção instantaneamente, sem nunca desacelerar para um estado de *momentum* zero, como parece ocorrer com outros tipos de matéria. Imagine isso como rolar uma bola de gude morro acima. Na física linear, a bola de gude rolaria um pouco morro acima e depois diminuiria a velocidade antes de atingir o *momentum* zero; então, lentamente, começaria a rolar de volta para baixo, ganhando velocidade à medida que avançasse. No entanto, no cenário da física quântica, a bola de gude rola para cima e, então, instantaneamente, rola para baixo, sem nunca desacelerar até chegar naquele ponto quase imóvel. Por um instante, a bola de gude estaria essencialmente se movendo em dois sentidos ao mesmo tempo – nunca passando por um processo de desaceleração e de inversão de direção, mas simplesmente mudando para uma nova direção de maneira instantânea! Sim, os átomos podem saltar entre dois estados estáveis de movimento que têm *momentum* iguais e opostos, sem passar pelo estado de *momentum* zero que os separa – criando assim uma "inversão quântica".

Chegar ao Lado Reverso do Modelo e se tornar o Eu Unificado com a Alma acontece de maneira muito parecida. Em um instante, podemos começar a ver um mundo totalmente diferente e fazer escolhas em conformidade com isso.

Essencialmente, há sempre duas direções em que podemos olhar, e qualquer uma delas será verdadeira se seguirmos seu potencial particular de criação. Uma delas nos levará ao Lado Reverso do Modelo, e a outra, ao Lado Anverso. Podemos escolher, e o universo quântico nos apoiará totalmente nessa escolha. Não importa se subimos o mesmo morro a vida toda; nossa realidade pode mudar em um instante, se assim o escolhermos. E, como prova da inversão quântica, não precisamos nem mesmo chegar a esse ponto imóvel para realizar a virada!

A mente está muito envolvida na Inversão Quântica. A diferença entre esse método e outros que talvez você tenha estudado está no fato de que usamos a mente de uma maneira totalmente diferente – em estreita colaboração com o *corpo* e o espírito. Aqui, note a minha ênfase no *corpo*. Afinal, embora sejamos seres espirituais, viemos a este mundo tridimensional e ganhamos a posse de um corpo. Portanto, o corpo vai desempenhar um grande papel em nossa libertação da mente hiperativa e medrosa, e podemos e devemos usá-lo ao máximo em nosso despertar. Como veremos, a incorporação do Eu Unificado com a Alma envolve a construção de novos circuitos – circuitos dentro do corpo pelos quais a energia do Eu Unificado com a Alma pode fluir, e circuitos dentro do corpo e do Cérebro que permitem à mente perceber essa energia. Viver como o Eu Unificado com a Alma se resume a circuitos – ter a comunicação e os circuitos sensoriais operando para sentir, ancorar e ativar dentro do corpo a energia que é quem realmente somos.

É como se cada um de nós fosse uma cidade e o sistema nervoso fosse a rede elétrica. Não podemos "ver" os lugares onde não há fiação. As luzes da rua nessas áreas permanecerão apagadas até que nós, conscientemente, tragamos energia a elas e as iluminemos. Então a energia consciente fluirá lá e poderemos perceber o que está acontecendo naqueles lugares de uma nova maneira.

Alcançar esse estado ativado ou cheio de luz é um retorno à nossa natureza verdadeira. Espírito *é* luz. Como seres espirituais, somos literalmente *feitos* da energia de alta frequência chamada luz. A ciência hoje nos diz que até mesmo as células emitem luz quando realizam suas funções. Descobriu-se que os neurônios no cérebro e nos nervos espinhais produzem fótons (minúsculas partículas de luz que influenciam nossa própria estrutura atômica) quando enviam impulsos uns aos outros, comunicando-se por meio da luz. A luz canalizada por microtúbulos nos tecidos ajuda a ativar diferentes partes do Cérebro mais rapidamente do que as sinapses nervosas conseguem fazer o trabalho. Somos criaturas verdadeiramente surpreendentes e milagrosas... de energia luminosa!

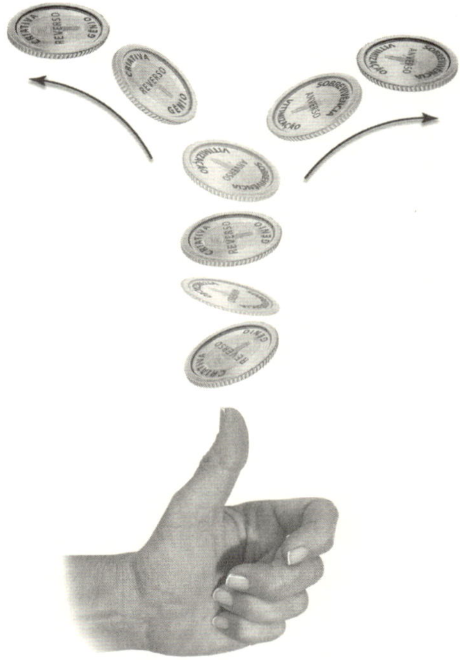

A INVERSÃO QUÂNTICA
(Duas Direções ao Mesmo Tempo)

A razão pela qual não conhecemos nossa própria divindade não é que não somos divinos. É que não temos os circuitos operando para *perceber* essa divindade. A falta de circuitos limita nossa capacidade de experimentar aspectos de nossa verdadeira natureza. Para incorporar nossa totalidade – para conhecê-la, senti-la e vivê-la –, temos de construir e ativar os circuitos no sistema nervoso para "acender as luzes". Faremos isso trabalhando diretamente com o sistema de energia

Quando realmente entendemos que tudo é energia, inclusive nós mesmos, começamos a ver e interagir com a vida abaixo do nível físico, material, nos níveis mais sutis da vida. Aqui, onde há fluidez e as coisas mudam e fluem, a mudança é mais facilmente acessível para nós. Aqui, temos o maior poder de criar uma vida que amamos de verdade.

A chave para uma experiência de vida plenamente empoderadora consiste em incorporar a energia que somos. Não devemos apenas nos iluminar para a verdade de quem somos enquanto seres de energia, mas também precisamos incorporar plenamente essa verdade. Nos próximos capítulos, veremos como o fato de estar incorporado nos dá acesso direto à intuição e como viver a partir da mente intuitiva, em vez da mente racional, manifesta uma vida guiada por nosso eu mais criativo. Veremos que esse não é apenas um caminho eficaz e confiável para obter uma mudança positiva e duradoura, mas também é o caminho mais rápido disponível para experimentarmos nossa totalidade aqui na forma física.

Com essa única chave, é possível destravar nossa capacidade criativa inata para transformar todos os aspectos de nossa experiência de vida – da saúde aos relacionamentos, do senso de identidade e propósito à contribuição que oferecemos ao planeta. No entanto, sem esse conhecimento, permanecemos aprisionados em uma visão e uma versão limitadas de nós mesmos, as quais estão trancafiadas em dificuldades, sofrimento e dor.

Como ativamos os circuitos para sentir, ancorar e ativar nossa verdadeira natureza, o Eu Unificado com a Alma? É para isso que servem os Códigos de Energia.

O Que São os Códigos de Energia?

Os Códigos de Energia são um conjunto de práticas que você pode realizar sozinho para gerar sua própria Inversão Quântica – sair da confusão, da aflição, da exaustão e da frustração para o empoderamento, a alegria, a clareza, o bem-estar e a expressão criativa. Essas práticas ensinarão a construir novos circuitos internos, que sustentam nossa verdadeira natureza como um ser de energia. Ao reestabelecer um fluxo natural de energia no corpo, criamos uma mudança em nossa identidade, da Personalidade Protetora ao Eu Unificado com a Alma.

Os Códigos de Energia oferecem as ferramentas para sentir e saber em nosso corpo, mente e espírito que tudo na vida é energia. Será possível viver abaixo do nível da mente e suas histórias, em seu âmago e longe do drama e da dor. Ver a vida a partir dessa perspectiva profunda e rica muda o significado de quase tudo com o que nos envolvemos. Ao trazer a percepção consciente para o corpo, descobrimos que os Códigos de Energia são incrivelmente firmes, o que nos permite perceber um nível mais elevado de consciência geral, como a árvore que aprofunda suas raízes para crescer mais alto.

Ao vivermos como o ser de energia que somos, conseguimos incorporar nosso verdadeiro dom ao mundo sem hesitação ou dúvida. Por exemplo, Jamie, uma aluna dos Códigos de Energia, agora é capaz de tomar decisões com graça e elegância por sua mãe idosa, com as quais costumava lutar dolorosamente. Muitos adolescentes usaram os Códigos de Energia para encontrar seu lugar no mundo e para interromper comportamentos destrutivos como vício em drogas, distúrbios alimentares e automutilação na tentativa de "sentir". A necessidade de se encaixar ou de pertencer diminui quando nos vemos e nos experimentamos como seres feitos de energia criativa e como líderes naturais, em vez de seguir a manada ou nos comparar com os outros. Com esse novo conhecimento de nós mesmos enquanto criadores, será possível experimentar uma paciência e uma presença jamais conhecidas antes e entrar na vida como os líderes que nunca imaginamos ser.

Praticar os Códigos de Energia também nos faz sentir bem! Trarei instruções de exercícios respiratórios e movimentos e meditações simples, mas eficazes, incluindo um pouco de yoga especializado, que fará com que a energia se mova em áreas do corpo – e da vida – onde ela está presa, causando dor e impedindo que experimentemos a versão mais verdadeira de nós mesmos. À medida que o fluxo de energia for restaurado, você começará a reconhecer várias mudanças positivas imediatamente. Estas podem incluir: melhorias e cura em disfunções e doenças mentais, emocionais e físicas; maior energia, motivação e clareza; equilíbrio e bem-estar em todas as áreas da vida; percepção de sua verdadeira natureza e a experiência de viver seu propósito divino. Em vez de "pensar" durante toda a vida, sentirá a si mesmo de forma muito clara a partir do fundo do seu âmago, entrando na vida como se fosse "o destino" e como se isso estivesse acontecendo a seu favor.

Mary, por exemplo, sentia que não estava no emprego certo para experimentar a verdadeira realização em sua vida. Estava cercada de pessoas que pareciam pouco inspiradas e falavam o dia todo sobre coisas que pareciam mesquinhas e negativas. Queria largar o emprego e seguir outra carreira que apoiasse seu desejo de crescer e evoluir. Agora que ela pratica os Códigos de Energia, percebe que sua prática espiritual pode ser encontrada *dentro* de sua vocação atual e experimenta uma profunda satisfação cada vez que realiza uma das práticas no meio do dia. Ela agora sabe que tudo em sua vida está trabalhando para seu próprio despertar. Essa mudança de perspectiva muda sua interpretação do que vê e, portanto, do que ocupa seu tempo e pensamentos.

Espírito é poder – a maior força da natureza – e somos esse espírito. Os Códigos de Energia não nos transformarão em algo que não somos; eles simplesmente nos ajudarão a expressar a grandeza inexplorada que já temos dentro de nós!

Os Códigos de Energia trabalham com energia, e já os vi intensificar os tremendos benefícios de outras metodologias baseadas em energia, como acupuntura, quiropraxia, terapia craniossacral, osteopatia, Reiki, acupressão, Rolfing, reflexologia, liberação miofascial e massagem, em minha própria carteira de pacientes e nas clínicas de médicos, enfermeiros, psicólogos que operam com base na energia e praticantes dessas modalidades que estão em meu grupo de alunos. No entanto, meu objetivo não é *apenas* melhorar sua saúde e seu bem-estar, e certamente não se limita a "consertar" algo que aparentemente está faltando ou que está quebrado em sua vida. Os Códigos de Energia vão além, acionando a Inversão Quântica e catapultando o leitor para o Lado Reverso do Modelo para viver como um ser de energia consciente e desperto, e ajudar a sustentá-lo nessa nova maneira de viver.

Em outras palavras, este livro não trata de usar a mente para compreender, em um nível de história, a verdade sobre quem somos. E não se trata apenas de iluminação. Tampouco se trata simplesmente de cura.

Trata-se de *incorporar* e de viver *como* o ser de energia do gênio criativo que *somos*. Isso mudará radicalmente como você experimenta e cria em todas as áreas de sua vida.

O estado da sua energia tem um efeito direto na sua perspectiva e no estado de sua vida. Sei disso porque vivo isso e também porque vejo isso claramente em ação na vida de outras pessoas. O mesmo é verdade sobre você. Embora nossa perspectiva de Inversão Quântica para o Lado Reverso do Modelo, vivendo como o Eu Unificado com a Alma, não aconteça intelectualmente só com a mente, abrir a mente para uma realidade diferente e uma nova visão de mundo faz parte do processo. Tivemos um bom começo aqui no Capítulo 1 e continuaremos no Capítulo 2.

Capítulo 2

Seu Papel na Criação da Própria Vida

No Capítulo 1, aprendemos que somos energia. Essa energia é a nossa verdadeira natureza. Esse ser de energia é quem realmente somos. E aprendemos que o grau em que sabemos que somos energia e *vivemos desse conhecimento* determina a quantidade de dor – ou felicidade – na qual passaremos a vida. Neste capítulo, mostrarei por que isso é verdade. Veremos que, como seres de energia, somos os únicos criadores da nossa experiência de vida e como, abordando a vida no nível da energia e não no nível psicológico/mental da "história", podemos criar uma vida que realmente amamos.

Parte de fazer a Inversão Quântica da Personalidade Protetora para o Eu Unificado com a Alma é *identificar-se como* o Eu Unificado com a Alma. Para fazer isso, precisamos primeiro nos conscientizar de que existe uma realidade energética acontecendo abaixo do nível da história de nossa vida. Com o objetivo de ajudar a abrir a mente para essa realidade mais profunda e prepará-lo para o trabalho envolvido na realização da Inversão Quântica, que faremos na Parte 2, vou compartilhar os *insights* e verdades fundamentais que encontrei ao longo do caminho.

Somos parte de uma verdade maior, de um estado de ser maior do que nós geralmente percebemos. Isso nos foi ensinado desde o início dos tempos, mas embora muitas culturas indígenas vivam essa verdade, nossas estruturas religiosas, culturais e sociais modernas nos afastaram dessa realidade espiritual/energética conectada. A ciência quântica apoiou esse conhecimento provando que estamos todos conectados uns aos outros, à Terra e ao mundo físico. Agora é nosso trabalho cultural e espiritual alcançar essa ciência e *viver como* verdadeiros seres de energia, com o profundo conhecimento de que a energia é tudo o que existe. De diversas maneiras, essa percepção é o elo perdido que muitos de nós procuramos o tempo todo! Felizmente, chegou a hora de conhecer e viver essa verdade.

Embora a ciência por trás de tudo isso possa ser complicada, vou mantê-la bem simples. Destilei os princípios mais importantes numa série de verdades que chamo de Cinco Verdades dos Códigos de Energia. Elas foram úteis para mim nos anos em que estava buscando e encontrando minha verdadeira natureza como um ser de energia. Espero que elas também o ajudem a se familiarizar com o seu verdadeiro eu.

As Cinco Verdades são:

1. Tudo é energia.
2. Nossa vida é reflexo de nossa energia.
3. Somos criadores da nossa vida.
4. Nossa criação – a vida – está sempre em expansão.
5. O propósito da vida é descobrir nosso poder de criação.

Vamos analisar essas verdades um pouco mais de perto.

Verdade nº 1: Tudo É Energia

Tudo o que compõe o universo inteiro é apenas energia de comprimentos de onda variados, vibrando em diferentes frequências. As frequências mais altas são luz pura, variando de não visíveis a visíveis ao olho humano. As frequências sonoras são apenas versões mais condensadas da mesma energia. Nossos pensamentos e emoções são apenas frequências vibratórias diferentes, e mesmo a forma física nada mais é do que energia comprimida. O que experimentamos como pensamentos "positivos" são padrões de energia mais abertos e espaçosos, enquanto os padrões de energia de pensamentos "negativos" são mais densos. Mais tarde, aprenderemos como usar cada um desses padrões a nosso favor no gerenciamento dos seus efeitos em nossa vida.

O corpo físico é composto de um número infinito de frequências diferentes. Os cinco principais sistemas circulatórios do corpo – respiratório, hormonal, imunológico, cardiovascular e digestivo – existem como frequências únicas no espectro de energia, por sua vez diferentes das frequências dos órgãos individuais que os compõem.

Existem campos de energia específicos em todos os níveis da vida, desde o nível de um organismo inteiro até os diversos sistemas do corpo, dos órgãos e glândulas que compõem esses sistemas até as células, moléculas, átomos e partículas subatômicas dentro de cada órgão. Então, novamente, tudo no mundo – o que podemos ver e o que não podemos ver – é, em essência, energia e está vibrando em uma determinada frequência ou comprimento de onda.

Se tudo é energia, isso significa que não há nada que *não* seja energia. E *isso* quer dizer que nada existe isoladamente; não há separação entre as coisas. Tudo existe naquilo que meu colega, o pesquisador biofísico dr. James Oschman, em seu livro *Energy Medicine: The Scientific Basis* [Medicina Energética: A Base Científica], chama de matriz viva – em camadas de interconexão. No nível mais real e verdadeiro, tudo está conectado com tudo em um grande campo unificado.

O que acho *mais* surpreendente é que, como essas camadas individuais de energia estão conectadas por vias de comunicação, cada camada sabe o que todas as outras estão "fazendo". Somos um sistema unificado de energias e, neste livro, aprenderemos a explorar sua frequência comum sob a superfície e despertar para o fato magnífico de que estamos conectados a todo um universo e fazemos parte dele pois somos feitos dessa mesma energia sutil.

Muitas vezes vemos a nós mesmos e nossa atividade como itens isolados, acreditando que o que pensamos ou fazemos não tem efeito sobre nada ou ninguém – quando a verdade é que, por meio dessa matriz, rede ou campo unificado, *tudo está conectado* e *tudo afeta tudo*. No nível mais fundamental do nosso ser, somos todos um. Isso significa que o que cada um de nós faz é *importante* – o que fazemos em uma área de nossa vida afeta *todas* as áreas da vida, e tudo o que fazemos exerce algum impacto sobre todos e sobre tudo. Isso também significa que, embora a mente prefira acreditar que está separada e sozinha, nossos recursos são muito mais abrangentes do que imaginávamos anteriormente.

A ciência vem verificando essa interconexão há anos. Uma das experiências mais essenciais para minha própria compreensão desse assunto foi assistir a um vídeo de pesquisa da dra. Valerie Hunt, professora emérita de ciências fisiológicas na UCLA, em um dos seminários de meu pai. Usando Kirlian ou eletrofotografia, a experiência mostrou que o biocampo de uma pessoa – o campo de energia dentro e ao redor do corpo dessa pessoa – formava diferentes padrões e frequências em resposta aos pensamentos e ações do indivíduo. Se, por exemplo, alguém comesse alimentos energéticos, integrais e saudáveis, como frutas e hortaliças, seu campo era grande e robusto; com comidas não saudáveis, seu campo tornava-se quase indetectável. Quando o cachorro de um participante do estudo entrava na sala, seu campo crescia e acompanhava o animal enquanto ele corria ao seu redor. Quando uma pessoa entoava "*Om*", seu campo aumentava dez vezes. Esse filme mostrou que nosso campo de energia pessoal está fluindo em uma certa frequência vibracional, e que a frequência muda com base em nossa própria atividade interna (pensamentos, sentimentos, comportamentos etc.) e de acordo com tudo com que entramos em contato no ambiente externo. Essas descobertas foram validadas e aprimoradas atualmente com pesquisas contínuas e o desenvolvimento de tecnologias tais como dispositivos de terapia de campo eletromagnético como o EEG e o SQUID (dispositivo de interferência quântica supercondutora), entre outros, que monitoram e medem com ainda mais detalhes essa substância chamada energia, da qual somos feitos e na qual nadamos.

A influência ou troca energética funciona como uma via de mão dupla – nossa energia, nossa presença, tem um efeito no mundo ao nosso redor e dentro de nós. Meus amigos e colegas do HeartMath Institute compartilham pesquisas que demonstram que podemos mudar nosso DNA (um aspecto ou frequência vibracional de nosso sistema) com emoção (uma frequência vibracional diferente dentro de nosso sistema). Com raiva, ira e ódio, a molécula de DNA se comprime em comprimento. Com amor, compaixão e alegria, ela se expande. Assim, a frequência vibracional das emoções terá um impacto direto no corpo físico ou na saúde.

Outro exemplo vem do físico russo Vladimir Poponin, que demonstrou, na década de 1990, que nosso DNA tem um efeito sobre o ambiente ao seu redor simplesmente pela sua presença. Um vácuo foi criado tomando-se um tubo de ensaio e removendo todo o ar até que nada restasse dentro dele, exceto alguns fótons (que estão entre as menores partículas de matéria/energia existentes no mundo físico) distribuídos aleatoriamente. Quando um espécime de DNA humano foi colocado nesse vácuo, os fótons responderam mudando o posicionamento de acordo com a molécula de DNA. Mesmo quando o DNA foi posteriormente removido do vácuo, os fótons permaneceram nas mesmas posições, revelando que temos um efeito no mundo apenas por estarmos aqui. É dessa maneira que a humanidade criou a "realidade" – por meio do arranjo de fótons ao longo dos milênios.

Assim, as energias estão sempre afetando umas às outras em uma troca constante. A vibração de um determinado campo de energia afeta todas as coisas que vibram em tal nível. Eis um exemplo: se temos duas guitarras em extremidades opostas de uma sala e que estejam em sintonia uma com a outra, e uma pessoa dedilha a corda Sol de uma das guitarras, a corda Sol da outra também vibrará. Essa mesma dinâmica acontece fisicamente entre os seres humanos. E também acontece entre diferentes aspectos, ou frequências, dentro de nós. Os Códigos de Energia o ajudarão a aprender como permitir que esses aspectos trabalhem juntos em um gênio coletivo, com cada sistema apoiando os outros para o seu maior bem-estar.

A dra. Valerie Hunt, da UCLA, foi a primeira a descobrir a relação entre as mudanças em nosso biocampo e em nossa saúde, e ela determinou que problemas no corpo efetivamente começam no campo de energia. "Até agora", disse ela, "muitas doenças humanas foram caracterizadas como 'etiologia desconhecida'. Em outras palavras, a causa da doença não pôde ser determinada e, portanto, o único tratamento possível era o alívio dos sintomas. Mas os sintomas fisiológicos aparecem por causa da perturbação do campo. Se corrigirmos a perturbação no campo, os sintomas desaparecem e somos curados. Se tratarmos os sintomas diretamente, então, quando uma situação estressante agravar mais uma vez a energia incoerente que é a fonte do problema, a condição da doença retornará."

O campo bioenergético é, na verdade, um modelo energético que determina o que acontece no corpo físico. Existem até evidências de que uma interferência no campo de energia precede e até prediz uma lesão – isso significa que pode haver uma interrupção no campo de energia de uma pessoa e *então* a pessoa, por exemplo, desceria do meio-fio e fraturaria o tornozelo – e que até mesmo "acidentes" não são apenas eventos aleatórios. Toda essa ciência explora e dá acesso ao conhecimento profundo que carreguei durante toda a minha vida – um conhecimento que você também carrega dentro de si.

Então, para resumir: tudo está conectado energeticamente. Os pensamentos e emoções que escolhemos têm um impacto direto em nosso próprio DNA e na função celular. Nosso DNA afeta o mundo ao nosso redor; portanto, exercemos um impacto na realidade que vivemos. Nós *criamos* essa realidade moldando sua expressão por meio das frequências vibratórias emitidas por nossos pensamentos e emoções. Incrível, não é? E, no entanto, quando exploramos e temos acesso ao nosso conhecimento mais profundo, isso faz todo o sentido.

Verdade nº 2: Nossa Vida É Reflexo de Nossa Energia

A vida é um reflexo de nossa própria consciência. Em outras palavras, encontramos aquilo que procuramos. Quando eu estava trabalhando com pacientes e com os padrões e atitudes de seu sintomas, podia enxergar isso de maneira intensa e profunda.

Agora que consigo perceber ativamente a realidade sutil, energética, manifestando-se abaixo da superfície, é fascinante observar que os campos de energia das pessoas vibram de diferentes maneiras conforme elas se entregam às suas rotinas diárias. Eu observava meus pacientes para constatar se os seus sintomas coincidiam com as perturbações que eu notava em seus campos de energia. Examinava entre cinquenta e sessenta pacientes em um dia de dez horas, e assim conseguia reunir metodicamente muita informação significativa.

Tudo o que eu via e sentia afirmava que éramos energia inteligente, responsiva, que vibra de diferentes maneiras, dependendo de nossos pensamentos e emoções. Podia ver, por exemplo, que quando alguém era inspirado pelo que estávamos discutindo, sua energia vibrava emitindo brilho e vitalidade. Se alguém estivesse falando sobre fazer alguma coisa que essa pessoa "tinha de fazer", sua energia tornava-se insignificante, muito pouco intensa. Também conseguia dizer se alguém estava nervoso ou se estava dizendo algo diferente de como realmente se sentia, pois o seu campo energético oscilava. Em vez de captar tudo isso a partir da linguagem corporal ou do tom e das flutuações da voz, eu literalmente *via* essa dinâmica como mudanças vibracionais no campo de energia da pessoa, onde as cores e os padrões ondulatórios mudavam.

À medida que minha experiência crescia, notava padrões distintos na energia. Por exemplo, o campo de energia de uma pessoa "vitimizada", presa em suas circunstâncias, que mantinha a perspectiva de que ela era incapaz de mudar sua vida ou seus relacionamentos, se apresentaria delgado e disperso a cerca de 60 cm da superfície de seu corpo. Isso mostrava em flagrante contraste com o espesso e robusto campo de energia que se estendia por vários metros em torno de um indivíduo que se sentia autenticamente confiante e decidido a entrar em seu poder e a tomar iniciativa. Um terceiro padrão que notei, embora fosse menos frequente, foi o enorme e poderoso sistema de energia circulante que se manifestava em alguém que parecia feliz, alegre, de coração aberto e inspirado. Centrados no âmago de seu corpo, os campos de energia dessas pessoas às vezes se estendiam até mais alto que o teto da sala e se sobrepunham aos de outras pessoas ao redor delas. Era como se eu pudesse ver, através do eu físico dessas pessoas, sua verdadeira essência, e ver efetivamente a perspectiva que elas aplicavam às próprias vidas.

Ao observar esses três padrões gerais repetidas vezes, tomei ciência de um espectro de padrões de energia e as perspectivas de vida que correspondiam a eles. Foi assim que descobri o Modelo do Despertar. Se a energia de uma pessoa estava dispersa e na superfície de seu campo – ou, ao contrário, se era integrada, fluente e centralizada no cerne – ela parecia refletir diretamente (e mais tarde percebi que até mesmo *determinava*) se essa pessoa vivia na Lado Anverso do Modelo ou Lado Reverso do Modelo. Em outras palavras, quanto mais unificado o campo de energia estava em seu núcleo, mais desperta a pessoa era para a sua verdadeira natureza e poder.

Este foi um emocionante avanço na minha compreensão do que é preciso para fazer a mudança da Personalidade Protetora para o Eu Unificado com a Alma. Se pudéssemos mudar *conscientemente* nosso padrão de energia de disperso para unificado, pensei, poderíamos construir *conscientemente* os circuitos para experimentar a nós mesmos como o Eu Unificado com a Alma.

A energia dispersa é a energia que não está fluindo de forma uniforme ou poderosa. Pense no que aconteceria se jogássemos um punhado de pedras em um córrego de fluxo rápido. A água iria "espirrar" em todas as direções. Poderia ocorrer até empoçamentos fora do fluxo principal. Essa dispersão geraria fraqueza no *momentum* global da água; parte dela fluiria lentamente em torno dos obstáculos, que agiriam como uma barragem no córrego, em vez de se mover rapidamente. As pedras interferentes são como "travamento", "densidade", "bloqueio" ou "impureza" em seu campo de energia. Coletivamente, elas criam "interferência", que é um subproduto de um fluxo de energia reduzido e lento, que não consegue manter *momentum* suficiente para sustentar a saúde e a vitalidade em nosso corpo e vida. Esse é também um exemplo de uma falta de circuitos passando através da área em que o fluxo é bloqueado. Se os circuitos estivessem lá, a energia fluiria.

Ao reverter esse processo, temos a natureza do nosso lado. Nossa energia se parece mais com mercúrio, um metal líquido, do que com água. Imagine que voltamos a uma aula de química e deixamos cair um pequeno frasco de mercúrio. O metal se espalharia em todas as direções e formaria pequenos glóbulos e gotículas. No entanto, quando rolamos esses glóbulos de mercúrio na direção dos outros, eles se fundem de imediato em um aglomerado maior de mercúrio. Como o mercúrio, nossa energia *quer* se reencontrar e coopera prontamente com nossas tentativas de nos "recompormos".

Agora, imagine esse mercúrio líquido fluindo em uma corrente espessa, robusta, recomposta. Nosso sistema de energia é planejado para fazer a mesma coisa, mas, assim como as gotículas de mercúrio requerem um empurrãozinho na direção correta, nossa energia requer algo que se pareça com um caminho a seguir. Aprenderemos a criar esses caminhos ou circuitos e sentir e conduzir seu campo de energia de volta para um fluxo unificado. (Falaremos mais sobre isso no Capítulo 3, quando fizermos um *tour* pelo sistema de energia do corpo.)

O "esparramamento" ou dispersão de energia ocorre quando experimentamos traumas, medos e julgamentos, bem como rejeição. Sentimos rejeição de maneira consciente ou subconsciente quando não gostamos de eventos ou resultados ou outros elementos da vida. Sempre que somos expostos a algo maior do que aquilo que podemos compreender – algo esmagador, tremendamente perturbador ou assustador – ou quando não conseguimos aceitar, processar e fluir com a vida conforme ela acontece, nós nos "esparramamos". Como o córrego que, de súbito, se enche de pedras, nossos processos não conseguem continuar. A mente para e a energia não flui mais. Essas respostas de resistência e rejeição, geralmente na forma de pensamentos e emoções, criam densidades energéticas de vibração mais baixa dentro do nosso sistema. Então, como a energia é o modelo para a vida, essas densidades criam bloqueios e disfunções na consciência e no mundo físico. Essas densidades podem se apresentar como "pedras" no fluxo de energia, o ímpeto para um esparramamento (e é fácil compreendê-las dessa maneira), mas na verdade elas são pontos cegos em nossa consciência, onde ainda não despertamos para o Eu Unificado com a Alma. Quando voltamos a atenção para esses pontos cegos usando as ferramentas dos Códigos de Energia, trazemos essas partes dispersas de nós mesmos de volta para a integração com todo o campo.

Meu desenho simples do Homem-Energia demonstra o campo de energia como eu o vejo quando estou trabalhando com pacientes. Acredito que ele ajudará a explicar esse conceito ainda melhor.

ESTRUTURA DO HOMEM-ENERGIA

O sistema humano é composto de muitas variações de bandas de energia. Para os propósitos deste livro, discutiremos cinco níveis primários, ou camadas primárias, começando do lado de fora e trabalhando para dentro, em direção ao corpo físico. Elas são:

1. O corpo espiritual, nossa natureza básica ou energia pura
2. O corpo mental, compreendendo nossos pensamentos e crenças etc.
3. O corpo emocional/sentimental, a frequência dentro da qual sentimos
4. O modelo etérico, onde reside o sistema dos chakras; e
5. O corpo físico, nosso veículo aqui na terra

Na filosofia do yoga, essas camadas correspondem (em ordem inversa) aos *koshas* ou "invólucros" descritos no Upanishade Taittiriya. Eu não conhecia essa estrutura tradicional quando comecei a trabalhar com essas energias, mas fiquei encantada, anos depois, ao descobrir que textos antigos validavam cada uma das minhas descobertas, e as práticas que desenvolvi.

Essas energias tornam-se cada vez mais densas (ou mais concentradas), e seus comprimentos de onda diminuem; cada camada exerce um impacto sobre a camada abaixo dela. Observe que a primeira camada – o corpo espiritual ou de energia pura – situa-se abaixo e se expande ao longo de todas as outras camadas e, em última análise, influencia todo o sistema. Até mesmo o corpo físico denso é apenas uma versão comprimida do corpo espiritual; portanto, quando começamos a despertar as energias do corpo espiritual, todo o sistema é afetado. Isso ativa a remissão espontânea e as curas milagrosas sobre as quais ouvimos e lemos, e é nosso propósito e foco aprender a trabalhar diretamente com nossa anatomia da energia sutil.

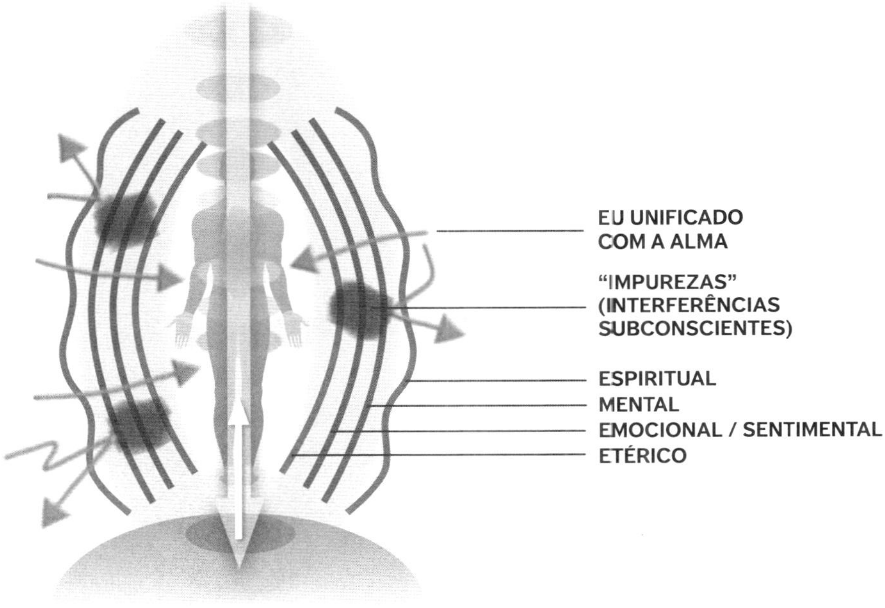

HOMEM-ENERGIA

No diagrama, vemos que o objetivo aqui é fazer com que a camada externa, a vibração mais elevada da energia consciente – nossa verdadeira essência como Eu Unificado com a Alma – ingresse em nosso corpo físico totalmente desperto, criando a presença de energia consciente em nosso âmago. Isto é a corporificação, na qual comprimimos plenamente nossa essência, nossa divindade, em uma forma mais compacta, até que ela se torne física e que passemos a *viver* como o Eu Unificado com a Alma. Interferências energéticas, bloqueios ou impurezas – que podem ocorrer nas camadas mental e/ou emocional por causa de rejeição, resistência ao que está acontecendo ou incapacidade de processar as circunstâncias da vida – impedem que a energia fundamental pura complete sua jornada. Essas impurezas (bloqueios feitos de energias densas) ocorrem onde a mente não pode perceber nossa verdadeira natureza.

Bloqueios representam locais onde não estamos despertos como o Eu Unificado com a Alma. Esse "esparramamento" é a Personalidade Protetora. Quanto mais dispersa estiver nossa energia, e quanto mais densidades houver em nosso sistema, mais voltaremos os olhos externamente aos nossos sensos de identidade e de totalidade. Isso só produz medo e estresse. Por outro lado, quanto mais unificada e integrada for a energia dentro de seu sistema – quando, por exemplo, simplesmente abraçamos o que está acontecendo em nossa vida –, mais experimentamos inerentemente a totalidade e vivemos em paz, harmonia e graça, independentemente das circunstâncias externas.

UMA SURPRESA NA ÍNDIA

Minha primeira viagem à Índia mostrou-me essa verdade de uma maneira inesperada. Logo depois que experimentei meu primeiro despertar, compartilhei, com o assistente da professora do grupo de meditação que acabara de encontrar, algumas das experiências multidimensionais que tive. Expliquei como tinha visto, em cores, outros mundos que não são vistos em nosso próprio mundo, assim como vi os tecidos "dentro" do meu próprio corpo e cérebro se tornarem iluminados e visíveis, e experimentei uma profundidade de campo com minha visão externa que fazia as coisas parecerem quase transparentes quando olhava para elas, como se algo no ar ao redor dos objetos estivesse dançando em sua superfície. Também experimentei o que mais tarde descobri ser algo conhecido como Pérola Azul, uma visão da realidade através da lente de um estado de consciência altamente elevado. Como resultado, integrei um pequeno contingente convidado pela líder do grupo para visitá-la em sua casa na Índia, na pequena cidade de Puttaparthi, uma das casas e *ashrams* do guru Sathya Sai Baba. Aceitei com alegria. Sabia que alguma coisa grande me esperava nessa aventura do outro lado do mundo.

Parti para a viagem pensando que poderia usar um pouco do meu próprio conhecimento de cura para ajudar as pessoas que encontraria, enquanto também aprenderia tudo o que pudesse a respeito do novo domínio que estava se abrindo para mim. No entanto, para minha grande surpresa, as pessoas que, a meu ver, estariam lá para serem ajudadas tinham algo que eu ainda não tinha completamente. A maioria dos aldeões de Puttaparthi não possuía nada de valor material. E também pareciam *não querer nada*. Mas cada um tinha uma alma profundamente aberta.

As pessoas que trabalhavam nas lojinhas ou que andavam pelas ruas indo visitar outras pessoas ou comprar alimentos e outros artigos básicos irradiavam uma essência tão bela, cálida e presente que era uma delícia experimentá-la. A conexão de coração para coração que vinha por meio de seu contato visual direto e inabalável era mais do que eu poderia encontrar ao longo dos dias ou mesmo semanas em casa nos Estados Unidos, e ainda assim estava lá, por toda parte para onde eu visse. Elas estavam conectadas ao que mais importava: viver a partir do eu verdadeiro. Por isso, e ainda que tivessem motivos para sentir de outro modo, as pessoas não estavam atoladas com impurezas em seus campos de energia. Estavam vivendo suas vidas como seres espirituais, ainda vibrando com a natureza. Independentemente da carência ostensiva em seu mundo exterior, estavam em paz. Reconheci sua presença como uma grande dádiva, modelando a vibração que experimentava em meu estado exaltado e que todos nós podemos experimentar se nos lembrarmos como.

No Eu Unificado com a Alma, não há impurezas ou bloqueio energético. Em nosso estado verdadeiro, a mente está plenamente consciente de que somos perfeitos, totais e completos. E quando a energia está no padrão do Eu Unificado com a Alma, temos uma experiência contínua dessa totalidade nos níveis mental, emocional e físico; conhecemos isso como bem-estar absoluto.

Onde quer que resida a interferência ou impureza é a camada em que teremos "problemas" ou nos sentiremos estagnados na vida. Se a impureza está, por exemplo, na camada mental ou na emocional, vamos interpretar motivações e eventos como se estivéssemos no Lado Anverso do Modelo. Nos envolveremos em discussões, sentindo como se estivéssemos "certos", o que pode impedir a conexão íntima. Ficaremos perplexos ao questionar por que o mundo é tão cruel e insensível; nos sentiremos magoados, desapontados ou desiludidos até a exaustão. Estaremos sofrendo. Como a interferência em uma camada afeta todas as camadas abaixo dela, a impureza nos níveis mental e emocional pode levar a problemas na camada física do corpo, como lesões físicas, distúrbios ou doenças. Era disso que a dra. Hunt estava falando em sua pesquisa, e isso confirma a realidade da conexão mente-corpo.

Reconhecer *onde* nossa energia está dispersa é a chave para curar qualquer área "problemática" que possamos ter. Na Parte 2, fornecerei as ferramentas para descobrir isso e integrar essa energia dispersa a fim de que possa experimentar o absoluto bem-estar que lhe é disponível.

Por enquanto, porém, realmente gostaria que meus leitores apreendessem a ideia de que quanto mais dispersa está sua energia, mais perturbada, confusa e dolorosa será sua experiência de vida. Se, ao contrário, quanto mais integrada ou unificada for sua energia, mais no comando, mais à vontade e mais alegres ficarão. E quanto mais perto do núcleo movemos essa energia dispersa, mais poder pessoal teremos.

Também quero que saiba que, inequivocamente, temos a capacidade de integrar – de curar – o que está desestabilizado em nosso sistema, o que nos leva à nossa próxima verdade...

Verdade nº 3: Somos Criadores da Nossa Vida

Karen, uma das minhas pacientes, e eu estávamos conversando antes de sua sessão de tratamento certo dia em meu escritório. Ela me disse que recentemente sofrera um acidente de carro e, como resultado, tinha dores insuportáveis no pescoço e nos ombros. Para começar, era um tipo de personalidade estressada, e isso, em suas palavras, "estava fazendo com que perdesse o controle". Enquanto falava, via sua energia se dispersar para além de seu corpo, aparentemente desconectada de qualquer coisa. Ela chorou quando me contou como ficara assustada quando viu que o caminhão estava prestes a colidir com ela. Coloquei minha mão gentilmente em seu ombro – e, enquanto a tocava, seu campo de energia começou a se estabilizar um pouco. Vendo isso, interrompi a consulta e pedi que se deitasse na mesa de tratamento.

Vendo onde sua energia não estava fluindo – onde estava dispersa ou bloqueada – coloquei minhas mãos sobre seu coração e estômago. A energia ali começou a mudar. Quando ela focou sua atenção em minhas mãos, a energia se intensificou ainda mais nesses locais. Relatou que se sentia mais calma, e testemunhei seu sistema se estabilizando. Quando removi as mãos e novamente perguntei sobre o acidente, sua energia instantaneamente se dispersou em um padrão de esparramamento. Então, pedi para se lembrar de quando coloquei minhas mãos em seu coração e estômago, e que agora recriasse esse sentimento para si. Ao fazer isso, ela conseguiu trazer a própria energia de volta para seu âmago.

Todos nós temos essa capacidade de administrar, ou gerenciar, a energia que flui através de nosso sistema e torná-la mais unificada. É isso o que os Códigos de Energia ensinam a fazer. Todos nós também temos a capacidade de, inconscientemente, dispersar nossa energia com os alimentos que ingerimos, os pensamentos que pensamos, a maneira como tratamos os outros, os relacionamentos que temos. Nossas experiências também afetam nossa energia, a qual, por sua vez, cria nossa próxima experiência.

Por meio do laço de realimentação, criamos nossa própria realidade; e somos os criadores de nossa própria vida. Esta é uma das ideias mais importantes que podemos adotar a respeito de nós mesmo. Quando o fazemos, ela nos proporciona uma tremenda liberdade e poder.

Como funciona essa dinâmica? Para compreendê-la, precisamos voltar a atenção para um aspecto simples de nosso sistema energético: o fóton, uma das menores partículas que se conhece no mundo quântico, tão pequeno, de fato, que é considerado totalmente *desprovido* de massa. Pense no fóton como o poderoso limiar entre a energia e a matéria. É literalmente pensado como energia, mas pode ser medido como uma partícula de energia quântica. Quando testado para ver se é massa física, ele testa como se fosse. Quando testado para ver se é energia, ele se comporta como tal. Ele responde às nossas expectativas e pensamentos, tanto conscientes como subconscientes.

DENSIDADE DE FÓTONS E O NÚCLEO QUÂNTICO

Quando falamos do nosso padrão de energia, estamos realmente nos referindo ao arranjo de fótons dentro de nosso sistema humano ou biocampo. E quando dizemos que temos a capacidade para administrar ou gerenciar nossa energia, estamos nos referindo à nossa capacidade para mover fótons e os elétrons que eles influenciam – de modo a mudar seu arranjo – dentro de nosso campo. Nosso corpo físico torna-se um reflexo de nosso padrão de fótons e elétrons.

Uma das maneiras de fazer isso é por meio da atenção da mente. Talvez já tenha ouvido falar que a focalização cria a realidade. Bem, aqui está a dinâmica por trás disso: a *densidade de fótons* aumenta naquilo em que focalizamos a atenção. Em outras palavras, quando colocamos a atenção da mente, ou a percepção, em algo, nossa atenção reorganiza fótons no nível energético. Nossas intenções tornam-se mais "reais" ou presentes no mundo físico quando os fótons e outras partículas subatômicas se organizam de acordo com esse pensamento focalizado. Portanto, onde nós colocamos nossa atenção determina onde reunimos e coletamos energia – em outras palavras, onde colocamos nosso poder criativo. Se reunirmos mais energia no mundo exterior, nos tornamos dependentes do mundo exterior para nossos laços de realimentação e nosso senso de identidade; mas se nos nutrirmos mais em nosso espaço central profundo, podemos sentir ali, e ali intensificar nossa percepção, com um sentido maior de segurança e bem-estar.

A propósito, esse é o fenômeno que está por trás da Lei da Atração – o princípio metafísico que afirma que as energias de seus pensamentos, emoções, palavras e ações atraem energias semelhantes para o âmbito de sua vida. A chave, muitas vezes negligenciada, para se manifestar dessa maneira está no fato de que o arranjo de fótons e elétrons – aquilo que criamos – é determinado não apenas por nosso foco consciente (sobre o que estamos pensando ou prestando atenção conscientemente), mas também pelo que está acontecendo na mente subconsciente (do que estamos, por definição, inconscientes). Examinaremos isso com detalhes mais adiante neste livro.

Por enquanto, pense desta maneira: se não tivermos uma percepção de nossa totalidade, de nossa natureza verdadeira e bem-estar, nosso foco se move para fora à procura de orientação e proteção. Construímos a capacidade de perceber o que está lá fora, mas estamos dispersos. Para obter uma percepção de nossa totalidade, de nossa verdadeira natureza e bem-estar, precisamos dirigir nossa atenção para dentro, para o núcleo, a fim de atrair mais foco para esse lugar e, possivelmente, criar um padrão quântico mais denso. Concentrando nossa energia de tal maneira que o sistema nervoso sensorial possa começar a captar nossa verdadeira presença no local de nossa sabedoria central profunda, podemos nos sentir novamente como uma totalidade.

A história que contei sobre minha paciente Karen é um bom exemplo. Quando ela se concentrou na memória de seu acidente e reviveu o terror que sentira, sua energia se fragmentou e dispersou para as bordas externas de seu campo. Quando coloquei minhas mãos sobre ela e pedi que trouxesse seu foco para lá, foi como se a densidade de fótons aumentasse no núcleo de seu corpo. Seu sistema nervoso sensorial podia perceber sua energia voltando "para casa", o que fez com que ela se acalmasse. Quando soube onde colocar sua atenção, foi capaz de fazer isso sozinha.

Isso novamente nos mostra a principal diferença, nos padrões de energia, entre a Personalidade Protetora e o Eu Unificado com a Alma. Como Personalidade Protetora, não podemos sentir ou conhecer nossa totalidade; considerando que a Personalidade Protetora baseia-se na parcialidade, não nos sentimos completos ou seguros. A mente, nessa perspectiva, é temerosa e analisa o mundo exterior em busca de deslizes ou ameaças. A mente é focada externamente, e assim nossa energia se dispersa para fora, para longe do nosso núcleo. Ao viver no Eu Unificado com a Alma, nossa energia é focalizada para dentro e concentrada em nosso núcleo, onde nos percebemos como seres de energia, inteiros e completos.

Para intensificar a percepção de nosso Eu Unificado com a Alma na *vida*, precisamos intensificar a percepção dele em nosso *corpo e em nosso biocampo*. Portanto, queremos intensificar a densidade de fótons do Eu Unificado com a Alma colocando a atenção da mente em nosso âmago. Queremos deixar de focalizar externamente para focalizar internamente – de olhar para fora de nós mesmos a fim de sentir como outras pessoas nos percebem, e passar a olhar para dentro de nós mesmos a fim de perceber e *sentir* quem realmente somos. Só então despertamos e nos *tornamos* quem realmente somos.

PADRÃO DA PERSONALIDADE PROTETORA

PADRÃO DO EU UNIFICADO COM A ALMA

Eis outro diagrama simples para ajudar essa ilustração. Pense nele como uma seção transversal de um biocampo humano, com uma camada externa contendo quantidades variadas de impureza energética e um núcleo interior que é a nossa verdadeira essência. Quanto mais nosso foco é exterior – isto é, quanto mais deslocamos nossa energia essencial para a superfície do nosso ser – mais impurezas ou densidades permitimos, e mais espessa essa camada exterior se tornará. À medida que nossa camada externa fica mais espessa, o núcleo – a sede do Eu Unificado com a Alma – torna-se menor. Nosso objetivo então é duplo: resolver as impurezas ou as densidades na camada externa e engrossar ou aumentar a densidade do núcleo.

Essa é outra maneira de ver a progressão ao longo do Modelo do Despertar: a partir do estado temeroso e sintomático da Personalidade Protetora até a vida graciosa e livre de dor do Eu Unificado com a Alma. Quanto mais dispersão ou impurezas temos, menos conhecemos e nos identificamos com nossa verdadeira natureza, e mais temos dificuldades na vida. Quanto mais intensa for a presença energética de nossa verdadeira natureza, menos dispersa será nossa energia e menos sintomas de disfunção e de dor nós teremos.

Com os Códigos de Energia, aumentaremos a densidade no núcleo de nosso ser e geraremos um sentido mais firme e coeso de certeza e autenticidade – o Eu Unificado com a Alma – para integrar a energia "esparramada" da Personalidade Protetora. Ao modificar nosso biocampo dessa maneira, mudamos nossa perspectiva, nossa fisiologia e nossa experiência física de vida.

Estamos todos no processo de nos tornarmos mais despertos para nossa verdadeira natureza como Eu Unificado com a Alma. Isso significa que, energeticamente, estamos sempre nos tornando mais integrados e unificados, ou menos dispersos. Sei que às vezes a vida parece contradizer essa noção! No entanto, garanto que ela é verdadeira. As verdades nº 4 e nº 5 ajudarão a explicar isso.

Verdade nº 4:
Nossa Criação – A Vida – Está Sempre em Expansão

Há evidências de que o universo físico está se expandindo. A vida faz parte da criação universal, assim como a consciência, e elas também estão sempre se expandindo. Alguns cientistas, inclusive eu, interpretam isso atribuindo-lhe o significado de que estamos em constante evolução. Estamos sempre despertando. Isso significa que tudo o que acontece na vida está servindo a essa expansão. Portanto, tudo o que acontece em nossa vida está a nosso favor; e é *bom*. Sei que isso nem sempre parece ser o caso e nem sempre sentimos isso, mas ao aplicar as práticas da Parte 2, será possível começar a sentir essa verdade.

Jamais escolheríamos conscientemente muitas das coisas que acontecem conosco, e lutamos para aceitar e dar sentido a elas. Mas quando dizemos que estamos tendo dificuldades, estamos falando sobre um lugar de estagnação dentro de nós – onde a energia vital está sendo dispersa e onde falta *momentum* suficiente para continuar fluindo. O uso dos Códigos de Energia pode ajudar a mente a parar de lutar ou de rejeitar o que aconteceu em nossa vida (e que, assim, manteve essa energia presa). Isso acontece, em parte, porque dá a ela um novo contexto para compreender o que ocorreu. Eu chamo esse novo contexto de Conversa no Ponto de Ônibus.

ELLIE DESCOBRE SUA GRANDEZA

Uma aluna minha, chamada Ellie, era uma mulher adorável de quarenta anos, inteligente e forte. Pensava que podia impedir que seu passado afetasse sua vida. Quando a conheci, ela sofria de fortes enxaquecas e outros problemas de saúde. Durante a infância, fora hospitalizada por distúrbios estomacais e digestivos, como náuseas, constipação e diarreia. Esses problemas continuaram ao longo de sua vida adulta. Também ganhou peso e teve dificuldade de ter intimidade e ser autêntica em seus relacionamentos.

Na casa dos seus vinte e trinta anos, Ellie sentia que estava fazendo tudo o que era necessário para viver uma "vida normal". Tinha um desempenho excepcional no trabalho, perseguindo o sucesso para não se sentir tão mal consigo mesma. Costumava flertar com homens apenas para sentir conexão e, às vezes, encontrava-se em situações comprometedoras relativas ao sexo. Quando lhe perguntei por que dedicava tanto esforço para gerar amor e pertencimento em sua vida, ela compartilhou comigo que quando tinha cerca de quatro anos, seu pai começou a molestá-la. Seu pediatra atribuiu seus ferimentos a brincadeiras muito bruscas com a bicicleta. Como resultado dessas experiências, ela cresceu sem saber dintinguir entre o que era verdade e o que não era. Sua Personalidade Protetora era bem versada em esconder a culpa e a vergonha que se acumularam ao longo dos anos em suas tentativas de manter em segredo uma autoimagem que a levava a se sentir, em suas palavras, "mais suja que pau de galinheiro".

Aos 20 anos, solteira, engravidou de um jovem com quem saía. Ela sentiu que, para manter seu pai longe do neto, e também para proteger seus sobrinhos, devia contar a verdade à sua família sobre os repetidos abusos que sofreu. Seus temores de que sua família não a apoiaria provaram-se precisos, pois sua mãe e seus irmãos não acreditaram nela. Ameaçaram interná-la por fazer acusações tão perturbadoras.

Ellie morava com os pais durante a gravidez, sentindo-se completamente sozinha. Optou por colocar a filha para adoção, a fim de que ficasse longe de seu pai. Ela começou a fazer terapia e trabalhou arduamente para ficar bem. No fim, um processo criminal foi movido contra seu pai pelo Conselho Tutelar quando suas sobrinhas admitiram a um conselheiro escolar que também haviam sido molestadas, e seu pai foi preso. Mas Ellie continuou a sentir a dor de seus conflitos internos passados e presentes. Aos quarenta anos, sofrendo fisicamente, e suprimida emocionalmente, e tendo sofrido uma série de relacionamentos abusivos, ela era um exemplo perfeito do que acontece quando vivemos a partir da Personalidade Protetora. Ellie precisava de uma nova perspectiva em sua vida.

Certa vez, em uma aula que eu estava ministrando, um senhor me perguntou: "Como todas as coisas podem ser 'boas' quando testemunhei tanto trauma e abandono?". Naquele momento, saiu da minha boca uma explicação que refletia uma série de impressões que recebi em meditação. Era a Conversa no Ponto de Ônibus. Tal perspectiva ajudou Ellie e também ajudou outros alunos meus. Veja por que ela funciona:

A energia não pode ser criada nem destruída. Portanto, uma vez que somos energia pura, sabemos o que *sempre fomos* e *sempre seremos*. Exatamente agora, embora estejamos na dimensão física e terrena tendo uma experiência física, nossa fisicalidade não é a nossa totalidade. Nossa energia – o espírito – é nosso verdadeiro eu; quando deixarmos o corpo e este plano, ainda seremos quem realmente somos. Olhar para nós mesmos nesse contexto cósmico levanta uma questão: *E se o fato de estarmos aqui neste planeta e neste corpo não for um evento aleatório, mas, em vez disso, for um meio proposital para experimentarmos nossa realidade mais ampla na qual somos o Eu Unificado com a Alma?* Se for esse o caso, como isso explicaria nossa experiência de vida até hoje? É aqui que entra a Conversa no Ponto de Ônibus.

CONVERSA NO PONTO DE ÔNIBUS

Imagine que estamos em um Ponto de Ônibus Cósmico, com outras pessoas que fazem uma pausa entre viagens a este plano físico. Enquanto espera, começamos a bater um papo com outras almas no ponto de ônibus, falando sobre seus planos e cronogramas para a vida na Terra. Falamos sobre o que desejamos aprender, como queremos crescer e que experiências gostaríamos de ter como um meio de revelar a própria verdadeira natureza divina a nós mesmos, como seres de energia e criadores da própria vida.

"Quero aprender sobre a minha sabedoria", diz uma das outras almas.

"Vou aprender a ter coragem", declara outra.

"Quero experimentar o amor incondicional", diz uma terceira.

"O que *você* vai fazer lá?", alguém pergunta.

"Bem", você poderia dizer, "vou ter um punhado de experiências para despertar a mim mesmo. Quero conhecer minha capacidade de perdoar. Sim, estou escolhendo uma experiência de perdão de Nível Dez. Não apenas um Nível Três ou um Nível Quatro. Eu realmente vou com tudo desta vez!"

"Um perdão de Nível Dez... uau! Tudo bem, como vai fazer isso?", pergunta outra alma.

"Bem, não tenho muita certeza. Suponho que alguém terá de fazer algo que é... quase imperdoável."

Um de seus companheiros faz a pergunta óbvia: "O que seria preciso para isso?".

Você responde: "Bem, alguém teria de fazer alguma coisa como beber demais no *happy hour*, sentar-se ao volante, cruzar a faixa central da estrada e bater de frente com o meu carro. Para piorar, a pessoa poderia tirar a vida da minha família, ou me aleijar. Poderia ter sido evitado, e seria completamente irresponsável.

"Então, depois de muitos anos de mágoa e raiva e sofrimento, ainda mais por causa da minha falta de perdão, eu alcançaria o fundo do meu coração e encontraria uma camada mais profunda de mim mesmo que jamais teria conhecido sob qualquer outro conjunto de circunstâncias – e perdoaria essa pessoa."

Você pausa por um momento, lembrando que o Ponto de Ônibus oferece uma oportunidade para recrutar outras pessoas a fim de ajudá-lo a alcançar o que você quer obter de sua vida na Terra.

"Quem quer ser o motorista para mim?", você pergunta. Ninguém levanta a mão.

"Vamos", você implora. "Esperei a vida toda para ter essa chance de evoluir. Estou pedindo com tudo o que tenho. Alguém, por favor, pode me ajudar a agarrar essa oportunidade?"

Alguém finalmente se apresenta: "Eu faço. Vejo o quanto isso significa para você. Além disso, vai me ajudar com minha própria missão de autoperdão".

"Excelente! Muito obrigado. Fico muito comovido que você faria isso para mim. Bem, acho que o verei na Terra!" E lá vai você, pronto para empreender a maior tarefa do seu ser até agora.

É claro que a Conversa no Ponto de Ônibus é uma metáfora para ver a própria energia trabalhando para dissolver as ilusões que nos levam a crer que somos um eu separado. Conseguimos curar nossa tendência de interromper o fluxo natural da vida olhando para as circunstâncias menos pessoalmente e mais como um projeto que nos permite refazer nossa conexão. Olhando para nossa vida sob a óptica dessa perspectiva mais ampla, vemos que, na verdade, somos bem incríveis por termos criado exatamente o que precisamos para nossa própria expansão desejada e a descoberta de nossas próprias profundezas de beleza, força, bondade, coragem, amor e assim por diante – em outras palavras, as muitas facetas de nossa magnificência.

Consegue ver como isso nos proporciona uma maneira muito empoderadora de olhar para as coisas que acontecem na vida? Como isso remove qualquer sentido de vitimização e mentalidade do Lado Anverso do Modelo a partir de nossas experiências? Escolhi um exemplo muito intenso aqui porque é assim que milhares de pessoas foram transformadas em minhas aulas ao redor do mundo. Energeticamente, isso manterá um espaço para permitirmos que nosso próprio coração se abra para uma Conversa no Ponto de Ônibus ao encontro da cura.

Podemos começar a olhar para a vida de uma nova maneira: "Tudo bem, não estou apenas tirando proveito dessa má situação. E se na verdade eu *gerasse* essa situação para despertar alguma coisa em mim? Algo mais sobre quem realmente sou? E se em algum nível superior eu *solicitasse* essa experiência para poder explorar uma parte linda, poderosa e magnífica de mim e que não conhecia antes?".

Essa é uma percepção incrivelmente libertadora e empoderadora. Convido-o a respirar fundo aqui e então passaremos a explorar a inspiradora Verdade nº 5 dos Códigos de Energia.

Verdade nº 5: O Propósito da Vida É Descobrir Nosso Poder de Criação

Ver a nós mesmos como criadores e entrar em nossa verdadeira natureza como o Eu Unificado com a Alma não significa que aquilo que acontece conosco não será difícil ou que não experimentaremos algumas emoções dolorosas. No entanto, quando vemos a vida a partir dessa perspectiva e reconhecemos como somos servidos pelo que acontece nela, descobrimos que não precisamos de sofrimentos denecessários além da dor. Não consideramos mais o que nos aconteceu pessoalmente como algo negativo ou limitador para nós, para os outros ou para o mundo. Não criamos as densidades e os bloqueios energéticos que nos fazem ficar bloqueados, estagnados ou operando a partir da visão de que somos outra coisa que não poderosos criadores para quem a vida é benevolente e se desdobra com perfeição e de acordo com o planejado. Simplesmente escolher acreditar na Conversa no Ponto de Ônibus ajuda a colocar nossas experiências – tanto as dolorosas como as alegres – no contexto mais empoderador possível e nos liberta para seguir em frente da maneira mais positiva.

Ellie é um ótimo exemplo dessa mudança de compreensão. Sabendo que as circunstâncias difíceis de sua vida e os desafios que enfrentou para encontrar sua voz verdadeira haviam sido um serviço perfeito para a evolução de sua alma plena, Ellie não apenas se sentiu grata pela maneira como o desdobramento ocorreu, mas também começou a reconhecer sua "grandeza de ser". Ela agora se via como a criadora de toda a sua experiência de vida e, assim, encontrou-se no lado Reverso do Modelo relativamente aos mesmos eventos que anteriormente a atormentavam e provocavam dor. O que chamamos de perdão – abandonar a raiva e os sentimentos de ressentimento em relação a outra pessoa que, em nossa percepção, nos prejudicou – aconteceu de forma espontânea e automática quando ela reconheceu o propósito ao qual os eventos em sua vida serviram, e que, portanto, não era mais necessário como um processo consciente.

Depois de ter essa experiência de epifania, Ellie se sentiu intensamente motivada a usar as práticas dos Códigos de Energia (que ensinarei na Parte 2) para dissolver quaisquer resíduos de suas experiências passadas e para viver cada vez mais como seu Eu Unificado com a Alma. O resultado foi o surgimento de cura em todas as áreas de sua vida: suas dores de cabeça e problemas digestivos pararam, ela perdeu quase 23 kg – e continua a perder peso – e agora desfruta de relacionamentos amorosos e de confiança com sua família e com outras pessoas.

Tendo eu mesma sido abusada sexualmente quando criança por um membro da família extensa durante alguns anos, eu sabia especificamente como conduzir Ellie no trabalho com os Códigos de Energia. Essas primeiras experiências me confundiram em relação a confiança, amor e conexão com o mundo exterior e, como meu abusador me ameaçou, dizendo que seria muito ruim para mim se eu contasse a alguém, perdi minha capacidade de falar a verdade sobre muitas coisas em minha vida por décadas. Mais tarde, apliquei os princípios dos Códigos para incorporar em mim mesma as dádivas e o ensinamento desses eventos, o que é, em parte, o motivo pelo qual posso dizer com tanta convicção que sei que os Códigos funcionam. Na verdade, sou grata pelo comportamento horrível desse parente, pois tal comportamento me ensinou minha capacidade para o perdão e revelou meu profundo interesse em ver o bem. Isso também serviu como um dos principais aspectos em minha vida que me levaram a buscar respostas além do que minha vida e ambientes anteriores tinham a me oferecer. Isso me enviou em minha busca e, finalmente, contribuiu para o desenvolvimento dos Códigos e a redação deste livro.

Em retrospecto, olhando para toda a minha vida a partir do meu lugar atual de integração, no Lado Reverso do Modelo, posso reconhecer as diferentes perspectivas sob cuja óptica vivi minha vida – desde momentos em que fui totalmente vitimizada pelas minhas circunstâncias até ficar livre e empoderada por completo. A partir desse novo lugar, não sou mais controlada pelo mundo exterior trazendo experiências *para* mim; agora é óbvio que todas as experiências em minha vida vieram *através* de mim e, em última análise, de mim e para meu próprio benefício. É obvio para mim que eu as coloco lá, como migalhas de pão, para levar o eu menor, separado, à descoberta do meu próprio eu maior, de natureza superior, como criadora.

Minha compreensão da Conversa no Ponto de Ônibus também me permitiu perdoar meu pai por sua escolha em relação ao testamento – e seguir em frente com carinho, o que me permitiu dar mais uma contribuição ao trabalho dele. Apesar do quão doloroso isso me pareceu inicialmente, toda a experiência acabou se revelando um dos meus maiores aprendizados sobre minha própria capacidade e poder pessoal. Descobri que não preciso de nenhuma validação externa para sentir e viver como a melhor versão de mim mesma. Meu Eu Unificado com a Alma está poderosamente presente em cada camada do meu ser, independentemente do que aconteça no mundo exterior. Amava e continuo amando profundamente meu pai, e nem mesmo sua ação de exclusão poderia abalar essa certeza de meu próprio valor, poder e criação. Saber disso e viver isso verdadeiramente é mais do que intenso e profundo.

Quando somos capazes de perdoar nossos agressores porque sabemos que eles desempenharam um papel em nossa libertação e expansão final, e que nós – como os criadores de nossas vidas – solicitamos nossos relacionamentos com eles no Ponto de Ônibus, estamos observando a vida pelo Lado Reverso do Modelo. Isso não quer dizer que deveríamos nos culpar pelo que talvez seja uma quantidade significativa de dor ou de trauma; ao contrário, isso indica a nossa verdadeira grandeza. Se o suporte que procurávamos não estava lá, talvez fosse porque não precisássemos dele. Se não recebemos algo que queríamos, ou algo que tornaria a vida mais fácil, talvez seja porque somos poderosos o suficiente para criar por conta própria aquilo de que precisamos. Ou se ocorreu algo que foi doloroso além do que poderíamos acreditar, talvez fosse para nos mostrar a nossa grandeza, uma vez que nada pode ocorrer que seja maior do que nós, pois somos o universo. Talvez você tenha vindo aqui para despertar para isso.

Considere isso apenas por um momento. Quando o fiz, isso mudou minha vida para sempre.

É importante reconhecer que as solicitações no Ponto de Ônibus são geradas sem especificidade: não podemos conhecer os detalhes exatos de como a oportunidade que buscamos se manifestará para nós. Até mesmo nossa amostra de Conversa no Ponto de Ônibus sobre a procura do perdão de Nível Dez era apenas teórica; conversávamos a respeito de como isso *poderia* acontecer, e não como isso *aconteceria*. Mas pode ter certeza, nós, como a pura percepção em si, estaremos sempre munidos do que necessitamos para crescer da maneira como pretendíamos quando chegamos aqui – e, quase sempre, será algo que aparentemente não escolheríamos de maneira consciente. Na época em que Ellie me procurou, foi importante para o seu crescimento perceber que ela não pedira ou criara seu abuso no Ponto de Ônibus. Em vez disso, ela havia pedido ou criado a oportunidade para ter uma experiência de Nível Dez de perdão, e para a descoberta de seu poder de amar a si mesma e aos outros incondicionalmente.

Às vezes, a Conversa no Ponto de Ônibus é mais intensa do que quando se refere a uma família que não nos dá apoio ou a um chefe difícil. Por que alguns de nós têm experiências tão grandes de perda, abuso e doença? Porque *grandes seres assumem projetos realmente grandes, e começam imediatamente*. Grandes seres pedem grandes acontecimentos no Ponto de Ônibus porque circunstâncias menores da vida simplesmente não moverão a "grandeza" de uma velha alma. Em vez disso, é preciso um verdadeiro desafio, algo de magnitude realmente significativa, para abalar os alicerces de um ser que já tem muita experiência terrena em seu currículo. Uma vez que se pode lidar sem hesitação com problemas menores, grandes seres requerem grandes "histórias", como a de Ellie, para cavar fundo suas profundezas, o suficiente para que se consiga descobrir toda a sua magnificência.

TRABALHANDO NO NÍVEL DA ENERGIA, E NÃO DA HISTÓRIA

Até compreendermos a dimensão espiritual e energética da experiência de nossa vida física, nós simplesmente levamos a vida seguindo a rota da história – aceitando o desenrolar dos dramas que acontecem no exterior (na superfície) da vida, inconscientes de nossa agenda cósmica subjacente. Chamo a rota da história de carrinho bate-bate da vida. Embora a vida esteja sempre em expansão, servindo ao nosso despertar, crescemos pelo *atrito* – dor psicológica e lições duramente aprendidas – como o meio de descobrir quem somos. Passamos muito tempo experimentando o que não é verdade sobre nós mesmos para descobrir o que é. Como carrinhos bate-bate em um parque de diversões, batemos em alguma coisa, damos ré e giramos o volante, apenas para bater em outra coisa. Pelo processo de eliminação, descobrimos o que é verdade.

Mas uma vez que realmente entendemos a Conversa no Ponto de Ônibus, tornamo-nos empoderados para trabalhar com a vida de uma maneira surpreendentemente nova. Ao reconhecer que somos os criadores da vida e assumimos conscientemente esse papel, mudamos para um novo lugar de poder e autoridade – sentados no banco traseiro do carro ou tentando desajeitadamente dirigir o carro a partir da capota até ocuparmos uma posição convencional no assento do motorista. Isso nos ajuda a trabalhar de maneira consciente para evoluir em direção à totalidade, em vez de tentar, inconscientemente, resolver as coisas no nível da história – o que exige que passemos meses ou anos patinando na estagnação e na dor – e nos levar diretamente a trabalhar no nível da energia, o que leva apenas minutos, horas ou dias. Como continuaremos a ver, é no nível da energia que temos o poder de fazer mudanças rápidas, eficazes e sustentáveis.

Quando você mesmo fizer a experiência de "ter" a Conversa no Ponto de Ônibus, descobrirá que no momento de aceitação e realização, começará o processo de se libertar realmente do medo e da inconsciência, e conscientemente realizará o propósito de sua vida. Trabalhará resolvendo as densidades que esses traumas e outras dificuldades criam e começará a recolher o que elas revelam sobre o seu verdadeiro eu. Mais significativamente, estará se colocando na vizinhança vibracional onde a verdadeira iluminação pode ocorrer. Você se soltará das amarras de um ponto de vista tridimensional e se preparará para acessar e experimentar o espaço multidimensional do Divino.

Lembrando que o nível da história é o nível do sintoma, e que o nível da *causa* real do que acontece em nossa vida é a energia fluindo por baixo, começamos a realmente entender que é no nível da energia que temos a maior capacidade de fazer mudanças. A rota da história será sempre mais difícil. Por quê? Porque uma vez que a mente escreve uma história, ela se apega a ela – dando à mente um falso senso de orientação ou de firmeza. A mente, então, torna essa história "certa" ou "errada", o que lhe anexa outro nível de energia e nos dá um processo adicional para trabalhar em nosso caminho para a resolução. Sem a história, somos livres para fazer mudanças eficientes e sustentáveis no fluxo de energia, as quais, por sua vez, produzirão energias novas e rejuvenescedoras para viver.

Veremos em breve como fazer isso. Por enquanto, seu trabalho é começar a reconhecer que a vida não tem problemas aos quais se deve sobreviver ou reagir. Em vez disso, reconheça qualquer "problema" como um projeto. Quaisquer pontos problemáticos não são coisas "quebradas" que precisam ser curadas ou consertadas, mas, sim, perguntas cujas respostas devem ser libertadas de dentro de nós, para que possam subir em nossa consciência. Cada densidade dentro de seu sistema é um pedaço de sua magnificência, empacotada e encaminhada para seja qual for o seu destino. Cada um desses pacotes tem dentro de si uma parte especial de sua totalidade, que o deixará mais à vontade dentro de si mesmo e no mundo. Em última análise, quando esses pacotes são abertos e reconectados com o fluxo dentro de seu sistema, sua abundância mais profunda se elevará à consciência de sua vida, revelando inspiração, exaltação, criatividade, fascínio, admiração, espanto e uma vida mágica.

Antes de começarmos a trabalhar no nível da energia para mudar a vida, precisamos saber um pouco mais sobre o nosso sistema de energia – como é, como funciona e quais ferramentas temos para trabalhar com ele para alcançar mudanças positivas e sustentáveis. Por isso, no Capítulo 3, vamos fazer um rápido *tour* por alguns elementos básicos da bioenergética. Em seguida, vamos nos lançar no Programa dos Códigos de Energia na Parte 2 e avançar além da teoria a fim de começar a incorporar a verdadeira essência como o Eu Unificado com a Alma.

Capítulo 3

O Eu Invisível: Elementos Básicos de Bioenergia

Imagine que você está vindo a este mundo como um ser de energia. Você acabou de completar suas conversas no Ponto de Ônibus Cósmico e embarcou no ônibus. Quando se dá conta, aterrissa com grande impacto e se espatifa. Sua energia se dispersa em todas as direções e você se torna uma versão fragmentada de seu eu original, perdendo todos os rumos para navegar pelo seu novo mundo. Você está acometido de "amnésia cósmica" – não sabe quem realmente é. Sem um senso de sua verdadeira identidade, só consegue se orientar pelo que encontra aqui no plano físico, então você desenvolve um novo ou falso eu. Em uma tentativa de dar sentido à sua vida como você a está experimentando agora, sua mente escreve histórias sobre por que você se sente perdido, quem o faz sentir assim e o que suas circunstâncias significam em relação a você, aos outros e ao mundo. Essas histórias, que se tornam as crenças da mente, são limitadoras em comparação com a verdade de sua natureza essencial.

Toda a humanidade passa por esse esparramamento ou perda de identidade. É nosso destino coletivo integrar ou recompor nossa energia dispersa e despertar de nossa amnésia cósmica, para nos "re-lembrarmos" de quem realmente somos.

É por isso que me refiro à vida como Projeto Despertar. O propósito de viver é continuar a dar vida à energia de frequência superior do Eu Unificado com a Alma – continuar a entrar no corpo com *todo* o nosso eu espiritual – de modo que possamos conhecer e experimentar nossa totalidade aqui na Terra. À medida que integramos cada aspecto disperso de energia em nosso sistema, construímos novos circuitos e nos expandimos para uma experiência maior de nós mesmos. Uma vez que nossa energia é unificada, sabemos quem realmente somos, e não há mais dor existencial de nos sentirmos errados, quebrados ou como se algo estivesse faltando dentro de nós. Sentimos que estamos totalmente completos.

Nosso Sistema Foi Planejado para Curar

A boa notícia é que já estamos encaminhados para esse lugar de completude. Nosso sistema foi planejado para caminhar em direção a essa integração e está nos fornecendo pistas sobre a dispersão por meio de sintomas que chamam a nossa atenção. A mente pode pensar que esses sintomas são perturbações, problemas ou padrões de comportamento doentios, como sabotagem de relacionamentos, negação de responsabilidade em desentendimentos e afastamento da intimidade. Perdas de emprego constantes, problemas financeiros contínuos e padrões recorrentes de dor física podem estar nos cutucando para que nos tornemos conscientes de desequilíbrios. Outros sintomas podem incluir dores de cabeça crônicas ou persistentes, dores nas costas ou problemas digestivos. Tudo indica que há mais recursos disponíveis a nós do que costumamos aceitar.

Sintomas como esses continuam a criar dor até que, de alguma maneira, resolvamos ficar em paz com eles, o que geralmente ocorre apenas se virmos a que finalidade eles servem. Quando os resolvemos, ganhamos acesso a qualidades de frequências mais altas de nossa verdadeira natureza, como coragem, perdão, compaixão, amor, criatividade, aceitação e alegria. É passando por situações difíceis que, progressivamente, nos expressamos mais como o verdadeiro ser espiritual.

No nível da energia interna, também temos sinais ou sintomas. Possivelmente sem saber, você os experimentou durante toda a vida. Eles se apresentam como mudanças de energia que criam sensações corporais – um nó no estômago, um aperto na garganta ou uma pressão na mandíbula em reação a uma crítica, um evento futuro, ou um pensamento sobre algo ou alguém do seu passado. São o frio na espinha, os arrepios nos braços e o tremor nas pernas quando nos pedem para fazer algo para o qual não nos sentimos preparados.

Embora sejamos muito menos familiarizados a lidar com a vida nesse nível do corpo-sensação/energia do nosso ser, fazer isso é realmente o caminho mais fácil e rápido para a cura e a plenitude. No nível da energia, não precisamos descobrir o que é preciso para resolver nossos problemas antes que eles comecem a mudar. Aqui, o que está em ação e nos guia para a cura e a totalidade é uma inteligência superior à mente lógica, racional, estrategista, pensante. E a verdade é que a mente não precisa saber, no nível consciente, como o nosso sistema faz o que faz.

Deixe-me compartilhar algumas outras experiências pessoais para ajudar a ilustrar a que estou me referindo.

OUTRAS SURPRESAS EM PUTTAPARTHI

Em Puttaparthi – a pequena aldeia que foi lar do guru Sai Baba e local de um de seus *ashrams* –, tive várias outras surpresas dramáticas. Todos os dias, meus companheiros de viagem e eu íamos ao *ashram* e nos sentávamos durante horas em um chão duro de mármore, meditando em meio a dez mil outras pessoas que se reuniam à espera da chegada de Sai Baba. Isso foi bem desconfortável, pois eu era nova nesse mundo de meditação e estudo espiritual. As ruas e as pessoas estavam empoeiradas e sujas, a comida nada tinha de familiar e os cheiros eram pungentes e picantes aos meus sentidos. Se não fosse a grande distância de casa e as experiências magníficas que tive em meditação antes de ser convidada para ir à Índia, provavelmente teria ido embora em alguns dias. Mas algo me manteve lá.

Um dia, em vez de ir ao *ashram* para me sentar, meus companheiros e eu ficamos no apartamento de nosso professor, situado logo acima do muro do *ashram*, com janelas que ficavam voltadas para o pátio por onde Sai Baba caminhava lentamente todas as manhãs rumo ao saguão. Esse dia em particular era uma celebração para as mulheres do *ashram*, e em vez de seguir pelo seu caminho habitual, Sai Baba se virou e caminhou até a área logo abaixo de onde observávamos, do terceiro andar. Quase no fim do tapete vermelho que lhe haviam preparado, ele parou em frente a uma seção de milhares de mulheres e levantou as mãos em um movimento de bênção.

Um pouco cética diante de toda essa adoração e culto extravagantes, eu apenas observava. Então a coisa mais estranha aconteceu. Quando as mãos de Sai Baba se ergueram diante de seu corpo, minhas mãos também se ergueram! Elas foram levantadas por algo além da minha mente ou da minha vontade. De repente, meu peito estava queimando. Uma gloriosa sensação de plenitude acendeu dentro de mim e me senti leve como uma pluma. Um segundo depois, uma onda de energia empurrou meu peito com tanta força que me jogou para trás, desequilibrando-me. Julia, outra mulher do nosso grupo, ela mesma uma poderosa agente de cura energética, teve a mesma resposta. Enquanto nós duas tropeçávamos para trás, olhamos uma para a outra sem acreditar no que tinha acontecido.

De repente, senti calor e corei. Julia ajudou-me a sentar junto à parede lateral do apartamento. Alguns momentos depois, toda a sala adquiriu um brilho vermelho, como se um holofote gigante tivesse sido ligado e ofuscasse todo o resto. Em seguida, a cor mudou para alaranjada, amarela, verde, azul, índigo, violeta e, finalmente, branca. Mais tarde, percebi que cada vez que experimentava uma nova cor, uma sensação emocional também ocorria dentro de mim. Com a coloração vermelha na sala, experimentei um profundo sentimento de pertencimento. Quando tudo foi infundido com o alaranjado ao meu redor, a sensação tornou-se reconfortante, sábia, conectante e cognoscente. Ela foi seguida por uma sensação de aceleração e clareza à medida que a sala ficava amarela.

Tudo o que percebia então se fundiu na mais adorável sensação de calor e maravilha à medida que o espaço ao meu redor brilhava em uma combinação dessas cores. Uma coloração alaranjada-rosada "amorosa" brilhou em um matiz dourado e em seguida verde, quando me dei conta, senti como se o amor tivesse me engolido em um caloroso abraço. À medida que meu ambiente se acomodava nessa presença amorosa, a luz ficava mais intensa. Como se estivesse olhando através do lado oposto de um binóculo, havia uma concentração, uma focalização exagerada da minha visão interna, e um senso de "causação", geração ou criação preencheu meu ser. Foi uma experiência acelerada. E eu sentia como se já tivesse feito isso um milhão de vezes antes. Então um azul cobalto brilhante iluminou o espaço. Senti que uma parte central da minha cabeça estava fria e quente ao mesmo tempo, e como se o espaço dentro dela se estendesse por anos-luz. Então, não conseguia encontrar a fronteira do meu ser. Uma luz violeta brilhou em seguida e, por um momento, fiquei em um grande vazio. Finalmente, desapareci em uma vasta brancura durante o que me pareceu um bom tempo, vibrando em um tal estado de êxtase abrangente que poderia ter ficado lá para sempre. Senti como se algo estivesse me puxando para a totalidade.

Quando abri os olhos, a sala estava vazia. Todos os meus companheiros tinham, muito gentilmente, me deixado lá para permitir que o processo ocorresse. Esse evento tornou evidente para mim, e para alguns dos outros, que o domínio muito profundo dentro de mim, que havia começado a se abrir em casa, continuava a se abrir. Eu estava agora nesse fascinante mundo de energia de uma maneira totalmente nova. A energia estava se movendo e minha consciência a seguia como se fosse tudo o que existisse. Na verdade, era como se eu fosse a própria energia. Mais tarde, aprendi que podia me abrir intencionalmente a esse estado, e também pude me conectar com outras pessoas por meio dessa incrível matriz oculta nos fundamentos do nosso ser. Ainda mais tarde, eu perceberia que todos nós podemos fazer isso.

No entanto, esse foi um acontecimento instantâneo, e não um evento que eu tentei criar ou praticar. Essa e as outras aberturas foram espontâneas – aconteceram sem que minha mente precisasse se esforçar para alcançá-las. Embora essa falta de tentativa mental acabasse por se tornar uma parte importante do meu trabalho de ajudar milhares de pessoas, naquele momento eu simplesmente desfrutei do passeio.

YOGA NOTURNO

Quando voltei da Índia para casa, minha jornada ao reino energético acelerou-se. Experimentei um fluxo contínuo de novos "acontecimentos", tanto durante o dia como à noite. Estava realmente, o tempo todo, vivendo a vida a partir de um nível energético – vendo e sentindo a energia se mover antes que meus próprios pensamentos ficassem óbvios para mim. Não estava tentando fazer isso. Estava simplesmente observando; e isso era totalmente fora do uso normal de minha mente racional e pensante. Por exemplo, eu acordava no meio da noite com meu corpo em posições estranhas que mais tarde não conseguia recriar. Sentia como se estivesse dentro de algum padrão ou forma de energia desconhecida, e que, durante o sono, meu próprio sistema energético estava se alinhando a ele. Isso era misterioso, mas também maravilhoso, pois o meu corpo estava se curando espontaneamente da escoliose que eu tinha desde o nascer e das enxaquecas que estavam relacionadas ao estresse e aos problemas estruturais dos desalinhamentos da coluna vertebral.

À medida que esses episódios noturnos continuaram, reconheci os padrões energéticos como expressões das geometrias sagradas conhecidas como posturas de yoga, os mudras. Consegui recriar durante o dia o que meu corpo fazia naturalmente à noite. O yoga não me era totalmente desconhecido, mas essa espontaneidade o estava levando em direção a um novo domínio de cura e integração em um único passo gigantesco. Na verdade, eu estava redescobrindo e retraduzindo a tremenda sabedoria de cura incorporada na antiga prática do yoga, cuja grande parte do sentido se perdera ao longo dos séculos. Minha nova compreensão dos verdadeiros propósitos e da potência do yoga me inspiraram a desenvolver um sistema de ensino chamado Yoga do Corpo Desperto. Desde então, esse sistema levou milhares de pessoas a milagres e revelações, dentro e fora do âmbito do yoga. Uma vez que a prática do yoga é um perfeito complemento às práticas do Código de Energia, ofereço uma postura básica (*āsana*) em cada um dos capítulos da Parte 2 para que o leitor possa se aprofundar ainda mais em seu corpo e nele despertar sua consciência.

Além desse yoga noturno, comecei a perceber todo um mundo de experiências dentro do meu corpo durante o sono. Na verdade, eu me encontrava em um estado de sonho lúcido, semiacordada, muito semelhante à meditação, que ocorreu automaticamente para mim no meio da noite. Podia sentir minha energia "resolvendo as coisas" em meu corpo, como se algo estivesse se desenrolando ou se desemaranhando. A energia era extraída de além do meu corpo físico, de cima da minha cabeça, e se movia por todo o comprimento do meu corpo e saía dos meus pés de maneira palpável, causando no processo uma mudança estrutural no interior. Meus músculos relaxaram e sentia como se pudesse deslizar para áreas de meu corpo que nunca havia experimentado antes, como se pudesse respirar o meu Eu dentro de cada parte, abrindo e relaxando enquanto o fazia. As articulações da minha coluna se moviam, os tecidos em minhas entranhas e no meu tronco se liberavam e meu corpo se estendia de dentro para fora enquanto eu aprendia a participar desse profundo movimento interno de energia e a acompanhá-lo. (Os antigos chamavam esses despertares de energia *kundalini* e *samadhi*, um estado de intensa concentração interior.)

Quanto mais eu seguia as sensações com a minha percepção e "colaborava" com o que estava acontecendo – apertando suavemente a área que estava sendo afetadada *conforme* era afetada –, mais podia sentir e rastrear o caminho delas e permitir que os tecidos se alinhassem a elas, se acomodassem e se acalmassem. Às vezes, as mudanças de energia eram acompanhadas por estados emocionais, nos quais eu, de repente, experimentava uma efusão de lágrimas ou sentia uma enorme alegria sem que, aparentemente, houvesse uma razão para isso. Foi, ao mesmo tempo, uma experiência fenomenal e sagrada.

A psicologia somática descobriu que quando o trauma ou a sobrecarga emocional acontece e não podemos processar totalmente uma experiência, as partes não processadas do evento ficam divididas na mente e registradas no corpo – no campo energético. A fim de liberar o trauma de nosso sistema mente-corpo e de reintegrar as partes divididas que residem na mente, precisamos nos tornar conscientemente cientes do que foi separado e recuperar uma "história" completa de nós mesmos. Trabalhei com sucesso com essa crença em minha clínica ao longo dos anos, mas alguma coisa diferente estava acontecendo comigo. Eu não estava lidando com a "história" da minha vida e de seus eventos, tentando resolver minhas feridas não resolvidas no nível da mente. Na verdade, não estava, em absoluto, usando minha mente pensante; minha mente estava simplesmente observando e seguindo a energia. Dessa maneira, estava lidando com o que havia *sob* a história, no nível da energia bruta, bem no fundo. Nessa experiência, tudo o que existia era a minha *percepção*, a energia movendo-se através do meu corpo, e o *efeito* que a energia estava produzindo – as mudanças que estavam ocorrendo – conforme ela se movia. Na verdade, quanto mais eu me suavizava dentro do que estava acontecendo, mais começava a sentir que eu mesma *era* a energia abrindo caminho através dos tecidos do meu corpo e desfazendo os bloqueios de dentro para fora. Isso foi completamente transformador.

A energia estava fluindo, eu a via e sentia, e estava desembaraçando velhos padrões emocionais que me eram conscientes antes disso. Os resultados eram tangíveis, tanto para mim como para aqueles com quem eu estava compartilhando esse trabalho: Des eliminou tempos recordes de suas pontuações em corridas de aventura; Jenny superou seus problemas reprodutivos e teve muitos filhos depois que lhe disseram que não conseguiria engravidar; e David emergiu de sua depressão, que começara depois de perder a esposa, dez anos antes. Esse mundo de energia é real e é o nosso caminho para a liberdade e a felicidade.

É *nesse* nível do nosso ser – o nível além dos pensamentos e sentimentos dos corpos mental e emocional – que convido a todos a resolverem o que está aparecendo como sintomas ou problemas na vida, pois esse é o nível no qual essas questões se originam, o nível em que a energia esparrama e se fragmenta e dispersa. Curar nossas vidas no nível da energia requer que renunciemos ao controle pela mente lógica. Temos de *deixar nossa energia nos conduzir e deixar a mente segui-la*. Nossa energia é o verdadeiro "nós" e nunca falhará. Para fazer isso, olharemos para o nosso interior, para a energia que flui dentro do corpo, em busca de orientação e respostas, em vez de referenciá-la ao mundo externo. Autorreferenciar nossa própria energia dessa maneira é o fundamento para construir a percepção do Eu Unificado com a Alma e viver em conformidade com essa percepção.

Os princípios védicos do antigo Oriente afirmam que uma das oito práticas mais importantes que podemos aprender a fazer é retirar nossos sentidos do mundo exterior e dirigi-los para o mundo interior – a fim de mudar nossa percepção da realidade relativa das nossas histórias para a realidade absoluta da energia subjacente. Descobri que isso é verdade mesmo sem ter conhecimento prévio dessa informação, em meu próprio processo de corporificação ou incorporação. Se quisermos despertar, se quisermos nos tornar verdadeiramente mestres, temos de ensinar a mente a se fundir com a verdade de quem somos – a energia-sabedoria interior – e nos tornarmos autorreferenciais. O objetivo não é aprender a responder melhor ao mundo exterior, mas, sim, ser criativo e generativo em nosso pensamento, nossas ações e nossas expressões. Queremos agir a partir um lugar de verdade, a partir do nosso eu mais verdadeiro. Só então poderemos experimentar uma vida de verdadeira felicidade, saúde radiante e bem-estar total.

Os Códigos de Energia fornecem uma maneira sistemática de tornar-se autorreferencial e de viver como a energia que é seu âmago. No entanto, para aproveitá-los melhor, será muito benéfico compreender um pouco mais sobre a estrutura do seu sistema energético, como ele funciona e como a integração – nosso objetivo – efetivamente ocorre.

Tudo se Resume ao Fluxo

Como qualquer praticante de uma modalidade de cura energética diria, nosso sistema energético é dinâmico, mas sempre flui de maneira estruturada. Minha ilustração do Homem-Toro* na página 101 mostra o movimento da energia por todo o nosso sistema, por certos caminhos dentro e ao redor do corpo físico, bem como através de núcleos ou centros, chamados *chakras*, que ocorrem naturalmente. Um toro é uma lente que refrata luz e poder, e aquela que circunda o Homem-Toro mostra o poder equilátero e tridimensional da energia que circula em torno do corpo.

O HOMEM-TORO

Na figura a seguir, uma pessoa está de pé sobre a Terra e a energia flui através de seu sistema e ao redor dela, em uma grande forma de rosca ou campo de toro. Um campo menor está centrado na área do coração, onde há uma surpreendente concentração de energia. A flecha que desce em direção ao topo da cabeça desse indivíduo representa energia universal ou cósmica de alta frequência advinda de além do corpo físico que se precipita por um canal central dentro dessa pessoa, saindo pelos seus pés e mergulhando profundamente na terra. Essa energia que desce atravessando o corpo do Homem-Toro é nossa verdadeira natureza ou essência; é energia Espiritual pura, consciência pura. É o nosso verdadeiro *eu*. *Nós* estamos nos derramando diretamente dentro da terra e, em seguida, nos refletindo de volta, e criando um fluxo de energia conhecido como seu corpo físico.

À medida que essa energia cósmica atinge a terra e se implanta nela, a energia de alta frequência do Eu Unificado com a Alma é reduzida e fica disponível para consumo humano; isso significa que se torna possível para nós,

* Na geometria, "toro" é um sólido gerado pela revolução de um círculo ao redor de um eixo que não corresponde ao seu diâmetro, tal como ilustra a imagem da página 101. (N. do T.)

em nossa forma humana, percebê-la e trabalhar com ela para nossa evolução consciente. Ela sobe ao longo do canal central do corpo, ativando os diversos centros de energia ao longo do caminho. Apesar de nossa incapacidade de nos lembrarmos (até que sejamos capazes) de nossa verdadeira natureza por causa do Grande Espalhamento (ou Dispersão) que sofremos quando chegamos a este mundo físico, essa energia é pura verdade e clareza essenciais. É a alma, quem realmente somos. Ela não apenas constrói e regenera o corpo, mas também cria *tudo* o que experimentamos como vida física.

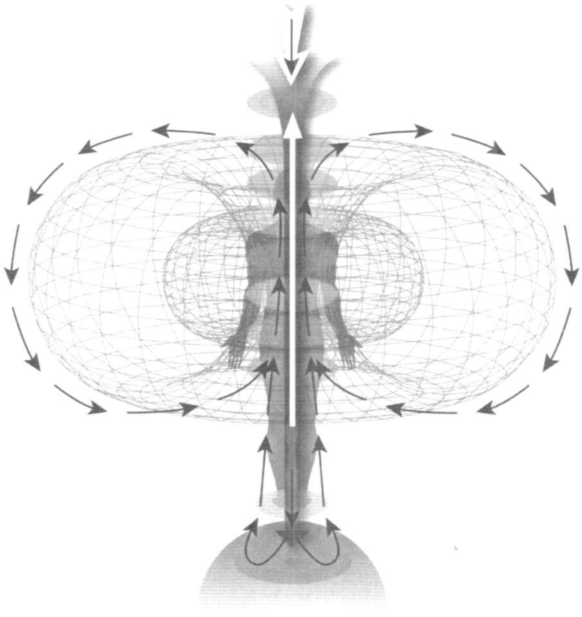

O HOMEM-TORO

Os chakras, termos antigo do sânscrito que significa "roda", são componentes-chave na dinâmica da criação de nossa energia e realidade. Sete centros giratórios de energia ocorrem ao longo do nosso principal canal energético, a coluna vertebral.

OS CHAKRAS

Da mesma forma que estações de rádio realizam sua radiodifusão, cada um dos centros de energia do corpo tem uma frequência vibracional única – e cada um deles, estando em uma frequência diferente do espectro luminoso, está associado a uma cor específica. As cores que vi naquele apartamento no *ashram* de Sai Baba foram o resultado da minha energia essencial movendo-se para cima através dos centros de energia dentro daquele canal central do meu sistema – e os despertando. Conforme a energia passava por cada um dos meus chakras, um de cada vez, eu experimentava a frequência única de cada chakra, suas qualidades e o despertar de suas capacidades.

O campo de toro flui como demonstram as setas em nosso diagrama. Vemos pelas setas abaixo dos pés que, depois que nossa energia essencial desce ao longo do canal central do corpo e para dentro da terra, ela dá a volta e sobe pelo nosso canal central. À medida que sobe, encontra os chakras ou vórtices de energia rotativa no campo eletromagnético do corpo. Essas rodas movem energia luminosa – ou fótons – de alta frequência para dentro de subdivisões distintas do nosso corpo. Quão bem integramos essas energias é o que determina, em última análise, nosso nível de consciência.

Quando esses centros de energia estão abertos e fluindo de maneira otimizada, a energia sobe pelo corpo sem nenhuma interferência. Na ilustração, a energia sobe ao longo de todo o canal central e dispara através do chakra da coroa no topo da cabeça. Então, como uma fonte ornamental, ela cai em todas as direções e volta para o chakra da raiz na base da coluna vertebral. A energia circula continuamente nesse padrão, criando o fluxo do toro, e é constantemente reabastecida pela parte superior da cabeça. Mais uma vez, essa energia somos *nós*. É a maneira como o sistema foi planejado para operar e ilustra perfeita saúde e bem-estar. E como nós *somos* a energia que flui através do corpo – a energia criativa pura e inteligente, ou Espírito –, o fluxo precisa estar desimpedido para que a totalidade e a total integração em nossa vida física ocorram. Se esse fluxo não estiver absolutamente otimizado, significa que experimentaremos a nós mesmos de alguma maneira esparramada, dispersa ou distorcida em nossa forma de pensar.

Se algum dos chakras estiver atolado ou bloqueado com impurezas energéticas, uma perturbação ou oscilação interrompe o fluxo, pois a energia precisa agora se mover contornando o bloqueio em vez de viajar pelo canal central diretamente em linha reta. À medida que a energia oscila, ela distorce o campo energético e nossa percepção da realidade – que percebemos erroneamente como vazia de possibilidades, amor ou abundância. A seguir, há uma imagem do Homem-Toro com uma oscilação, causando uma distorção em seu campo.

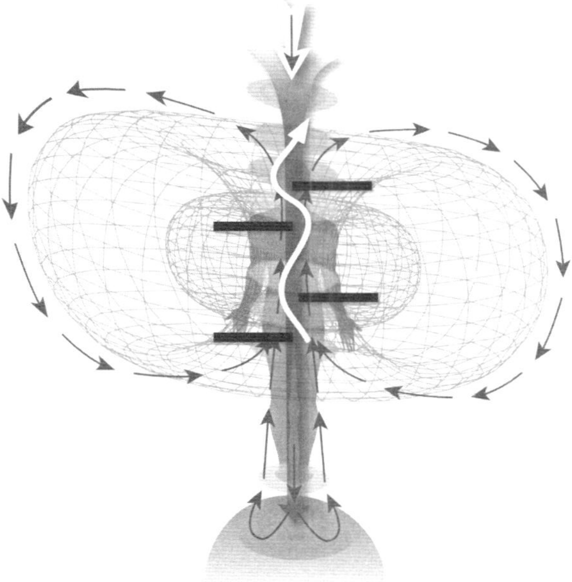

HOMEM-TORO
COM DISTORÇÃO / OSCILAÇÃO

Remontando à Verdade nº 2 dos Códigos de Energia – *Nossa vida é reflexo de nossa energia* –, vemos que o campo de toro cria a nossa realidade. Quando olhamos para o mundo, nossas percepções seguem a maneira como esse campo opera. Qualquer impureza, interferência ou lacuna nos circuitos que operam entre essas estações de rádio dos chakras cria uma oscilação no campo energético, fazendo com que vejamos através de um filtro distorcido.

A Personalidade Protetora vê a vida como sendo cruel ou erroneamente percebe a si mesma como sendo inadequada de alguma maneira.

A energia se torna realidade física em grande parte por meio dos chakras, pois eles se correlacionam diretamente com aspectos de nossa consciência. O estado de nossa energia em um determinado chakra determina como percebemos a área da vida à qual tal chakra está relacionado e como nosso funcionamento ocorre nessa área. Uma falta de fluxo ou outra perturbação em qualquer chakra se tornará uma disfunção no aspecto de nossa vida regido por esse chakra. Cada um deles também está associado a uma glândula endócrina, e assim o fluxo livre e equilibrado que atravessa os chakras também afeta a química do corpo pelas secreções glandulares que inflamam ao longo do caminho. (No Capítulo 9, exploraremos outras maneiras pelas quais a nova ciência está unindo luz, energia e química para descrever quadros adicionais da extraordinária criação que somos.)

Por exemplo, a falta de fluxo através do chakra da raiz na base da coluna vertebral resulta em uma falta de firmeza, de estabilidade, e um sentimento de não pertencer a esta vida em igualdade com as outras pessoas, com dons e poder e o direito de viver uma vida maravilhosa. Essa oscilação na raiz pode criar um problema adicional nos chakras acima dele à medida que a energia sobe. O segundo chakra, agora comprometido, pode criar relacionamentos desafiadores, criatividade reprimida ou desequilíbrio na energia sexual. O terceiro chakra revelaria uma redução pessoal da estima e da clareza no mundo, estabelecendo defensividade e sofrimento.

A seguir, compilamos informações sobre as diversas energias do sistema de chakras e os níveis de consciência que representam. Examinaremos mais detalhadamente o efeito de cada chakra sobre nossa realidade nos Códigos de Energia na Parte 2.

Para realizar a Inversão Quântica de modo a incorporar o Eu Unificado com a Alma e experimentar uma vida mais tranquila, fluente e alegre, precisamos eliminar lacunas, densidades ou interferências no campo de energia e devolvê-lo ao seu fluxo otimizado. Como sempre digo: "Se algo não está fluindo em sua vida, é porque não está fluindo em seu corpo!". E "Se algo não está fluindo em seu corpo, não fluirá em sua vida!".

À medida que conseguimos fazer a energia fluir novamente, ativamos esse chakra. Quanto mais ativados estiverem os chakras, com energia fluindo através deles e entre eles ao longo do canal central, mais de nosso poder e potencial verdadeiros poderemos expressar. Por exemplo, uma pessoa que tem um fluxo saudável em seu terceiro chakra, ou chakra do plexo solar, que governa a atividade mental, entre outras coisas, terá um senso de poder pessoal, confiança e assertividade. Uma pessoa com um fluxo desimpedido e saudável em seu quarto chakra, ou chakra do coração será autenticamente amorosa e bondosa. Uma pessoa com um fluxo saudável entre esses dois chakras será capaz de afirmar o poder pessoal de maneira amorosa.

Então, novamente, quanto mais de nosso sistema estiver fluindo e integrado, mais poderemos incorporar a expressão do Eu Unificado com a Alma. Por isso, facilitar um fluxo saudável ao longo de todo esse canal central constituirá uma parte significativa de nosso trabalho. Trabalharemos com todo esse espectro de energias vitais para eliminar as interferências que estão nos impedindo de viver como nosso eu total e verdadeiro.

Antes de apresentar a maneira de eliminar essas densidades, quero oferecer outra maneira de ver a dinâmica do fluxo de energia: quero que considere os bloqueios como *lacunas*, e não como obstruções.

Os Chakras

	ÁREAS DO CORPO AFETADAS	SINTOMAS DO "LADO ANVERSO"	CARACTERÍSTICAS DO "LADO REVERSO"
7 - COROA • Nota Musical: Si • Luz / Violeta, Branca • Topo da cabeça	Crânio superior, pele, córtex cerebral, olho direito, lado direito do cérebro, sistema nervoso central, glândula pineal	Depressão, pensamento obsessivo, confusão, sensibilidade a poluentes, exaustão crônica, epilepsia, Alzheimer	Personalidade Divina, magnetismo, realização miraculosa, transcendência, paz com o eu, colaboração com propósito superior, visão interior. "Eu sou um ser divino." "Eu sou isto." "A vida é um reflexo de tudo o que eu sou."
6 - TERCEIRO OLHO • Nota Musical: Lá • Consciência / Índigo • A partir do centro da testa em direção ao meio do cérebro, acima e entre as sobrancelhas.	Olhos, base do crânio, ouvidos, nariz, olho esquerdo, lado esquerdo do cérebro, seios nasais, hipófise e glândula pineal	Pesadelos, alucinações, dores de cabeça, dificuldades de aprendizagem, visão precária, problemas neurológicos, glaucoma	Carisma, intuição elevada, perspectiva saudável, liberdade com relação ao apego, geração de criações perspicazes, percepção além dos cinco sentidos, visão do significado "nos bastidores". "Sou aquele por trás dos olhos."
5 - GARGANTA • Nota Musical: Sol • Som / Azul • A meio caminho entre o coração e a garganta, central na base do pescoço	Boca, garganta, ouvidos, pescoço, voz, pulmões, tórax, mandíbula, vias aéreas, nuca, braços, glândulas tireoide e paratireoide	Perfeccionismo, incapacidade de expressar emoções, criatividade bloqueada, dor de garganta, problemas na tireoide, dor no pescoço, zumbido no ouvido, asma	Bom comunicador, facilidade para meditar, inspiração artística, sabe escutar, "Ouço e falo a verdade com amor e compaixão". "Manifesto a mim mesmo plenamente aqui". "Minha vida é um reflexo do meu mundo interior."
4 - CORAÇÃO • Nota Musical: Fá • Ar / Verde, Cor-de-Rosa • Centro do tórax, abaixo do esterno	Coração, tórax, circulação, braços, mãos, parte inferior dos pulmões, caixa torácica, pele, parte superior das costas, timo	Medo de traição, codependência, melancolia, respiração curta (falta de ar), pressão sanguínea elevada, doença cardíaca, câncer, incapacidade de perceber ou receber amor	Compaixão, amor incondicional, fazer amor conscientemente. "Há mais do que o suficiente para todos." "Há somente um de nós aqui - nós somos um." "Tudo é um reflexo do Divino, e está em meu favor."

PRÁTICAS	RESPIRAÇÃO	POSTURAS DE YOGA PARA OBTER MAIOR INTEGRAÇÃO
• Descobrindo Seu Estilo de Meditação • Caminhar na Natureza Usando a Respiração pelo Canal Central • Presença Atenta e Sem Pensamentos • Mesclar Padrões para Ativar o Eu Unificado com a Alma	Respiração pelo Canal Central	• Postura do Cadáver (*śavāsana*) • Parada de Cabeça (*śirṣāsana*) • Postura do Coelho (*sasangāsana*) • Flexão para a Frente em Ângulo Amplo (*prasārita pādottānāsana*)
• Programa de Nutrição de Cinzas Alcalinas • Exercício Consciente • Química Através do Pensamento • Yoga para o Cérebro com os Códigos de Energia	Respiração Visionária	• Postura do Cachorro Olhando para Baixo (*adho mukha śvanāsana*) • Postura da Vela (*salamba sarvāṅgāsana*) • Postura da Criança (*bālāsana*) • Postura do Guerreiro Invertido (*viparīta vīrabhadrāsana*), também chamada de Guerreiro 4 • Posturas de Equilíbrio
• Respiração para os chakras 1 a 7 • Respiração por Mil Canudos Minúsculos • Respiração da Fronde de Samambaias • Padrões de Respiração para a Cura	Respiração Manifestante	• Postura da Cobra (*bhujangāsana*) • Postura do Arado (*halāsana*) • Postura da Ponte (*setu bandhāsana*) • Entoação de Som (*Oṁ, Ma, Ha*)
• Gerar Presença Amorosa: • Escolher Ser Amado • Triagem Amorosa • Ver Tudo como Amor (também conhecido como "Tudo Está a Meu Favor")	Respiração em Coerência com o Coração	• Postura do Triângulo (*trikonāsana*) • Postura do Buraco da Agulha (*sucirandhrāsana*) • Postura do Peixe (*matsyāsana*) • Torção Vertebral Cruzada (*supta matsyendrāsana*)

	ÁREAS DO CORPO AFETADAS	SINTOMAS DO "LADO ANVERSO"	CARACTERÍSTICAS DO "LADO REVERSO"
3 - PLEXO SOLAR • Nota Musical: Mi • Fogo / Amarelo • Cerca de 7 a 8 cm acima do umbigo, na base do esterno	Sistema digestivo, músculos, estômago, fígado, diafragma, vesícula biliar, lombar, alçapão do sistema nervoso autônomo, baço, pâncreas	Sensibilidade excessiva a críticas, necessidade de controle, baixa autoestima, úlceras estomacais, problemas digestivos, fadiga crônica, alergias, diabetes	Respeito por si mesmo e pelos outros, poder pessoal, flexibilidade, autoestima elevada, espontaneidade, desinibição. "Eu permito a mim o meu próprio caminho, e permito a você o seu." "Abro minha mente à possibilidade."
2 - SACRO • Nota Musical: Ré • Água / Alaranjado • Logo abaixo do umbigo	Bexiga, próstata, útero, pélvis, sistema nervoso, lombar, função dos fluidos, glândulas suprarrenais, órgãos sexuais	Libido desequilibrada, instabilidade emocional, sentimentos de isolamento, impotência, frigidez, problemas na bexiga e próstata, dor na lombar	Conhecimento interior, confiança, expressão, harmonia com os sentimentos, criatividade. "Eu vivencio e sinto meu caminho ao longo da vida." "Eu não preciso de nada de você, e estou aqui simplesmente para compartilhar." "Eu sigo minha intuição."
1 - RAIZ • Nota Musical: Dó • Terra / Vermelho • Base da coluna vertebral	Ossos, esqueleto, quadris, pernas, pés, órgãos genitais, base da coluna vertebral, rins, força vital do corpo, dentes, unhas, sangue, construção das células, glândulas suprarrenais	Letargia mental e desorientação ou confusão, incapacidade de quietude interior, osteoartrite, saúde geral precária, carência de energia vital	Autodomínio, energia física elevada, estabilidade, saúde vibrante. Um reconhecimento de que "eu estou aqui como Fonte". "Este é o meu show." "Eu pertenço." "Eu trago o que eu escolho experimentar."

	PRÁTICAS	RESPIRAÇÃO	POSTURAS DE YOGA PARA OBTER MAIOR INTEGRAÇÃO
	• Marcha Morter • Passo mPower • Liberação BEST (Técnica de Sincronização Bioenergética)	Respiração no Plexo Solar	• Postura do Camelo (*ustrāsana*) • Postura do Arco (*dhanurāsana*) • Postura da Prancha Invertida (*purvottanāsana*) • Postura da Lua Crescente (*anjanayāsana*) • Respiração do Fogo (*kapalabhati prānāyāma*)
	• Trabalhe o Corpo • Não Nomeie – SINTA • Um Olho no Interior • Não Queira, Tenha	Respiração no Vaso (Respiração Abdominal de Buda)	• Postura do Barco (*navāsana*) • Postura do Rei Pombo (*eka pada rajakapotāsana*) • Bicicleta Iogue (*dwichakrikāsana*) • Torção Vertebral Cruzada Sentada (*ardha matsyendrāsana*) • Respiração do Fogo (*kapalabhati prānāyāma*)
	• Sujeito – Objeto – Sujeito • Pontos de Ancoragem no Canal Central • Respiração pelo Canal Central • Cair Dentro, Cair Através	Respiração pelo Canal Central	• Postura da Cadeira (*utkatāsana*) • Postura do Guerreiro 1 (*vīrabhadrāsana I*) • Postura da Pirâmide (*pārśvottānāsana*) • Postura da Árvore (*vrkṣāsana*) • Flexão para a Frente em Pé (*uttānāsana*)

Construindo os Circuitos para Perceber o Eu Unificado com a Alma

Geralmente, consideramos um impedimento como um bloqueio. Dizemos: "Preciso descobrir o que está no meu caminho e me livrar disso".

Na verdade, não existe um "bloqueio". Essa é uma percepção equivocada. Uma maneira mais poderosa de compreender um bloqueio, densidade, interferência ou fragmento de impureza energética é reconhecer nele uma *ausência* de força vital consciente. Se tudo é energia – e é –, então onde a energia *não está* fluindo é um ponto que não tem a *capacidade* de comportar energia fluindo! É um lugar que não tem animação ou consciência movendo-se através dele. O espírito não está vivo e ativo nesse lugar, mas... não é porque não está lá; é só porque *a mente* ainda não despertou ou ainda não percebeu que ele está lá. Em outras palavras, a mente ainda não tem a percepção de nossa verdadeira natureza – nossa essência ou magnificência – nesse lugar específico.

A corporificação ou incorporação é realmente um *despertar* – despertar nossa mente ou consciência para a presença, dentro do corpo, do Eu Unificado com a Alma. É assim que damos vida ao Eu Unificado com a Alma na forma física. Nós o "ligamos" ou o "deixamos *on-line*". A maneira mais fácil de pensar nisso é com a analogia do conjunto de circuitos. Nós já discutimos isso brevemente, mas agora vamos um pouco mais fundo.

O Eu Unificado com a Alma inclui conjuntos de circuitos eletromagnéticos. As tradições orientais descrevem isso como uma rede de *nadis* (sâncrito para "rios") ou meridianos que percorrem todo o corpo e, quando ativada ou ligada, traz ao corpo (e à vida física) a energia e a perspectiva do Eu Unificado com a Alma. Esse conjunto de circuitos vitaliza nosso sistema nervoso central. Podemos desenvolver a capacidade do sistema nervoso central de perceber a energia sutil do Eu Unificado com a Alma por meio da *bioenergética* – em que as camadas energéticas de nossa biologia se conectam com as camadas energéticas da alma para criar nossa vida na Terra.

Continuarei, às vezes, a usar os termos *barreiras* e *bloqueios* para definir esses lugares no campo energético onde o circuito está off-line. Faço isso apenas porque as pessoas estão acostumadas a pensar dessa maneira; na verdade, não existe bloqueio ou barreira, mas apenas uma falta de circuitos do Eu Unificado com a Alma.

Como lugares do corpo ficam off-line ou esparramados? Normalmente, isso acontece porque nos deparamos com uma situação com a qual não sabemos lidar mental e emocionalmente, e por isso a evitamos – fazemos o que conseguimos pensar para sobreviver a essas circunstâncias ou para lidar com elas; não abordamos diretamente a situação com um senso intacto de nosso verdadeiro eu. Quando os circuitos diretos estão ativos, estamos totalmente conscientes ou despertos para a nossa verdadeira natureza. Por outro lado, se áreas do circuito não estiverem energizadas, não podemos perceber nossa verdadeira natureza. Nosso campo energético oscila, uma distorção acontece, nossa percepção se ofusca, a saúde física diminui e outras áreas da vidas são abaladas. Simplesmente não temos os circuitos ativos nessa área, os quais nos permitiriam perceber a nós mesmos com precisão e superar de imediato uma situação – como desafios de intimidade, confronto mental ou emocional, ou dor física crônica.

A história de Angela ilustra esse ponto. Criada em uma família envolvida em uma seita, Angela havia sido traumaticamente abusada – mental, emocional e sexualmente – toda a sua vida prévia, até que, aos dezesseis anos, encontrou maneiras de não voltar para casa. Trabalhou em três empregos, foi voluntária na escola, conseguiu um emprego fora do estado durante o verão, tudo como um meio de sobreviver. Seus pais eram mentalmente doentes, e ela não tinha ninguém com quem conversar sobre seus horríveis traumas e nenhum lugar onde buscar ajuda. Antes de conhecê-la, ela não havia compartilhado os detalhes dessa experiência com ninguém. Ela desligou seus circuitos para sobreviver. Estava apavorada diante da possibilidade de se abrir à confiança e ao amor, com medo da vida em si. Trabalhando com os Códigos de Energia, ela transformou completamente sua autoimagem e a capacidade de revelar sua verdade profunda. Diminuiu muito as batalhas que travou a vida toda com anemia, sinusite crônica, tímpanos rompidos, infecções urinárias, depressão profunda, dor física extrema, convulsões e TEPT. Foi diagnosticada com câncer de mama, mas atribui sua remissão ao uso que fez dos Códigos de Energia e outras modalidades naturais. Hoje, Angela é feliz e vive uma vida inspirada – pintando, cuidando do jardim, viajando e desfrutando de relacionamentos íntimos. Ela continua a desenvolver seus circuitos para se empenhar, *com* sua vida, em experiências, em vez de contorná-las por segurança.

Quando ligamos ou ativamos circuitos que estavam off-line, despertamos nossa percepção consciente do Espírito nesse chakra. A cura – física, mental e emocional – acontece no aspecto da vida com o qual esse chakra se correlaciona. Ao nos lembrarmos da totalidade do nosso ser conforme nós, pedaço por pedaço, trazemos a força vital de volta a cada lugar adormecido, um vibrante retorno à saúde acontece automaticamente. Embora muitas vezes pensemos na cura como um ato de "consertar um problema" – curar uma disfunção ou doença – na verdade não é isso. Quando nos curamos de verdade, o problema simplesmente desaparece porque criamos um estado saudável que é abrangente. Ter a presença da força vital essencial é, por definição, um estado de saúde perfeita; a disfunção e a doença não podem coexistir com ela.

A experiência de Sara demonstra o sucesso dos circuitos ligados. Quando ela começou a fazer o meu curso de Nível 1 ao vivo, teve muita dificuldade para expressar sua verdade mais íntima a outras pessoas. Ela experimentava uma tremenda ansiedade emocional que a paralisava, precisando deixar a sala de treinamento por horas a cada vez. Sara descobriu que se sentia "absolutamente abalada" pela ideia de permitir que a verdade de seu ser brilhasse ou de expressar sua verdade em voz alta, nunca antes tendo experimentado sentir-se convidada, segura ou confortável para fazer isso. Essa resistência afetou energeticamente todo o seu sistema.

Por meio do nosso trabalho conjunto, ela aprendeu a "ligar" a energia de cada um de seus chakras e passou a corporificar seu verdadeiro eu. Curou-se de formas excepcionais e numerosas. Como ela mesma explica, "o disco S1 foi regenerado, e o desgaste pareceu ter sumido totalmente (era osso no osso). A grave Síndrome do Intestino Irritável se foi!

A psoríase (abaixo dos joelhos e nas mãos e rosto) se foi! A dor intensa nas articulações nos tornozelos, pés, pulsos e mãos se foram! Mamografias pré-cancerosas anormais e papanicolau agora estão normais. As enxaquecas desapareceram. A fascite plantar sumiu. O medo profundo e a tristeza se foram, completamente!". Ela agora, com alegria, ensina os Códigos de Energia para ajudar outras pessoas a também se curarem.

Portanto, o objetivo geral dos Códigos de Energia não é consertar problemas da maneira como fazem algumas abordagens de medicina energética (antigas e atuais), mas, sim, levar as pessoas a incorporarem o seu eu mais verdadeiro e completo, que cria cura em todas as áreas da vida como um subproduto. O espírito é a força curativa em nossa vida; isto é, pelo fato de a cura acontecer quando o ser de energia (o *verdadeiro nós*) é ativo em todos os seus circuitos, o ser de energia ou Espírito é o agente de cura interior.

Então, como ligamos ou ativamos os circuitos do sistema nervoso sensorial para perceber a energia sutil dentro do nosso corpo que é o Eu Unificado com a Alma? Como nos "remembramos" (literalmente, "recompomos o que estava desmembrado") no nível energético e reconectamos nosso fluxo de energia de modo que possamos nos curar de dentro para fora e não de fora para dentro? É preciso mais do que apenas pensar de maneira diferente ou usar a mente de uma maneira totalmente nova. É preciso de uma abordagem holística, envolvendo a colaboração da mente, corpo e espírito.

Integração pela Unificação da Mente, Corpo e Espírito (ou Respiração)

Uma plena integração do nosso sistema, em que o fazemos fluir otimizadamente como o Homem-Toro, acontece de duas maneiras: integraremos a energia de problemas não resolvidos e interferências subconscientes que nos mantêm fragmentados e operando a partir da Personalidade Protetora. E ativaremos mais circuitos já embutidos, porém inexplorados, de energia de alta frequência, que constituem o Eu Unificado com a Alma. Esses são realmente dois lados da mesma moeda, uma vez que estamos lidando com todo o eu – o corpo, a mente e a respiração.

Vamos agora examinar, em geral, o papel que o corpo desempenha em tudo isso.

O PAPEL DO CORPO

Quando estamos fragmentados e na Personalidade Protetora, identificamo-nos como a mente racional, acreditando que *temos* um corpo e (se tivermos uma inclinação espiritual) que *temos* um espírito ou alma. Mas, na verdade, como aprendemos, *somos* a alma – o ser de energia – que *tem* um corpo e *tem* uma mente. O corpo e a mente são apenas ferramentas para nos ajudar a ter a melhor e mais celestial vida aqui na Terra. Mas não temos usado essas ferramentas da maneira como foram planejadas ou destinadas a serem usadas.

Não somos apenas seres espirituais que têm uma experiência física ou terrestre; somos seres espirituais que possuem uma experiência *espiritual* na extremidade física do espectro de energia. A diferença entre os dois é enorme – é a diferença entre viver como a Personalidade Protetora e viver como o Eu Unificado com a Alma. O corpo desempenha um papel-chave nessa diferença.

Muitas vezes, pensamos que o corpo é o veículo para experimentarmos uma vida física. Mas embora o corpo nos coloque em três dimensões e nos permita ser físicos e interagir com a matéria, ele também é a ferramenta para conseguirmos nos envolver com dimensões espirituais. Na verdade, é *o* principal dispositivo de comunicação da alma, que o utiliza como intermediário ou tradutor para "falar" com a mente consciente.

Tudo o que está acontecendo no corpo físico está acontecendo primeiro no nível energético. As sensações corporais são mudanças de energia que ocorrem no corpo energético e são sentidas no corpo físico. Portanto, o corpo é um importante portal de entrada para o reino energético da vida. É por meio do corpo que a mente pode sentir as mudanças sutis de energia que revelam o estado do nosso campo energético, e é por meio do corpo que a mente pode interagir com esse campo, mudando seu padrão ao administrar nossa energia para que possamos obter diferentes resultados na vida.

Isso nos leva ao papel desempenhado pela mente.

O PAPEL DA MENTE

Na Personalidade Protetora, a mente se concentra em nos proteger – mantendo seguros tanto o corpo físico como a identidade pessoal ou o senso de identidade. Aqui, a mente pensante está no comando, e emprega a mais antiga e reativa parte do nosso cérebro e da nossa fisiologia. Sempre na defensiva, constantemente olhando para o passado à procura de comparações e para o futuro a fim de flagrar possíveis ameaças, continuamente enviando substâncias químicas produtoras de estresse através do corpo enquanto ativa níveis variados de respostas do tipo luta-ou-fuga ou paralisia.

Para nos tornarmos despertos como o Eu Unificado com a Alma, precisamos colocar a mente que observa e testemunha em posição de sentir o que está acontecendo no corpo energético, descobrir nele qualquer dispersão e dirigir a ele integração energética. A parte mais antiga e reativa do cérebro não pode fazer isso. É um trabalho para os centros superiores mais criativos e intuitivos, mais evoluídos – a anatomia do Eu Unificado com a Alma. A capacidade sensorial do sistema nervoso central precisa ser colocada no comando. Essas são ferramentas que sempre tivemos, mas as subutilizamos. Albert Einstein estava se referindo a isso quando supostamente disse: "A mente intuitiva é um dom sagrado e a mente racional é uma serva fiel. Criamos uma sociedade que honra a serva e se esqueceu do dom".

Em outras palavras, a mente pensante e reativa se parece com um ventilador de teto em rápida rotação. Nunca enfiaríamos o dedo em seu plano de rotação para sentir o que há do outro lado porque poderíamos nos machucar ou nos cortar. O mesmo é verdade quanto à mente pensante; seu movimento rápido interrompe o fluxo suave e natural da nossa energia essencial à medida que se eleva em direção ao seu pleno potencial de despertar. Lá se encontra o Eu Unificado com a Alma, a nossa energia essencial, limitada pelas falsas crenças e pelas reações instintivas de sua Personalidade Protetora.

Há uma versão da vida além das pás giratórias da mente pensante com a qual nós *precisamos* entrar em contato para experimentar nosso pleno potencial. A fim de vislumbrá-la – pois realmente tocá-la, nem pensar – precisamos diminuir a velocidade de rotação das lâminas o suficiente para que possamos passar para o outro lado. Os Códigos de Energia têm uma maneira poderosa de fazer isso, usando a mente, o corpo e a respiração. Quando "amarramos" a mente ao corpo, como faremos com os Códigos – quando colocamos a mente em seu máximo grau de utilização como observadora e guia –, ela diminui sua velocidade. Isso ocorre porque o corpo vibra em uma frequência menor do que a mente sozinha. Uma vez conectada ao corpo por meio da percepção, a vibração da mente começa a diminuir a um ritmo mais intimamente associado à natureza e à terra. (Esse é o estado de frequência alfa do cérebro, do qual você já deve ter ouvido falar.) De repente, nós (como a pura percepção que somos) reconhecemos que somos capazes de perceber a vida de uma perspectiva diferente e mais cheia de graça.

Conectar a mente ao corpo nos ajuda a desacelerar nosso processo de pensamento e controlar a sua constante busca por segurança. As práticas dos Códigos de Energia restauram a mente ao seu papel pretendido: usar o seu foco, atenção, intenção e vontade para sentir, ancorar e ativar nossa energia essencial dentro do corpo físico. Na verdade, vamos retreinar a mente, forjando e fortalecendo as vias neurais, a fim de que ela nos mantenha em contato com a versão mais profunda de nós mesmos, o Eu Unificado com a Alma. Impulsionadas não pelo medo e pela proteção, mas, em vez disso, por sabedoria e amor, as mensagens e orientações do Eu Unificado com a Alma nos impulsionarão de modo rápido e indolor em nossa evolução.

A respiração é fundamental para fazer a conexão mente-corpo e para desacelerar o ventilador de teto.

O PAPEL DA RESPIRAÇÃO

Todos sabemos a importância da respiração; é a função mais crucial do nosso corpo. Embora possamos ficar sem água ou comida por dias e até semanas, apenas alguns minutos sem respirar nos faz perder a conexão com o corpo e deixar este plano físico. A respiração é uma parte importante da maioria das práticas de meditação. Quando a respiração é curta e rápida, o aspecto do cérebro associado à sobrevivência primitiva assume o comando, fazendo com que a mente funcione de maneira reativa e defensiva (acelerando o movimento de rotação da hélice do ventilador) e disparando a resposta corporal de luta-ou-fuga ou paralisia. Isso é diferente de quando a respiração é lenta, deliberada e profunda nos lobos pulmonares inferiores, ativando as numerosas terminações nervosas parassimpáticas nessa área, e imediatamente ajudando a acalmar a mente e o corpo, tirando-o do modo de sobrevivência e o colocando em um estado mais criativo. A respiração consciente, intencional e profunda nos afasta da superfície de nossa vida e nos leva ao seu interior.

Você pode ver isso por si próprio. Agora, exatamente neste momento, apenas comece a desacelerar e aprofundar sua respiração pelo nariz enquanto continua a ler. Descobrirá que sua respiração o trará mais para perto do momento e permitirá que você capte mais desta mensagem. A respiração curta e superficial agita o sistema e dispersa a energia, particularmente quando estamos sob condições estressantes.

A respiração tem uma capacidade de promover uma mudança de vida, além de seus propósitos vitais. A respiração é, na verdade, espírito em forma "física". Ela é a força vital da vida. Quando a respiração para, é porque o espírito saiu completamente do corpo e pela última vez. Faz sentido o fato de que a respiração seja crucial na condução dessa força vital para áreas onde ela falta, na animação dos "nadis", ou vias energéticas, e na ativação de circuitos dentro do nosso sistema e que ainda não estão ativados.

É assim que a respiração ajuda a integrar a energia dispersa dentro de nós: ela infunde a energia de alta frequência do Eu Unificado com a Alma nas densidades de frequências mais baixas dentro do nosso sistema, intensificando a vibração, despertando a consciência nessas áreas e acionando esses circuitos. Ela, literalmente falando, respira a energia inteligente que é a fonte de toda criação através de nosso corpo energético e dentro de nosso corpo físico – através dos espaços vazios entre as partículas que compõem os átomos, os quais formam as moléculas que constroem as células e, finalmente, todos os tecidos do nosso corpo.

A unificação acontece como uma dança entre essas três partes vitais – corpo, mente e espírito ou respiração. Na Parte 2, aprenderemos esses passos de dança específicos da unificação. Na verdade, é bem simples: a alma fala para o corpo, e o corpo traduz para a mente. A desconexão acontece quando a mente não está ouvindo quando o corpo fala! Ensinaremos a mente a ouvir para que se torne fácil e natural desacelerar as pás do ventilador o suficiente para que se possa ouvir e sentir o corpo falar como o Eu Unificado com a Alma, e seguir essas mensagens para despertar.

Usando a Imaginação para Realizar esse Trabalho

Trabalhar com seu sistema de energia envolve um pouco de imaginação. A ciência quântica nos diz que tudo acontece no nível da energia *antes* de acontecer no nível físico – começamos a manifestar tudo o que pensamos conscientemente ao arranjar partículas subatômicas em um padrão específico. A imaginação é a ferramenta para mudar os padrões de energia, mas isso não significa que aquilo que estivemos fazendo não é "real"! Significa apenas que seus pensamentos serão generativos, originais e inspirados em vez de habituais, reacionários ou condicionados. Chamo isso de pensamento alfa, pois ele usa a frequência alfa do cérebro. A imaginação nos coloca de novo em contato com o restante de quem realmente somos.

Agora gostaria de compartilhar uma história dos resultados reais que uma de minhas alunas obteve aplicando os mesmos métodos que ensino neste livro.

A MÚSICA RETORNA À VIDA DE JERALYN

Eu tinha acabado de conduzir uma meditação para a abertura de uma das minhas excursões JourneyAwake em Cusco, Peru, quando uma mulher se aproximou de mim segurando uma pequena foto.

Ela se ajoelhou na minha frente, com as mãos trêmulas, e me entregou a foto.

"Este é meu filho, Dylan. Ele sempre quis ir para Machu Picchu. Mas agora ele se foi; então eu lhe disse que faria a viagem por ele."

Eu acenei com a cabeça e a deixei continuar.

"Pesquisei on-line por 'viagens sagradas a Machu Picchu'. Sua imagem surgiu. Eu estava esperando um xamã peruano, mas Dylan me disse para vir com você, então... aqui estamos."

Dylan havia tirado a própria vida apenas três meses antes da excursão, e o coração de Jeralyn estava partido. Assegurei-lhe que estávamos aqui para ajudá-la a encontrar um senso de paz – mas eu também sabia, dada a intensidade da energia em torno de sua história, que ela provavelmente descobriria ainda mais do que isso.

Coloquei a foto na mochila e, nos dois dias seguintes, aprendi mais sobre Jeralyn. Ela havia se divorciado de um cônjuge abusivo; enquanto ainda estava envolvida em uma batalha legal por dinheiro, Dylan deixou a terra. Nos dias que se seguiram ao nosso encontro, ela caminhava pelos templos no Vale Sagrado do Peru com o olhar distante; mesmo quando pessoas de nosso grupo a abraçavam e cuidavam dela ao longo do caminho, ela se mantinha distanciada. Vendo isso, não fiquei surpresa quando me disse que não se juntaria ao grupo menor para a caminhada, subindo a montanha até o pico de Huayna Picchu como planejado. Ela se sentia sobrecarregada.

Disse-lhe que a compreendia e que estaríamos pensando nela.

No topo do pico, realizei uma cerimônia para permanecer no Espírito da Vida, "mostrando" a Dylan a visão que ele teria visto do nosso ponto de observação. Greg, um membro da nossa comunidade, tirou uma foto minha segurando a foto de Dylan, para que pudéssemos compartilhar com sua mãe quando voltássemos a descer a montanha.

No caminho de volta para o hotel naquela noite, Greg sentou-se ao meu lado no comboio. Havia lágrimas em seus olhos quando me mostrou a foto que havia tirado no topo da montanha. Um raio de luz brilhou dos céus sobre o centro do rosto de Dylan, como se fosse uma flecha vinda direto do Divino aos seus lábios. Lágrimas brotaram em meus próprios olhos enquanto Greg e eu nos entreolhávamos; sabíamos que algo intenso e profundo acabara de acontecer. Dylan estava entregando uma mensagem à sua mãe, para que soubesse que ele ainda estava lá para ela.

Depois de ver aquele sinal inconfundível, Jeralyn mergulhou nas oferendas fundamentais dos Códigos de Energia e começou a perfurar a imobilidade de sua dor com a respiração. Imediatamente, experimentou alívio mental e emocional. Nos meses seguintes, ela se comprometeu a aprender tudo o que pudesse a respeito de viver como o Eu Unificado com a Alma. Vinha me ver em vários eventos em todo o mundo, dizendo: "Eu sei que há respostas aqui para mim. Eu posso senti-las trabalhando em mim todos os dias".

Jeralyn era uma cantora de ópera com formação profissional e tinha um profundo e extraordinário amor e apreço pela música. Uma vez que parte do foco do trabalho dos Códigos de Energia é explorar nossa verdadeira essência, pensei que a música poderia ser um caminho, em parte, para a sua recuperação – mas acabou por ser muito mais do que isso.

Por meio das práticas dos Códigos de Energia, e de sua integração com a Conversa no Ponto de Ônibus, Jeralyn começou a perceber que havia tremendas dádivas assentadas em sua maior dor. Ela encontrou sua respiração, e encontrou sua presença central. Também encontrou uma nova expressão para seu talento esplêndido e começou a usar sua música para a cura, pois a música a ajudara a se curar. Ela tinha formação para se apresentar no palco, mas agora cantar, entoar e criar música vinham de um lugar diferente dentro de si. Os sons eram diferentes, mas, ainda mais importante, o sentimento era diferente. Começou a sentir uma nova vida quando, novamente, aprendeu a se ancorar em seu núcleo, a respirar em seu abdômen, onde residiam seus ritmos reconfortantes, e a usar as práticas que aprendeu em nossos cursos; com essas ferramentas, ela podia sentir sua tristeza, dor e desilusão, e dissolvê-las.

Ao colocar as partes off-line de si mesma de volta on-line, Jeralyn foi capaz de perfurar a dor e a confusão que a circundavam e encontrar um novo sentido de absoluta clareza e certeza que não tinha antes. Situada nessa nova paz e força, ela começou a falar com outros pais que haviam perdido filhos. Também realizou concertos de cura sonora para pacientes com câncer, que experimentaram uma profunda e intensa redução na dor e uma restauração da vitalidade e da alegria, e passou a ajudar outras pessoas a encontrar o caminho delas por meio de sua aflição, como ela mesma fez.

Todo esse despertar aconteceu no primeiro ano de sua perda; ninguém fora de nossa comunidade havia visto uma tal mudança acontecer tão completamente. O CEO da Compassionate Friends, uma organização internacional para famílias que perderam um filho, afirmou que, em seus quinze anos como CEO, nunca tinha visto alguém se sair tão bem quanto Jeralyn em tão pouco tempo. "O que ela está fazendo?", perguntou ele.

Por causa de sua Inversão Quântica, Jeralyn sente seu filho com ela todos os dias. Ele até a orienta, em uma espécie de colaboração divina. Ela sabe disso, pois pode descer ao seu núcleo e viver a partir do lugar ancorado e estabilizado de seu Eu Unificado com a Alma. Lá ela experimenta um lugar de não separação entre os mundos, um CéuTerra pessoal. Naturalmente, às vezes ainda sente a perda de Dylan em sua forma física. Quando sente, ela se volta para suas práticas dos Códigos de Energia e aterrissa profundamente em seu núcleo como seu Eu Unificado com a Alma; nesse lugar, não precisa sentir falta dele, pois pode senti-lo ao seu lado, conectado a si por meio da energia eterna de seus eus divinos.

OUTRAS HISTÓRIAS DE ALUNOS E PACIENTES

Apresento a seguir exemplos adicionais da vida real que ilustram as transformações que acontecem graças ao uso dos Códigos.

Mike agendou uma sessão comigo para tratar de sua depressão e extrema ansiedade. Ele tomava sete medicamentos para esses dois problemas e não dormia a noite inteira havia sete anos. Fora diagnosticado com um surto esquizofrênico e a grande dor que o atormentava abrangia seus estados mental, emocional e físico. Em poucos meses de trabalho com os Códigos de Energia e bioenergética, ele passou a ficar bem com um medicamento prescrito, e pouco tempo depois seu médico também o liberou desse remédio.

A infância de Colleen foi desafiadora. Seu pai morreu quando ela tinha onze anos, e uma avó controladora e dominadora interferiu nas tentativas de sua mãe de criá-la sozinha. Colleen teve alguns problemas de desenvolvimento verbal, cognitivo e físico e foi diagnosticada com diabetes aos dezenove anos e colocada no tratamento com insulina. Ela tinha uma relação extremamente antagônica e abrasiva com a avó, e teve dificuldade para se envolver em relacionamentos de qualquer tipo. Depois de trabalhar com os Códigos de Energia, Colleen experimentou mudanças dramáticas em sua saúde e bem-estar emocional. Além de ser capaz de se envolver compassivamente com sua avó e de navegar com suavidade por sua morte, ela formou amizades pela primeira vez. Já há seis anos, seus testes indicam que está livre de diabetes, e não precisou continuar tomando nenhum medicamento para regular os níveis de açúcar no sangue. Identificou até mesmo mudanças significativas em sua visão, eliminando um astigmatismo (e reduzindo sua correção refrativa para miopia em seus óculos de 7 para 3,25 graus). Ela sente que está vivendo a vida de uma perspectiva totalmente diferente e dá crédito aos Códigos de Energia por suas habilidades e experiências recém-descobertas.

Também testemunhei numerosas melhorias e até mesmo a cura de alergias, asma, lesões crônicas e todos os tipos de padrões de outras dores e doenças uma vez que o problema energético subjacente foi abordado e resolvido. Compartilharei outras histórias reais de cura e bem-estar vitalício que surgiram graças ao uso dos Códigos de Energia ao longo do livro.

Os Sete Códigos de Energia

Os sete Códigos de Energia são o roteiro para se viver como o Eu Unificado com a Alma. Os princípios e métodos podem ser praticados por conta própria, seguindo as orientações na Parte 2. Elas ajudarão a curar disfunções mentais, emocionais e físicas; criar equilíbrio e bem-estar em todas as áreas da sua vida; e viver sua verdadeira natureza e seu propósito divino.

Cada um dos sete Códigos corresponde a um chakra, um grande centro de energia do corpo, desde a base da coluna vertebral até o topo da cabeça. Os códigos são construídos uns sobre os outros, e por isso, idealmente, devem ser abordados na ordem em que foram dispostos.

Aqui está uma breve visão geral dos sete Códigos de Energia:

O Código da Ancoragem: Voltando ao Próprio Corpo. Vivemos identificados com a mente, acreditando que ela é tudo o que existe. Como resultado, tentamos pensar o nosso caminho para uma vida melhor. Mas a energia bruta que se move no corpo mostra uma realidade muito diferente sobre nossa verdadeira natureza. Voltando a atenção para dentro do corpo e implantando aí nossa percepção, o Código da Ancoragem nos permite dar o primeiro passo para deslocar nosso foco do mundo externo para o núcleo energético que é a nossa verdadeira essência e, portanto, identificando-nos como essa essência – o Eu Unificado com a Alma.

O Código do Sentimento: A Linguagem da Alma. Tendo ancorado nossa atenção no núcleo do corpo, agora continuamos despertando nosso sistema nervoso sensorial e o treinando para o que ele pode perceber. À medida que percebemos e sentimos as mudanças de energia que ocorrem dentro do corpo, iniciamos um diálogo divino entre nosso eu verdadeiro – a alma – e nossa mente. Isso nos dá uma nova maneira revolucionária de compreender e responder ao que acontece em nossa vida e, simultaneamente, constrói nossa presença como o Eu Unificado com a Alma.

O Código da Desobstrução: O Poder de Cura do Subconsciente. Para a maioria de nós, a comunicação entre os níveis consciente e subconsciente da mente foi desligada pela sobrecarga emocional durante experiências-chave que tivemos ao longo da vida. Isso significa que não podemos nos impulsionar a criar o que queremos na vida por causa de questões não resolvidas que estão fora de nossa percepção nos impedindo. No Código da Desobstrução, aprendemos como abrir a porta do nosso subconsciente, resolver os resíduos das experiências que estão aprisionados lá, e reintegrar a energia que ficou retida no fluir do nosso sistema – dando-nos, simultaneamente, a potência e a coerência energéticas de que precisamos para manifestar nossos desejos e levando-nos cada vez para mais perto de viver em nossa totalidade como o Eu Unificado com a Alma.

O Código do Coração: O Solvente Universal. A frequência vibracional que experimentamos como amor é a energia do Eu Unificado com a Alma. Essa energia é a nossa verdadeira natureza e a mais alta vibração que podemos experimentar aqui na forma física. É também um solvente universal – capaz de resolver todos os bloqueios, transmutar todas as interferências e curar todas as feridas. No Código do Coração, geramos intencionalmente dentro de nós mesmos essa vibração fascinante, a qual – apesar do que acreditávamos antes sobre a necessidade de conseguir ou de encontrar o amor de outras pessoas – é onde o experimentamos com mais força. Nós então o usamos para dissolver densidades energéticas de frequência inferior da Personalidade Protetora e para criar mais neurocircuitos sensoriais a fim de perceber, ativar e animar o Eu Unificado com a Alma.

O Código da Respiração: O Poder da Vida em Si. Manifestar significa trazer para a realidade física. Aqui nós aprendemos a ferramenta mais poderosa que temos para manifestar o espírito ou a energia na forma física – a respiração. A respiração é energia, vitalidade ou força vital; é a própria vida. Quando respiramos sistematicamente nossa energia essencial sobre nossas densidades energéticas – os lugares onde estamos estagnados –, tornamos a Personalidade Protetora mais leve e menos impositiva; quando respiramos sobre o núcleo do corpo, energizamos e animamos o Eu Unificado com a Alma. Embora tenhamos feito isso ao longo dos Códigos anteriores, no Código da Respiração aprenderemos técnicas adicionais, mais avançadas, de trabalho com a respiração a fim de curar problemas físicos específicos, bem como para continuar nos despertando para nossa consciência mais elevada e nosso pleno potencial.

O Código da Química: A Alquimia da Corporificação. Muitas vezes, estamos mais acostumados a responder de maneira reativa ao ambiente externo do que a gerar proativamente – a partir do interior – a vida que amaríamos viver. Consequentemente, nossa perspectiva e nosso corpo estão em modo de sobrevivência, criando a química baseada no estresse da resposta de luta--ou-fuga ou paralisia. O Código da Química nos oferece as chaves para mudar rápida e efetivamente nossa fisiologia de "ameaçada" para "segura", facilitando ainda mais nossa transformação da Personalidade Protetora para o Eu Unificado com a Alma. Ele nos ensina como criar um ambiente físico otimizado ou um "lar" para a intensificação da presença do Eu Unificado com a Alma.

O Código do Espírito: Onde os Muitos Tornam-Se Um. Identificando--se com a mente, mantemo-nos separados de tudo: de cada uma das outras pessoas, da natureza e até mesmo de nossa própria energia – nosso verdadeiro Eu, nosso Eu espiritual. No entanto, nosso sistema é planejado para experimentarmos a conexão e a unicidade que, no nível da energia, é a verdade. Quando atingimos esse Código, tendo integrado o suficiente de nossa energia anteriormente dispersa e ativado os centros do cérebro superior, que nos permitem viver "acima" da resposta de luta-ou-fuga ou paralisia, nós, automaticamente, vemos a vida de uma perspectiva diferente. No Código do Espírito, concentramo-nos em aquietar a mente pensante e tornamo-nos verdadeiramente presentes para que possamos perceber de imediato as comunicações unificadas com a alma que estão constantemente emergindo dentro do nosso corpo e atuar em conformidade com elas, sem hesitação ou dúvida. Isso é o Poder de Criação. É viver como o Eu Unificado com a Alma.

Os Códigos de Energia representam uma abordagem totalmente nova para a cura. Em geral, nossa cultura olhou para o bem-estar de fora para dentro, de cima para baixo, e de frente para trás. Precisamos mudar isso se quisermos criar a vida que queremos – ou, o que é ainda mais importante –, nos tornarmos nosso destino como verdadeiros criadores.

Para tirar o máximo proveito deste trabalho e criar o nível de integração e de corporificação ou incorporação que os Códigos de Energia prometem, precisamos fazer as seguintes mudanças em nossa percepção mental de saúde, de cura e de nossa identidade.

O que nos fere (e nos cura) não vem do mundo exterior. Precisamos parar de pensar que apenas vírus, bactérias e outros micro-organismos nos deixam "doentes", e que a medicina e as cirurgias nos deixam "bem". Precisamos compreender que a verdadeira totalidade, a cura e a integração vêm de dentro, porque começam em nosso campo energético.

Somos mais do que "meramente humanos". Quando estudamos a espiritualidade tradicional (ou até mesmo modalidades menos convencionais como o yoga), tendemos a ver a nós mesmos como meros seres humanos em busca de Deus ou do Espírito, que nos salvará de nosso fardo na vida. A verdade é que somos aquilo que estamos buscando. Somos seres de energia – e, como tudo no universo está interconectado, somos unos com a energia divina que é a Fonte. Estamos enraizados no Céu, e nossa fronteira final consiste em incorporar plenamente nosso Eu divino aqui na Terra.

Não há nada de "errado" em sua vida. Não há problemas a superar, e nenhum obstáculo que precisamos vencer para sermos vitoriosos. Quando fazemos a Inversão Quântica e começamos a ver a vida a partir do Lado Reverso do Modelo, vemos que nunca houve nada de errado, pois todas as nossas experiências de vida estão acontecendo em benefício do nosso objetivo final. Tudo está a nosso favor, e sempre esteve.

No programa dos Códigos de Energia, é possível encontrar informações detalhadas sobre cada Código, instruções para realizar as práticas, descrições dos resultados esperados de cada prática, e muito mais. Você vai aprender tudo o que precisa saber para realizar sua própria Inversão Quântica e começar a viver plenamente como seu Eu Unificado com a Alma. Sua compreensão das verdades acima só aumentará na medida em que você mergulhar no trabalho de ativar o seu eu total, divino e energético, e integrar todas as múltiplas camadas do seu ser.

Com isso, vamos começar a usar os Códigos de Energia!

Parte II

Uma Nova Maneira de Ser: O Programa dos Códigos de Energia

Capítulo 4

O Código da Ancoragem: Voltando ao Próprio Corpo

Certa tarde, estava sentada à mesa da minha sala de jantar, escrevendo uma descrição para um curso o qual fui convidada a ministrar, quando, de repente, senti uma vibração na minha cabeça. Foi tão forte que balancei algumas vezes a cabeça para tentar me livrar do sentimento e me orientar. A sensação parou e voltei a digitar meu texto. Momentos depois, começou de novo. Balancei a cabeça mais uma vez. A vibração persistiu e, em alguns momentos, tornou-se tão pronunciada que tive de deixar de lado o meu trabalho e me deitar.

No instante em que pousei a cabeça nas almofadas, experimentei um brilho e uma sensação de vibração dentro e ao redor da minha cabeça, e o que parecia ser um eixo de luz dourada correndo para cima e para baixo através do âmago do meu corpo, do centro da minha cabeça até a ponta da minha coluna. Ela chamava minha atenção para dentro pela sua própria presença. Assim como em minha exaltada experiência inicial, eu sabia que estava novamente despertando para uma versão diferente do que significava ser "eu" – só que dessa vez não me sentia um raio de luz sem limites, mas experimentava isso em meu corpo. O Céu e a Terra estavam se fundindo conforme o aspecto espiritual de minha natureza ganhava vida, de forma tangível, dentro da minha forma física. Sem de fato tentar, me vi tendo sensações e percepções profundas dentro do meu corpo de uma maneira que eu não sabia ser possível. Sentia como se pudesse *ver dentro* de meu próprio tórax, pescoço e cabeça. Imagens de lugares, alguns deles transcendentes com relação a este mundo, preencheram minha mente. Pareciam muito familiares, mas não eram lugares em que eu já estivera, pelo menos não que me lembrasse. Ainda assim, senti como se pertencesse a cada um deles, como se tivesse estado lá centenas de vezes.

Nas semanas e meses seguintes, continuei a ter essas sensações de vibrações; percebi que, se direcionasse minha atenção ao núcleo do meu corpo, conseguia gerenciá-las sem ter de parar o que estava fazendo – em vez disso, eu podia permitir que o processo acontecesse sem que ele me removesse do meu dia. Simplesmente comprimindo os músculos no núcleo do meu corpo e soprando nessas áreas vibrantes me permitia direcionar e focalizar essa imensa quantidade de energia. Ao fazê-lo, pude sentir a energia se acumulando e se intensificando em meu núcleo. O tempo todo, senti como se estivesse me lembrando de algo que vinha das minhas profundezas.

Uma dramática alteração nos pensamentos, emoções e sentimentos que ocorriam dentro de meu corpo acompanharia a mudança. Quanto mais minha energia se concentrava em meu núcleo, mais liberdade e conforto eu sentia. Em vez de me sentir altamente vulnerável, ansiosa e fragmentada, como era o meu estado durante a maior parte da minha vida, passei a me sentir visivelmente mais integrada e firme em meu corpo e no mundo. Foi a partir desse estado que minha vida começou a se desdobrar efetivamente – para curar e fluir. Cada área da minha experiência de vida mudou radicalmente à medida que a presença dessa energia aumentava dentro de mim – à medida que aquilo que vim a conhecer como o Eu Unificado com a Alma tomava o controle.

Eu já havia experimentado sensações vibratórias semelhantes em meu corpo e em minha vida antes; todos nós experimentamos isso, em maior ou menor grau. Mas se não as reconhecermos como algo que nos serve – algo que clama por nossa atenção – frequentemente as deixamos passar. No momento que estou descrevendo, o sentimento em mim era pronunciado demais para ignorá-lo, mas não era um fenômeno novo, ou um mero resultado de minha experiência exaltada. Meu despertar simplesmente aumentou o volume.

Anos mais tarde, eu aprenderia que esse ato de levar minha atenção ao âmago do meu corpo é uma prática chamada "pratyahara", ensinada por mestres da consciência no Oriente como maneira de "habitar" a nossa totalidade. Mas durante esse jorro de crescimento energético, eu estava abrindo caminho rumo ao meu corpo por conta própria, usando a orientação que recebia de meu próprio sistema como uma bússola. Foi com base nas práticas que desenvolvi na época que os Códigos de Energia passaram a emergir – a começar por este, o Código da Ancoragem. Como o nome sugere, esse Código nos capacita a ancorar a parte essencial, energética, de nossa natureza em nossa forma física – o corpo. Este é o primeiro passo para viver como o Eu Unificado com a Alma.

O Que É o Código da Ancoragem?

Como seres de energia, escolhemos nosso destino físico no Ponto de Ônibus, e escolhemos vir a este mundo em uma forma que é perfeita para o nosso crescimento. Mas *depois* do Ponto de Ônibus, aterrissamos aqui, no plano tridimensional, e nos *dispersamos* ao realizar contato. É como se a mente fosse para um lado, o corpo fosse para o outro, e a alma ou respiração fosse para ainda outro, e não nos lembramos de quem realmente somos e de onde viemos. (Tudo faz parte da brincadeira.) Tentamos descobrir quem somos, onde estamos, se estamos seguros, como devemos nos encaixar, como seguir as regras, como agradar às pessoas que parecem mais importantes para nossa sobrevivência, e assim por diante. Tentamos nos orientar e, com todo o esforço que fazemos para isso, acabamos usando nossa mente de forma desproporcional com relação a todo o nosso ser – vivendo quase inteiramente de nossa cabeça, sem contato com nosso corpo, com nossa energia e com o restante de nossa verdadeira natureza, em vez de referenciar internamente nossos próprios conhecimento e verdade inerentes. Nossa cultura ensina e reforça essa maneira de ser, uma vez que quase todos ao nosso redor estão presos fazendo a mesma coisa.

No entanto, o problema de viver a partir da nossa cabeça é que nunca nos sentimos como se fôssemos nossos eus totais ou como se estivéssemos efetivamente em casa neste lugar. Não nos sentimos confortáveis, completos ou seguros. Gastamos todo nosso tempo e nossa energia tentando consertar ou negar essa sensação de incompletude, mas nada que fazemos resolve o problema, que é o de não nos conhecermos como totalidades, como o Eu Unificado com a Alma. A chave para nos firmar em nossa totalidade reside dentro do nosso próprio corpo físico, que vive e respira.

Para a experiência de estar em casa neste mundo e operar em nosso verdadeiro potencial para o bem-estar, a felicidade e a criatividade precisamos *nos ancorar* – ou seja, ancorar nossos eus verdadeiros como seres de energia – ao plano desta Terra e ao corpo físico. Precisamos viver não apenas em nossa cabeça, mas também em todo o sistema: mente, corpo e respiração combinados. Precisamos nos tornar *corporificados ou incorporados*. Afinal, o corpo é a camada mais concentrada de nossa energia; ele não é separado de nós. Se não estamos no corpo, deixamos totalmente o plano da Terra – então, claramente, o corpo tem tudo a ver com o motivo de estarmos aqui!

A corporificação acontece quando reconhecemos que *somos* o Espírito e *temos* uma mente e um corpo. Usamos nossa mente e corpo para nossa profunda e intensa experiência na Terra, mas não devemos confundi-los com nossa identidade efetiva. Para integrar nosso espírito com a mente e corpo, temos de parar de olhar para fora de nós mesmos a fim de obter nossa orientação e identidade e, em vez disso, sintonizar os sentidos com a vibração do Eu Unificado com a Alma.

Como Fazemos Isso?

Precisamos voltar a atenção ao canal central de energia no âmago do corpo, onde os chakras residem em seu estado mais concentrado. O canal central é o lar do Eu Unificado com a Alma. Por meio das práticas oferecidas neste Código, começaremos a construir esse lar para que possamos perceber o Eu Unificado com a Alma, e para que a totalidade possa prevalecer.

O Código da Ancoragem nos firma ao corpo. Ele apoia seus esforços para interromper sua identificação com a mente. É o primeiro passo para deslocar sua atenção, afastando-a do mundo externo e focalizando-a no núcleo energético que é nossa verdadeira essência. Continuaremos usando a mente e seus cinco sentidos; só os usaremos de maneira diferente da que sempre os usamos antes: direcionando-os para dentro, e não para fora, com o objetivo de colocar a mente, o corpo e a alma em um relacionamento verdadeiro um com o outro. Essa unidade nos dará, por sua vez, a influência energética para integrar nossa energia dispersa e criar estrutura a partir do caos. Isso desperta o agente de cura interior e também fornece mais energia cinética para nossa experiência diária, paz de espírito e uma sensação geral de bem-estar. A vida então se torna uma aventura escolhida, em vez de algo a se sobreviver e enfrentar.

As práticas do Código da Ancoragem aprimoram de forma poderosa nossa capacidade de perceber as pistas que o Eu Unificado com a Alma está constantemente sinalizando para a mente sobre como nos desdobrar dentro de nossa verdadeira magnificência. Embora esse Código seja a primeira etapa de um processo maior e mais poderoso, realizar exatamente essas práticas criará mudanças de energia bem perceptíveis dentro de nós. Na medida em que nos alinhamos e criamos um fluxo mais vigoroso dentro do canal central, essas mudanças se traduzirão em melhorias significativas na vida física, mental e emocional.

As práticas do Código da Ancoragem têm suas raízes em antigas tradições (como o ensinamento yogue de "pratyahara"), mas as refinei e simplifiquei para que ficassem acessíveis e disponíveis a cada um de nós, sem exceção, exatamente agora. Não é necessário viajar para a Índia ou para o Tibete, nem passar anos em contemplação silenciosa a fim de se "preparar" para receber esse conhecimento. Na verdade, não é preciso introduzir, em absoluto, nenhuma interrupção em sua vida! Essas práticas podem ser realizadas em qualquer lugar, em qualquer hora, em apenas alguns minutos e ao longo de todo o dia.

Antes de nos lançarmos nas práticas dos Códigos de Energia, quero lembrá-lo de um ponto-chave: essas práticas *não podem* ser realizadas apenas com a mente. Não podemos apenas nos imaginar pondo-as em prática. É preciso experimentá-las fisicamente, *no corpo*. Temos de usar todo o nosso sistema humano para construir o conjunto de circuitos: corpo, mente e respiração/energia/espírito.

Trabalhando com o corpo, podemos contornar a fase de pensamento/história da mente, com seus dramas e percepções de sofrimento, e nos mover diretamente à origem do problema e à solução. As práticas do Código de Energia são o seu "manual de operações" para treinar a mente, o corpo e a respiração a fim de viver como o Eu Unificado com a Alma.

Passemos às práticas em si.

As Práticas do Código da Ancoragem

PRÁTICA 1: SUJEITO-OBJETO-SUJEITO

Já assistiu a um filme tão intenso que o atraiu completamente para dentro dele? Talvez já tenha se visto falando com a tela, ou pisando fundo em um acelerador imaginário durante uma grande cena de perseguição. Ou talvez estivesse tão imerso em um diálogo comovente que se viu em lágrimas. Então, de repente, muitas vezes sem motivo, você se dá conta de que está novamente na sala de projeção do cinema, com todos os outros espectadores, apenas assistindo a um filme... e algo mudou dramaticamente dentro de si quando caiu de volta à realidade. Mesmo que, por um breve momento, parecesse que você estava lá, naquele outro mundo, na verdade estava apenas assistindo ao filme.

Passamos por nossas próprias vidas da mesma maneira. Nos focamos e somos absorvidos por coisas que se encontram fora de nós mesmos, a ponto de esquecermos de que estamos no comando das experiências dentro de nosso próprio corpo. Projetamos nossa energia no objeto de nossa atenção e a ancoramos lá, e não dentro de nós mesmos. Quando a energia está presa em todas essas entidades externas, nunca conseguimos relaxar totalmente, pois não nos sentimos fortes, seguros ou completos. A dispersão enfraquece nosso sistema e pode levar ao colapso de nossa imunidade e de nossa capacidade de nos curar.

Essa dispersão acontece mesmo se estivermos projetando energia em alguém que amamos ou em algo que experimentamos com grande alegria. Ao nos descorporificarmos, mesmo em uma situação positiva, isso na verdade tem um efeito desempoderador, pois perdemos nosso senso de identidade. Essa é a dinâmica que está em jogo quando as pessoas "se perdem" em relacionamentos. Em vez de estarem centradas, elas – o sujeito – ficam presas no objeto de suas afeições.

Por outro lado, quando colocamos nosso foco e percepção em nosso próprio canal central, permanecemos concentrados energeticamente mesmo quando nos envolvemos com o mundo. Também temos muito mais poder à nossa disposição, pois estamos vindo de um lugar que está ancorado e firmado.

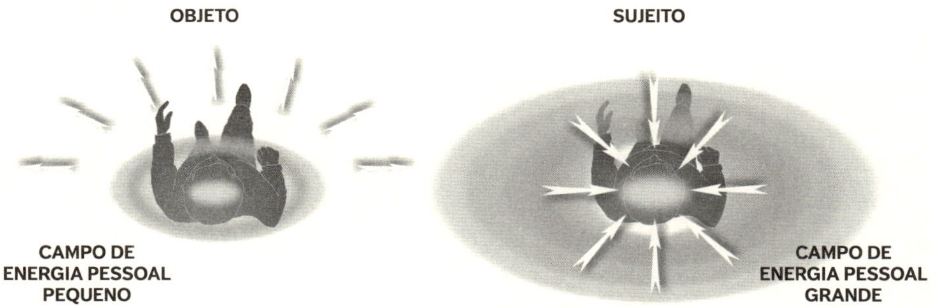

SUJEITO - OBJETO - SUJEITO

Para ajudar as pessoas a se moverem conscientemente dentro desse lugar empoderado, uso uma prática denominada Sujeito-Objeto-Sujeito. Veja como experimentá-la:

1. Olhe para algum elemento externo, que esteja a cerca de um metro e meio de distância. Pode ser uma pessoa, um objeto, qualquer coisa.
2. Coloque todo o seu foco e atenção nesse elemento; estude-o realmente. Sinta-se como se estivesse projetando sua energia dentro dele. Pode até mesmo se focar nele com amor.
3. Agora traga sua percepção de volta para dentro de si, de volta para o seu âmago. Sinta que agora você está em seu corpo, olhando para fora dele através de seus próprios olhos.
4. Observe a sensação que isso traz. Sua visão periférica se expande. Talvez até consiga ver seu próprio nariz ou bochechas. Mais do que isso, consegue se sentir habitando o próprio corpo novamente.
5. Mantenha essa percepção do eu enquanto inspira e expira várias vezes.

Frequentemente demonstro essa prática com os grupos para os quais dou palestras e cursos. De pé em frente ao público, digo: "Joguem todo o seu poder sobre mim. Apenas desempoderem-se e me deem todo o seu poder". Então, uma vez que tenham feito isso, eu digo: "Agora, reivindiquem todo o seu poder de volta. Apenas chamem de volta sua energia para si mesmos – de volta para casa".

Quando o público joga todo o seu poder sobre mim, meu corpo é literalmente empurrado para trás, para longe deles, como se eu tivesse sido atingida por uma grande onda. Então, quando puxam sua energia de volta para si mesmos, sou atraída em sua direção. Isso acontece com todos os grupos, todas as vezes – e todos na sala observam essa ocorrência.

A ironia disso é que, quando projetamos toda a nossa energia e atenção em alguma coisa ou em alguém, essa projeção, na verdade afasta o objeto.

Isso pode resultar em todos os tipos de complicações nos relacionamentos, incluindo confusão, mensagens contraditórias e problemas de controle. Em vez de tentar descobrir a história do porquê alguém está se fazendo de difícil ou se afastando de nosso amor, se nos ancorarmos em nosso âmago, poderemos expressar amor e convidar o objeto de nosso amor para mais perto, simplesmente porque não estamos investindo excesso de poder ou excesso de "tentativas" com nossa energia. Em geral, isso nos permite ser responsáveis e responsíveis. (Mais adiante neste livro, examinaremos de forma detalhada o papel do Eu Unificado com a Alma em relacionamentos.)

Mudar o foco de fora de nós mesmos para dentro de nós mesmos – do objeto para o sujeito – faz toda a diferença nos resultados que obtemos nos relacionamentos e nos empreendimentos criativos. Estamos tão acostumados a dispersar nossa energia, jogando-a no mundo, que talvez nem percebamos que fazemos isso, mas esse comportamento nos mantém vivendo na Personalidade Protetora, com todos os dramas que a acompanham.

É preciso apenas uma simples mudança de percepção – ancorando-nos de volta ao corpo – para começar a viver como o Eu Unificado com a Alma. O restante das práticas do Código da Ancoragem fornecerá as ferramentas adicionais necessárias para iniciar essa mudança. Cada ferramenta em cada um dos Códigos será mais eficaz se "permanecer no Eu" ao realizá-las. E reconheça que permanecer no Eu não nos torna menos disponíveis para a vida. Nos torna menos condicionais. Nós realmente intensificamos nossa verdadeira disponibilidade à medida que nos tornamos menos dependentes do mundo exterior para o nosso senso de estar bem.

PRÁTICA 2: PONTOS DE ANCORAGEM NO CANAL CENTRAL

Ancorar sua consciência dentro do corpo de uma maneira estruturada é o primeiro passo para incorporar o Eu Unificado com a Alma. Os Pontos de Ancoragem no Canal Central constituem uma ferramenta fundamental para fazer isso, uma vez que o canal central (ou âmago) é a base que dá apoio ao Eu Unificado com a Alma.

Nessa prática, usamos quatro "travas" principais ou pontos de ancoragem para fixar nossa energia essencial no canal. O chakra da raiz (ou básico) é a porta de entrada através da qual nos conectamos com a terra – e existimos e participamos plenamente neste mundo físico. Então, vamos primeiro fixar nossa atenção nele usando uma versão de uma antiga prática chamada *mūla bandha*, que em sânscrito significa "bloqueio da raiz".

Mūla bandha ou Bloqueio da Raiz

Recebo inúmeros e-mails e agradecimentos por esta próxima prática. Ela nos fecha de imediato em nosso corpo. Mas cuidado: ela pode impedir que consigamos obter um bom "desgosto"! As pessoas, constantemente, me contam sobre como elas conseguem se "des-chatear" assim que utilizam o *mūla bandha*.

Para realizar essa incrível mudança de energia, focalize sua percepção na base da coluna vertebral. Isso desencadeará instantaneamente a reunião dos bolsões de energia dispersos em todo o seu sistema e os fixará ali.

Imagine uma porção de bexigas de gás hélio espalhadas por uma sala. Com o *mūla bandha*, estamos agarrando todas as cordas, juntando-as e amarrando-as em um saquinho de areia, que em seguida desce (se ancora) à terra. Bum! O que era caótico simplesmente se instalou e ficou mais organizado. Nossa percepção foi repentinamente redirecionada das camadas externas e superficiais do nosso sistema para o núcleo do corpo, realizando o primeiro pequeno deslocamento da perspectiva da Personalidade Protetora para a do Eu Unificado com a Alma.

O resultado é uma sensação imediata de profunda estabilidade e bem-estar, de sentir que pertencemos a este lugar e que esta vida é "nosso show". À medida que continuamos a juntar esses balões energéticos e nos organizamos a partir desse estado esparramado e disperso, começamos a sentir a própria força e presença no corpo. Você não se verá mais como vítima de qualquer acontecimento ou circunstância, mas, em vez disso, passará a viver como o criador de sua vida. *Mūla bandha* é como começamos a construir os neurocircuitos sensoriais para estabelecer essa nova identidade. Parece simples, deixar de viver em nossa cabeça para viver em nosso âmago, mas é algo muito grande!

Veja como fazer isso:

1. Contraia os músculos da base de sua bacia pélvica e os erga em direção ao umbigo, como se estivesse puxando energia para dentro do corpo a partir do chão. (Talvez você conheça essa prática como um exercício de Kegel, ou a sensação de interromper o jato ao urinar.) Não se preocupe se levar alguns dias ou até mesmo semanas para dominar isso. O resultado virá!

2. Depois de praticar algumas vezes a contração desses músculos e sentir esse exercício, aperte-os o mais forte que puder e, em seguida, afrouxe a tensão pela metade. Segure esse estado enquanto respira várias vezes inspirando e expirando pela barriga – não pelo tórax. (Respirar pelo tórax ativa a resposta de luta-ou-fuga ou paralisia, em consequência do tipo de terminações nervosas [simpáticas] localizadas nos lobos pulmonares superiores. A respiração abdominal ativa a cura e a criatividade por causa do efeito calmante das terminações nervosas [parassimpáticas], bem como do aumento do suprimento de sangue na parte inferior dos lobos pulmonares.)

3. Agora solte novamente a tensão pela metade e segure essa posição por várias outras respirações abdominais até começar a experimentar uma sensação de "estar lá" sem aumentar ou dedicar muito o esforço. Nosso objetivo é criar percepção em tecidos dos quais normalmente não estamos conscientes, e então desenvolver nossa percepção sensorial nessa área em graus progressivamente mais refinados. Em última análise, à medida que você progredir nessa prática e tonificar os tecidos, apenas uma pequena quantidade de tensão na musculatura será necessária para concentrar a energia – mas, por enquanto, dê tudo de si!

4. Pratique muitas vezes ao dia, o máximo que puder e quiser. Faça à vontade, não há como exagerar!

Com a prática, essa variação do *mūla bandha* permite que o campo de energia seja "amarrado" de maneira sucinta e consistente o suficiente na raiz da coluna vertebral para que os tecidos possam começar a despertar. Uma nova vibração se estabelecerá, e isso fará com que os tecidos saibam que o Eu Unificado com a Alma está se movendo!

Comprima o Coração

Para o nosso próximo ponto de ancoragem, vamos subir pelo canal central até o centro do coração, chamado de "anāhata chakra", no meio do tórax. Aqui, como no caso do *mūla bandha*, vamos contrair os músculos para trazer nossa atenção consciente para essa área e nela "travar" nossa energia.

Eis como trabalhar com o ponto de ancoragem do centro do coração:

1. Contraia no espaço do centro do coração, apertando ou contraindo os músculos no centro do tórax – não para a esquerda, onde está o coração em si, mas sim na área do chakra do coração, centrado sobre a coluna vertebral. Contraia os músculos peitorais e pressione-os para a coluna. Contraia as omoplatas e pressione-as para baixo. Puxe os músculos deltoides (sobre os ombros) para baixo e contraia-os. Em seguida, dirija-se para dentro do tórax a partir daí. (Caso ache os detalhes confusos, imagine que está deitado de costas fazendo supino e empurrando pesos pesados em direção ao teto. Ou pratique levantando ou empurrando algo muito pesado e percebendo onde estão os músculos ativos.)

2. Contraia e segure o movimento da barriga durante algumas respirações abdominais. Então, como fizemos no *mūla bandha*, relaxe a tensão pela metade e dirija mais algumas respirações para dentro da barriga.

3. Relaxe pela metade novamente e continue a respirar. À medida que se sentir mais confortável com esse exercício, permita que sua percepção penetre mais fundo no tórax. Tente contrair os

pequenos músculos ao redor da coluna vertebral e atrás do coração, profundamente dentro do núcleo do seu corpo.

4. Pratique várias vezes ao dia, o máximo que puder e quiser, permitindo que, em última análise, o lado frontal do centro do coração se abra enquanto contrai ambos os lados e o lado de trás dele. Há um tecido conjuntivo que ancora fisicamente o seu coração à sua coluna; visualize-o enquanto relaxa no apoio que o sustenta enquanto se empenha nessa prática. Você se sentirá maravilhoso à medida que a realizar!

Comprimir o coração dessa maneira cria a mesma ancoragem de nossa consciência, nossa energia essencial, ao corpo tal como também o fizemos no chakra da raiz por meio do *mūla bandha*, dando-nos mais um ponto de contato para ancorar a percepção do Eu Unificado com a Alma. Isso desloca ainda mais a percepção de fora para dentro, atraindo fisicamente a energia consciente para o centro do coração a fim de ativar a calma, o relaxamento, a cura e o amor. Sua mente começará a experimentar como é fantástica a sensação de ativar essa presença amorosa da Alma.

Comprima a Garganta

Nossa próxima parada na subida pelo canal central é a garganta. Aqui, queremos comprimir a garganta a ponto de respirarmos como Darth Vader – contraindo as vias aéreas e permitindo que a respiração seja sentida e ouvida conforme ela passa. Sua respiração deve fazer um som perceptível tanto na inspiração como na expiração. No yoga, isso é conhecido como *ujjayi pranayama*, ou "respiração vitoriosa". Ela nos permite "seguir" o som até o lugar onde deveríamos estar vivendo o tempo todo – a vitória da Inversão Quântica dentro do Eu Unificado com a Alma.

Eis como fazer isso:

1. Deixe a mandíbula ligeiramente aberta e os lábios fechados, aperte suavemente os músculos de sua garganta enquanto ergue a parte de trás da língua e a puxa para trás, contraindo a abertura. Desloque o queixo sutilmente para trás (não cerre os dentes) e sinta as costas e o topo de sua cabeça se erguerem em direção ao teto.

2. Inspire e expire profundamente, várias vezes, pelo abdômen e através do nariz. Permita que a respiração faça um som sibilante, como ondas sobre a areia, à medida que ela vem e vai. É quase como um ronco. Você tem permissão para respirar o mais alto que quiser!

Ao contrair a garganta apenas o suficiente para conseguir ouvir a respiração, você sabe que sua energia essencial está ancorada no canal central até esse ponto. Ao seguir o som com a mente para dentro no canal central do corpo, isso atrai ainda mais a consciência para o âmago do seu corpo. Isso é importante para o sucesso pleno da corporificação – essa prática centralizará tremendamente sua confiança e clareza.

Seja Aquele Que Está Por Trás dos Olhos

Nossa última parada ao longo do canal central é o centro da cabeça. Enquanto a energia flui para cima a partir da garganta, queremos direcioná-la ainda mais para cima, para o meio do cérebro, logo abaixo e entre os dois hemisférios cerebrais. Essa área é o lar de uma glândula muito importante, a glândula pineal.

A glândula pineal contém células receptoras de luz chamadas bastonetes e cones, que são semelhantes àquelas encontradas em nossos olhos. Parte de sua função pode ser a de "ver" e receber a energia sutil, invisível e de alta frequência do mundo interior, enquanto nossos olhos recebem e transmitem a energia da luz visível. Em outras palavras, esse é o lar do seu sentido interior ou sexto sentido. Venho experimentando isso pessoalmente desde que desenvolvi a extraordinária percepção sensorial e os circuitos de minha própria corporificação.

Veja como realizamos essa prática:

1. Com os olhos abertos ou fechados, foque sua atenção no centro da testa, entre as sobrancelhas, na área conhecida como terceiro olho. Volte sua atenção para o Eu (sujeito) e experimente bem essa sensação enquanto concentra sua atenção nesse ponto.
2. Se precisar de mais sensação para realmente sentir que está fixado ali, gire os olhos para cima até notar uma tensão atrás deles.
3. Mantenha essa tensão temporariamente enquanto inspira e expira várias vezes com a respiração abdominal.

De maneira semelhante ao nosso exercício Sujeito-Objeto-Sujeito, o objetivo desse ponto de ancoragem é o de se reconhecer como "aquele que está por trás dos olhos". Isso desloca dramaticamente seu foco do exterior para o interior, da posição "de fora" para o "lar" dentro do seu âmago. Para ficar ancorado ao corpo, é preciso *ser* a consciência que olha através dos olhos do corpo.

Agora que está familiarizado com os quatro pontos de ancoragem ao longo do canal central, deve começar a visualizar e experimentar o canal como um caminho energético vital, fluente – a via expressa de todo o seu sistema energético. Eventualmente, quando for capaz de realizar o trabalho sem a orientação extra que os pontos de ancoragem proporcionam, você os relaxará e permitirá uma sensação de cair dentro do corpo. Falarei mais sobre isso adiante. Por enquanto, continue contraindo!

Comece a contrair os pontos de ancoragem um de cada vez: bloqueio da raiz, centro do coração, garganta e terceiro olho. Mantenha essa tensão enquanto inspira e expira audivelmente pelo nariz. Uma vez que tenha realizado sua subida pelo canal, conecte as quatro áreas como se houvesse um fio de prumo descendo pelo canal – da tensão atrás de seus olhos até a garganta, onde você está comprimindo e ouvindo sua respiração, até o coração que está comprimindo, descendo ao *mūla bandha*, e de lá para dentro da terra, como as raízes de uma árvore.

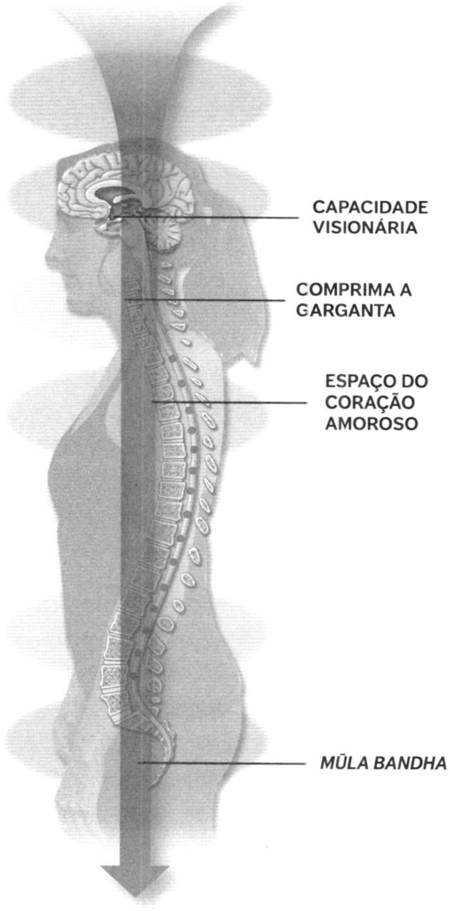

PONTOS DE ANCORAGEM NO CANAL CENTRAL

Pratique a sensação desse alinhamento, examinando-o com atenção, imaginando-o – ajustando-o, se precisar. Quanto mais fizer isso, mais você começará a construir percepção sensorial nessa área, e o aumento do conjunto de circuitos do sistema sensorial intensificará tanto a percepção do Eu Unificado com a Alma como a do seu fluxo energético.

Lembre-se desta citação frequentemente atribuída a Albert Einstein: "A mente intuitiva é um dom sagrado e a mente racional é uma serva fiel. Nós criamos uma sociedade que honra a serva e se esqueceu do dom". Essa capacidade de percepção sensível evidencia como devemos usar a mente racional – como uma serva da mente intuitiva. Estamos empregando a mente para direcionar e usar os sentidos de forma diferente das maneiras como estamos acostumados. O resultado é que você se torna desperto em sua verdadeira essência de um modo que não estava antes.

Além dos quatro pontos de ancoragem, o outro ingrediente poderoso que ajuda a ativar essa verdadeira essência totalmente dentro do canal central é o seguinte padrão respiratório único.

PRÁTICA 3: RESPIRAÇÃO PELO CANAL CENTRAL

Se há uma coisa que, a meu ver, impede as pessoas de viverem em sua plenitude, é o fato de que elas respiram mal! Respiração é energia – então, quando a inspiramos para dentro e a expiramos para fora de nosso corpo, também movemos a energia para dentro e para fora de nosso campo de energia pessoal. Respirar enquanto mantemos uma conexão consciente com nossos pontos de ancoragem e com a terra é uma maneira eficiente de ativar nossos centros de energia (chakras) e solidificar a energia em nosso canal central, a sede da corporificação para o Eu Unificado com a Alma.

A Respiração pelo Canal Central é uma prática fundamental dos Códigos de Energia. Respirar através do núcleo do corpo nos proporciona a experiência tangível de nossa realidade multidimensional (corpo-mente-espírito), e rapidamente nos muda do modo de sobrevivência e reatividade para uma perspectiva baseada em um sentido de propósito mais elevado.

Assim como nas outras práticas, aqui faremos a respiração abdominal – isso significa que, a cada respiração, você expandirá sua barriga na inspiração e a comprimirá na expiração, em vez de respirar superficialmente no tórax. Ao respirar pelo canal central de acordo com as instruções abaixo, é preciso ter um cuidado especial para que sua concentração suba e desça através de cada centro de energia no cerne do seu corpo, como subir e descer *dentro* do poço de um elevador, *sem pular nenhuma parte do canal central*. Esta é a chave para ligar todos os seus circuitos eletromagnéticos e, eventualmente, neurológicos.

Veja como fazer a Respiração pelo Canal Central:

1. Comece com seus pontos de ancoragem – levantando o assoalho pélvico em *mūla bandha*, comprimindo o coração como se estivesse fazendo supino, respirando no estilo Darth Vader com a respiração na garganta e colocando tensão momentânea atrás dos olhos.
2. Leve sua atenção para a zona acima da cabeça – cerca de 15 cm – e inspire a partir daí. Inicialmente, talvez ajude visualizar uma bola de luz branca ou dourada acompanhando a respiração, então fique à vontade para tentar. (Em última análise, porém, você deve perceber que *você é* a bola de luz, de maneira que pode sentir a *si mesmo* descendo pelo topo da cabeça e ao longo de seu próprio canal central – como se estivesse em um elevador descendo para o porão – em vez de se ver a partir de um ponto focal externo.)
3. Inspire completamente pelo canal, até centro da barriga, mantendo seus pontos de ancoragem contraídos o máximo que puder. Expanda sua barriga na inspiração.
4. Expire a partir da barriga, diretamente para baixo através do *mūla bandha* e para dentro da terra, ainda contraindo seus quatro pontos de ancoragem. Retraia a barriga em direção à coluna na expiração.
5. Agora inverta a ação: respire a partir de dentro da terra para cima através do *mūla bandha* até a barriga. Ao expirar, sinta como a energia flui para cima ao longo do eixo do canal central e para fora do topo da cabeça.

Repita todo o ciclo. Observe que um ciclo completo inclui duas respirações: uma inspiração a partir do topo, cerca de 15 cm acima de sua cabeça para dentro do espaço do coração/barriga/âmago, seguida de uma expiração para baixo, para dentro da terra; e uma inalação para dentro do espaço do coração/barriga/âmago a partir da terra, seguida por uma expiração para fora do topo da cabeça.

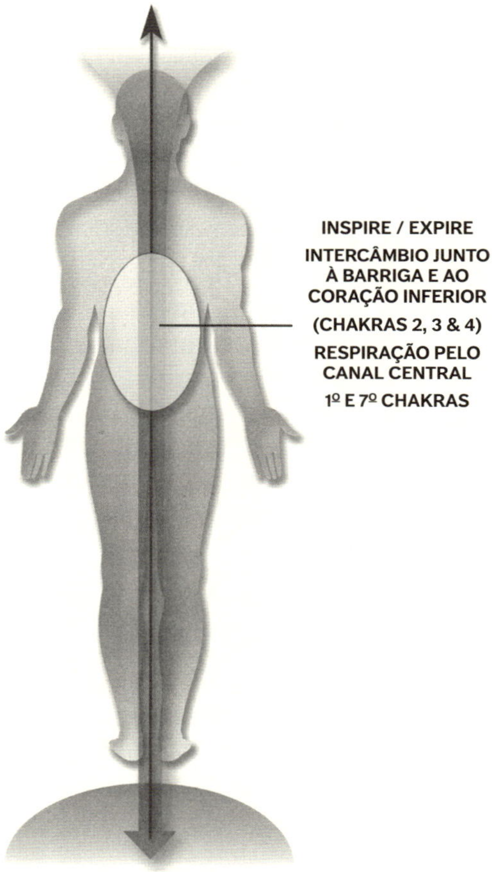

PONTOS DE ANCORAGEM NO CANAL CENTRAL

Quando começar essa prática, respire em um ritmo confortável. Isso lhe permitirá se concentrar em manter a tensão em seus pontos de ancoragem e se mover (acompanhando a respiração) para cima e para baixo em seu canal central. Quando adquirir habilidade e sentir que manter os pontos de ancoragem começou parecer natural, você pode acelerar ou desacelerar deliberadamente sua respiração para criar resultados específicos. Versões mais ativas ou mais intensas dessa prática – nas quais se respira mais rápida, poderosa e audivelmente – lhe permitirão perfurar densidades dentro dos tecidos e véus entre os chakras, enquanto versões lentas, suaves e profundas são para os detalhes intrincados da construção de circuitos e da integração de energias sutis. A respiração mais lenta também promove o relaxamento e alivia os efeitos do estresse e da concentração mental prolongada. Fornecerei mais detalhes sobre como dominar esses aspectos específicos à medida que avançarmos ao longo do livro.

Para empregar uma versão mais ativa da Respiração pelo Canal Central, respire contando até quatro: inspire contando até dois e expire contando até dois. Você notará que a expiração aqui acontece em um "vush". Imagine essa respiração forte perfurando quaisquer espessuras ou densidades que forem observadas ao longo do seu canal central.

Para empregar uma versão mais suave dessa prática, desacelere a respiração para uma contagem de seis, oito ou dez, mantendo durações iguais de inspiração e expiração.

Com qualquer forma de Respiração pelo Canal Central, a coisa mais importante é seguir a respiração de maneira consciente (e, idealmente, *ser* a respiração) inspirando e expirando no sistema, ativando todos os circuitos ao longo do caminho. Não pule nenhum dos pontos de ancoragem ou nenhuma área intermediária ao longo do canal.

O progresso será rápido se realizar essa prática várias vezes ao longo do dia – especialmente todas as noites quando for para a cama, fazendo disso a sua última atividade antes de adormecer, e todas as manhãs ao despertar, antes que seus pés toquem o chão. Essas ocasiões, em ambos os lados do sono, são aquelas em que as mentes subconsciente e consciente mais conversam entre si, e assim são os melhores momentos para criar e estabelecer uma nova realidade para si mesmo.

A fim de obter o máximo benefício, faça de *cada* respiração, todos os dias, uma respiração pelo canal central! Cada vez que inspiramos a partir de fora do corpo e através dele, e, então expiramos novamente para além do corpo, estamos ativando a percepção subconsciente de ser mais do que apenas um ser físico, e a extraímos de nossa multidimensionalidade, rejuvenescendo-nos constantemente. É assim que realizo tanto no lapso de uma semana e sinto como se estivesse ficando mais jovem a cada ano.

PRÁTICA 4: CAIR DENTRO, CAIR ATRAVÉS

A prática de Cair Dentro, Cair Através (*Drop In, Drop Through*) é uma versão, de fluência mais livre, da Respiração pelo Canal Central, e tem um propósito e um uso ligeiramente diferentes. Assim como o Sujeito-Objeto-Sujeito, ela funciona para puxar toda a nossa energia para o centro de nosso corpo, lugar onde, do contrário, ela ficaria – em nossa cabeça, ao redor da superfície dos nossos ombros e acima do corpo. Nessa prática, deixaremos a energia cair para dentro do corpo e atravessá-lo todo, como uma cachoeira impetuosa, juntando densidades à medida que avança e as descarregando dentro da terra, em uma liberação poderosa.

Essa "descarga" tem um valor enorme para nós. Ela impede que nos prendamos a energias estagnadas, como velhos padrões de pensamento, histórias ou outros hábitos, e que tentemos controlar circunstâncias e situações. Nós nos agarramos a essas energias inúteis, não porque elas nos fazem sentir bem, mas porque são tudo o que conhecemos. São familiares. No entanto, se abandonarmos essas estagnações, suas densidades dispersas continuarão a enfraquecer nosso campo energético e a fluir e criar atritos dolorosos em nossas vidas enquanto clamam para serem liberadas.

Se, no entanto, pudermos nos familiarizar energicamente com a mudança e abandonar as estagnações – permitindo que a energia flua através de nós, como faremos neste exercício –, nos familiarizando com a sensação que essa descarga deixa no corpo, torna-se cada vez mais fácil para a mente abandonar pensamentos e ideias que não nos servem mais. Isso ocorre porque o fato de soltá-las, energeticamente, através do corpo replica o padrão energético que experimentaríamos se realmente liberássemos algo mental e emocionalmente. Uma vez que deixá-las é mais difícil para a mente que se prende ao nível da história, podemos fazer isso com muito mais facilidade e rapidez no nível da energia, em que a densidade realmente reside. Somos então capazes de direcionar a mente para propósitos mais criativos e produtivos.

Imagine, por exemplo, que você está em conflito com alguém e quer realmente que essa outra pessoa reconheça e concorde com seu ponto de vista. Agora imagine que essa pessoa, de repente, entende o que você está tentando dizer e concorda com todo o objeto da discussão. De repente, todo o esforço que foi aplicado para convencê-la será liberado. Você não estará mais apegado à sua intenção, pois sua missão foi cumprida. Essa mudança em seu mundo exterior – a liberação do atrito causado pela mudança ocorrida na outra pessoa – resultará, então, em uma mudança em seu mundo interior, e uma precipitação de energia descerá fluindo através de seu corpo enquanto seu desejo se concretiza.

Naturalmente, esse exemplo é uma mudança de fora para dentro, que não podemos, em última análise, controlar –, mas também *podemos* fazer o inverso, e criar mudanças de dentro para fora. Podemos praticar como nos sentiríamos se *já* fôssemos compreendidos, *antes* que a outra pessoa entenda o que estamos tentando dizer. Isso nos permitiria abandonar nossa intenção e interromper o atrito antes que ele crie conflito. Exercícios como esse são poderosos para liberar a energia aprisionada e as condições da Personalidade Protetora.

Veja agora como praticar Cair Dentro, Cair Através:

1. Perceba a presença da energia ao redor de sua cabeça e dos seus ombros neste exato momento. (É provável que ela seja mais pronunciada aqui do que nas áreas da barriga, do quadril e da perna.)

2. Deixe cair toda a tensão que puder, de uma só vez, ao centro de sua cabeça à medida que respira fundo em seu âmago. Apenas solte tudo o que há na metade superior do seu corpo.

3. Em seguida, pressione todos os quatro pontos de ancoragem para centralizar-se em seu âmago.

4. Agora, ao expirar, deixe cair essa energia ao longo de todo o canal central e no chão abaixo de onde você está. Em seguida, solte todos os pontos de ancoragem, mas permaneça no âmago. Cair Dentro permite que sintamos mais energia nos centros criativos no meio do cérebro, e Cair Através permite que abandonemos tudo o mais e nos ancoremos em nossas fundações. Isso é tão bom!

5. Consistentemente, no intervalo de *mūla bandha* (percebendo que ele será, na verdade, apenas intermitente), pratique o Cair Dentro, Cair Através ao longo de todo o dia. Pratique a queda do assoalho pélvico, a queda da barriga, a queda dos ombros; abra as partes inferiores dos pés e pratique a queda dentro da terra enquanto caminha. Sinta uma cachoeira de apoio amoroso cair através de você a cada passo.

Sempre que temos apego a alguma coisa, retemos nossa energia. Nós a mantemos presa, atolada. Isso impede que ela se mova, mude ou flua. Nos mantém presos na camada do corpo mental indicada na figura do Homem-Energia, impedindo-nos de cair em nosso âmago. Isso impede que revelações ocorram. Mover proativamente a energia estagnada é apenas parte do autodomínio que estamos buscando com os Códigos de Energia. Queremos nos acostumar com a energia *móvel*, não nos apegando a ela, de modo que possamos nos manter em um estado de fluxo e desapego, enquanto permanecemos ancorados em nosso corpo. Esse estado otimizado cria mais espaço para a criatividade, o amor e uma sensação de bem-estar que não depende de circunstâncias externas ou de validação. Mais tarde, nos capítulos adicionais sobre os Códigos, você aprenderá que o poder do amor age como uma fogueira, transmutando essas energias densas e estagnadas em criatividade para ser usada proativamente a fim de aperfeiçoar sua experiência de vida.

A Correlação entre Chakra e Código da Ancoragem: Chakra da Raiz

Embora o trabalho deste Código afete todo o seu sistema de maneiras significativas, ele exerce uma influência particular sobre o chakra da raiz, localizado na base da coluna vertebral. Como cada chakra governa um aspecto específico da consciência, uma área da vida e uma região do corpo físico, melhorar a função e o fluxo de um chakra terá um impacto específico e positivo na saúde, nas experiências e na maneira como vemos e abordamos a vida.

O chakra da raiz, também conhecido como chakra da base ou *chakra mūlādhāra* (literalmente, "suporte raiz" em sânscrito), é o centro de energia associado com nosso nível mais primordial de ser. Representa a sobrevivência física e a segurança. Pessoas com um chakra da raiz inativo não são muito firmadas ao corpo ou à vida física e tendem a se sentir ansiosas, instáveis e inseguras, constantemente atormentadas por questões relacionadas à sobrevivência. Podem agir de maneira materialista, volúvel ou inadequada, ou podem simplesmente se focar em interesses externos. Costumam enfrentar grandes desafios em questões de comunicação, sentimentos e autoestima, e, por isso, têm casamentos ou empregos em série. Ou podem "amontoar" profundamente essas tendências em seus corpos e experimentar tremendos conflitos internos enquanto aparentam, externamente, ser felizes e fortes. Em algum momento, talvez seus corpos não aguentem mais esse dreno de energia e não consigam superar seus medos.

Muitas pessoas com problemas no primeiro chakra também sofrem de um forte sentimento que as leva a acreditar que não pertencem a lugar algum. É como se tivessem um senso único de realidade internamente – atrás de seus olhos – que não corresponde à realidade na qual estão operando. Como resultado, tendem a duvidar de si mesmas, a se sentirem loucas ou simplesmente a se retirarem para dentro de si mesmas a fim de enfrentar as condições adversas que reconhecem ao seu redor. Um vez que esse chakra, e o nível de nossa consciência a que ele corresponde, governa nossa presença física e nosso bem-estar em um nível geral, os sintomas do corpo físico podem incluir saúde precária, imunidade comprometida e baixa vitalidade, bem como problemas no sistema estrutural do corpo, como osteoporose, dor e fraqueza nas articulações e instabilidade nas pernas e nos pés.

Se não estamos presentes em nosso chakra da raiz, não estamos presentes em nosso corpo. E se não estivermos plenamente aqui, nós sofremos. As práticas do Código da Ancoragem podem ajudar!

A tabela a seguir oferece um resumo de algumas das principais características do chakra da raiz. Observe como as propriedades energéticas do chakra espelham as áreas físicas do corpo.

Correlação entre Chakra e Código da Ancoragem: Chakra da Raiz

NOME(S)	Primeiro chakra, chakra da base, *chakra mūlādhāra*
LOCALIZAÇÃO	Base da coluna vertebral
COR	Vermelha
NOTA MUSICAL	Dó
ÁREAS DO CORPO AFETADAS	Ossos, esqueleto, quadril, pernas, pés, órgãos genitais, base da coluna vertebral, rins, força vital do corpo, dentes, unhas, sangue, construção das células, glândulas suprarrenais
SINTOMAS DO "LADO ANVERSO"	Letargia mental e desorientação ou confusão, incapacidade de quietude interior, osteoartrite, saúde geral precária, carência de energia vital
CARACTERÍSTICAS DO "LADO REVERSO"	Autodomínio, energia física elevada, estabilidade, saúde vibrante. Um reconhecimento de que "Eu estou aqui como Fonte", "Este é o meu show", "Eu pertenço", "Eu trago o que escolho experimentar".
PRÁTICAS	• Sujeito - Objeto - Sujeito • Pontos de Ancoragem no Canal Central • Respiração pelo Canal Central • Cair Dentro, Cair Através
TÉCNICA DE RESPIRAÇÃO (conforme explicado no Capítulo 8)	Respiração pelo Canal Central
POSTURAS DE YOGA PARA OBTER MAIOR INTEGRAÇÃO	• Postura da Cadeira (*utkatāsana*) • Postura do Guerreiro 1 (*vīrabhadrāsana I*) • Postura da Pirâmide (*pārśvottānāsana*) • Postura da Árvore (*vṛkṣāsana*) • Flexão para a Frente em Pé (*uttānāsana*)

Devido à sua localização na base do canal central – o local onde a energia (o verdadeiro nós) entra em nosso corpo, vinda da terra –, uma oscilação ou deficiência nesse chakra pode causar um efeito cascata que faz o restante do canal oscilar, não permitindo a ativação final dos centros cerebrais superiores de criatividade. Se for esse o caso, nunca chegaremos a experimentar nosso verdadeiro destino. Em vez disso, continuaremos tentando fazer com que a vida funcione da melhor maneira possível, a partir do Lado Anverso do Modelo, em modo de sobrevivência. Portanto, manter a energia essencial ativada e fluindo de maneira otimizada através do chakra da raiz é fundamental para o nosso bem-estar.

O Código da Ancoragem nos proporciona as ferramentas necessárias para fazer isso. Usando as práticas desse Código, podemos estabelecer o forte senso de segurança, pertencimento e bem-estar que resulta da integração do chakra da raiz. Começamos a reconhecer que "este mundo é o meu show" e "eu dou conta disso". Podemos cultivar e manter uma vitalidade vitalícia. Em vez de perceber o mundo como um lugar onde estamos tentando nos encaixar, reconhecemos que esta vida é nossa e podemos brincar com ela, nos expressar criativamente nela como uma aventura e experimentá-la com vigorosa saúde física, vitalidade e autodomínio.

Yoga para o Código da Ancoragem

A fim de facilitar sua capacidade de realizar as práticas dos Códigos de Energia e reforçar seus benefícios, neste ponto eu gostaria de adicionar um pouco de yoga especializado à receita. Realizado com foco e presença, o yoga é a mistura perfeita de mente, corpo e alma ou respiração. Ele foca a mente em uma área do corpo na qual nós, simultaneamente, nos movemos e respiramos. Essa é a colaboração necessária para, realmente, assentar e ancorar a energia essencial no corpo, e assim, ganhar a capacidade para pilotar e gerenciar o padrão e o fluxo dessa energia.

Minha prática de ensino pessoal, o *BodyAwake Yoga* (Yoga do Corpo Desperto), constrói circuitos de comunicação *consciente* no corpo durante cada postura. Se yoga era a sua praia até agora, não se preocupe. Mesmo que nunca tenha feito yoga, qualquer pessoa provavelmente será capaz de realizar as práticas básicas sugeridas aqui. Mas não se deixe enganar pela aparente simplicidade; embora simples, elas fornecem poderosos benefícios cumulativos, mesmo para o aluno ou professor de yoga experiente. Muitos professores de yoga com longa experiência (trinta anos ou mais) ficaram surpresos com as diferenças produzidas por essas instruções adicionais. Tenho certeza de que elas também o ajudarão!

Agora, vamos passar às posturas para o Código da Ancoragem.

Postura da Cadeira (*utkatāsana*), que é simples e acessível a quase todas as pessoas, pode ajudar a integrar poderosamente o chakra da raiz e ancorar sua energia na base do canal central para que você possa começar a construir sua presença como o Eu Unificado com a Alma. Caso sinta que é um desafio ficar em pé ou se manter equilibrado, também é possível praticar a postura da cadeira sentando-se bem na beirada de... isso mesmo, uma cadeira!

POSTURA DA CADEIRA (*UTKATĀSANA*)

Na Postura da Cadeira, o corpo imita o ato de sentar em uma cadeira. Eis como praticá-la:

1. Fique de pé com os pés afastados na largura dos quadris. Afunde os calcanhares e a parte arredondada de seus pés no chão. Sinta a conexão entre você e o chão em que está pisando.

2. Dobre os joelhos e posicione os quadris de modo relaxado como se fosse sentar em uma cadeira. Empurre os ísquios para trás de modo que os joelhos não ultrapassem os dedos dos pés. Mantenha os joelhos paralelos; não deixe que eles se "espalhem" para fora. Se precisar de mais apoio, junte os joelhos.

3. Se a flexibilidade do seu ombro permitir, levante os braços sobre a cabeça; caso contrário, simplesmente eleve-os o mais alto possível enquanto mantém a postura.

4. Segure-a por três a dez respirações e em seguida desfaça-a, endireitando as pernas. Traga as mãos de volta para baixo ao lado do corpo.

Agora vamos integrar nossas práticas do Código da Ancoragem e nossos princípios do *BodyAwake* com a Postura da Cadeira para aumentar os benefícios de todos eles.

1. Enquanto mantém a Postura da Cadeira, concentre-se em um espaço de cerca de 60 cm abaixo de seus pés, dentro da terra. Sinta-se ancorando nessa energia.

2. Levante os dedos dos pés e coloque-os de volta no chão. Incline-se para trás sobre os calcanhares e sinta a abertura do canal central. Em seguida, incline-se para a frente na ponta dos pés e sinta-o fechar. (Esta é uma ótima prática para ajudar a encontrar as sensações do canal central.) Quando estiver pronto, incline-se para trás novamente e mantenha a posição, focalizado no canal central.

3. Pressione o pé direito e depois o esquerdo, com os dedos dos pés relaxados. Role os tornozelos, pressionando as articulações do tornozelo para que possa "sentir a si mesmo ali." Gentilmente levante-se e desça um pouco, dando ênfase nos joelhos. Contraia os músculos da coxa e do quadril, apertando a articulação do quadril nas partes frontal, traseira, interna e externa – tudo isso enquanto respira profundamente para cima e para baixo ao longo do canal central, como já praticamos. Se os seus joelhos estiverem se tocando para obter apoio, pressione-os um contra o outro agora para sentir os circuitos se formando ali.

4. Contraia o *mūla bandha*. Contraia a parte de trás do espaço do coração juntando as omoplatas e empurrando-as para baixo. Estique os braços totalmente para cima enquanto, de modo enérgico, os "acopla" de volta nas cavidades dos ombros, e dobre o queixo. Levante os olhos e sinta a tensão por trás deles.

Sinta-se alinhado a todo o canal e ao aspecto frontal da coluna – e para além dela, para a parte inferior das pernas, atravessando os pés e, finalmente, penetrando na terra.

5. Respire algumas vezes para cima e para baixo ao longo do canal. Comece puxando a energia da terra cerca de 60 cm abaixo de onde você está, inalando para cima ao longo de todo o canal das pernas e para dentro do canal central. Colete a respiração no âmago, e em seguida exale para cima através do coração, da garganta e do terceiro olho, e soltando para fora através do topo da cabeça. Na inalação seguinte, puxe a respiração para baixo a partir da cabeça, garganta, coração, barriga e *mūla bandha*, e depois exale pelas pernas e para dentro da terra. Idealmente, você eventualmente *será* a respiração conforme ela passa através do seu corpo.

POSTURAS DE YOGA ADICIONAIS PARA INTEGRAR O CHAKRA DA RAIZ

Você pode usar as seguintes *āsanas* juntamente com a postura da cadeira a fim de aprimorar seu trabalho com o Código da Ancoragem. (Para obter recursos adicionais sobre posturas de yoga recomendadas para uso em conjunto com cada um dos sete Códigos de Energia, visite drsuemorter.com/energycodesbook.)

Depois de se sentir firme e bem assentado em cada postura, comece a integrar a Respiração pelo Canal Central, puxando a energia e a respiração da região que fica sob os pés, fazendo-a subir pelo canal central e exalando-a através do topo da cabeça, e a seguir inspirando através do topo da cabeça, descendo pelo canal, exalando através do *mūla bandha* e descendo pelas solas dos pés para dentro da terra.

- Postura do Guerreiro 1 (*vīrabhadrāsana I*)
- Postura da Pirâmide (*pārśvottānāsana*)
- Postura da Árvore (*vṛkṣāsana*)
- Flexão para a Frente em Pé (*uttānāsana*)

Obstáculos Comuns com o Código da Ancoragem

Quando ensino o Código da Ancoragem a grupos em eventos ao vivo, alguns desafios surgem, inevitavelmente. Estes são fáceis de administrar e, em geral, são resolvidos com prática.

Desafio nº 1: *Não conseguir comprimir e respirar ao mesmo tempo.* Muitas vezes quando as pessoas acham difícil respirar pela barriga e comprimir/levantar a barriga e o assoalho pélvico ao mesmo tempo, elas ficam confusas sobre o que deveriam estar fazendo. "Devo comprimir ou respirar profundamente?", elas perguntam. Minha resposta é sempre: "Sim!". É preciso tentar fazer as duas coisas ao mesmo tempo para que se possa sentir a resistência – o atrito – que isso cria.

Lembre-se de que criamos atrito para descobrir um caminho que nos leva a saber quem realmente somos. O atrito interno de comprimir e respirar ao mesmo tempo é uma alternativa interna à abordagem dos carrinhos de bate-bate, baseada em histórias, para promover o desenvolvimento da nossa consciência. Uma maneira de aprendermos neste mundo é por meio da *resistência*. Por exemplo, quando discutimos com alguém, passamos a conhecer mais sobre quem somos por causa das distinções que estão sendo feitas – as diferenças. De maneira semelhante, quando geramos resistência internamente ao comprimir para dentro e, ao mesmo tempo, estender para fora, à medida que a respiração vai enchendo a barriga de ar e os músculos vão se contraindo, a resistência faz a distinção entre comprimir para dentro e empurrar para fora. Podemos sentir isso com nosso sistema sensorial e descobrir onde devemos estar "vivendo" dentro do corpo de uma maneira que talvez não havíamos notado antes. Aprendemos, por meio da resistência, "quem" somos e "onde" estamos. *Ao criar essa resistência internamente, não precisamos criá-la em nossos relacionamentos com o mundo exterior.* A mente relaxa, assim como a resposta de luta-ou-fuga ou paralisia do nosso corpo, e criamos um ambiente mais propício para o surgimento do

Eu Unificado com a Alma. Depois, relaxamos o assoalho pélvico e mantemos nosso senso de identidade.

Desafio nº 2: *Não conseguir sentir ou perceber alguma dessas áreas ao comprimir*. Muitos de nós estivemos vivendo em nossas cabeças por tantos anos que perdemos a capacidade de perceber as sensações sutis do nosso corpo. Tudo bem! Caso, ao praticar o exercício de comprimir no interior, você não consiga realmente sentir isso, coloque a mão do lado de fora da área e pressione suavemente até perceber sensação nesse lugar. Para ajudar a trazer seu foco à base da coluna, para o *mūla bandha* por exemplo, pressione a parte inferior da barriga, logo acima do osso púbico, ou então sente-se em uma das suas mãos ou pés. Para o coração, pressione com os dedos o esterno, "vá para dentro" e pressione o peito para fora, contra sua mão, ou então deite-se de costas e levante algo pesado como se estivesse fazendo supino. Para a garganta, use a palma da mão ou os dedos a fim de aplicar uma leve pressão no pescoço (na frente ou na nuca), novamente "vá para dentro" e pressione para fora. E para a glândula pineal no centro da cabeça, pressione entre as sobrancelhas enquanto gira os olhos para cima. Você realmente não precisa se preocupar em fazer isso "de maneira correta". No próximo capítulo, compreenderemos melhor o que fazer nessa situação, mas, por enquanto, use essas sugestões. O objetivo aqui é trazer seu foco e sua percepção consciente para a área na qual você está trabalhando, para que possa começar a construir aí a densidade de fótons – a presença – do Eu Unificado com a Alma. Sua capacidade de senti-las voltará e aumentará!

Desafio nº 3: *Fazer tudo de uma vez parece demais*. Quando as pessoas começam a exercer essas práticas, especialmente a Respiração pelo Canal Central, pode parecer muita coisa para nos concentrarmos ao mesmo tempo. Mas isso é verdade para muitas atividades nas quais nos tornamos proficientes na vida, como coordenar mãos e pés quando aprendemos a dirigir ou cozinhar uma refeição com vários pratos que precisam ficar prontos ao mesmo tempo, ou aperfeiçoar aquela tacada de golfe – caramba! Convido-o a entrar nessas e em todas as ferramentas dos Códigos de Energia, sabendo que elas podem parecer um pouco desajeitadas e mecânicas no começo, mas isso, como qualquer outra coisa que você já aprendeu a fazer, ficará muito mais fácil com a prática. Na verdade, talvez comece a se sentir mais à vontade com elas em poucos dias. Permaneça em um lugar de amor e compaixão por si mesmo, e isso acontecerá ainda mais depressa.

Caso não consiga comprimir todos os pontos de ancoragem e respirar para cima e para baixo ao longo do canal central ao mesmo tempo, comece praticando só o *mūla bandha*. Ao longo do dia, reserve um momento para erguer seu assoalho pélvico e sentir aí sua própria presença energética. Inspire e expire várias vezes e então libere-o. Repita isso tantas vezes quanto puder se lembrar de fazê-lo ao longo do dia. Em seguida, avance a partir dessa prática, comprimindo o coração, e pratique mantendo sua percepção nesses dois centros enquanto realiza respirações abdominais profundas. Então, acrescente a garganta e, finalmente, a atenção atrás dos olhos. Em pouco tempo, você estará respirando para cima e para baixo ao longo do canal sem dificuldades!

O mais importante é não desistir. *Mūla bandha* é algo que qualquer um pode fazer, e mesmo esse pequeno e único esforço terá um grande impacto, pois começa a pilotar a mente no sentido da Inversão Quântica que estamos nos esforçando para criar com os Códigos de Energia. Portanto, comece com pouco e, passo a passo, construa sua percepção dentro do canal central, respirando através de cada parte da prática até que ela se torne mais acessível. O mesmo é verdadeiro para todas as práticas dos outros Códigos: divida-as em pedaços menores se precisar fazê-lo, mas persista nelas. Os benefícios são tremendos demais para desistir.

Depois de estabelecer uma ancoragem da atenção consciente dentro do núcleo do corpo, estaremos prontos para nos empenharmos ainda mais e nos identificarmos com o Eu Unificado com a Alma. Faremos isso sentindo e percebendo atentamente os padrões de energia específicos acontecendo dentro de nós e que estão associados com as nossas experiências de vida.

Desenvolveremos um método totalmente novo para compreender e responder ao que está acontecendo em nossa vida, ganhando benefícios mais cedo do que se continuássemos aprendendo apenas no nível da história. Minha verdadeira intenção aqui é que você viva não em resposta ao mundo, mas, sim, como o criador que foi forjado para ser. O mundo precisa de mais pensadores originais que despertem para sua plena capacidade – ou seja, você! Este é o seu momento. Vamos ativar isso e muito mais no Código do Sentimento, a seguir!

Capítulo 5

O Código do Sentimento: A Linguagem da Alma

Há alguns anos, terminei um relacionamento de oito anos que pensava que duraria o resto da minha vida. E embora eu tenha começado a construir novos circuitos e a integrar muito do que se abriu dentro de mim a partir da minha experiência do raio de luz, esse era um novo território.

Não foi agradável. Havia acabado de perder minha mãe no ano anterior; e agora esse relacionamento também estava se dissolvendo. Nós tínhamos acordos sobre como o desenredamento aconteceria, mas as coisas não saíram exatamente como discutimos. Em um domingo à noite, cheguei em casa de viagem e encontrei o lugar meio vazio. Os cães – que deveriam ficar comigo – também tinham sido levados. Eu fiquei arrasada.

Essa dor era algo que nunca sonhei que poderia experimentar. Ela penetrava na alma – e era ainda pior por ser tão inesperada. Eu simplesmente *não tinha* esses tipos de intercâmbios no mundo. E durante esse desdobramento, comecei a viajar e a ministrar palestras públicas, que sabia serem meu verdadeiro caminho de vida – mas também tinha a responsabilidade de ter uma clínica, outros médicos e funcionários, e pacientes para cuidar e orientar. Voos cancelados e problemas de viagem muitas vezes me impediam de cumprir meus compromissos com meus pacientes e com minha equipe. Um estresse como nunca havia sentido estava crescendo dentro de mim.

Certo dia, saía de casa para ir ao escritório quando percebi que havia esquecido algo. Voltei ao quarto em direção ao meu armário... e desabei na cama. Meu coração partido implodiu e me dissolvi em um pranto que tomou todo o meu corpo. As lágrimas pareciam estar nascendo dos meus ossos, trazidas em ondas de desespero pela minha garganta e pela minha boca e meus olhos, até mesmo através de minha pele.

Eu estava dedicando tanta energia em manter o curso, determinada a continuar, a permanecer forte, a fazer as coisas acontecerem. "Apenas não pense nisso", dizia a mim mesma. Não imaginava ter mais uma coisa para *sentir*. Mas, em meu estado emocionalmente exaurido, essa coisa simplesmente colapsou como água irrompendo uma represa rachada.

Esparramada naquela cama em uma poça de lágrimas, desliguei-me de tudo. Me permiti apenas afundar na dor. Talvez estivesse cansada de lutar, de aguentar; talvez fosse simplesmente a hora de despertar. Seja qual fosse o caso, naqueles momentos minha experiência interna de *quem eu sou* mudou para sempre.

Soluçando, agarrei meu peito, minha barriga, apertando meu núcleo. Então estas palavras vieram à minha cabeça: "Se tudo isso passar, pelo menos eu ainda terei a *mim*".

Naquele momento, em meio às lágrimas, fui tomada pela maior sensação de alegria que jamais havia experimentado. Foi extremamente confuso: estava mais perturbada do que nunca, em anos, e ao mesmo tempo estava superfeliz.

Abandonar a tentativa de *ficar* bem é o que me permitiu *estar* bem. Eu estava agindo como uma guerreira em marcha, mas cheguei ao ponto de simplesmente não poder mais ser aquilo. Quando larguei minha armadura e me permiti sentir, tudo foi revelado. Consegui abandonar a ideia de que deveria ser forte e fazer tudo funcionar. Todos os meus esforços para manter a Personalidade Protetora se dissolveram em um instante, e todas as minhas emoções não resolvidas transbordaram em alegre libertação.

Ali, na minha cama, minha mente pensante e sua Personalidade Protetora renderam-se ao meu Eu Unificado com a Alma. Até aquele dia, eu não sabia que estava no modo guerreiro. Meu impulso de me proteger, de "consertar" o que estava "errado", permanecera subconsciente até que fiquei sobrecarregada, o que me trouxe até meu âmago, e eu me soltei e mergulhei. Nesse momento, minha experiência exaltada de anos anteriores pousou em meu corpo mais profundamente do que nunca.

Hoje, não espero até que a represa esteja prestes a rachar para só então dar o mergulho. Agora eu, acima de tudo, *vivo*. Mas se algo me puxa de volta para fora do meu núcleo, eu mergulho e me permito *sentir* o que realmente está acontecendo assim que percebo que algo está criando uma carga em meu campo de energia. Me poupo da dor de tentar conduzir as coisas com minha mente e minha Personalidade Protetora, e deixo meu corpo – meu sentimento – dizer à mente o que fazer.

Neste Código do Sentimento, compartilharei essas práticas com você.

O Que É o Código do Sentimento?

Com o Código de Ancoragem, começamos a "amarrar" a energia do Eu Unificado com a Alma ao corpo físico – dando-lhe um lar para habitar. Focamos a mente no corpo para fazer isso acontecer e estabelecemos uma relação entre a mente, o corpo e o Eu Unificado com a Alma. Essa nova conexão abre caminho à intensificação da presença do Eu Unificado com a Alma e ao começo da recepção de suas comunicações inestimáveis – e à experiência plena do que é a vida.

A vida é o Projeto Despertar – despertar para o Eu Unificado com a Alma para que possamos nos envolver em nosso mundo a partir de nossa natureza mais elevada e verdadeira e experimentar uma vida mágica e divinamente guiada. Esse despertar acontece por meio do atrito – esbarrando contra os lugares onde ainda não despertamos para nossa magnificência, ou onde nossos circuitos ainda não foram ligados. Sem atrito, não podemos ter percepção de quais partes de nós mesmos ainda estão no escuro; precisamos ser empurrados para fora de nosso *status quo* para ver aonde temos necessidade de redirecionar nossa energia e reintegrar as partes fragmentadas e dispersas de nós mesmos.

Não podemos evitar o atrito. Não temos escolha sobre esse assunto; até que estejamos vivendo plenamente como o Eu Unificado com a Alma, o atrito nos mostrará os lugares onde precisamos construir nossos circuitos e despertar para nossa grandeza. No entanto, *podemos efetivamente* escolher onde ocorre nosso atrito: em nosso mundo interior, no nível da energia; ou em nosso mundo exterior, no nível da história.

Eis um exemplo de como isso funciona. Vamos supor que alguém em sua vida diga algo de que você não gosta e você fica incomodado com isso. Você tem uma reação mental e emocional às palavras dessa pessoa e conta a si mesmo uma história sobre o que essas palavras significam a seu respeito, ao seu relacionamento com os outros e ao mundo em geral. Sua mente diz coisas como: "Por que isso está acontecendo?", "Essa pessoa não deveria ter feito isso" e "Como vou ficar de bem com a vida agora que isso aconteceu?". Depois de um tempo, talvez você se pergunte: "Por que não consigo simplesmente superar isso?" ou "Por que não consigo perdoar isso?"

A razão pela qual você não consegue "superar isso" é que a mente está operando no nível da história. A incapacidade da mente de processar nossos sentimentos é um esforço de todo o sistema para impedir que sigamos em frente a fim de obter o que precisamos da experiência – acionar certos circuitos e reintegrar a energia que está dispersa. Muitas vezes essa reintegração aparece como uma "epifania" ou um momento "eureca!". Depois que nossa energia muda e esses circuitos são acionados, a história muda, assim como o relacionamento da mente com o evento que causou o atrito.

Da perspectiva da Personalidade Protetora, o atrito se parece com estas afirmações: "Isso é loucura. Não posso abrir mão disso. Não posso deixar passar!". Do ponto de vista do Eu Unificado com a Alma, o atrito está dizendo: "Vamos manter isso exatamente aqui e continuar até que você se concentre nisso e realmente se entregue – mesmo que isso o esgote".

Porque, seja intencionalmente ou por exaustão, rendição é rendição, no que diz respeito ao Eu Unificado com a Alma. É como esta afirmação: "Está tudo bem. Estarei exatamente aqui, esperando que você me descubra quando estiver pronto, custe o que custar".

O atrito com certeza chama a nossa atenção. Ele inegavelmente nos ajuda a crescer. Mas também podemos crescer de outras maneiras por meio do atrito, além da rota da história – e é isso que o Código do Sentimento nos ajudará a fazer. Geralmente, contamos a nós mesmos uma história dolorosa e tentamos descobrir "por que" uma experiência ocorreu. Mas, em vez disso, podemos simplesmente perceber as mudanças de energia que acompanham o que está acontecendo, trabalhar com o que elas revelam e gerenciar a energia. O corpo atua como intermediário ou tradutor no diálogo contínuo entre o Eu Unificado com a Alma e a mente. O Código do Sentimento trata dessa conversa e nos permite fazer uma escolha mais consciente a respeito daquilo que condiz com a nossa realidade.

Mudar a orientação da mente para o corpo, do *pensamento* para o *sentimento*, da *racionalização* para a *sensibilidade*, dará início a uma mudança drástica na percepção. Isso intensificará nossa capacidade intuitiva, melhorará o fluxo energético e permitirá que o corpo físico se cure, porque não estará mais estagnado no estresse e em um histórico "sobrevivencialista". Essa mudança abrirá o canal para a comunicação direta entre a mente, o corpo e o Eu Unificado com a Alma. Mas, para trabalhar efetivamente com o Código do Sentimento, precisamos aprender a diferença entre *sentimento* e *emoção*.

Na psicologia tradicional, quando falamos de "sentir nossos sentimentos", queremos dizer que nos permitimos experimentar plenamente nossos estados emocionais para que possamos fazer fluir novamente a energia estagnada de emoções reprimidas ou não processadas. Mas há uma diferença entre *sentir nossos sentimentos* e *sentir nossas emoções*. Ambos residem em nosso sistema na mesma largura de faixa (ou gama de frequências), no linguajar técnico do eletromagnetismo – mas, se nossa atenção está na mente, experimentamos uma "emoção"; se estivermos focados no corpo, experimentamos, em vez disso, uma sensação visceral e celular – um "sentimento". O Código do Sentimento reconhece a diferença entre a camada sentimental e a camada emocional do nosso campo de energia.

O nervo vago, que antes era considerado responsável pela saída do sistema nervoso central (o cérebro) para os órgãos do corpo, é agora reconhecido como responsável por 80 a 90% da entrada *sensorial* das vísceras para o cérebro – relatando a nós o empurrão advindo de nosso núcleo. Sentir a partir de dentro do eu essencial profundo é sutil, mas imperativo para nos despertarmos para nossa realidade interior maior. O sistema nervoso sensorial é de dez a cem a mil vezes mais abundante na contagem do número de nervos do que nosso sistema nervoso motor, demonstrando a maior importância de sentir o que realmente está acontecendo no âmbito interior, em comparação com as ações que realizamos posteriormente no mundo exterior.

A capacidade do nervo vago de transportar informações a partir do nível visceral do nosso ser faz parte da magia do sistema nervoso entérico, considerado o "segundo cérebro" do corpo. Ele nos permite integrar informações, metabolizá-las e gerar respostas dentro de nosso núcleo sem nunca ter de validá-las com o cérebro em nossa cabeça – gerando o que acredito ser nosso profundo senso de verdade e conhecimento. Os Códigos de Energia nos ensinam como perceber em um nível de energia mais sutil, a fim de manifestar a nós essa percepção de maneira mais fácil e eficaz.

Quando o atrito acontece em nosso mundo, temos três reações: uma reação mental, uma reação emocional e uma reação física ou sensação corporal. Com o que já sabemos sobre energia, não vamos analisar as emoções (que estão ligadas à história), mas, sim, as sensações físicas, que são geradas por mudanças em nosso campo de energia.

Mesmo que uma situação (como o término de um relacionamento ou a perda de um emprego) tenha acontecido há um ano, ou dez, ou vinte anos, se o atrito que ela gerou em nosso campo energético não for resolvido, ainda causará uma sensação no corpo, como um nó no estômago. Há uma razão por que isso ainda nos afeta onde afeta; quando percebemos isso e aprendemos a trabalhar com isso, construímos os circuitos necessários para que a energia passe por aquela área. Se ficarmos no nível da história, a energia terá de desviar e criará uma oscilação no canal central, e uma disfunção correspondente em nossa vida externa. Em outras palavras, quando vamos diretamente à fonte, a vida, de maneira geral, fica mais fácil.

Temos de dedicar muito mais esforço emocional quando a maioria de nossos circuitos está adormecida. Ficamos exaustos emocionalmente. Somos menos flexíveis. Quebramos em vez de flexionar, e colidimos em vez de voar. Quanto mais circuitos ficam ativos, mais fácil é ser corajoso, tolerante, alegre e resiliente. Isso ocorre porque essas qualidades pertencem à nossa verdadeira natureza, e quando uma parcela maior dessa natureza está desperta, nos envolvemos com a vida usando plenamente nossas capacidades inerentes.

O Código do Sentimento nos fornece uma nova linguagem energética que chamo de fala-do-corpo. Esta é a chave para receber as comunicações do Eu Unificado com a Alma e traduzi-las para a mente de modo que possamos começar a descobrir as lições e revelações em cada cenário da vida. Em Códigos posteriores, vamos dominar maneiras de trabalhar de forma ainda mais efetiva com essa comunicação, integrar o aprendizado que o atrito exige e nos tornarmos versões ativadas de nós mesmos mais totais, integradas e plenas.

As Práticas do Código do Sentimento

PRÁTICA 1: TRABALHE O CORPO

Nesta prática, interrompemos o antigo padrão de focalizar na história e, em vez disso, focalizamos a atenção no corpo. Dessa maneira, podemos integrar a energia por baixo da história, em vez de continuar a dar voltas na mente por meio de "narrativas". Essa prática é revolucionária porque é um atalho evolutivo – um divisor de águas que elimina anos de trabalho sobre os níveis mental e emocional ao ir diretamente à fonte do problema – a energia – e resolvê-lo ali mesmo.

Veja como podemos fazer esse exercício simples, mas com potencial para transformar a vida:

Sempre que um atrito acontecer em sua vida e causar uma reação emocional ou "carregada", pergunte imediatamente: "Onde?" em vez de "Por quê?" – por exemplo, "*Onde* eu sinto isso no corpo?" em vez de "*Por que* isso está acontecendo comigo?".

1. Volte sua atenção para dentro e concentre-se em seu corpo. Sinta e perceba as mudanças de energia que acompanham sua reação emocional. Haverá uma "carga" em algum lugar. Pode ser como uma sensação de aperto ou de tensão, sensações de vibração ou zumbido, agitação ou tremores, dor leve ou aguda, calor ou frio, irrupções de movimento etc. Ocorrerá uma mudança.
2. Responda a estas perguntas sobre o que está sentindo:
   - Onde no corpo está a sensação? Está no coração, garganta, cabeça, intestino ou coxas? Pode também estar fora da linha central do seu corpo, nos ombros, braços etc. Ela muda de um lugar para outro?
   - Como é a sensação? (Novamente, uma sensação pode ter muitas características. Não tente julgá-las ou explicá-las. Apenas observe, depois *sinta-as* e *vivencie-as*.).
   - A localização da sensação corresponde ou está mais próxima a qual centro de energia, ou chakra, e área da consciência? Para responder a isso, você pode consultar a tabela na página 106 a fim de obter ajuda. As mãos, por exemplo, correspondem ao chakra do coração; as pernas, ao chakra da raiz.

1. Em seguida, comunique-se com esse pedaço da sua consciência para que ele saiba que está fazendo contato com ele. Faça isso *comprimindo internamente* a área onde a sensação é sentida. Isso permite que seu corpo saiba: "Estou ouvindo, e vou fazer a mente prestar atenção em você agora".

2. Enquanto comprime os músculos nessa área, realize a Respiração pelo Canal Central que aprendeu no Código da Ancoragem, e inclua a área específica da sensação no exercício. Comece seu padrão de respiração a partir da extremidade do canal mais próxima da área que você está comprimindo; em seguida, "agarre" com a mente essa área ao longo do caminho e traga-a para o fluxo de energia. Por exemplo, se a sensação for de um tremor nas coxas, inicie a Respiração pelo Canal Central de dentro da terra abaixo dos seus pés, puxe a respiração pelo canal até as coxas enquanto as comprime, depois "agarre-as" e as traga para o fluxo do canal, com o *mūla bandha* e os outros três pontos de ancoragem. Continue inspirando enquanto a energia sobe para o abdômen e o coração, em seguida expire do abdômen/coração subindo pelo canal central e saindo pelo topo da cabeça. Em seguida, inverta o sentido: inspire de cima para baixo através dos pontos de ancoragem do canal central até o coração/abdômen, contraindo os músculos da coxa na expiração enquanto empurra a energia para baixo na terra. Imagine que os *centros* das coxas e da parte inferior das pernas são ocos e a energia flui diretamente por eles.

3. Repita, perfazendo pelo menos dois ciclos completos pelo canal. (Como lembrete, um ciclo é uma viagem para cima e uma viagem para baixo no canal, independentemente do sentido que tomou no início.) Continue até perceber uma mudança na energia, ou seis a oito vezes se ainda não estiver sentindo muito dessa energia. Ela virá!

Trabalhe o Corpo é uma das práticas mais poderosas para acelerar sua evolução na consciência e na corporificação ou incorporação. Em vez de desperdiçar tempo e recursos energéticos escrevendo histórias sobre o que está "mais certo" ou "mais errado" no que aconteceu, ou culpando a si mesmo ou a outras pessoas, ou evitando a situação, você simplesmente descobre onde em seu corpo você está ativado naquele momento e onde pode começar a trabalhar para resolver o problema no local que está chamando sua atenção. Lembre-se, esse ponto não é apenas uma pontada ou um tremor; é uma lanterna laser que aponta onde é preciso construir o fluxo de comunicação energética e os circuitos no sistema nervoso sensorial para finalmente perceber-se mais plenamente no interior e despertar para uma parte maior de sua totalidade e magnificência. É a energia da alma falando para a mente através do corpo, mostrando onde há uma lacuna na informação e no fluxo de energia.

Pode parecer estranho e desafiador a princípio envolver sua mente dessa maneira e evitar a história – mas fazer qualquer outra coisa é improdutivo, porque a história não é o motivo pelo qual está aqui. As histórias que contamos a nós mesmos não têm nada a ver com nossa divindade, exceto que devemos desamarrá-las. Em nossos esforços mais eficientes, não mudamos nossa realidade por meio da história. Fazemos isso trabalhando com a energia bruta, real e eterna que é a versão mais pura de nós mesmos. Sua energia segue sua consciência. Ao respirar conscientemente pelo canal central com essa nova prática de construção de circuitos, incorporamos mais plenamente nossa totalidade.

Quero deixar claro aqui que não estou de forma alguma pedindo que você negue qualquer emoção que já tenha surgido. Como digo às pessoas em minhas oficinas, sempre "tenha o que você tem" primeiro. Sempre sinta o que há para ser sentido e faça, ao mesmo tempo, o exercício Trabalhe o Corpo. É preciso estar *conscientemente presente* com tudo se quiser realmente processar esses sentimentos. Mas acredito que acabará descobrindo que é mais rápido e abrangente apenas trabalhar com a energia subjacente. A maioria das pessoas acaba, por fim, descobrindo que pode ir diretamente até esse nível causal sem a necessidade de se demorar no corpo emocional das energias.

Como você descobrirá, Trabalhe o Corpo exige que sejamos vulneráveis. Mas, como sempre digo a meus alunos nesse ponto de nosso curso, *sua vulnerabilidade é sua força*. Sua boa vontade de perceber e sentir o que realmente existe em seu corpo, e de se permitir experimentar e trabalhar com isso, é vulnerável, porque isso é reconhecer o seu eu real e verdadeiro. É preciso abrir mão de todas as estratégias defensivas que a Personalidade Protetora emprega para blindá-lo e protegê-lo de se machucar, e se conectar, por meio da sensação, com os próprios lugares dentro de si que estão doloridos, estagnados e feridos.

Ironicamente, trabalhar com feridas, bloqueios e mágoas no nível da energia é muito menos difícil e ameaçador do que trabalhar com eles no nível da história. Em vez de ficarmos presos no certo e no errado, na emoção e no julgamento, podemos simplesmente fazer com que a energia fragmentada flua de volta para o nosso sistema até que, finalmente, tudo esteja integrado. Então, de maneira milagrosa, a carga emocional em torno da situação desaparece repentinamente. Onde antes havia medo e conflito, de repente temos recursos internos de sabedoria, resiliência e alegria.

PRÁTICA 2: NÃO NOMEIE – SINTA

Outra prática poderosa para diminuir o tempo e o esforço gastos com narrativas é parar de *nomear nossos sintomas*. Nomear e rotular uma energia estagnada só a deixa ainda mais estagnada porque a torna mais "real". Lembre-se, qualquer coisa em que colocamos nossa atenção tem sua presença aumentada!

Quando nos deparamos com uma situação que causa atrito e traz à tona uma emoção, podemos nomear essa emoção enquanto a vivenciamos. Podemos perceber que isso intensifica a emoção nomeada. Por quê? Porque agora não estamos apenas experimentando a emoção, mas também criando simultaneamente uma história mental sobre essa emoção. Por exemplo, se você está parado no trânsito e começa a se sentir ansioso, partes do seu corpo podem ficar inquietas, nervosas ou formigando. Se for diretamente na fonte, fizer sua Respiração pelo Canal Central enquanto "agarra" a parte do corpo e a sensação, e imediatamente se reintegrar, você se sentirá melhor de maneira quase instantânea. No entanto, se pensar, *estou me sentindo ansioso*, de repente não apenas experimentará essas sensações corporais, mas também reagirá emocionalmente à sua própria história sobre o que significa estar ansioso.

No momento em que nomeamos o que estamos sentindo – especialmente se forem emoções consideradas negativas, como ansiedade, medo, raiva ou tristeza – quase *precisamos* entrar na história, pois temos inclinações, preconceitos e julgamentos sobre esses sentimentos e a respeito do que eles significam sobre nós e para nós. Não queremos ficar ansiosos, com medo, com raiva ou tristes, e então resistimos ou evitamos os sentimentos, o que, por sua vez, torna ainda mais difícil abandoná-los e resolver o problema. No entanto, se pudermos nos manter fora da mentalidade de julgamento e da narrativa, será possível nos libertarmos mais rapidamente.

Todas as Emoções São Criadas Iguais

Todas as energias e, portanto, todas as emoções são criadas iguais. Compreender isso pode ajudar a mente a mudar o paradigma de operar no nível da história para operar no nível da energia. Quando tornamos certas emoções indesejáveis – quando consideramos alegria e contentamento "bons", mas medo, raiva, tristeza, vergonha e culpa "ruins" – temos mais dificuldade em não nomeá-las. Isso, por sua vez, torna mais difícil trabalhar com elas energeticamente. Mas como *todas* as emoções são apenas energias de diferentes frequências, nenhuma é melhor ou pior do que as outras. Todas desempenham seus papéis únicos no pulso de energia universal que está se expandindo e ancorando, expandindo e ancorando – no ciclo natural que nós, e toda a natureza, percorremos. As chamadas emoções positivas são esforços para expandir, enquanto as emoções negativas são esforços para ancorar. A raiva e o medo, por exemplo, nos impedem de perder nossa conexão com o que é vital para nós, e são energias mais pesadas e de vibração mais baixa. Por outro lado, amor, esperança e inspiração quebram nossas fronteiras e nos ajudam a expandir por meio de frequências de energia de vibração mais alta.

Pense assim: uma água-viva nada contraindo e expandindo seu corpo. Essa é a *contração* real que faz com que ela se mova para a frente, antes de se expandir novamente. Toda experiência serve a um propósito, e todas as experiências humanas possíveis são necessárias. A raiva, por exemplo, é a maneira de introduzir uma "falha" em nosso sistema a fim de manter-nos mais contraídos e mais próximos de estar "no corpo" em vez de nos dispersar ainda mais – até que se aprenda a "cair" intencionalmente, o que alivia por completo a necessidade da vibração energética de raiva.

Então, agora mesmo, evoque um pouco de raiva. Pense em algo ou alguém que realmente o afeta. Haverá um estreitamento ou uma "ancoragem" em seu campo de energia tanto dentro como ao redor de seu corpo físico. Observe como isso faz você se sentir para que possa reconhecê-lo novamente mais tarde. Em seguida, pense em algo que lhe traga grande alegria. Você provavelmente experimentará uma "expansão".

Quando estamos operando no nível da história, as emoções que acompanham essas contrações e expansões energéticas são apenas reflexos ou subprodutos da própria energia. Ambos são necessários, mas se pudermos aprender a trabalhar com a energia em vez de esperar que ela volte ao estado emocional, dominaremos nossa vida antes que ela nos domine!

Se pudermos começar a pensar nas emoções como energias – como esforços para ancorar ou expandir –, não teremos medo da tristeza. Não desviaremos nossa vergonha. Em vez disso, perceberemos que cada uma dessas emoções está desempenhando um papel nas marés do universo em constante expansão, agindo como um marcador de posição para direcionar nossa atenção até um ponto onde nossa energia está dispersa ou fragmentada – um aspecto do Eu Unificado com a Alma para o qual ainda não despertamos. É uma dinâmica lindamente orquestrada que nos mantém no caminho da construção de circuitos em direção à integração total.

A DOENÇA COMO UM MARCADOR DE POSIÇÃO

A doença física também é energia. Muitas pessoas têm pavor de adoecer, mas há outra maneira de encarar a doença: ela ajuda a chamar nossa atenção para uma área do nosso campo de energia que precisa ser ativada. Quando olhamos para a doença dessa maneira, podemos apreender mais rapidamente a lição por trás do problema e superá-lo, em vez de nos punirmos se pensarmos que "causamos" essa situação horrível. Muitos de meus alunos ficam aliviados ao ouvir isso e interpretam esse fato como mais um "empurrãozinho" do universo para nos tornarmos mais conscientes de nossa grandeza de uma forma adicional – como um amigo perpétuo que não desistirá até que vejamos nossa magnificência.

Podemos trabalhar com a energia estagnada que se manifesta como sintomas físicos no corpo de maneira semelhante ao trabalho com as emoções. A verdade é que o processo da doença é apenas um subproduto de nossa dispersão; em outras palavras, é também um problema de circuitos! Estamos espalhados de alguma maneira, mas ainda não temos consciência disso. Quando mantemos nossa atenção quase que inteiramente voltada para o mundo exterior, esquecemos de prestar atenção ao que está acontecendo dentro de nós. Não sentimos as nuances – os "empurrõezinhos" – das flutuações em nosso fluxo de energia sutil, de modo que a energia precisa "falar" mais alto para chamar nossa atenção. Recebemos alertas na forma de desarmonia na vida e/ou no corpo.

A menos que, e até que, nos empenhemos em retrair nossos sentidos atraindo-os para o reino interior, e até que honremos e prestemos atenção no que está acontecendo lá dentro e tomemos decisões em conformidade com isso, o som do chamado para despertar e nos tornarmos o Eu Unificado com a Alma apenas continuará aumentando cada vez mais. O chamado *precisa* ficar mais alto. Em vez de ter à sua disposição circuitos por onde fluir, a energia esbarra contra uma ausência de circuitos – aquele lugar estagnado onde nossa consciência ainda não está ligada – e cria atrito nesse lugar. Incapaz de fluir através do sistema, a energia tem que ir para algum lugar, e por isso começa a superestimular os tecidos circundantes. Podemos sentir isso como inflamação ou irritação, hiperfunção ou até mesmo exaustão. Uma vez que esses tecidos se tornam hiperativos, eles acabam por se esgotar, entrando em colapso e se desagregando. Esse colapso celular é o que consideramos uma doença crônica e degenerativa – mas, na verdade, é tudo uma tentativa do Eu Unificado com a Alma de chamar a atenção da mente. Um trauma ou uma doença existe apenas para nos ajudar a encontrar os circuitos que precisamos ativar para continuar nos tornando a melhor versão de nós mesmos. Aproveitar isso é mais do que apenas curar; é também promover a evolução consciente da alma.

Infelizmente, dar às nossas feridas a atenção de que precisam é, muitas vezes, a última coisa que queremos fazer. Quando um sintoma é grave, temos a tendência de querer nos afastar dele – de rejeitar a situação como algo que está fora, algo estranho, que está acontecendo *conosco*. No entanto, quanto mais tempo ignorarmos os locais onde nossa energia não está fluindo, mais significativo será o processo do distúrbio ou da doença.

Joan, de 32 anos, sofria de fortes dores causadas por úlceras estomacais e colite quando a conheci. Ela não dormia, em consequência de diarreias e dores abdominais muito intensas, que duravam a noite toda. Tomava cinco medicamentos, mas nenhum deles aliviava seus sintomas. Seu médico recomendava cirurgia e ela estava assustada. Não queria passar por uma cirurgia. Sua mãe havia falecido por causa de uma complicação relacionada a uma cirurgia e ela era consumida pela possibilidade de algo semelhante acontecer consigo mesma. Por outro lado, queria "livrar-se do cólon ruim e da parte desagradável do estômago". Essa *não* era sua melhor resposta, mas era tudo o que ela sabia fazer.

A abordagem da medicina ocidental historicamente sempre apoiou essa separação. Primeiro, ela nomeia a doença, dando-lhe mais peso, densidade e história, tornando-a mais difícil de resolver. Em seguida, extrai o problema por meio de cirurgia ou o mascara com medicamentos. Essas estratégias, por mais bem-sucedidas que sejam no curto prazo, acabam nos afastando da verdade e da resolução do problema real.

Joan e eu trabalhamos com os Códigos de Energia, e ela começou a encontrar bolsões de energia emocional que foram enfiadas "sob a superfície", onde permaneceram durante toda a sua vida. Agora, essa energia emocional estava transbordando para ser liberada, e a estava consumindo por dentro. Por meio de nosso trabalho conjunto, Joan reconheceu que não precisava identificar a história exata que havia criado o bloqueio de energia emocional para poder liberá-la e restaurar o funcionamento normal de seu sistema. Já vi centenas de casos em que alguma coisa tinha ocorrido na vida de alguém, alguma coisa que a pessoa não conseguia "digerir" emocionalmente, o que a levava a não ser capaz de também digeri-la fisicamente. O corpo é um reflexo da nossa consciência. Joan aprendeu como administrar o processo de trabalhar em um nível mais profundo que o da história e como curar com graça. Usando as práticas dos Códigos de Energia, conseguiu se curar completamente sem cirurgia. Não queria mais rejeitar uma parte de si mesma que, na verdade, estava tentando melhorar, e até mesmo salvar, sua vida. Em vez disso, ela abraçou seu verdadeiro eu – seu Eu Unificado com a Alma – e seu corpo foi capaz de parar de chamar sua atenção e se curar.

Convido-o a fazer o que a princípio parece contraintuitivo: se debruce *sobre* o problema e a dor. Vá em *direção* a eles com sua atenção e, em seguida, *penetre* neles com seu foco sincero e permita que sua mente receba as informações sobre o que é necessário ali, pois o corpo *revelará* isso a você, se estiver percebendo e sentindo interiormente. Pode não ser com palavras, mas agora você saberá interpretar a linguagem da alma com a mente, e como responder. Quando adquirir habilidade nisso, usando as práticas deste Código e dos Códigos posteriores, será capaz de detectar o atrito ou a carga em sua energia e resolvê-la, permitindo-lhe curar e até mesmo prevenir doenças.

Por exemplo, Marsha trouxe sua filha perturbada de dezoito meses, Heather, ao meu consultório, relatando que Heather não havia evacuado mais do que o tamanho de uma amêndoa em seus dezoito meses. Ela também não dormia por mais de vinte minutos de cada vez, a menos que estivesse no carro em movimento. Marsha, seu marido e sua mãe se revezavam 24 horas por dia para manter o bebê o mais confortável possível. Fiz duas perguntas: "Houve dificuldade no parto? Ou dificuldade no casamento?". Essas são as duas razões neuroemocionais mais comuns que vejo nos desafios se manifestarem em problemas de saúde infantil. Marsha começou a chorar. O casal planejava o divórcio quando soube da gravidez. Decidiram ficar juntos pelo bebê.

Tratei o bebê com o trabalho bioenergético que realizava em meu consultório e utilizei os Códigos de Energia com Marsha para que ela se *debruçasse* sobre a realidade que evidenciava o fato de que ainda tinha energias não resolvidas com as quais lidar. Conforme a energia de Marsha começou a se mover novamente, ela se sentiu renovada. Heather ganhou função intestinal e padrões de sono normais em uma questão de dias. Anos de problemas de ouvido, nariz e garganta foram provavelmente evitados para essa criança, pois estabelecemos um fluxo de limpeza e filtragem em seu sistema, e Marsha foi libertada em seu mundo interior para permitir que sua vida recomeçasse. Ela foi capaz de se conectar com aquele empurrão vindo de dentro, que solicitava uma percepção mais aguçada de sua verdade mais profunda – seu Eu Unificado com a Alma. O relacionamento dela sobreviveu, e tem sido realmente um "felizes para sempre".

Quando realmente compreendemos isso, vemos exatamente o quanto nosso sistema foi perfeitamente projetado. Mesmo uma doença crônica nos mostra onde precisamos colocar nosso foco da maneira mais crucial. E, felizmente, nunca é tarde demais para alcançar a cura para a qual a vida está tentando nos direcionar – a qual, em si mesma, é menos uma cura do que uma *revelação*. Nosso sistema, nossa vida como um todo, é planejado para nos mostrar a totalidade que, inerentemente, nós somos.

Espero que ache isso tão empolgante quanto eu acho – não apenas a tremenda capacidade que temos para curar, mas a orientação embutida que está disponível a nós e que está sempre tentando administrar nossa vida para o nosso bem maior. Os Códigos de Energia mostrarão como prevenir traumas e problemas de saúde construindo circuitos que removem a perturbação no campo antes que ela se manifeste no mundo físico. Mas quero garantir que, se já existirem condições em seu corpo, está tudo bem! O processo para construir circuitos onde a doença já existe e o processo para construir circuitos a fim de prevenir doenças são *exatamente o mesmo*. É o mesmo mecanismo. Quando a energia puder fluir novamente de maneira otimizada, a saúde será retomada, existindo ou não doença, pois esse fluxo ótimo é o estado energético que se reflete como saúde ou bem-estar no mundo físico.

Como parte dessa prática do Código do Sentimento, que chamo de Não Nomeie – SINTA, gostaria de desviá-lo do hábito de nomear suas doenças. Isso significa, nada de se autodiagnosticar e nada de correr ansioso ao médico para que ele faça o seu diagnóstico. A razão é a mesma pela qual não nomeamos nossas emoções: no momento em que nomeamos algo, entramos na história desse elemento nomeado. Procuramos nosso diagnóstico na internet e descobrimos o que supostamente vai acontecer conosco agora que temos essa condição. E, embora possamos *absolutamente* ser responsáveis e buscar cuidados se algo estiver fora de controle em nossa saúde (temos um sintoma que não possui solução ou estamos ficando doentes repetidamente) e não conseguimos lidar com isso, não devemos perder de vista a verdade subjacente maior: que o sintoma ou condição que agora se manifesta em nosso mundo físico realmente começou no campo de energia – e que, se desejarmos uma "cura" verdadeira e completa, o campo de energia é onde devemos resolvê-lo, em última instância. Portanto, embora você jamais deva se colocar em situações de risco enquanto está aprendendo essas práticas e deva sempre procurar ajuda se tiver problemas, lembre-se de um dos ditados favoritos de meu pai: "Não se tem uma dor de cabeça por causa de uma falta de aspirina em seu sistema!". Vamos primeiro olhar para a causa e nos voltar para as dádivas que ela está nos oferecendo.

Gostaria de lhe dar um exemplo de uma aluna de um dos meus cursos, Kat.

KAT DESPERTA SEU AGENTE DE CURA INTERIOR

Há quinze anos, Kat sofreu uma lesão no manguito rotador. A lesão nunca cicatrizou adequadamente e ela teve problemas de amplitude de movimento e de dor ao longo dos anos. Com base em uma recomendação que faço a todos os meus alunos, ela começou a frequentar aulas de yoga e incorporou a técnica de respiração dos Códigos de Energia em sua prática. Para sua consternação, depois de uma aula de yoga, ela sentiu uma dor muito acentuada no ombro machucado. A dor se estendia pelo braço e atingia até mesmo a parte lateral do seu corpo.

Ao sentir a dor, imediatamente começou a contar a si mesma uma velha história sobre seu ombro: "Bem, os médicos *de fato disseram* que ele estaria comprometido para sempre, que nunca mais seria o mesmo e que eu teria de viver com isso. Disseram que eu nunca seria capaz de...". Então, antes de terminar a frase, ela teve um *insight* abrupto. Ela se lembrou dos exemplos que compartilhei de minhas próprias curas de ferimentos usando os Códigos e escolheu um pensamento diferente: "E se a energia estiver se deslocando em meu ombro e estiver, na verdade, curando?". Decidiu descansar e se comprometer totalmente a realizar as práticas de respiração que havia aprendido.

Em três dias, não só a dor do yoga havia desaparecido completamente, mas também desapareceram todos os sintomas anteriores de sua lesão. Ela estava totalmente livre da dor e, pela primeira vez em quinze anos, readquirira amplitude total de movimentos em seu ombro. Todos os vestígios da lesão desapareceram depois de passar três dias praticando os mesmos exercícios ensinados neste capítulo – começando por sua escolha de não nomear o que estava sentindo e de não permitir que o prognóstico de outra pessoa (ou seja, a história) inibisse sua capacidade de cura. Ela pegou todo o seu poder e sua vontade mentais e usou a mente de uma nova maneira — sentindo a interrupção da energia, respirando o fluxo de volta para o ombro e o integrando ao canal central. O resultado? Um ombro completamente curado e uma maior integração de seu Eu Unificado com a Alma.

Quando interrompemos velhos padrões de crença e permitimos que a energia se mova sob nossas histórias, tocamos o reino dos milagres, um mundo além da lógica, o lugar de nossa criatividade suprema. O primeiro passo, começando com o Código do Sentimento, é ensinar a mente a sentir e apoiar o movimento da energia para curar todo e qualquer problema que chame nossa atenção.

PRÁTICA 3: UM OLHO NO INTERIOR

Com as duas primeiras práticas, podemos reconhecer como é absolutamente fundamental "trabalhar o corpo" nesse processo. Por isso, quero convidá-lo a fazer do Trabalhe o Corpo uma prática contínua e, em última análise, um modo de vida. Dou a isso o nome de ter "um olho no interior".

Ao passo que o Trabalhe o Corpo é mais uma ferramenta de triagem para usar quando surgir algo perturbador (ou mesmo quando algo maravilhoso ocorrer e quisermos construir os circuitos necessários para sustentar seu benefício – mais adiante falarei sobre isso em detalhe), Um Olho no Interior é exatamente o que parece: um estado de sintonização contínua com o que está acontecendo no nível energético do nosso corpo, enquanto passamos por cada momento de nossa vida diária.

Além da calma e do empoderamento que vêm ao se lidar rapidamente com as mudanças de energia em vez de permitir que as coisas se transformem em emoções, histórias, doenças ou inquietações intensificadas, quando mantemos um olho no interior, também obtemos o enorme benefício de estar continuamente em contato com outros tipos de comunicação a partir do Eu Unificado com a Alma – os impulsos criativos, inspirações e conhecimentos que estão constantemente subindo de dentro de nosso âmago até nossa mente consciente. Quando agimos com a alma nessas comunicações, literalmente damos vida a nós mesmos como o Eu Unificado com a Alma no mundo físico. O resultado é uma maneira de viver verdadeiramente mágica e inspirada. Ela liberta a alma – e uma vez que a alma é o seu verdadeiro eu, ela liberta *você*.

Para fazer com que um olho no interior se torne seu novo hábito, recomendo muito começar todos os dias fazendo uma Varredura pelo Canal Central. Veja como fazer:

1. Antes de se levantar para começar o dia, enquanto ainda está deitado na cama, leve sua atenção muito lentamente para baixo, ao longo do canal central, de cima da cabeça para o centro do cérebro, e depois para baixo, até onde o crânio encontra o pescoço. A partir daí, respirando várias vezes pelo canal central, desça até a garganta e, a seguir, centímetro a centímetro, desça até o centro do peito, onde está o centro do coração. Em seguida, de dentro do núcleo, desça ainda mais, passando pelo plexo solar, depois para o estômago e a área do umbigo. Continue abaixo do umbigo até a área do centro da sabedoria do segundo chakra. A partir daí, vá mais para baixo, passando pelo abdômen e saindo pela extremidade da coluna vertebral.

2. Ao fazer isso, explore lentamente – mais uma vez, centímetro por centímetro – e de maneira a fazer uma varredura completa a fim de captar quaisquer surtos de energia ou áreas que sua atenção pareça deixar de lado. Observe quaisquer sensações ou procure perceber se há uma lacuna no fluxo de energia ao longo do canal. Você reconhecerá esses "locais em branco" porque estará focando, seguindo cada centímetro do canal central, descendo pela cabeça, pescoço, parte superior do tórax... e de repente sua atenção estará bem no seu coração, como se tivesse dado um salto de 3 cm ao longo do canal, ou verá que agora está pensando em sua lista de tarefas do dia! Quando isso acontece, sabe que não conseguiu manter o foco em cada centímetro do canal porque seus circuitos energéticos não estão conectados conscientemente nessas áreas e em todo o caminho.

3. Caso note uma dessas áreas de sensação ou um desses locais em branco, volte e pressione-o, e respire através dele enquanto continua subindo ou descendo pelo canal central ao longo do caminho. Isso começará a estabelecer os circuitos sensoriais para trazer maior percepção a essa área, ativando aí a energia consciente. Isso também o informará sobre a área da vida e os aspectos do seu eu essencial e verdadeiro que podem estar chamando a atenção de sua mente nesse dia em particular.

4. Anote qualquer sentimento, percepção ou informação que lhe ocorrer conforme integra essa área. Se ouvir sua sabedoria interior falando por meio de uma sensação, guie sua mente para ouvir o que ela lhe diz. Ainda mais importante é o fato de que você deve apenas "estar junto" com o que encontrar. Observe o impacto que essa percepção exerce conforme a revisita ao longo do dia.

5. Para reconhecer qual domínio da vida a área off-line governa, consulte os diagramas dos chakras neste livro. Se perceber dor ou sensação (ou falta de sensação) em qualquer área específica, não nomeie os sintomas como uma condição ou alguma "coisa" a ser curada. Em vez disso, apenas se concentre em integrar a

energia. Por exemplo, se sentir um aperto na garganta, que você acha que é o início de uma doença, em vez de chamá-lo de dor de garganta, apenas comece a trabalhar com a energia. Na maioria das vezes, a condição se dissipará bem diante de seus olhos. Isso acontece em minhas oficinas o tempo todo. Quando voltam para casa, as pessoas relatam que pararam de nomear tantas coisas e, consequentemente, têm menos "coisas" que precisam ser curadas. Devemos nos lembrar de que somos uma *corrente de energia fluente* – e nosso foco principal deve ser manter a energia fluindo. Quando a energia fica bloqueada e temos sintomas, tendemos a querer nomeá-la como "alguma coisa" a ser curada. Aqui o convite é, em primeiro lugar, simplesmente tentar mover a energia dessa maneira efetiva e ver como as coisas mudam.

6. Permaneça bem consciente do que surge em seu campo de energia ao longo de todo o dia – novamente, sem nomear as emoções ou sensações que você observa, mas apenas mantendo o olhar voltado para dentro a fim de ganhar percepção de como você precisa se integrar na próxima vez que trabalhar com sua Respiração pelo Canal Central. Respirando e pressionando seus pontos de sensação.

7. À noite, pouco antes de dormir, enquanto está deitado, faça outra varredura, prestando atenção especial às áreas que notou pela manhã. Algo parece diferente? Realize a Respiração pelo Canal Central enquanto pressiona quaisquer pontos de sensação ou locais em branco. Então relaxe no sono.

Muitos dos meus circuitos pessoais foram construídos com essa prática nas primeiras horas da manhã, das 3h às 5h. Portanto, se você acordar no meio da noite, em vez de pegar o celular ou o *tablet*, ou de ficar deitado deixando sua mente contar histórias sobre sua insônia, use seu tempo com sabedoria com essas práticas e você não será mais atormentado com essa preocupação. A propósito, nas antigas tradições orientais, essas eram as horas sagradas em que o trabalho mais importante da evolução consciente podia ser realizado.

Embora seja fácil e benéfico manter um olho no interior quando faz suas varreduras de manhã como a primeira atividade do dia, e à noite, como a última, é possível usar essa prática de varredura a qualquer momento para aprender mais sobre como suas experiências de vida o afetaram – e ainda o afetam. Por exemplo, você pode reservar alguns momentos para pensar em um conflito ou desafio que esteja vivendo hoje e levar isso até seu corpo para ver onde ele aparece; então pressione e sopre nesse lugar antes de prosseguir com seu dia.

Também pode refletir sobre toda a sua vida, pensando ou registrando experiências que claramente fizeram parte de sua Conversa no Ponto de Ônibus. (Você saberá quais são elas, pois são as verdadeiras pérolas em sua vida.) Ao refletir sobre uma dessas experiências, volte sua atenção para o corpo e veja o que se revela a você, seguindo as instruções para a prática, apresentadas no início deste capítulo.

Quanto mais praticar, mais fácil será decifrar a linguagem energética do seu Eu Unificado com a Alma expressada no corpo. As práticas que ensinarei em Códigos posteriores darão ainda mais nuances a isso, mas, por enquanto, passe o máximo de tempo possível com um olho no interior, familiarizando-se com a cadência de sua linguagem de sentimentos e permitindo que ela revele onde você pode ativar mais de sua magnificência inata – até que, finalmente, você esteja vivendo *a partir* desse lugar interior onde reside seu verdadeiro poder.

PRÁTICA 4: NÃO QUEIRA, TENHA

Nesta prática final do Código do Sentimento, compararemos diferentes energias dentro do seu sistema e sentiremos mais afinidade ou familiaridade por uma que realmente o ajudará a manifestar o que deseja. Isso porque este livro não só é um guia para curar todas as áreas de sua vida e de sua saúde ao nos fazer retornar ao nosso Eu Unificado com a Alma, como também é um guia para manifestar o desejo do coração, incorporando plenamente a energia que é a versão essencial de nós.

Nossa realidade física se desdobra de acordo com nosso padrão de energia. A dinâmica em jogo é estrutural e não pessoal; é a frequência vibracional da nossa energia que determina o que aparece em nossa vida. Nessa prática, vamos ingressar e sentir o contraste entre duas frequências energéticas diferentes. Essas frequências desempenham o papel crucial que o leva a decidir se você manifestará ou não a partir da paixão da alma. É um exercício de experimentar – de sentir energeticamente – a diferença entre *querer* algo e efetivamente *tê-lo* e, então, ancorar o padrão de energia desejado para criar o que desejamos. Em meus mais de trinta anos trabalhando com pacientes e clientes em relação à sua saúde e felicidade, essa foi uma das maiores ferramentas de transformação e cura que eles criaram para si mesmos. Agora, esse trabalho permite que você incorpore o mesmo benefício por conta própria.

Se algo está vibrando em uma frequência, por definição não está vibrando em outra. *Querer* tem uma frequência diferente de *ter*; assim, se estivermos na vibração de querer algo, não vamos tê-lo. Novamente, é uma questão estrutural, com cada padrão energético sendo colocado em movimento e criando um resultado particular. Portanto, para manifestar algo em nossa vida, é preciso incorporar vibracionalmente *ter* essa coisa – é preciso criar os sentimentos no corpo que seriam criados se já tivéssemos o que queremos manifestar. Se continuarmos nos conectando ao desejo, o arranjo de fótons vai para o querer e não para o ter, e até que essa frequência vibratória mude, é impossível que aquilo que desejamos se manifeste.

A boa notícia é que, quando mudamos do querer para o ter, é impossível que aquilo que desejamos *não* se manifeste!

Experimente este exercício:

1. Feche os olhos e vá para dentro de si. Traga à mente algo que você realmente *deseja*. Observe como você se sente em seu corpo. Especificamente, onde estão as sensações? Quais são suas qualidades?

2. Agora imagine que você já *tem* o resultado desejado, que ele já se manifestou e faz parte de sua realidade cotidiana. Concentre-se

em como você se sente em seu corpo "tendo" esse resultado. Observe onde a energia é acentuada e sinta a diferença.

3. Em seguida, pratique à vontade a recordação da frequência vibratória de "ter" e a mantenha em sua consciência durante o máximo de tempo que puder. Sempre que sua atenção se dirigir para o que você *quer*, evoque essa vibração do sentimento de *ter* e até mesmo conecte *entre si* as áreas que se destacaram. Isso permitirá uma espécie de entalhe que esculpe um novo caminho conectivo no campo de energia. Continue assim e logo esse processo se tornará fácil, até mesmo automático.

Observei essa prática mudar centenas de padrões para as pessoas exatamente no momento em que a realizavam.

Chris estava pronto para um novo relacionamento. Ele já havia se casado antes, ficou de coração partido quando se divorciou e estava pronto para começar de novo. No entanto, quando descreveu a vida que desejava, seu anseio pareceu muito estressante – tanto que sua energia subia e quase saía de seu corpo enquanto ele falava. Quando chamei sua atenção para esse fato e pedi que imaginasse como se sentiria em seu corpo quando já *tivesse* esse relacionamento amoroso, sua energia imediatamente caiu na área do coração e se ancorou de maneira ainda mais profunda em seu núcleo. Sentindo-a em seu corpo e respirando para construir os circuitos necessários para sustentá-la, imaginando *ter* o relacionamento em vez de o *querer*, ele sentiu um alívio instantâneo.

Geri veio até mim com um pesado campo energético que parecia estagnado e "plano". Suas palavras confirmaram que ela estava passando por um momento difícil já havia algum tempo. Ela me contou que estava tendo pensamentos suicidas. Queria se sentir diferente, mas não conseguia mudar a maneira como se sentia. Ajudei Geri com a prática simples de promover a passagem de uma energia diferente pelo seu corpo enquanto ela imaginava como seria atravessar esse período difícil, e ela começou a mudar. Sua energia passou a se mover conforme ela respirava pelo canal central, enquanto criava em seu corpo as sensações que experimentaria se *já tivesse* uma vida mais feliz, em vez de querer que isso chegasse em alguma ocasião no futuro. Ao construir novos caminhos para a energia fluir a partir do canal central de empoderamento, Geri se sentia uma pessoa diferente antes de sair da sessão naquele dia. Quando voltou, alguns dias depois, relatou que ainda mantinha, em suas palavras, "o coração aberto e a mente mais leve". Geri trouxe o futuro para o presente e permitiu que seu corpo estabelecesse um novo padrão energético como se isso já fosse verdade. Quando conversei com ela meses depois, se sentia mais animada e "não pensava em nada que fosse prejudicial ou angustiante". Na verdade, estava "realmente sentindo alegria!".

Lembre-se, para cada passo de iluminação – cada passo na direção de viver como o Eu Unificado com a Alma – a fim de ter poder de permanência, isso requer corporificação. Se adicionarmos esse componente de corporificação a qualquer ritual, qualquer atividade que fizermos, qualquer afirmação que dissermos ou qualquer sonho que sonharmos, o que estamos trabalhando para criar se manifestará no mundo físico mais rapidamente. Por quê? Porque, em última análise, toda aceitação, liberação, criação e evolução *precisa* acontecer dentro de nosso corpo, em nosso campo de energia. Precisa ser corporificada.

De maneira semelhante, você perceberá que seus desejos mudam à medida que mais e mais circuitos de comunicação são ativados entre seu núcleo interno profundo e a mente, e você começa a se afastar da Personalidade Protetora. Você descobrirá que o que você "quer" é diferente do que costumava ser. Os impulsos que surgem de dentro de você podem surpreender sua mente, mas seu coração cantará de deleite enquanto eles se desdobram. Lembre-se de não ficar estagnado na maneira *como* as coisas vão acontecer; apenas intensifique a vibração na qual elas podem acontecer!

Agarre, Não Perca!

Podemos utilizar essas práticas para ancorar as experiências fabulosas da vida ao concentrar a atenção no corpo e caminhar com um olho no interior enquanto temos experiências que amamos. Dou a esse exercício o nome de Agarre,

Não Perca! e ele é implementado da mesma maneira que todos esses exercícios, com a diferença de que o usamos quando houver uma carga fantástica, porém não perturbadora. É como estivéssemos "espalhando as boas novas" por todo o sistema de energia sutil ou de chakras e vitalizando os circuitos com as energias de alta frequência que estão sendo geradas em suas experiências de deleite. Por exemplo, sempre que meus alunos e eu nos deparamos com uma paisagem deslumbrante ao visitar locais sagrados ao redor do mundo em nossas excursões JourneyAwake, usamos essa prática energética. Quando se conecta a mente ao Eu Unificado com a Alma diariamente, momento a momento, respiração a respiração, também começamos a ter mais desses momentos profundamente alegres em nossa vida cotidiana.

Correlação entre Chakra e Código do Sentimento: Segundo Chakra

O Código do Sentimento está correlacionado com o segundo chakra, ou chakra do sacro. Conhecido como *chakra svādhiṣṭhāna* em sânscrito (que se traduz literalmente como "o assento próprio da pessoa"), esse chakra governa a camada ou corpo emocional/sentimental do sistema de energia humano. É por isso que o processo de integração do segundo chakra tem um efeito estabilizador nas emoções. Com um segundo chakra livre de oscilações, abandonamos a atividade de narrar histórias, tornamo-nos muito menos reativos emocionalmente e mais capazes de trabalhar com o nível energético do corpo sensível.

Muitas pessoas com problemas no segundo chakra sofrem de problemas de saúde emocional e mental, como depressão ou ansiedade. Elas podem ser excessivamente emocionais ou se envolver em comportamentos escapistas para tentar lidar com sentimentos reprimidos. Podem ter problemas para confiar em si mesmas e nas outras pessoas. Talvez apresentem problemas no trato digestivo inferior, no sistema urinário (incluindo rins e bexiga) ou nos órgãos reprodutivos.

O diagrama a seguir mostra as principais características do segundo chakra.

Correlação entre chakra e Código do Sentimento: chakra do sacro

NOME(S)	Segundo chakra, chakra do sacro, *svādhiṣṭhāna chakra*
LOCALIZAÇÃO	Logo abaixo do umbigo
COR	Alaranjada
NOTA MUSICAL	Ré
ÁREAS DO CORPO AFETADAS	Bexiga, próstata, útero, pélvis, sistema nervoso, lombar, função dos fluidos, glândulas suprarrenais, órgãos sexuais
SINTOMAS DO "LADO ANVERSO"	Libido desequilibrada, instabilidade emocional, sentimentos de isolamento, impotência, frigidez, problemas na bexiga e na próstata, dor na lombar
CARACTERÍSTICAS DO "LADO REVERSO"	Conhecimento interior, confiança, expressão, harmonia com os sentimentos, criatividade. "Eu vivencio e sinto meu caminho ao longo da vida." "Eu não preciso de nada de você, e estou aqui simplesmente para compartilhar." "Eu sigo minha intuição."
PRÁTICAS	• Trabalhe o Corpo • Não Nomeie - SINTA • Um Olho no Interior • Não Queira, Tenha
TÉCNICA DE RESPIRAÇÃO (conforme explicado no Capítulo 8)	Respiração no Vaso (*Respiração Abdominal de Buda*)
POSTURAS DE YOGA PARA OBTER MAIOR INTEGRAÇÃO	• Postura do Barco (*navāsana*) • Postura do Rei Pombo (*eka pada rajakapotāsana*) • Bicicleta Iogue (*dwichakrikāsana*) • Torção Vertebral Cruzada Sentada (*ardha matsyendrāsana*) • Respiração do Fogo (*kapalabhati prānāyāma*)

Ao melhorar o fluxo energético e a vitalidade do segundo chakra, o Código do Sentimento também melhora a criatividade, a libido e a confiança em todos os relacionamentos – relacionamentos interpessoais, bem como as relações com dinheiro, poder e tempo.

Como acontece com todos os chakras, a saúde do chakra do sacro pode ser muito aprimorada por meio de *āsanas* ou posturas de yoga específicas.

Yoga para o Código do Sentimento

Uma das posturas fundamentais para se criar alinhamento e fluxo nesse centro energético é a Postura do Barco.

POSTURA DO BARCO (*NAVĀSANA*)

Veja como praticar a Postura do Barco:

1. Sente-se em um tapete de yoga, um colchonete ou no chão com os pés juntos e os joelhos dobrados em direção ao teto.
2. Coloque as mãos na parte de trás das coxas para se apoiar. Agora sente-se, estendendo-se o mais alto que puder, ativando o *mūla bandha*, alongando a coluna e mantendo o peito aberto. (Mantenha o queixo em posição neutra, em vez de apontá-lo para o teto.)
3. Com as mãos ainda atrás das coxas, incline-se para trás até que seus braços estejam totalmente estendidos e seu tronco forme um ângulo de, aproximadamente, 60° em relação ao chão. Não se incline muito para trás, ou sua coluna começará a se curvar. Se continuar levantando o assoalho pélvico (*mūla bandha*) e alongando a coluna, deverá sentir seus músculos centrais se contraindo.
4. Usando os músculos centrais para se estabilizar, retire as mãos das coxas e as estenda em direção à frente do colchonete, com as palmas voltadas uma para a outra, ao lado das coxas. Sinta sua força interior enquanto paira o tronco naquele ângulo de 60°.
5. Caso se sinta forte e equilibrado aqui, levante os pés do chão até que as panturrilhas fiquem paralelas a ele ou, como uma versão avançada, estenda ainda mais a parte inferior das pernas para

completar o alinhamento com as coxas. Mantenha o tronco estável e a coluna alongada.

6. Segure a posição pelo tempo de cerca de cinco respirações, depois solte os pés no chão e descanse por uma ou duas respirações.

7. Repita duas a cinco vezes.

Agora, vamos integrar nossas práticas do Código do Sentimento e do BodyAwake enquanto estivermos na Postura do Barco:

1. Mantendo a postura (com os pés no chão ou levantados), encontre seu centro ligado à terra enquanto se concentra no espaço 60 cm abaixo de onde seus ísquios tocam o colchonete.

2. Ative seu núcleo contraindo os músculos do canal central nos quatro pontos de ancoragem, inclusive revirando os olhos para cima a fim de sentir a tensão por trás deles.

3. Contraia todos os músculos das coxas, parte inferior das pernas e pés. (Isso constrói milhares de minúsculos circuitos para transportar informações energéticas e ativa sua matriz de tecido conjuntivo de comunicação.)

4. Contraia os músculos dos braços e antebraços e estenda os dedos.

5. Inspire pelos pés e pelas pernas contraídas até o *mūla bandha* e, em seguida, expire pelo canal central, pressionando todo o caminho para cima e para fora do topo da cabeça. Na próxima inspiração, inspire de cima para baixo através dos pontos de ancoragem do canal central até o *mūla bandha* e expire pelas pernas e pés.

6. Continue elevando seu coração para o céu com um sentimento de alegre realização enquanto respira com paixão nessa postura. Uma grande construção de circuitos está acontecendo aqui!

POSTURAS DE YOGA ADICIONAIS PARA INTEGRAR O CHAKRA DO SACRO

Você pode usar esses *āsanas* com a Postura do Barco para aprimorar seu trabalho com o Código do Sentimento.

Pressionar áreas que manifestam sensação e manter essas posturas o ajudará a se concentrar no centro do corpo, estimular a integração da energia fragmentada e construir circuitos para sustentar sua orientação tanto no colchonete quanto fora dele. Lembre-se, criar resistência no corpo nos permite orientar-nos e nos impede de gerar atrito em nosso mundo exterior.

A contração permite que encontremos nosso verdadeiro núcleo, mas relaxar nessas posturas (ao contrário de pressionar áreas onde a sensação é notada, como nos exercícios deste Código) também é benéfico, pois permite que seu sistema experimente o relaxamento. Realizar algumas respirações adicionais nessas posturas enquanto simplesmente *imagina* o mesmo caminho permite a condução da energia enquanto encoraja o relaxamento de todo o sistema.

- Postura do Rei Pombo (*eka pada rajakapotāsana*)
- Bicicleta Iogue (*dwichakrikāsana*)
- Torção Vertebral Cruzada Sentada ou Postura da Meia-Torção (*ardha matsyendrāsana*)
- Respiração do Fogo (*kapalabhati prānāyāma*)

Aqui no Código do Sentimento, nos familiarizamos com a linguagem do Eu Unificado com a Alma conforme ele se comunica através do corpo físico. Aprendemos a ouvir os sinais e as pistas que vêm como sensações corporais, indicando as mudanças no campo de energia do Eu Unificado com a Alma. Essas comunicações nos dizem quais "questões pendentes" de nosso passado e presente precisam ser processadas para alcançarmos um maior nível de totalidade.

Em seguida, no Código da Desobstrução, daremos outro grande passo em direção à realização de nosso verdadeiro potencial, ao compreender mais plenamente quando questões pendentes estão fazendo com que nossos circuitos fiquem off-line e, em seguida, desobstruindo esses bloqueios que perturbam os fluxos de energia otimizados. Veremos como a *mente subconsciente*, e não a *mente consciente*, determina o que manifestamos na vida e descobriremos como desobstruir o subconsciente para acelerar a cura e a integração do Eu Unificado com a Alma.

Capítulo 6

O Código da Desobstrução: O Poder de Cura do Subconsciente

Muitas manhãs, quando era menor, eu descia as escadas às 5h da manhã e encontrava meu pai sentado à sua escrivaninha, perdido em pensamentos, com uma única lâmpada ardendo sobre sua cabeça.

"Há quanto tempo está aqui?", eu perguntava.

"Quase o suficiente... mas não o bastante", ele respondia sorrindo. "Estou trabalhando em uma coisa, e estou muito perto de entender."

E de fato, ele entendeu! Estava à frente de seu tempo e, com um magnetismo inspirador, compartilhou tudo o que aprendeu. Centenas de médicos de todo o mundo reuniam-se em seus seminários para aprender com ele; e, por sua vez, eles usavam as técnicas que meu pai desenvolvera para ajudar dezenas de milhares de pacientes a se curar de condições que as modalidades médicas tradicionais não curavam.

Tudo começou no início da década de 1970, quando meu pai – operando uma clínica quiroprática padrão, à época – ficou curioso para saber por que, com os mesmos tipos de tratamentos, alguns pacientes ficavam bem e outros não. Em busca de respostas, estudou todas as filosofias e técnicas disponíveis nas várias modalidades de cura natural, procurando um denominador comum onde resultados bem-sucedidos eram relatados.

Descobriu que quando o fluxo de "energia" – especificamente o fluxo de energia eletromagnética através do corpo – estava presente, as pessoas ficavam bem. Quando esse fluxo era bloqueado, as pessoas não se curavam.

A pesquisa e a compreensão de meu pai foram amplificadas graças ao novo campo da ciência quântica, que se concentrava no fluxo de energia e no campo de energia que ele gera. Para sua grande alegria, ao aplicar o que estava aprendendo aos casos de seus pacientes, conseguiu obter resultados clínicos em tempo real em conformidade com as descobertas teóricas nesse novo campo revolucionário. (A ciência, é claro, continua a evoluir. Por exemplo, ao passo que antes pensávamos que o movimento de impulsos nervosos elétricos criava um campo de energia eletromagnética ao redor do corpo, sabemos agora que é o campo de energia que gera o sistema nervoso em primeiro lugar! A energia vem primeiro. É por isso que estamos trabalhando com o campo de energia – o sistema primário, ou sistema mestre, de nosso ser.)

No cerne do trabalho de meu pai estava a compreensão de que em quase 100% do tempo em que a dor ou a disfunção estava presente no corpo, um componente emocional não resolvido contribuía para o bloqueio da energia. Ele descobriu que o sistema energético funcionava de maneira semelhante ao sistema digestivo, quebrando e assimilando nossas experiências de vida. No entanto, quando experimentamos situações de vida com as quais não sabemos lidar, engavetamos os pensamentos e emoções não resolvidos em vez de processá-los – como uma refeição que não é totalmente digerida e permanece em nosso sistema por um tempo muito longo. Eventualmente, à medida que mais e mais eventos da vida não processados (e os pensamentos e emoções a eles associados) se acumulam, aquela energia esquecida se acumula e bloqueia o fluxo de energia em nosso sistema. Se não lidarmos com ela, teremos sintomas – às vezes horríveis.

Meu pai também reconheceu que a maioria das pessoas não sabia como seus pensamentos influenciavam suas emoções e seu fluxo de energia – e, portanto, a capacidade de cura de seu corpo. Muitos desses pensamentos estavam acontecendo *subconscientemente*, em uma parte do Cérebro que está fora de nossa percepção consciente, apesar de desempenhar um papel fundamental em tudo o que acontece em nosso corpo e em nossa vida. Ele percebeu que, se quisermos nos curar, *precisamos* ganhar acesso aos pensamentos e emoções que foram engavetados no subconsciente e liberá-los. E descobriu uma maneira de fazer isso.

Sua pesquisa explorou a relação entre os aspectos consciente e subconsciente do sistema nervoso e o mecanismo que permite ou proíbe a comunicação entre ambos, o que chamo de "alçapão". As técnicas que ele desenvolveu abrem esse alçapão e dão acesso às interferências subconscientes não resolvidas – ou dispersão energética – que nos impede de estar mental, emocional e fisicamente bem. Contatar e liberar essa energia aprisionada fazem com que ela flua de novo através do nosso sistema – sustentando, rejuvenescendo e curando nosso corpo e nossa vida.

Meu pai desenvolveu a Técnica de Sincronização BioEnergética, ou BEST na sigla em inglês, que sincroniza a energia dispersada por experiências estressantes e a faz fluir novamente pelo corpo, o que permite que a autocura ocorra automaticamente. Em essência, onde ocorreu desconexão, ela cria conexões para a comunicação.

Centenas de médicos em todo o mundo têm administrado a BEST há mais de trinta anos a dezenas de milhares de pacientes, com resultados surpreendentes. Curas aparentemente milagrosas aconteceram em todos os tipos de casos. Pessoas diagnosticadas com condições consideradas crônicas e degenerativas se curaram quando a energia voltou a fluir livremente através do corpo. Houve até mesmo um caso de regeneração de tecidos decepados, o que é um acontecimento inédito – que, no entanto, aconteceu e acontece. Daniel, de 23 anos, operava no campo uma colheitadeira quando o equipamento travou. Em suas tentativas de liberar uma das partes móveis, seus dois últimos dedos ficaram presos e foram decepados bem perto da articulação distal. Por meio do uso da técnica BEST, que concentrava o foco em completar o fluxo de energia através do corpo e das mãos, as pontas dos dedos de Daniel foram regeneradas sem cirurgia – novas pontas dos dedos cresceram, inclusive a estrutura óssea e as impressões digitais. Seu corpo foi capaz de se curar quando o sistema de comunicação voltou a funcionar como é projetado.

Enquanto trabalhava ao lado de meu pai, percebi que um aspecto do propósito da minha vida era levar adiante o seu trabalho – empoderar as pessoas para se *autocurarem* e perceberem a verdade de sua capacidade individual como criadores para gerir a sua energia e transformar suas vidas. Queria que as pessoas fossem capazes de fazer a diferença por si próprias, em vez de precisarem confiar em um médico para remover seus bloqueios energéticos e resolver suas interferências energéticas. Queria colocar o poder desse conhecimento nas próprias mãos das pessoas. Para isso, perguntei a meu pai se ele me ajudaria a desenvolver uma versão autoadministrada da BEST, e ele, meu irmão e eu trabalhamos juntos para criar a Liberação BEST. Nós três então apresentamos essa versão a um grupo de clientes em uma reunião em Chicago em 2006. Mais uma vez, "milagres" começaram a acontecer na hora, quando as pessoas passaram a usar essa versão de autoajuda do trabalho.

Agora eu ensino Liberação BEST ao vivo para centenas de pessoas em meu curso todos os anos, e vou ensiná-la aqui. Juntamente com outras poderosas práticas a ela relacionadas, é a base do Código da Desobstrução.

O Que É o Código da Desobstrução?

Quando acontece algo extremamente perturbador – a ponto de a mente consciente não conseguir processá-lo de maneira plena – a mente subconsciente engaveta porções dela para que a mente consciente consiga seguir seu caminho e continuar gerenciando as tarefas da vida diária.

Pense na mente consciente como um pequeno compartimento em seu cérebro. No piso desse compartimento há um alçapão – e embaixo desse alçapão está a mente subconsciente. Quando o evento perturbador acontece, o espaço da mente consciente é inundado por ele. Grande parte da inundação também atinge a câmara inferior, através do alçapão aberto.

Se o evento for muito perturbador, ele sobrecarrega nosso sistema: ocorre um curto-circuito e o alçapão se fecha com as águas da inundação ainda presas embaixo. Nesse caso, a última mensagem enviada que atravessou para o subconsciente antes que a porta se fechasse foi "perturbado", o que se traduz no corpo como "emergência".

Uma vez que o subconsciente controla as funções inconscientes do corpo – inclusive coisas como os batimentos cardíacos, a respiração e a digestão –, essa mensagem de perturbação coloca o corpo em modo de emergência. Como o alçapão agora está fechado, nenhuma nova mensagem pode entrar na mente subconsciente para desligar esse comando de emergência. Depois de um tempo, a situação perturbadora provavelmente será resolvida no nível consciente, no qual compreendemos, perdoamos, nos desprendemos ou ficamos bem com o que aconteceu, e onde acreditamos que o problema acabou e que estamos seguros. No entanto, se o alçapão nunca é reaberto para que o subconsciente possa receber a boa nova de que está tudo bem, então a crença subconsciente e a resposta fisiológica refletirão o fato de que o problema ainda existe. O corpo continuará perpetuamente em modo de emergência e se esgotará por causa do assunto. Em última análise, isso leva a estados de colapso, como fadiga suprarrenal, esgotamento da tireoide e desequilíbrios hormonais – e, uma vez que o problema está no subconsciente, nem mesmo sabemos o que está acontecendo, ou sequer nos lembramos do porquê.

É claro que o alçapão é uma metáfora; os verdadeiros atores nesse drama de comunicação são duas áreas-chave do cérebro: o tálamo e o hipotálamo. O tálamo se relaciona com a mente consciente; é a área do cérebro que, entre outras funções, recebe mensagens dos nossos cinco sentidos sobre o que está acontecendo no mundo exterior. O hipotálamo se relaciona com a mente subconsciente, onde as coisas acontecem debaixo de nossa percepção consciente; ele recebe mensagens do tálamo e as retransmite na forma de comandos para o mundo interior – o corpo – de como responder. Também desempenha um papel muito importante nas práticas dos Códigos de Energia ao retransmitir as informações do corpo interior para a mente consciente, permitindo-nos perceber nossa profunda sabedoria interior em um nível consciente, em grande parte por meio do nervo vago e do sistema nervoso entérico.

O alçapão também representa a relação entre nossas decisões conscientes e nossa concordância ou receptividade subconsciente a essas decisões. Por exemplo, ao fim de um longo dia, nosso tálamo, informado por nossos sentidos de que é noite e nossas tarefas diárias estão concluídas, poderia nos comunicar que é seguro e apropriado relaxarmos e nos prepararmos para dormir. Mas se o nosso hipotálamo não puder ouvir a mensagem, nosso corpo e o restante do nosso cérebro não se relaxarão, mas continuarão a seguir em frente a todo o vapor, resultando potencialmente em insônia, ansiedade ou outras disfunções. Se acontecer algo tão perturbador que o tálamo e o hipotálamo param de "conversar" um com o outro, mesmo que seja apenas em parte, perdemos a capacidade de controlar e dirigir conscientemente nossas vidas. Nesse caso, o que quer que esteja escondido sob o alçapão do subconsciente está nos comandando, apesar do que fazemos de forma consciente. Experimentamos isso como algo que não está funcionando da maneira como (conscientemente) queremos que funcione. Esta é a beleza do nosso sistema: o que está oculto procura ser revelado e nos leva a despertar.

O curto-circuito disruptivo acontece sempre que rejeitamos alguma coisa. Se realmente prestarmos atenção, nós abraçamos ou rejeitamos tudo na vida. Quando dizemos ou até mesmo *pensamos ou sentimos*: "Isso não está acontecendo" ou "Não posso aceitar isso" – quando evitamos olhar claramente para nossa realidade porque não gostamos do que vemos, ou quando acontece algo que, a nosso ver, não responde de forma adequada aos nossos desejos e expectativas conscientes – estamos rejeitando. Não nos permitiremos processar plenamente a energia. Quando estamos rejeitando, estamos nos desconectando de nossa capacidade de metabolizar a vida: de assumir o controle, liberar, seguir em frente. Nossa resistência torna-se então uma interferência ou bloqueio nesse lugar em nosso sistema, e nosso fluxo para aí.

Quando rejeitamos alguma coisa, ela não desaparece simplesmente. Em vez disso, enviamos essa coisa pelo alçapão para o subconsciente, onde, pelo menos em parte, ela fica oculta para nós – desconhecida. Até abrirmos o alçapão para olhar o que há lá dentro e torná-la conhecida – mesmo que isso aconteça no nível da energia e não no nível da história – a coisa permanecerá lá, no comando, conduzindo nossos pensamentos, nossas decisões, nossa fisiologia e nossa frequência vibracional, que determinam o que atraímos para nossa vida. Mesmo que não possamos "vê-la" conscientemente, ainda estaremos colocando energia (isto é, nosso poder) dentro dela, e assim, ela estará consumindo recursos que poderiam ser usados para curar ou criar. É uma dispersão do nosso foco. É um esparramamento contínuo.

Outra maneira de dizer isso é que, se não concordamos com o que está acontecendo, deixamos de estar presentes com a situação. Pensamos sobre como isso "deveria" ser, defendemos a nós mesmos ou escrevemos uma nova história em que somos as vítimas. Como resultado, não construímos os circuitos para convidar a presença do Eu Unificado com a Alma por via da situação, e ficamos estagnados. A energia – o verdadeiro nós – não flui. Então o corpo físico (um reflexo do corpo energético) também começa a ficar bloqueado. Ele para de funcionar de maneira tão eficiente quanto conseguia antes. O que começa como um problema de energia acaba por se tornar um problema de tecido.

Talvez você venha tentando gerar a vida que você quer, mas não tenha sido capaz de criar mudanças reais e sustentáveis. Talvez venha tentando técnicas de autoajuda, fazendo afirmações ou criando mapas dos sonhos e *vision boards*. Essa compreensão do subconsciente é sua peça que faltava. O que você deseja não aconteceu porque aquele alçapão em sua mente fechou. Apesar de suas ações conscientes, a energia por baixo de tudo, emitida como uma vibração, diz respeito a problemas não resolvidos, ações imperdoáveis, medo ou quaisquer que tenham sido os resultados das maiores perturbações que abalaram sua vida. E, como sabemos, é a frequência vibracional que emitimos que se manifesta no mundo físico.

A boa notícia é que nunca é tarde para abrir esse alçapão e transmitir à sua mente subconsciente a boa nova de que as coisas não precisam mais ser assim. A fim de criar uma vida que realmente amamos – uma vida cheia de saúde vibrante, alegria e conectividade –, precisamos começar aceitando a vida como ela se apresenta. Use uma perspectiva do Lado Reverso do Modelo, sabendo que tudo o que acontece destina-se realmente ao seu bem maior e é 100% a seu favor em todos os momentos. Em seguida, você tem de descobrir maneiras de abrir o alçapão de modo a poder atualizar seu padrão de energia e enviar a mensagem de que aquelas experiências de vidas passadas que você rejeitou foram de fato resolvidas – que está tudo bem e não é mais preciso viver em modo de emergência.

É aí que quero levá-lo: mudar o padrão de energia que está criando sua atual experiência de vida. Isso *precisa* ser feito por meio do corpo, abrindo o canal central e estabelecendo os circuitos para promover o fluxo. Não basta produzir uma realização ou uma iluminação em sua mente consciente; é preciso *corporificar* ou *incorporar* sua realização, pois a realidade é criada de dentro para fora – da *energia* dirigida para fora. Somente quando nos tornamos incorporados podemos mudar a expressão de nossa energia no nível subconsciente e, portanto, mudar o que estivemos criando e atraindo no mundo físico.

No Código da Desobstrução, fornecerei vias de acesso às razões subconscientes que nos levam a ficar estagnados – as coisas que, se soubéssemos que estavam contribuindo para criar dificuldades ou uma saúde desequilibrada em nossa vida, estaríamos dispostos a perdoá-las e a deixá-las. Isso acontecerá abaixo do nível das histórias conscientes que contamos a nós mesmos e aos outros sobre as razões pelas quais não conseguimos progredir. Isso vai acontecer debaixo da mente! Uma vez que tenha acesso ao seu alçapão interno, você poderá usar os exercícios deste Código, e dos Códigos a seguir, para eliminar essas interferências subconscientes e redefinir seu sistema de energia.

Raramente ficamos estagnados pelas razões que, a nosso ver, nos colocaram nessa situação. Há, quase sempre, algo mais profundo que é a causa real. Quando usamos as práticas ensinadas neste Código para liberar essas energias presas sob o alçapão e permitir que elas se reintegrem em nosso sistema, nós, naturalmente, voltamos para o nosso núcleo – para o Eu Unificado com a Alma, o único lugar de onde temos um tremendo poder para criar por meio de escolhas conscientes.

No entanto, antes de aprender os passos para fazer isso, gostaria de compartilhar a história de uma de minhas pacientes que teve resultados que mudaram sua vida, com a versão administrada por médico da prática da Liberação BEST. Rachel é um exemplo vívido de como o trauma pode ficar aprisionado na mente subconsciente e nos afetar muito tempo depois de o evento ter aparentemente sido resolvido.

RACHEL FINALMENTE LIBERA SEU TRAUMA

Rachel estava na sala de parto do hospital, prestes a dar à luz seu terceiro filho, quando a tragédia aconteceu. A equipe da sala de parto a deitara de lado para lhe aplicar uma anestesia peridural, mas, como não conseguiram introduzir a agulha, sentaram-na na ponta da mesa e a curvaram. Aplicaram a anestesia, e funcionou. Então, ocorreu que as duas enfermeiras que a atendiam viraram as costas ao mesmo tempo. Ela começou a cair da mesa e, como a anestesia havia interrompido todo o seu controle sobre as pernas, não conseguiu se segurar nem se mover. Ela caiu no chão, amontoada de uma forma horrível, o que a fez ter um parto espontâneo.

Três dias depois, ela acordou em uma cama do hospital. O bebê estava bem, mas ela não estava. Não conseguia levantar a cabeça do travesseiro sem se sentir violentamente mal. Essa vertigem não melhorou. Passou os três anos seguintes na cama ou no sofá porque não conseguia se sentar sem ficar terrivelmente tonta e vomitar durante horas.

Foi quando a conheci. Ela "veio" até o meu consultório com o marido de um lado e o sogro do outro. Cada passo era extremamente vacilante e incerto, como se estivesse tentando se levantar em uma canoa. Conversamos apenas brevemente naquele dia porque ela estava se sentindo tão mal que eu quis colocá-la de imediato em tratamento.

Sem demora, comecei o trabalho de identificar que interferência subconsciente poderia estar impedindo-a de melhorar. Queria saber por que, três anos depois, seu corpo se encontrava no mesmo estado em que estivera três dias depois que o acidente ocorreu – por que parecia que o seu corpo sequer *tentou* se curar.

Nessa primeira sessão, tratei Rachel usando BEST, o protocolo de tratamento BioEnergético, e ela vomitou instantaneamente, ali mesmo no meu consultório. Em seguida, se sentiu um pouco melhor, e assim conversamos sobre o que tinha acontecido e o que estava acontecendo naquele momento. Ela me contou que estava envolvida em uma ação judicial contra o hospital e estava sendo impossível obter os cuidados médicos de que necessitava, pois nenhum outro médico queria se envolver no que obviamente se tornaria um processo. Quando ela veio até mim, se sentia completamente rejeitada e abatida, e acreditava que era assim que a vida seria para ela no futuro. Era evidente que, o momento da lesão tinha sido horrivelmente emocional, e três anos depois ela ainda estava emocionalmente travada.

Seu próximo tratamento comigo revelou-me mais do seu quadro. Embora externa e conscientemente, ela de fato não estivesse mais zangada com o hospital, e até disse que estava disposta a perdoá-los, parte dela ainda estava presa ao que havia acontecido. Eu lhe disse que, para seu corpo se curar, era muito provável que precisasse desistir da ação, pois, em um nível subconsciente, seu sistema poderia estar tentando manter sua doença com base na crença de que seria impossível ganhar a causa se melhorasse. (É claro que não era essa a sua intenção consciente, mas é isso o que pode acontecer no nível subconsciente.)

Então ela desistiu da ação judicial. Mas, mesmo assim, seu sistema permaneceu bloqueado na fisiologia de defesa. O alçapão estava muito bem fechado. À medida que fui trabalhando com ela, restabelecendo seus neurocircuitos com a bioenergética e as práticas dos Códigos de Energia, percebi que havíamos aberto o seu sistema e ela imediatamente começou a se curar. Três meses depois, ela estava jogando na terceira base do time de softbol que nosso centro de saúde estava patrocinando. Era o que muitos chamariam de milagre – e aconteceu porque abrimos o alçapão de um trauma que a afetava física, mental e emocionalmente. Toda aquela angústia e ansiedade e irresolução estava sendo armazenada em seu corpo, e seu corpo estava tão bloqueado no modo de emergência – de sobrevivência – que não estava sequer tentando se curar.

Nas práticas do Código da Desobstrução, faremos as versões de autoajuda das práticas que auxiliaram Rachel e milhares de outras pessoas a finalmente obterem cura.

As Práticas do Código da Desobstrução

PRÁTICA 1: A MARCHA MORTER

A Marcha Morter é uma prática diária que ativa e unifica vários centros cerebrais superiores e sistemas do corpo. Eles incluem o córtex sensorial, o córtex motor e a capacidade integrativa do cérebro; o lado direito do corpo e o lado esquerdo do corpo, o lado direito do cérebro e o lado esquerdo do cérebro, a parte superior do corpo e a parte inferior do corpo; os centros visuais e os centros respiratórios; e, para o equilíbrio, o cerebelo, que também abriga a memória subconsciente. Ela faz com que todos esses sistemas se tornem ativos ao mesmo tempo, criando uma espécie de botão de reiniciar, que nos permite integrar o que quer que estejamos tentando incorporar com mais facilidade, rapidez e eficiência. Isso é paralelo ao trabalho de George Goodheart (colega e amigo de meu pai) na década de 1960, conhecido como Cinesiologia Aplicada. Em seu trabalho, o dr. Goodheart definiu o exercício contralateral, também conhecido como exercício de padrão cruzado (*cross-crawl*), e seus muitos benefícios de autocura. O resultado é que desobstruímos padrões subconscientes não resolvidos e a tensão que eles geram, e cultivamos a presença do Eu Unificado com a Alma.

Eis como se realiza a Marcha Morter:

1. Fique de pé com os pés afastados à largura dos quadris, e a coluna vertebral ereta e elevada.

2. Dê um passo à frente com a perna direita e dobre o joelho direito em um avanço, de modo a sentir a ativação dos músculos da coxa direita. Deixe sua percepção consciente cair dentro de seu corpo.

3. Levante o braço esquerdo à sua frente, apontando-o em um ângulo de 45° em direção ao ponto onde o teto e a parede se encontram. Gire a palma da mão de modo que o polegar aponte para cima.

4. Estenda o braço direito para trás e para baixo em um ângulo de 45°, em direção ao ponto onde a parede encontra o chão. O polegar estará apontando para baixo. Estenda os dedos para animá-los.

5. Incline e gire levemente a cabeça para a esquerda e olhe diretamente, por cima do braço esquerdo, para o polegar esquerdo. Feche o olho direito.

6. Agora, de pé nessa posição, inspire profundamente uma respiração abdominal e prenda a respiração. Concentre-se em uma profunda sensação de bem-estar ou no sentimento de perdão, aceitação e amor.

7. Retenha a respiração até não conseguir mais segurá-la, ou então, aproximadamente, durante o tempo que levar para contar lentamente até dez.

8. Em seguida, expire e dê um passo para trás em direção ao centro com os pés paralelos e abertos, afastados um do outro à largura do quadril.

9. Repita do lado esquerdo e, em seguida, mais uma vez de cada lado, até um total de quatro repetições. Quanto mais fizer esse exercício do Código da Desobstrução, mais mudanças começará a reconhecer.

Observação: Caso não consiga ficar de pé, este exercício pode ser feito deitado na cama.

Como isso funciona? Na verdade, é muito fascinante. O sistema de sobrevivência do corpo funciona de maneira prioritária, usando sua energia e seus recursos para lidar primeiro com as ameaças mais sérias à vida. Quando uma experiência traumática não é resolvida, ela é mantida no nível subconsciente. Lá, faz o corpo continuar a responder a ela, como se ainda fosse uma emergência e não um acontecimento passado. Em outras palavras, no caso de ser sobrecarregado, o alçapão se fecha com força. Isso interrompe a comunicação entre a mente consciente e a subconsciente, e esta nunca é informada quando a crise é resolvida e continua repetindo, no corpo, padrões desnecessários.

Para que o corpo sinta e libere a energia aprisionada do velho trauma, primeiro temos de fazer com que o sistema nervoso pense que há algo mais importante à sobrevivência com o que se preocupar. É por isso que prendemos a respiração na Marcha Morter. Quando prendemos a respiração, o sistema nervoso começa a questionar se seremos capaz de respirar novamente logo. Supondo a possibilidade de que não seremos capazes disso, ele começa a relaxar os músculos que contraiu para proteção e precisa de menos oxigênio. Isso nos permite dispor de mais oxigênio e energia para avaliar como responder *com precisão* à sua situação atual. A sensação de estar sobrecarregado é reduzida, o sistema pode começar novamente a processar com eficiência, e o corpo e a mente se sentem seguros. A energia recém-redistribuída fica disponível para a cura em vez de ser desperdiçada em um falso senso não resolvido de perigo. Quando as áreas do cérebro são ativadas com a posição do corpo na Marcha Morter, antigos circuitos podem se reconectar e novos podem ser construídos.

Nesse momento de liberação e realinhamento, podemos focar na atualização do sistema nervoso para torná-lo disponível a uma *nova* mensagem dirigida ao subconsciente. Talvez estejamos perdoando alguém ou alguma coisa, ou estejamos dispostos a aceitar algo que não podíamos aceitar antes, ou talvez estejamos presentes a alguém, ou apaixonados, embora não conseguíssemos antes. Quando visualizamos e nos sentimos perdoando ou aceitando no exato momento em que a reiniciação está acontecendo com o posicionamento corporal na Marcha Morter, essa sincronização permite que ocorra uma integração. O sistema nervoso reavalia como está alocando sua atenção e sua energia; ele redistribui essa energia, e nosso campo energético muda em conformidade com isso. A energia flui novamente através do corpo quando o sistema nervoso se acomoda ao fato de que realmente perdoamos ou aceitamos a questão que nosso subconsciente estava retendo. O resultado é que começamos a operar cada vez mais perto do Lado Reverso do Modelo como verdadeiros criadores, em vez de ficarmos aprisionados como vítimas de coisas das quais sequer estamos cientes. Temos então mais energia cinética para experimentar ao longo do dia; sentimo-nos livres e animados, otimistas e inspirados. Literalmente, começamos a nos sentir enraizados de maneira mais profunda no corpo como o Eu Unificado com a Alma.

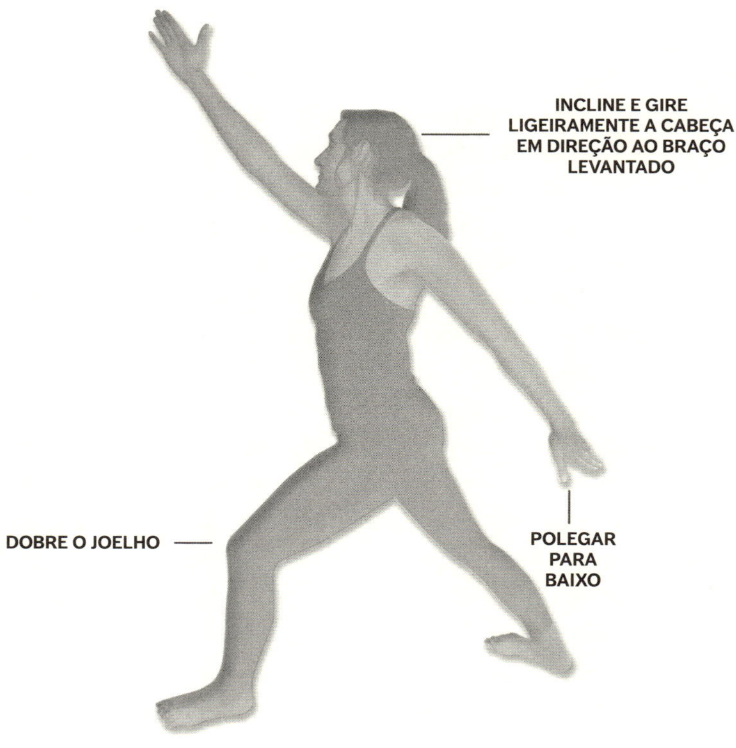

MARCHA MORTER

Adorei compartilhar a Marcha Morter com tantas pessoas que a consideram uma valiosa ferramenta integradora. Alguns anos atrás, eu estava no Aeroporto de Heathrow, em Londres, e alguém do outro lado do saguão chamou minha atenção. Um homem estava de pé na posição da marcha fazendo sua lição de casa! Naturalmente, tive de atravessar o impetuoso trânsito de pessoas para lhe dar um abraço!

A fim de levar sua integração mais adiante, eis uma versão avançada da Marcha Morter, chamada Passo mPower. Recomendo praticar primeiro a Marcha Morter e se tornar bom nela. Quando ela se tornar automática e natural, você poderá adicionar o Passo mPower.

PRÁTICA 2: PASSO MPOWER

Esta técnica avançada acrescenta passos à Marcha Morter e intensifica o campo energético do seu corpo sutil (inclusive do seu sistema de chakras) em combinação com seu sistema nervoso. Essa sincronização permite novas maneiras de ser e perceber, de modo que possamos nos empenhar como criadores em todas as circunstâncias da vida.

O Passo mPower acentua o canal central a fim de criar uma densidade fotônica ainda mais intensa em nosso núcleo. Ao criar essa percepção mais aguçada, geramos um Eu Unificado com a Alma fisicamente tangível – uma percepção que o seu sistema nervoso sensorial pode identificar prontamente. Isso facilita em grande medida o ato de criar a Inversão Quântica, que converte a Personalidade Protetora no Eu Unificado com a Alma. Ao focar em seu âmago, ao realizar Passo mPower, abrimos muitas áreas do cérebro e do corpo simultaneamente, ativando-as em sequência, uma após a outra, o que permite que o sistema nervoso – em especial a mente – tenha, mais prontamente, a percepção de mais informações. O resultado disso é que velhos padrões são liberados mais depressa – o que é precisamente o que queremos.

Como realizar o Passo mPower:

1. Posicione o corpo na mesma posição da Marcha Morter: perna direita para a frente, mão esquerda levantada em um ângulo de 45°, braço direito estendido para trás formando com seu corpo um ângulo também de 45°, cabeça ligeiramente girada e inclinada lateralmente para a esquerda, olho direito fechado.

2. "Abra" as solas dos pés e as palmas das mãos para despertar os chakras menores ali posicionados. (Imagine que há flores desabrochando nas palmas das mãos e nas plantas dos pés.) Levante os dedos dos pés e coloque-os de volta no chão.

3. Gire as palmas das duas mãos de modo que os polegares apontem para cima. Certifique-se de girar a mão inferior para fora, de modo que não sinta como se o seu braço estivesse torcido atrás das costas. Uma maneira fácil de fazer isso corretamente é unir as palmas das mãos acima da cabeça e abrir os braços, com as duas mãos espalmadas para a direita enquanto abaixa a mão traseira até o ponto formando 45° com a vertical. Comprima, unindo as duas omoplatas. Agora erga seu coração.

4. Em seguida, firme-se em seus pontos de ancoragem: pressione o *mūla bandha*, seu bloqueio da raiz. Contraia o centro do coração, como se o estivesse abraçando dentro do peito. Comprima a garganta para que possa sentir e ouvir a respiração subindo e descendo através dela. Enquanto olha o polegar levantado, volte sua atenção para trás de seus olhos. Além disso, mova as coxas uma em direção à outra para levantar o *mūla bandha* e puxar ainda mais a energia através do corpo.

5. Concentre-se em respirar para cima e para baixo pelo canal central como fizemos no Código da Ancoragem. Respire a partir de cima da cabeça e em direção ao núcleo do corpo – o abdômen. Pressione as partes superiores das coxas uma contra a outra enquanto inspira e mantenha seus pontos de ancoragem ativados. Sinta a energia se derramar em seu corpo. Permita a si mesmo sentir-se bem; uma parcela maior do seu verdadeiro eu está chegando! Prenda a respiração por dentro. Então expire através dos pés para dentro da terra.

6. Inspire novamente através dos pés e das pernas, começando cerca de 60 cm abaixo de onde você está, para dentro do abdômen. Em seguida, segure a respiração o máximo que puder; novamente, deixe que seu corpo sinta-se bem.

7. Expire pelo nariz de maneira rápida e vigorosa, fazendo a respiração subir pelo canal central, e sinta a energia da respiração disparando para cima do topo de sua cabeça como uma baleia atirando água para fora de seu espiráculo. Tente eliminar até a última porção de ar de seus pulmões.

8. Quando ficar sem ar, inspire profundamente e dê um passo para trás na direção do centro, plantando os pés sob os quadris e endireitando a coluna.

9. Repita do lado esquerdo e, em seguida, mais uma vez de cada lado para um total de quatro repetições.

Observe que talvez você sinta uma "recalibração" ocasional ocorrendo em seu sistema enquanto estiver de pé nessas posições, o que é perfeitamente normal. Se sentir tontura ou desorientação, fique perto do encosto de um sofá ou contra uma parede a fim de manter a estabilidade. Você está gerando a mudança que deseja, movendo-se em direção a um estado em que pode viver como seu verdadeiro e empoderado Eu Unificado com a Alma.

Além de eliminar velhos padrões com esse exercício, estamos introduzindo um novo modelo, uma "atualização" de padrão, no sistema nervoso. Estamos começando a construir uma nova identidade energética no cerne do nosso ser físico. Também estamos enviando sinais ao subconsciente, informando-o que esse estado mais liberado é o de nossa preferência, nosso novo fundamento ou referência. Quando praticamos essas posições com um sentimento adicional de gratidão ou alegria, elas reprogramam ainda mais depressa o subconsciente, dando-nos mais *momentum* para continuar a mudança da Personalidade Protetora para o Eu Unificado com a Alma.

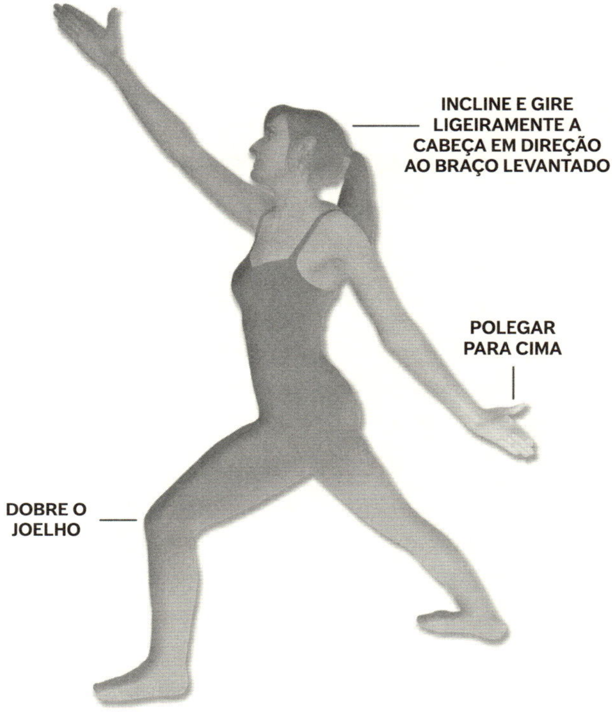

PASSO mPOWER

Agora que conhece a Marcha Morter e o Passo mPower, está pronto para abordar as interferências subconscientes específicas que o têm mantido estagnado, insatisfeito ou não realizado na vida, e liberá-las por meio da Liberação BEST. Lembre-se, nunca estamos estagnados pelas razões que pensamos que estamos. Essa prática revela a verdade para nós.

PRÁTICA 3: LIBERAÇÃO BEST

Com esta prática do Código da Desobstrução, vamos mergulhar de verdade e liberar um velho padrão que, simplesmente, não está mais nos servindo. Vamos ser muito específicos sobre onde estão nossas maiores interferências subconscientes – elas nos impedem de experimentar a vida da maneira como realmente queremos – e onde mais precisamos construir circuitos.

Começaremos identificando esses bloqueios por meio de um método chamado de teste muscular. Com o teste muscular, podemos dizer o que está escondido no subconsciente, pois este se comunica diretamente com o corpo por meio do sistema nervoso central.

Você pode realizar testes musculares sozinho ou com um parceiro. Quando trabalhar com a Liberação BEST, use o método que for mais confortável para você; no entanto, recomendo trabalhar com um parceiro inicialmente, se não estiver familiarizado com o teste muscular, pois os resultados são mais fáceis de serem observados quando usamos os músculos maiores do braço e trabalhamos com outra pessoa.

Comece com o Teste Muscular: Teste para o "Sim"

Com uma parceira:

1. Fique de pé e de frente para sua parceira e peça-lhe para levantar um dos braços até que ele fique paralelo ao chão. A mão dela deve estar aberta, o pulso relaxado, a palma voltada para a terra. Ela deve estar olhando para a frente com os dois olhos abertos.
2. Ainda de frente para sua parceira, coloque uma das mãos em cima do antebraço estendido dela. Coloque a outra mão sobre o ombro oposto dela para ajudar a estabilizar qualquer movimento durante o teste.
3. Peça à sua parceira para "segurar" essa posição enquanto você comprime o antebraço dela com pressão suave em direção ao chão. Procure um teste de braço forte, indicando que o parceiro pode resistir à sua pressão usando uma força ascendente razoável.

Encontre a quantidade de força a ser usada para ser capaz de observar a força enquanto ela tenta segurar o braço, tomando cuidado para não "vencer" o braço dela.

4. Peça à sua parceira para dizer uma "verdade"; por exemplo, se o nome dela é Mary, peça-lhe para dizer: "Meu nome é Mary". Teste a força do braço. Ele permanecerá forte.
5. Em seguida, peça à sua parceira para contar uma "mentira"; por exemplo, se o nome dela é Mary, peça-lhe para dizer: "Meu nome é Betty". Teste a força e mostre que o braço está fraco. Em seguida, faça sua parceira *pensar* em uma "mentira" e demonstre que o braço fica fraco apenas pelo fato de pensar um pensamento com o qual o subconsciente não consegue se identificar.

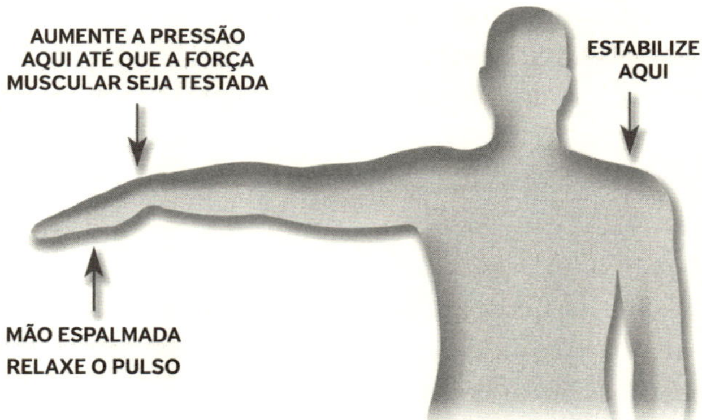

TESTE MUSCULAR PARA A LIBERAÇÃO BEST

Autoteste Usando o Anel de Vedação:

1. Comece fazendo um anel com o polegar e o indicador (ou o dedo médio) de qualquer uma das mãos (Anel 1). Segure firme com esse anel.

2. Faça outro anel com o polegar e o indicador (ou o dedo médio) da outra mão (Anel 2). Você usará esse anel para examinar/testar a resistência muscular do Anel 1.
3. Achate o Anel 2 e insira-o dentro do Anel 1.
4. Diga uma "verdade"; por exemplo, se o seu nome é Mary, diga: "Meu nome é Mary". Teste a força empurrando os dedos do Anel 2 para fora, separando-os, enquanto segura firme com o Anel 1. O Anel 1 deve permanecer forte.
5. Em seguida, diga uma "mentira"; por exemplo, se o seu nome é Mary, diga: "Meu nome é Betty". Teste a força empurrando os dedos do Anel 2 para fora, separando-os, enquanto segura firme com o Anel 1. O Anel 1 deve falhar.

Observe a diferença de sentimento entre uma "verdade" e uma "mentira" e como cada uma delas afeta sua resistência muscular.

AUTOTESTE MUSCULAR

Identifique a Crença e a Emoção Reativa Subconsciente

1. Usando um dos métodos de testagem acima, pense (ou peça que sua parceira pense) a respeito de uma crença ou objetivo ideal – algo que tenha coração e significado. Declare isso no tempo presente e em um sentido positivo. Não expresse como algo que

você, eventualmente, vai fazer; em vez disso, declare como algo que já estivesse acontecendo, como "minha saúde está perfeita", "sou feliz e realizado" ou "estou satisfeito". Em vez de enquadrá-lo como algo do qual quer fugir – "Quero perder cinco quilos" – reivindique, em vez disso, o peso que você escolhe ter como se já estivesse lá: "Eu peso 59 quilos". Teste a força do braço se estiver trabalhando com uma parceira (ou a força do anel se estiver se autotestando) usando declarações positivas até que uma fraqueza (significando a incapacidade de segurar com força) indique um bloqueio subconsciente específico.

2. Após identificar um padrão de crença que demonstre fraqueza, continue testando a força do braço (ou do anel) e identifique a emoção reativa que causa a fraqueza usando as seis palavras listadas na Tabela de Desobstrução (apresentada logo adiante). Uma ou mais dessas palavras farão com que o braço (ou o anel) teste fraqueza. Se duas ou três enfraquecerem o braço (ou o anel), alterne entre elas, com testagens contínuas, até chegar à que o corpo prioriza. Em última análise, haverá uma que se destacará. Essa emoção é o padrão armazenado em sua mente subconsciente/campo energético, que será atualizado e liberado durante o procedimento de Liberação BEST, que virá a seguir.

Se os testes musculares forem fracos, isso nos diz que algo avassalador está armazenado no subconsciente. Quando esse algo é abordado e amplificado pela mente consciente, ele tem um efeito de curto-circuito no grau em que a pessoa não consegue manter o pensamento e a resistência muscular ao mesmo tempo. Algo tem de ceder, e então o músculo fica fraco. Esse uso do próprio sistema de comunicação do corpo é o que torna o teste muscular uma excelente ferramenta para nos ajudar a descobrir experiências emocionais que ainda não estão resolvidas em nosso sistema.

Tabela de Desobstrução *

Medo	(**F**ear)
Raiva	(**A**nger)
Amor	(**L**ove)
Tristeza	(**S**adness)
Prazer	(**E**njoyment)

JULGAMENTO

Para lembrar:

FALSO JULGAMENTO

Esta tabela contém as quatro emoções básicas identificadas no estudo da psicologia, da qual brotam todas as outras emoções, as emoções "secundárias". A *raiva*, por exemplo, é uma emoção básica, da qual provém todo um espectro de emoções, que vão da irritação ao ódio. O *medo*, outra emoção básica, gera ansiedade, nervosismo e compulsão. Ao usar essas emoções fundamentais nesta prática, podemos identificar a energia na raiz de todas as outras emoções, por mais complicadas que pareçam inicialmente.

Meus colegas e eu descobrimos em nosso trabalho clínico que o julgamento e a falta de prazer interferem na capacidade de uma pessoa de estar presente, manter o alçapão aberto e sustentar o fluxo. Na verdade, o julgamento é a porta de entrada para o eu separado e a Personalidade Protetora. Descobrimos que os pacientes inicialmente geram um *julgamento* sobre algo que aconteceu, algo como "isso foi ruim e não deveria ter acontecido". Então, eles rejeitam o evento; não estão mais presentes com ele. Como resultado, não participam de uma vida plena e alegre; portanto, menos *prazerosa*.

Como uma emoção semelhante ao amor causa um problema de interferência? O problema não é, na verdade, o amor, mas a maneira como

* As primeiras letras de cada palavra em inglês formam a palavra FALSE (FALSO), que se completa com JUDGMENT (JULGAMENTO), escrito na horizontal. (N. do T.)

pensamos sobre o amor e nos relacionamos com ele. Por exemplo, se tivemos uma experiência passada que foi dolorosa ou decepcionante, o subconsciente vai considerar o amor como potencialmente perigoso e, na verdade, se protegerá contra ele. Quando começarmos a amar, o subconsciente vai sabotar a situação para nos manter "seguros" (de uma maneira bastante retrógrada!), impedindo que experimentemos aquela dor novamente.

Atualize o Padrão de Crenças Armazenado

1. Coloque-se na posição integrativa da Marcha Morter ou do Passo mPower (dependendo de com qual você se sente mais confortável a essa altura – e lembrando-se de que, em última análise, o uso dos detalhes mais sutis do Passo mPower é mais poderoso, então continue praticando-o!).
2. Mantendo a posição, concentre-se no seguinte pensamento: *Perdoo qualquer interferência em relação a* [insira sua palavra reativa – Medo, Raiva etc.] *no que se refere ao meu objetivo, conhecido ou desconhecido* (isto é, consciente ou subconsciente).
3. Mantendo a posição integrativa, inspire e então segure a respiração. Talvez você sinta de imediato uma mudança literal no padrão de energia do seu corpo. Em seguida, mude para o lado oposto.
4. Complete esse processo duas vezes de cada lado (alternando os lados).
5. Usando o teste muscular, teste novamente a palavra reativa. O braço (ou o anel) deve testar forte. (Se isso não acontecer, teste mais uma vez a palavra correta, pois você provavelmente errou a prioridade original. E elimine-a de novo.) Em seguida, teste novamente o objetivo/crença original. Mais uma vez, o braço (ou o anel) deve testar forte! (Se isso não acontecer, é por causa da razão acima; teste novamente para a palavra prioritária original correta. E elimine-a novamente.)

Para uma demonstração em vídeo da Liberação BEST, consulte o site drsuemorter.com/energycodesbook.

Se a realização desses exercícios lhe parecer um tanto complicada, tente trabalhar apenas com o teste muscular ou com o Passo mPower até que eles se tornem mais familiares. Em seguida, juntá-los parecerá muito mais fácil. A tecnologia nessas práticas do Código da Desobstrução tornou minha clínica um destino mundial para a cura e o bem-estar, então, por favor, confie em mim quando recomendo que as aprenda. Talvez nem sempre consiga compreender, no nível da história, as mudanças que elas trarão, mas o fato é que elas sempre melhorarão sua vida. À medida que eliminamos velhos padrões subconscientes e fazemos a energia obstruída fluir através do corpo, nossa vida se torna mais graciosa, fácil e mágica. A própria vida começa a fluir. Pequenos e grandes problemas são resolvidos, muitas vezes sem que realmente compreendamos como ou por quê.

Mesmo naquela primeira sessão em que meu pai, meu irmão e eu demonstramos a Liberação BEST com um grupo de clientes, obtivemos tremendos resultados. Demonstrei o trabalho no palco com um senhor que não me revelou seu objetivo específico para a liberação. Não o fiz dizer em voz alta; ele apenas pensou no objetivo enquanto eu o guiava pelo processo. Quando inicialmente fizemos o teste muscular, ele testou fraco. Depois que realizamos os passos da desobstrução, testou forte – completamente capaz de manter o pensamento reativo sem causar um curto-circuito em seu sistema. No dia seguinte, ele se aproximou de mim e disse: "Não sabia que isso estava relacionado à situação estressante em que eu pensava ontem, mas dormi durante a noite toda pela primeira vez em cinco anos!". No momento em que possibilitamos uma comunicação mais ampla entre o subconsciente e as áreas conscientes do cérebro, todo o seu sistema mudou, relaxou e começou a se curar.

Em outra oficina, havia uma mulher na plateia em uma cadeira de rodas, que não conseguia andar sem ajuda havia muitos meses por causa de uma dor e fraqueza excessivas nas pernas e nas costas. Fizemos o trabalho com ela, incluindo BEST, e ao final do evento, ela não só havia abandonado sua cadeira de rodas, mas também, para o deleite de centenas de espectadores, estava dançando conosco no palco!

Correlação entre Chakra e Código da Desobstrução: Terceiro Chakra

O Código da Desobstrução está relacionado ao terceiro chakra, o centro de poder de nosso campo energético, localizado entre 7 e 8 cm acima do umbigo na base do esterno. Seu nome sânscrito, *manipūra*, se traduz em "poder de mil sóis", e regula tanto o consciente como o subconsciente. Está assentado no âmago do Eu, onde nossa identidade é cultivada. Nossa capacidade para estarmos abertos e para aceitarmos as circunstâncias, em vez de resistir a elas ou rejeitá-las, é muito intensificada quando essa área está desimpedida e fluente. Quando desobstruímos problemas mentais de rejeições anteriores, abrimos o fluxo para o nosso verdadeiro eu.

Pessoas com plexo solar bloqueado geralmente têm dificuldade em distinguir onde elas terminam e outras pessoas começam. Ficam presas em "objetos" em vez de permanecer no "sujeito" – o Eu. Elas muitas vezes sentem um fraco senso de autoestima e propósito e podem ter problemas para ser independentes e "permanecer por conta própria", ou para agir, porque não confiam em si mesmas e em suas próprias capacidades. Por outro lado, podem sofrer de ambição excessiva ou estar sempre se sobrecarregando por causa de uma necessidade de provar a si mesmas e de estabelecer um lugar para si mesmas no mundo.

Em geral, as pessoas com um terceiro chakra fraco são os "pensadores excessivos" do mundo, com mentes que estão sempre procurando, mas raras vezes encontrando. São facilmente vítimas de crenças do tipo "não sou bom o suficiente" ou "não sou digno" e muitas vezes têm um poço profundo de vergonha, contrangimento ou culpa subconsciente. Crenças negativas como essas limitam nossas vidas – mas a verdade é que *todas as crenças são crenças limitantes* porque vêm da mente. Quando nos conectamos com nosso eu central, aprendemos a nos tornar mais abertos. Liberamos a energia bruta debaixo de nossas histórias e crenças e trabalhamos com ela. Ao desobstruir todas as crenças com as práticas ensinadas acima, a história desaparece e um verdadeiro sentido de Eu emerge naturalmente.

O terceiro chakra também abriga energias relacionadas à digestão e à assimilação – física, mental e emocional. Governa o estômago, o fígado, a vesícula biliar, o baço e o pâncreas. Nossa capacidade de metabolizar fisicamente os alimentos que comemos é um reflexo de nossa capacidade de metabolizar ou de digerir de maneira consciente a vida no nível energético. Quando a energia fica "presa" durante o processo metabólico, ela afeta nossa capacidade para transcender a mente pensante e experimentar a nós mesmos como o Eu Unificado com a Alma.

Correlação entre Chakra e Código da Desobstrução: Chakra do Plexo Solar

NOME(S)	Terceiro chakra, *chakra manipūra*
LOCALIZAÇÃO	Cerca de 7 a 8 cm acima do umbigo, na base do esterno
COR	Amarela
NOTA MUSICAL	Mi
ÁREAS DO CORPO AFETADAS	Sistema digestivo, músculos, estômago, fígado, diafragma, vesícula biliar, lombar, alçapão do sistema nervoso autônomo, baço, pâncreas
SINTOMAS DO "LADO ANVERSO"	Sensibilidade excessiva a críticas, necessidade de controle, baixa autoestima, úlceras estomacais, problemas digestivos, fadiga crônica, alergias, diabetes
CARACTERÍSTICAS DO "LADO REVERSO"	Respeito por si mesmo e pelos outros, poder pessoal, flexibilidade, autoestima elevada, espontaneidade, desinibição. "Permito a mim o meu próprio caminho, e permito a você o seu." "Abro minha mente à possibilidade."
PRÁTICAS	• Marcha Morter • Passo mPower • Liberação BES
TÉCNICA DE RESPIRAÇÃO (conforme explicado no Capítulo 8)	Respiração no Plexo Solar
POSTURAS DE YOGA PARA OBTER MAIOR INTEGRAÇÃO	Postura do Camelo (*ustrāsana*) Postura do Arco (*dhanurāsana*) Postura da Prancha Invertida (*purvottanāsana*) Postura da Lua Crescente (*anjanayāsana*) Respiração do Fogo (*kapalabhati prānāyāma*)

A tabela anterior oferece um resumo de algumas das principais características do terceiro chakra. Mais uma vez, observe como as propriedades energéticas do chakra espelham as áreas do corpo físico.

Ao integrar o terceiro chakra, o Código da Desobstrução ajuda a equilibrar a hipersensibilidade a críticas, a necessidade de controle e outros problemas de baixa autoestima. Também pode empoderar o corpo para curar problemas digestivos, incluindo condições crônicas, como doença de Crohn, colite ulcerativa, diabetes e alergias alimentares.

As seguintes posturas de yoga ajudarão a integrar ainda mais o terceiro chakra.

Yoga para o Código da Desobstrução

O acesso ao chakra do plexo solar muitas vezes pode ser facilitado por meio da prática de determinados *āsanas* do yoga. Uma das posturas fundamentais para se criar alinhamento e fluxo nesse centro de energia é a Postura do Camelo, ou *ustrāsana*.

POSTURA DO CAMELO (*USTRĀSANA*)

Eis como praticar a Postura do Camelo:

1. Ajoelhe-se em um tapete de yoga ou colchonete com os joelhos diretamente sob os quadris e as panturrilhas paralelas entre si. Seus pés devem estar alinhados com os joelhos, e não apontandos um para o outro. Os dedos dos pés ficam dobrados para a versão mais fácil, e estendidos para a versão mais avançada.

2. Levante o coração e, com a coluna alongada, comece a se flexionar para trás, colocando as mãos em bolsos traseiros imaginários e apoiando sua coluna. Se já estiver mais avançado, estenda as

mãos para seus calcanhares ou canelas. (Se sentir que seus pés estão muito distantes, coloque blocos para yoga perto das bordas externas dos pés e apoie as mãos nesses blocos.)

3. Abaixe a parte superior do corpo em direção ao chão, alongando o cóccix em direção aos joelhos. Levante-se por meio da parte frontal do seu corpo, ativando os flexores do quadril e os músculos do assoalho pélvico. Solte as omoplatas nas costas, para baixo, enquanto levanta o coração em direção ao teto.
4. Se for seguro e confortável fazê-lo, deixe sua cabeça cair para trás e abra a garganta, esticando e abrindo a área do plexo solar.
5. Segure por cerca de cinco respirações. Para sair da postura, ative os músculos abdominais a fim de se "desenrolar" de volta a uma postura ajoelhada. Em seguida, sente-se sobre os calcanhares para descansar.
6. Repita de duas a cinco vezes.

Agora vamos integrar as práticas do Código da Desobstrução e do BodyAwake enquanto estamos na Postura do Camelo.

1. Mantendo a postura, encontre a base de energia cerca de 60 cm abaixo de onde você está ajoelhado. Imagine-a como uma grande base de energia em forma de disco, 60 cm abaixo da terra. Esta é a sua conexão com a natureza e seu suporte.
2. Localize o centro de energia do chakra do plexo solar, abaixo do centro do seu tórax, mas acima do umbigo. Levante essa área em direção ao céu.
3. Ative o *mūla bandha* e pressione a área atrás do coração apertando as omoplatas brevemente uma em direção à outra.
4. Inspire pela parte da frente do seu corpo e expire pelo topo de sua cabeça. Role os olhos para cima, para sentir a tensão, e mapeie o transcurso de sua respiração ao longo do canal central.

5. Em sua próxima inspiração, puxe a respiração de cima para baixo a partir de sua cabeça, pelo canal central, e desça até seu núcleo, e em seguida expire para dentro da terra. Pressione e solte os músculos centrais na frente do corpo, abrindo o aspecto mental do sistema de chakras. (Suas pernas também devem estar ativadas; isso vai acontecer de forma automática por causa do estiramento nessa área, mas, para ativá-las mais profundamente, contraia os músculos na frente de suas coxas para cima.)

6. Repita todo o ciclo respiratório várias vezes. Então saia suavemente da postura, movendo com cuidado o pescoço e as costas, e sente-se de volta para descansar sobre seus calcanhares.

Pensamentos e emoções podem ser liberados nessa posição sob a forma de lágrimas ou suor. Receba isso como uma liberação de energia armazenada por baixo do alçapão do seu subconsciente. Você está abrindo um caminho para a expressão do seu Eu Unificado com a Alma. Repita, indo para cima e para baixo no canal enquanto estiver na Postura do Camelo.

POSTURAS DE YOGA ADICIONAIS PARA INTEGRAR O CHAKRA DO PLEXO SOLAR

Você pode usar esses *āsanas* com a Postura do Camelo para aprimorar seu trabalho com o Código da Desobstrução.

Pressionar áreas de sensação ajuda a centralizar-nos nessas posturas enquanto construímos circuitos, ao passo que relaxar nelas ajuda a sentir o fluxo de energia. Porém, mesmo ao relaxar a musculatura, *imagine* a energia fluindo para cima pelo canal central e para dentro de quaisquer áreas de fragmentação ou atrito.

- Postura do Arco (*dhanurāsana*)
- Postura da Prancha Invertida (*purvottanāsana*)

- Postura da Lua Crescente (*anjanayāsana*)
- Respiração do Fogo (*kapalabhati prāṇāyāma*)

A ancoragem, a integração e a desobstrução de energia, até aqui, introduziram e estabeleceram grandes mudanças em seu sistema, inclusive uma conexão fortalecida entre o canal central e a mente, bem como um novo caminho de acesso ao alçapão do subconsciente. Isso permitiu estabelecer as bases para a Inversão Quântica – o momento em que você verdadeiramente começa a incorporar o Eu Unificado com a Alma e transformar a Personalidade Protetora em uma personalidade envolvente baseada na totalidade e no amor.

O Código da Desobstrução prepara o palco para que possamos viver além da história e fluir na energia da vida. Este é o trabalho da verdadeira libertação. Desobstruir os bloqueios não resolvidos que nos mantêm travados, e integrar os três chakras inferiores libera uma abundância de energia nova que pode ser usada para abrir nosso verdadeiro caminho. Agora podemos começar a incorporar a mais poderosa energia de cura do planeta – a energia do *amor*, que está concentrada no chakra do coração, e que é a própria vibração do Eu Unificado com a Alma. O amor não só reside dentro de nós, ele é o que somos. Você, a Alma, é feito de amor. Treinar a mente para encontrar e amplificar o seu verdadeiro eu – o eu que é amor – desencadeia o maior poder de transformação que há na Terra. Quando focamos a mente no amor de dentro para fora, amplificamos sua presença notável e unificadora para todos.

Está pronto para experimentar o amor puro, que muda o mundo? É o que vem a seguir.

Capítulo 7

O Código do Coração: O Solvente Universal

Depois que minha mãe, Marjorie, faleceu, por três semanas eu apenas... fiquei sentada. Tinha pacientes para atender, aulas para ensinar e responsabilidades que exigiam minha atenção, mas simplesmente não podia comparecer. Em vez disso, sentei-me no meu quintal olhando para as árvores, me perguntando como minha mãe – minha melhor amiga – podia realmente ter ido embora.

No dia em que enfim senti que era hora de voltar ao mundo e começar a contribuir novamente, fui ao meu quintal para "agradecê-lo" por guardar espaço para minha dor. Enquanto permitia que meu olhar varresse o quintal, notei raios de luz da manhã brilhando por entre as árvores. Atravessei o pátio e cruzei o riacho até onde um raio específico brilhava intensamente no chão. Exatamente onde tocava a terra, havia uma porção de trevos... com um de quatro folhas bem no meio.

Lágrimas caíram dos meus olhos. Minha mãe encontrava trevos de quatro folhas o tempo todo, mas eu só tinha encontrado um ou dois na vida. Ela até me deu um que encontrou quando estava grávida de mim. Era uma coisa nossa. Senti sua presença; este era o meu sinal de que ela ainda estava aqui comigo, e que eu ficaria bem. Eu o colhi e fui trabalhar, sentindo uma conexão com ela, e com a vida, novamente.

Naquela noite, quando voltei para casa, novamente cheia de lágrimas, fui com meu coração partido até aquele lugar específico no quintal. E lá, como se não houvesse colhido o primeiro, havia outro trevo de quatro folhas brilhando à luz da tarde! Lágrimas jorraram pelo meu rosto. Também o apanhei e fui para a cama.

Na manhã seguinte, enquanto me preparava para ir trabalhar, me vi pensando sobre os trevos e a sensação que tive ao encontrá-los. Notei minha expectativa de que encontraria outro, e como acreditava que encontrá-lo confirmaria que tudo ficaria bem. Enquanto caminhava para o quintal, para minha terceira descoberta, parei e disse internamente: "Sue, você não pode continuar procurando essa confirmação do lado de fora. Tem de aprender a encontrá-la no interior. Isso é o que você ensina." Baixei o olhar enquanto digeria esse pensamento, e um sentimento quente e fluido de aceitação veio descendo pelo meu corpo.

Ao aceitar a instrução interna de não procurar a resposta fora de mim, bem na frente do meu pé esquerdo havia um terceiro trevo de quatro folhas! Sim, eu o apanhei e fui trabalhar!

A dor em meu coração pela perda de minha amada mãe realmente me permitiu ver além da camada de meus sentidos regulares. Era como se tivesse sido conectada com alguma versão mais profunda de mim mesma e da vida em geral. Minha intuição foi intensificada e, à medida que cada sentimento se desenvolvia, minha mente crescia mais, aceitando as percepções e os conhecimentos inexplicáveis que eu estava recebendo.

Ao longo de vários meses que se seguiram, encontrei 69 trevos de quatro folhas, em meu próprio quintal e nos de outras. Eu os via ao parar no semáforo e saltava do carro para pegá-los. Caminhando no parque com amigos, eu ficava para trás, ocupada em colher trevos de quatro folhas para oferecê-los a todos ao meu redor. Meus amigos me ajudavam a contá-los, e as crianças da vizinhança começaram a aparecer na porta, perguntando se eu era a Moça do Trevo – e se, então, poderia ensiná-las a encontrar os seus próprios trevos. Íamos então para o quintal, onde eu dizia: "É preciso olhar com o coração, não com os olhos". Guiada por esse sexto sentido intuitivo que comecei a desenvolver em meu próprio laboratório interior, parava e pousava minha mão no chão... e, inevitavelmente, havia um trevo de quatro folhas bem onde minha mão tocava a grama. As crianças gritavam de alegria – e eu também! Foi realmente uma época mágica.

Então, um dia, essas manifestações pararam. Por mais que eu procurasse, não havia mais trevos. Duas semanas se passaram, e ainda nada. Fiz o que todos nós fazemos – comecei a me questionar: "O que eu fiz para perder a conexão? O que vou fazer sem os sinais deliciosos de minha mãe brilhando em meu mundo?". Não importa o quanto tentava forçar, não conseguia encontrar os trevos com minha mente.

Não sabia que o ingrediente secreto estava bem na minha frente.

Muitos dias depois, era o aniversário da minha mãe; ela faria setenta anos. No momento em que percebi isso, meu coração se iluminou. Imediatamente, corri para o quintal para encontrar o trevo número 70... e 71... e 72! Eu podia ouvi-la rindo nos espaços celestes enquanto os colhia. Era como se tivesse estado lá o tempo todo, esperando que eu descobrisse. O segredo dos trevos estava em meu coração alegre e cheio de gratidão.

Foi *assim* que pude ver além do véu da realidade tridimensional, atravessando o limiar de um mundo maior: eu via com o coração! Estava tão vulnerável e com o coração tão aberto após a morte da minha mãe que essa situação me permitiu ver coisas que eu normalmente não veria – e essa abertura estava permitindo que um fluxo acontecesse em minha vida.

A magia continuou até a neve cair – e, mesmo assim, em um pequeno pedaço de grama em meio à neve, um minúsculo trevo de quatro folhas estava lá, brilhando.

Isso é o que estar aberto em nosso coração pode fazer por nós. Mesmo em tempos de grande sofrimento – na verdade, *especialmente* em tempos de grande sofrimento –, somos mantidos em um sagrado espaço de conexão. Muitas pessoas despertam em momentos de angústia. Essa conexão é o que todos nós realmente buscamos. Usando os Códigos de Energia, podemos conectar graciosamente, sem sofrimento.

Conforme o aniversário de um ano do falecimento de minha mãe se aproximava, as pessoas me perguntavam o que eu ia fazer para celebrá-la ou comemorá-la, e se faria a "coisa do trevo". Eu respondia: "Não, vou apenas deixar isso intacto como estava na minha vida e fazer outra coisa". Então, naquela manhã, fiz algumas outras coisas que levaram a outra bela experiência dela – mas, por volta das 4h da tarde, me vi atraída ao quintal para procurar trevos afinal.

Pisei na grama e vi trevos de quatro folhas pairando por toda parte! Eu os colhi sem parar por 45 minutos. Então, subi para pegar algum recipiente onde poderia colocá-los e voltei a apanhá-los novamente por mais 45 minutos! Estava pegando dois e três trevos de quatro folhas de cada vez! Lágrimas disparavam do meu rosto enquanto eu reunia esses incríveis tesouros; 124 deles em uma hora e meia. Só parei porque estava sobrecarregada com a felicidade de experimentar meu próprio coração.

Quando isso havia acontecido no ano anterior, simplesmente fluí com o acontecimento, insegura quanto ao que realmente estava acontecendo. Desta vez, fui intencional a respeito da experiência. Meu coração estava se abrindo para mim, assim como o fizera antes – só que dessa vez, era ainda maior. Eu sabia teoricamente que todos nós temos essa habilidade, mas agora tinha ido além da teoria, merguhando na experiência. Agora sabia que poderia usar meu coração aberto para literalmente me conectar – até mesmo para fazer intercâmbios – com minha mãe, porque ela, de fato, não "se foi"; tinha simplesmente voltado no Ônibus Cósmico e se conectado a outra parada vibracional.

Naquele dia, dominada por minha profunda felicidade, me comprometi a estudar e pesquisar com meus clientes como ativar tal coração florescente dentro deles, de modo que também pudessem experimentar esse nível de amor e unidade. Essa vulnerabilidade de coração aberto e seu fluxo de graça tornaram-se minha nova linha de base para viver. Isso mudou minha percepção de como nos conectar intencionalmente com nosso Eu mais profundo e essencial. Não podemos conduzir essa busca com a mente; em vez disso, temos de entrar na vida com um coração aberto e vulnerável, se quisermos experimentar nosso verdadeiro poder e viver a vida magnífica que realmente é destinada a nós. Isso porque a frequência vibracional conhecida como amor é a qualidade característica do Eu Unificado com a Alma. Para estabelecer e expressar verdadeiramente o Eu Unificado com a Alma dentro de nós mesmos, precisamos nos ancorar na vibração do amor, emanar a partir dela e viver nela.

Este Código mostrará como se conectar com uma versão firme de seu mais profundo "eu-coração" e então permanecer lá. Você aprenderá a usar o corpo para mudar do *pensar* sobre o amor (com a mente) para o *ser* (incorporando) a frequência vibratória do amor. Depois de fazer isso, não somente poderá criar milagres de alegria e conexão salpicados de trevos, mas também poderá amar plenamente a si mesmo e aos outros a partir de um lugar puro e saudável.

O Que É o Código do Coração?

Todas as antigas tradições espirituais se referem ao poder do amor como divino. Quando nos sentimos amados, nos sentimos melhor. Quando somos capazes de amar alguém sem reservas, nos sentimos mais livres e mais capazes de mergulhar em uma bela experiência.

Um benefício-chave de fazer a Inversão Quântica da Personalidade Protetora para o Eu Unificado com a Alma é a maneira como experimentamos o amor. Embora possamos, de fato, dar e receber amor como a Personalidade Protetora, isso é diferente do que é possível acessar enquanto Eu Unificado com a Alma. Na Personalidade Protetora, acreditamos que estamos separados do amor, que o amor é algo que precisamos "obter" de alguém ou de algum lugar fora de nós. Gastamos muito tempo e energia tentando descobrir maneiras de "conseguir" amor. Subconscientemente, tentamos controlar ou manipular pessoas para obter amor, agradando, dominando e seduzindo-as.

Como a Personalidade Protetora tenta nos proteger contra sofrimentos, ela, automaticamente, impõe condições sobre quando e a quem podemos amar com segurança. Esse amor condicional diz: "Posso te amar contanto que você se comporte dessa maneira", ou "Posso me sentir seguro para amar desde que essas condições estejam presentes". Essas exigências limitam muito nossa experiência de amor, felicidade e alegria, pois o mundo dificilmente pode satisfazer nossas condições e expectativas a todo momento. Por isso, nós retemos o amor. Barganhamos por amor. Decidimos se devemos amar ou não. Sentimos muita angústia e infelicidade diante das condições que temos sobre amar – e quando não "recebemos" amor da maneira como achamos que deveríamos, nos afundamos na história sobre o que essa falta de amor diz sobre nós.

Essas provações e tribulações são comuns à vida no estado de esparramamento – a condição de não incorporar o Eu Unificado com a Alma e o ser autorreferencial. No entanto, elas causam mais danos do que simplesmente criar um alvoroço na história ou um drama; elas realmente mantêm nossa frequência vibracional aprisionada em um nível muito baixo para conseguirmos nos identificar de forma plena com o Eu Unificado com a Alma.

O Código do Coração vai orientá-lo para uma prática de amor totalmente diferente, que elimina a condicionalidade, o apego e a barganha. Vindo da frequência vibracional do amor, nos sentimos amados porque estamos realmente *vivendo* no amor. Estamos gerando o sentimento de amor *dentro* de nós, o tempo todo. Damos e amamos de um lugar sem parâmetros. Amamos incondicionalmente porque não precisamos "obter" amor de mais ninguém. Nosso senso de bem-estar não depende do comportamento de outras pessoas. Não ficamos mais decepcionados pela maneira como outros respondem ou interagem. Podemos apenas estar presentes, e amar – de novo, e de novo, e de novo.

Fazendo alguns dos exercícios deste capítulo, é possível ganhar um senso poderoso e tangível do amor que tem dentro de si. No entanto, antes de começar, quero aliviar alguns medos comuns sobre viver nesse estado de amor.

Muitas vezes me perguntam: "Amar sem condições significa que não me importo com mais alguém?". Claro que não! Significa simplesmente amar sem *apego*.

Amar a partir da Personalidade Protetora é uma experiência de apego. Nós nos apegamos a pensamentos e a crenças que nos fazem sentir seguros. Nosso amor é condicional; pensamos que ele só existe dentro de certos parâmetros. No entanto, quando mantemos nossa identidade apegada a um senso sentido, ou *felt sense*, do Eu, em vez de atrelá-la a um pensamento, imagem ou objetivo externamente direcionado, somos livres para cuidar de outras pessoas com base no deleite, e não porque nos preocupamos com a sua segurança ou com o medo que sua perda poderia significar para a nossa própria segurança. Não ficamos mais presos à maneira como as coisas poderiam vir a acontecer.

Desapegar-se do mundo exterior para o próprio bem-estar leva à felicidade incondicional, à alegria e à disponibilidade para amar. Isso resulta em melhor saúde e em uma melhor experiência de vida em todos os aspectos da vida. Sendo um tema comum nos textos espirituais, esse desapego é considerado a maneira ideal de envolver-se com a vida e o amor. Na tradição budista, por exemplo, o apego é a raiz de *todo* sofrimento.

Observe que o termo *desapegado* é muito diferente de *desprendido*. O desapego é simplesmente uma sincera ausência de preocupação com o resultado; o foco está na *ação* de amar, não em seu resultado. O desprendimento, por outro lado, é uma espécie de indiferença ou desinteresse, uma distância mantida não apenas entre o Eu e o resultado, mas também entre o Eu e a ação de amar. É uma experiência fora do corpo que nos faz pensar que estamos seguros, quando na verdade apenas cria uma experiência desvinculada ou não ancorada de energia em rápida vibração, que, ironicamente, nos faz sentir inseguros. Isso nos leva a ser desinteressados pela vida, sem inspiração e até mesmo apáticos.

O desprendimento geralmente resulta de um trauma ou de um ambiente estressante do qual acreditávamos que precisávamos escapar. Se não pudéssemos escapar fisicamente, fazíamos isso mental e/ou emocionalmente: nós nos desprendíamos. O desprendimento parece protetor no curto prazo, mas no longo prazo ele aumenta a solidão, os sentimentos de isolamento e a depressão; reduz a inspiração e o otimismo; e contribui para muitas condições de saúde, como pressão arterial perigosamente baixa, cura demorada, fadiga suprarrenal e problemas de tireoide, problemas digestivos, problemas renais, problemas respiratórios e outros padrões de sintomas.

Para curar o corpo, precisamos estar *dentro* do corpo. Para curar mais poderosa e rapidamente, precisamos estar no corpo *no amor*. A frequência vibracional associada ao amor é a suprema energia de cura – um bálsamo universal que restaura tudo o que toca. O amor é o grande neutralizador; ele põe em coerência a mente, o corpo e a respiração. A energia cria uma fogueira que tudo consome no espaço do coração. Qualquer problema, qualquer dispersão, qualquer interferência que podemos alimentar nesse fogo de amor é transformado pela frequência vibracional do amor. A confusão se transforma em clareza. O ódio se transforma em perdão. O preconceito se converte em compreensão e cuidado. Separação e isolamento se transformam em conexão e união. O sofrimento se transforma em alegria imensurável.

O amor é o solvente universal. Quanto mais vivemos a partir do amor, mais consistentemente o aplicamos a todas as situações e circunstâncias, e mais nos tornamos profundamente unidos com o Eu Unificado com a Alma. Na verdade, o Eu Unificado com a Alma *só* pode habitar a nossa vida física ao atravessar a porta da vibração do amor; o amor é o portal para o Eu Unificado com a Alma.

Por que é assim? Porque a frequência vibracional do amor é a mais expansiva que podemos obter na forma humana. Essa primeira compressão de energia que ocorre quando nós, como espírito, nos movemos em direção à matéria física – quando saímos do Ônibus Cósmico em nossa parada terrestre – é a frequência vibracional que chamamos de amor. Uau! Quando pousamos no âmago do nosso ser, o amor é fácil de experimentar porque é dele que somos feitos.

O amor é a sua verdadeira natureza, e não apenas um lugar para visitar. As práticas do Código do Coração nos ensinam como cair na vibração do amor à vontade – a qualquer momento, e em qualquer situação – e então viver a partir desse lugar o tempo todo. Essas práticas são o caminho para o amor dentro de nós. Não precisamos ficar na vibração de "querer" buscar o amor fora de nós mesmos quando podemos desenvolver as habilidades para nos lembrar – em um nível físico e emocional – de que *somos amor*, e que podemos cair nessa vibração em um instante e, finalmente, aprender a permanecer nela. Quando pudermos fazer isso, compartilharemos esse amor com outras pessoas, constante e incondicionalmente, o que amplificará a experiência que viemos aqui para vivenciar.

O Eu Unificado com a Alma está sempre ancorado no amor. É por isso que o Eu Unificado com a Alma também é chamado de corpo da felicidade ou da bem-aventurança – *anāndamaya kosha* em sânscrito. Quando estamos no Eu Unificado com a Alma, somos bem-aventurados em um estado amoroso. Por meio da prática diária do Código do Coração, você aprenderá rapidamente a manifestar essa bem-aventurança, todos os dias, pelo restante da sua vida.

As Práticas do Código do Coração

PRÁTICA 1: GERANDO PRESENÇA AMOROSA: ESCOLHENDO SER AMADO

Esta prática oferece um caminho direto para a vibração do amor que espera ser inflamada dentro de você. Ela fornece a experiência tangível de amor que todos nós procuramos e que torna supérflua a necessidade de buscar o amor fora de nós. Também proporciona uma tremenda liberdade para ser a versão mais verdadeira de si mesmo, sem planejamento. Essa clareza do Eu é essencial para viver a partir da vibração de amor e para obter cura e poder de criação em sua vida.

1. Pense em alguém ou algo que você ama muito. Pode ser um amigo, um membro da família, um animal de estimação, seu amor de infância, sua namorada atual ou a alma gêmea que você ainda não conheceu! Pode ser o amor pela primavera, um lugar

favorito, uma lembrança querida ou mesmo um objeto que tenha grande significado para você. Escolha qualquer coisa que gere dentro de você a sensação de amor.

2. Ao evocar essa pessoa ou coisa amada, compreenda que esse objeto de amor está realmente *revelando* a vibração do amor a você. Ele não traz amor até você; mas *ergue* o amor *de dentro* de você para que sua mente possa perceber o amor que já existe em seu interior – o amor que você é. Isso faz com que *você* "saia".

3. Agora, preencha seu coração com a presença dessa pessoa, objeto ou memória. Preencha seus sentidos com essa imagem e, em seguida, conduza sua atenção para o seu corpo. Sinta como você se sente por dentro quando pensa nessa imagem.

4. Em seguida, aumente o volume dessa experiência. Aumente o dobro. Então, aumente o dobro novamente. Preencha seu corpo com o amor que você tem por essa pessoa ou coisa e deixe-o transbordar dentro do cômodo. Então, torne-o ainda maior do que o aposento, entrando completamente na experiência com cada parte de sua concentração. De novo, observe como você se sente em seu corpo enquanto todo esse amor está acontecendo. Memorize como ele o faz *sentir*.

5. Agora, coloque a mão sobre o coração e diga a si mesmo: "Isto é para mim". Receba tudo. Deixe cair o amor, que é maior que o espaço no centro do seu próprio ser, e receba-o plenamente. Chame-o de seu lar – volte ao "sujeito" (como fizemos no Código da Ancoragem) – e sinta-o em cada fenda do seu corpo.

6. Ao colocar a mão sobre o coração, pressione o *mūla bandha* para sentir profundamente essa vibração em um nível físico. Então, inspire e expire pelo canal central e os pontos de ancoragem em seu âmago, como aprendemos nos códigos anteriores. Você começará a sentir a ancoragem da vibração específica do amor em seu corpo.

7. Nutra esse sentimento e essa vibração de amor incondicional durante várias respirações.

8. Em seguida, repita os passos de 1 a 5, só que dessa vez pense em um momento em que você se sentiu completa, incondicional e inabalavelmente *amado*. Talvez seja ser amado por sua avó, talvez por sua mãe, talvez por uma companheira ou uma melhor amiga; poderia até ser um animal de estimação. (Se nunca teve essa experiência, tudo bem. Nesse caso, o convite nesse exercício é para que você *apenas invente* – a fim de imaginar como seria ser amado completa e simplesmente pelo que você é. Pode ser de qualquer maneira que escolher.)
9. Observe se existe alguma área que tenha algo como uma carga, e pressione-a, expirando pelo canal central para dentro da terra, abrindo as solas dos pés enquanto faz isso. Abra-as levantando os dedos dos pés do chão e, em seguida, colocando-os de volta no chão, visualizando a *si mesmo* – não apenas a energia – alcançando através deles o interior da terra e nela se enraizando.
10. Conecte uma linha de circuitos desde o espaço do coração no centro do peito, descendo pelo tronco, passando pela pélvis e as pernas, e saindo do corpo pelos pés, penetrando na terra.

A sensação que você experimenta agora em seu coração é, de fato, amor incondicional. Ao fazer esse exercício simples, verá que o amor sobre o qual pensava que havia sido trazido por pessoas ou objetos fora de você estava na verdade disponível dentro de você o tempo todo – bastava se conectar com ele. Construir circuitos por meio dos Códigos de Energia permite que você tenha essa experiência com frequência, mesmo sem um ímpeto transmitido do mundo exterior. Você gerou amor agora mesmo, porque decidiu fazê-lo, e então o recebeu plenamente porque você consegue.

Você o criou e o recebeu. Sem exigência de nenhuma condição especial. Isso tem importância vital! Para permitir que a mente perceba mais da vibração amorosa dentro do corpo – a fim de construir os circuitos necessários para que o amor flua – não se pode simplesmente amar todo mundo; também é preciso amar a si mesmo. Fazer isso especificamente cria a padronização fotônica associada ao fato de saber de verdade que "eu sou amado". A verdade, é claro, é que somos feitos de amor, então não podemos *deixar de ser* amados – mas precisamos dar à Personalidade Protetora a experiência de ser amada. Precisamos incorporar a experiência de sermos amados para criar a sensação de sermos amados *no corpo*, onde ela então se refletirá no mundo como sendo amado por outros.

Quando realizamos essa prática, a mente consciente reconhece que estamos gerando amor, e o subconsciente reconhece que estamos recebendo amor – tudo ao mesmo tempo. Esse é um padrão para praticar várias vezes todos os dias. A familiaridade celular com essa vibração expansiva é uma exigência necessária para realizarmos um movimento completo para o Lado Reverso do Modelo. Não podemos permanecer lá sem ele, pois o amor é a verdadeira identificação, sentimento e sensação do Eu Unificado com a Alma.

Para ilustrar a importância dessa prática, quero compartilhar uma história sobre como minha mãe sempre foi a pessoa a servir aos outros e não se permitir receber o amor que dava aos outros... até que se permitiu.

MARJORIE DIZ: "EU TAMBÉM!"

Minha mãe amava todo mundo. Estava sempre se dando a outras pessoas e cuidando delas – a ponto de comprometer o equilíbrio e a saúde de sua própria vida.

Um dia, enquanto lavava as mãos no banheiro do saguão de um hotel, ela virou-se para pegar uma toalha. Com esse simples movimento, sua perna estralou e se fraturou. Nosso primeiro pensamento foi que seus ossos estavam com osteoporose, o que era mais comum em mulheres com mais de sessenta anos do que em mulheres mais jovens. Mas exames mostraram que sua densidade óssea era igual à de uma jovem de 24 anos!

Então, se a deficiência de cálcio não foi a causa dessa fratura espontânea, o que foi?

De acordo com a ciência da bioenergética, o estudo do campo de energia do corpo, uma "fratura" ocorre primeiro no campo de energia, e *em seguida* se manifesta no mundo físico, quando descemos a guia da calçada e quebramos o tornozelo. Nós entramos no que já existe em nosso corpo de energia sutil. Algo mais estava acontecendo com minha mãe, uma vez que, claramente, nem todo mundo que se vira para secar as mãos quebra uma perna! É possível que a fratura do osso tenha sido causada por uma fratura *energética* – uma energia dispersa que desceu por sua perna para ser liberada no solo. Ela teve um bloqueio em seu campo, e isso aconteceu justamente naquele momento em que virou a perna. (Se eu soubesse como ancorar e integrar nosso próprio campo energético usando os Códigos de Energia naquela época, poderia tê-la ajudado a evitar a fratura completamente, realizando as práticas que ensino aqui!)

Curiosamente, naquela época de sua vida, minha mãe estava apenas começando a se incluir em seus esforços de ajudar os outros. Estava aprendendo a identificar suas próprias necessidades e a falar sobre elas – fato que mulheres de sua geração não faziam de imediato – enquanto buscava equilíbrio. Mas ainda não tinha conseguido identificar e articular com exatidão o que ela realmente sentia ou como deveria "se impor", e assim a energia que estava tentando ancorar e despertar careceu de um caminho para se revelar com graça. Para permitir que ela aprendesse a dizer: "Eu também!", a energia deu-lhe uma situação externa – um atrito – que permitiu essa transformação. Durante todo o tempo, a vida vinha apoiando-a de uma maneira amorosa, mas a mensagem precisava ser transmitida com o volume um pouco mais alto para que ela a ouvisse!

Bem, funcionou. Minha mãe começou a deixar seu amor fluir para ela e também para os outros a partir daquele momento. Quando falava comigo sobre desafios que lhe eram impostos por várias circunstâncias, suas palavras refletiam uma nova perspectiva, e sua experiência de receber amor com maior abundância crescia a cada dia. Para pessoas que dão em excesso, essas práticas ajudarão a encontrar um equilíbrio energético antes que as mensagens tenham de ser massivas!

Por meio dos Códigos de Energia, começamos a reescrever como vemos o amor, e de que maneira é possível experimentar o amor em qualquer situação. Suavizamos quaisquer crenças confinadoras em torno do amor e do que é necessário para experimentá-lo. Pessoas me dizem o tempo todo que elas "se apaixonam" por esse trabalho conforme o realizam – razão pela qual o sentimento do amor é um subproduto do ato de pousar a mente no núcleo central do corpo, permitindo que perceba e amplifique a presença da nossa verdadeira natureza. O amor é extraordinariamente abundante. É completamente ilimitado, então há uma profusão dele para todos. Na verdade, quanto mais recebemos amor, mais o geramos, e vice-versa!

PRÁTICA 2: TRIAGEM AMOROSA

O amor é um catalisador para a transformação – tudo o que amamos muda na presença dessa vibração. Neste exercício, vamos desenvolver o trabalho dos Códigos de Energia adicionando a escolha vibracional do amor como a *natureza* ou a *qualidade* de como estamos trabalhando. Isso garantirá que nosso trabalho não seja mecânico, que seja realizado no espírito de amor, tornando-se, portanto, ainda mais poderoso. Especificamente, usaremos a *respiração da presença amorosa* – reunindo três componentes de mudança de vida para criar a transformação: a respiração, para mover a energia espiritual através do corpo; o amor, para trazer a ele sua qualidade transmutadora; e a presença, para focalizar a mente em locais internos específicos.

Eis como funciona: idealmente, quando estamos em uma situação perturbadora, nós "trabalhamos o corpo" em vez de reagir à história. Descobrimos a presença da carga como uma sensação no corpo, e apertamos esse ponto para reconhecer que a mente consciente está fazendo contato. Em seguida, inspiramos e expiramos ao longo do canal central, trazendo a área carregada para o fluxo de energia através do nosso núcleo enquanto continuamos a pressioná-lo e a respirar. No entanto, agora sabemos que podemos aumentar nossa capacidade de cura e transformação se ativarmos a vibração do amor enquanto respiramos. Ligar esse "interruptor do amor" aumentará tremendamente nosso poder de integrar a dispersão de energia que está causando a carga.

Isso pode ser realmente desafiador no começo. Talvez seja difícil acessar o amor no mesmo momento em que se tenta identificar e integrar a área de dispersão, especialmente quando se está aprendendo a acessar o amor de propósito. Por isso, quero oferecer uma forma alternativa de trabalhar com isso, uma técnica que chamei de Triagem Amorosa.

Estas são as etapas:

1. Quando estiver em um momento desafiador ou estressante, trabalhe o corpo. Observe onde está a carga no corpo, aperte essa área, e memorize sua localização para que possa voltar a ela mais tarde. Isso não apenas minimizará a dispersão energética, mas também o impedirá de fazer qualquer coisa naquele momento para contribuir para o drama da história (por exemplo, impedirá que se envolva em uma discussão, se coloque em uma posição de medo, ou faça algo que o levará a se arrepender).
2. Mais tarde, em um momento em que estiver menos estressado (como quando está deitado na cama), aborde novamente o cenário. Realize o exercício Gerando Presença Amorosa, que acabamos de aprender, imaginando algo ou alguém que você realmente ama. Traga informações sensoriais como cheiros, sons ou qualquer outra coisa que acrescente detalhes à sua visão de amor. Agora aumente o volume do sentimento de amar cada vez mais, até que o amor seja tão alto que faça com que a imagem que você está imaginando empalideça diante de todo esse amor.
3. Observe como você sente isso em seu corpo e defina a intenção de manter esse padrão de energia, não importa qual seja. O objetivo aqui é prender e memorizar como o amor faz com que você se sinta no corpo.
4. Enquanto estiver nesse estado amoroso, inspire e expire lentamente ao longo do canal central de seis a oito vezes, detectando alguma mudança.
5. Ao realizar a Respiração pelo Canal Central, inclua a ideia do tópico desafiador na mistura. Pressione a área do seu corpo onde originalmente sentia a dispersão, e permita que a presença amorosa dissolva a situação desafiadora e construa novos circuitos na área afetada.

Nesta prática, atiçamos a fogueira do amor e depois trazemos o desafio até ela. Não é muito diferente do ritual comum de escrever um desafio em um pedaço de papel e queimá-lo; neste caso, estamos acendendo o fogo em nosso próprio espaço do coração e realizando o trabalho internamente, para que não precisemos realizar a cerimônia externamente. Além disso, ao incorporar essa chama transmutadora de amor, podemos incorporar de maneira mais sustentável as mudanças que realizamos quando incendiamos os atritos da vida.

A abordagem – de colocar em primeiro lugar o que mais importa – da Triagem Amorosa facilita muito a dissolução de nossas interferências energéticas porque não estamos tentando acender o amor em meio a um momento perturbador. Sempre que sentir que a vida está pesada, aproveite essa prática como uma maneira de trabalhar com o que você precisa deixar para trás ou curar. Trabalhar de maneira consistente com o exercício Gerando Presença Amorosa fará com que sua fogueira interna de amor se acenda com cada vez mais facilidade. Em última análise, quando obtemos a energia em movimento e fundimos todos os nossos padrões atolados, aprisionados e dispersos nesse fluxo, mergulhar no amor e passar então a viver lá se torna natural – algo tão automático quanto respirar. (Para os profissionais de saúde e de educação física que estão lendo isto: reconheçam que atiçar a fogueira do seu coração ao trabalhar com as energias de seus clientes – em vez de colocar uma "bolha de proteção" ao seu redor, como somos tantas vezes instruídos a fazer – é um método mais eficaz porque a prática da "bolha" só afirma a dualidade da Personalidade Protetora e do Eu Unificado com a Alma.)

PRÁTICA 3: VENDO TUDO COMO AMOR (TAMBÉM CONHECIDA COMO "TUDO ESTÁ A MEU FAVOR")

Tive o grande privilégio de me sentar ao leito de dezenas de pessoas nos últimos trinta anos, muitas delas em seus últimos dias de vida. Surpreendentemente, todas as conversas tiveram um tom semelhante:

"Está tudo bem. Tudo serviu. Até mesmo as coisas que eu odiava, agora eu amo. Tudo fazia parte desta vida incrível que vivi". Elas falam sobre a enorme gama de experiências que tiveram – tristeza e alegria, vitória e perda, nascimento e morte, tudo. Isso é o que passa pela cabeça das pessoas quando a vida aqui chega ao fim.

Minha pergunta é: "Se vamos eventualmente abraçar todas as nossas experiências de vida a partir dessa perspectiva, por que não fazer isso *agora*?".

Exatamente agora, quando decidimos que tudo na vida acontece para nosso benefício, e operamos intencionalmente a partir desse lugar, geramos um filtro diferente através do qual experimentamos a vida como ela está acontecendo. Se estivermos dispostos a olhar para cada cenário em nossa vida como um ato de amor – como o ato de o nosso verdadeiro eu concedendo amorosamente ao nosso eu terrestre uma experiência que nos leve a despertar para a nossa própria magnificência e a expandir nossa capacidade de amar – interpretaremos naturalmente esses cenários de forma diferente. Ao mesmo tempo, estabilizamos a distorção que a resistência, a rejeição e o julgamento criam em nosso campo de energia. Quando nos damos conta, fica mais fácil ver o amor. Fica mais fácil experimentar o amor. Fica mais fácil revelar e compartilhar incondicionalmente o amor.

O amor é abundante. Está em tudo. Está em toda parte, no todo e na totalidade da vida. Quando percebemos isso, também começamos a reconhecer que, a partir da perspectiva da Conversa no Ponto de Ônibus, até mesmo as coisas mais difíceis da vida são baseadas no amor. A morte da minha mãe foi a maior dor da minha vida, mas diante do que parecia uma perda, naquele momento, também quebrou todos os meus registros anteriores de como o amor poderia ser quando me reuniu a ela nessa realidade profundamente baseada no coração.

A verdade é que *cada* intercâmbio na vida é de fato a interação de amor com amor; são apenas versões diferentes de amor chegando a se conectar. Percebendo que toda a vida é uma história de amor encontrando amor – do Eu Unificado com a Alma despertando dentro de nós ao chegarmos à perspectiva do amor em qualquer dado cenário –, reconhecemos que também é uma ação real do centro do coração e da vibração do amor da qual estamos falando. No entanto, até nos conduzirmos com essa intenção, é improvável que a vida se apresente a nós dessa maneira. Assim como semelhante atrai semelhante, precisamos incorporar o amor para convidar o amor para a nossa experiência. É isso o que estamos promovendo com o Código do Coração.

Também podemos compreender isso por meio da ciência quântica, a qual nos diz que tudo em nossa realidade é, em última análise, um reflexo de nossa própria consciência – e que, quando alguma coisa acontece, é porque uma parte da nossa própria consciência está atraindo essa experiência para a nossa percepção. Se minha vida é tranquila, é porque meu mundo interior está integrado a um lugar onde posso perceber a paz. Se houver turbulência, isso será um reflexo de que há circuitos que ainda precisam ser conectados para que eu veja sem distorção. Em essência, o mundo tridimensional funciona como uma tela de cinema para vermos como estamos integrados, e como não estamos.

Se percebermos que pessoas, lugares e coisas que estão acontecendo no mundo exterior não são um reflexo de nós mesmos, mas, em vez disso, estão separados de nós, começamos a querer mudar essas circunstâncias porque elas são desconfortáveis. Mas quando percebemos que não há nada mais acontecendo a não ser o amor – que tudo o que acontece é apenas um guia para nos ajudar a despertar a mente para o amoroso Eu Unificado com a Alma – podemos experimentar a turbulência de maneira diferente. Quando nos deparamos com uma situação realmente desafiadora, saberemos de imediato que ela é um reflexo de nossa própria realidade interna, uma dádiva para nos ajudar a encontrar a capacidade de manter o amor, a paz e a harmonia em face de qualquer conjunto de circunstâncias. Podemos então levar essa dádiva ao corpo, onde é possível transmutá-la por meio do amor. E este é realmente o nosso trabalho aqui: trazer amor a todos os aspectos de nossas vidas.

Para praticar Vendo Tudo como Amor, siga estes passos:

1. Pense em uma situação que atualmente pareça um verdadeiro desafio para você, por exemplo, um conflito de relacionamento,

um problema de saúde ou uma crise financeira, uma grande perda ou a ameaça de que uma tal perda possa ocorrer.

2. Pergunte a si mesmo: "Se essa circunstância fosse simplesmente uma dádiva ou oportunidade, de mim para mim, para que possa expandir minha capacidade de amar; como minha visão sobre isso mudaria?".

3. Em seguida, usando as práticas da Triagem Amorosa e do Gerando Presença Amorosa, trabalhe essa situação no corpo e no centro do seu coração, veja onde construirá novos circuitos, e permita que a fogueira do amor transmute o velho e ajude a forjar o novo.

4. Se quiser, prossiga com a ação. Pergunte a si mesmo: "De que maneira posso agora escolher amar mais profundamente a mim mesmo e aos outros por meio dessa experiência?". Outra maneira de expressar isso é: "Se o ato de expandir em amor é a razão dessa experiência, o que meu coração está dizendo que devo fazer?" ou "O que o universo está me pedindo para aceitar agora, no que se refere à minha magnífica capacidade de viver no amor?". Em seguida, siga seu coração!

Muitas pessoas sentem que precisam esperar por uma prova externa para começar a ver tudo como amor – um conjunto de circunstâncias do tipo da minha experiência com os trevos de quatro folhas. Mas é apenas algo que você precisa decidir fazer. Da mesma forma que não esperaríamos ver algo em um quarto escuro até que acendêssemos a luz, é preciso ligar o interruptor na mente para começar a vir daquele lugar. Quanto mais começamos a olhar para tudo e para todos como presenças amorosas em nossas vidas (quer pareçam assim à primeira vista ou não), mais encontraremos a vibração do amor. E quanto mais realizamos essas práticas para gerar a vibração do amor, mais fácil é ver o mundo dessa maneira. Derretemos as impurezas no canal central e removemos a oscilação que está obstruindo nosso campo perceptivo. O amor nos reforça, levando-nos a nos aprofundar cada vez mais para incorporar o Eu Unificado com a Alma.

Este trabalho nos ajudará a passar pela vida sem apego, desprendimento ou distorção. Quando incorporamos o amor como o Eu Unificado com a Alma, nosso nível de felicidade vai às alturas, os relacionamentos se transformam e a capacidade para curar, rejuvenescer e reabastecer se torna automática à medida que nos acomodamos em um estado consistentemente pacífico. No amor, a vida começa a mudar para um estado de colaboração em vez de um estado apenas de sobrevivência – uma aventura mágica e feliz criada exclusivamente para o seu benefício.

Correlação entre Chakra e Código do Coração: Chakra do Coração

O Código do Coração está correlacionado com o quarto chakra, ou chakra do coração, localizado no centro do tórax. Esse centro de energia conhecido como *chakra anāhata*, "o intocado", representa nossa própria natureza como amor. É o caminho para a conexão da mente com esse amor e com o campo unificado que conecta tudo no universo. Ele governa todos os aspectos da expressão do amor. Enquanto o *manipūra*, o terceiro chakra, representa nosso sentido do eu, *anāhata* representa a maneira como nos vemos em relação ao mundo e a todos nele. O amor associado ao chakra do coração é sempre vinculante, o elo perdido ("o intocado") na maioria das investigações espirituais.

Muitas pessoas com problemas ligados ao chakra do coração sentem-se desconectadas das outras, do amor e de si mesmas. Sentem-se "de fora", como se os fios que vinculam outras pessoas simplesmente não se prendessem a elas. Isso pode levar à ansiedade, à depressão e à solidão, bem como a sintomas físicos, como problemas cardíacos, circulatórios e respiratórios – uma manifestação literal de uma incapacidade de "absorver as coisas", aceitar ou receber a energia do amor.

O chakra do coração é o lugar onde as energias do primeiro, segundo e terceiro chakras – que representam nosso senso de identidade primitivo e individualista – encontram-se e integram-se com as energias dos chakras superiores, que refletem as energias de alta frequência de nossa consciência divina. O chakra do coração é o lugar onde nossa divindade e nossa humanidade se unem; ele desempenha um papel fundamental no despertar de nossa divindade *em* nossa humanidade.

À medida que ativamos as energias do chakra do coração, abrimo--nos ao nosso eu mais vulnerável e encontramos força e poder no amor. Quando trabalhamos com a energia do chakra do coração, nos tornamos menos preconceituosos e mais presentes – mais divinos, no sentido de que estamos disponíveis àquilo *que é*, em vez de empurrar nossas crenças individualistas, relacionadas aos chakras inferiores, na direção de todas as circunstâncias em que nos encontramos. Também nos tornamos mais pacientes, menos inclinados a julgar e mais capazes de perdoar os julgamentos que outros proclamam. Temos maior bem-estar e facilidade de relaxamento no corpo porque não estamos desencadeando a resposta de luta-ou-fuga ou paralisia. E apreciamos a vida de forma mais plena, na medida em que reconhecemos que somos amorosos e dignos de amor de novas maneiras. Por baixo de tudo isso, somos divinos e agora finalmente conseguimos experimentar esse estado.

Uma concepção errônea comum em todo o mundo é que não podemos estar em nosso poder e ser amorosos ao mesmo tempo. Pensamos: "Se estou em meu poder, não posso ser amoroso. Se estou sendo amoroso, não posso estar em meu poder". Mas isso não é verdade. Podemos fazer os dois! Ser vulnerável não é ser fraco, pois nossa vulnerabilidade nos leva à presença de nosso poder maior, dando-nos acesso ao nosso coração e ao portal de entrada a infinitas possibilidades. Para viver ambos os aspectos de nossa natureza, simplesmente precisamos integrar os componentes energéticos do terceiro chakra – o eu mental autoidentificado – com o quarto chakra – o Eu amoroso, o Eu Unificado com a Alma. Isso nos permite existir em um estado otimizado, poderosamente amoroso e amorosamente poderoso – um estado de ser vulnerável, autêntico, bondoso e forte.

Quando nossa Personalidade Protetora está tentando encontrar amor ou ser amorosa, talvez estejamos, na verdade, tentando demais, e não estamos ancorados e integrados em nosso poder pessoal. Isso se apresenta como o clássico "capacho", condição na qual estamos sempre pensando nas outras pessoas e fazendo favores a elas para tentar obter amor, apreciação, gratidão e um senso de identidade. Quando estamos nesse espaço, talvez seja difícil fazer escolhas que incluam o amor por nós mesmos. Criamos um vácuo, uma lacuna, onde todo o amor está indo para fora e nada dele está sendo integrado em nosso próprio campo de energia.

A tabela a seguir oferece um resumo de algumas das principais características do chakra do coração. Mais uma vez, observe como as propriedades energéticas do chakra espelham as áreas do corpo físico.

Correlação entre Chakra e Código do Coração: Chakra do Coração

NOME(S)	Quarto chakra, *chakra anāhata*
LOCALIZAÇÃO	Centro do tórax, sob o esterno
COR	Verde, cor-de-rosa
NOTA MUSICAL	Fá
ÁREAS DO CORPO AFETADAS	Coração, tórax, circulação, braços, mãos, parte inferior dos pulmões, caixa torácica, pele, parte superior das costas, timo
SINTOMAS DO "LADO ANVERSO"	Medo de traição, codependência, melancolia, respiração curta (falta de ar), pressão sanguínea elevada, doença cardíaca, câncer, incapacidade de perceber ou receber amor
CARACTERÍSTICAS DO "LADO REVERSO"	Compaixão, amor incondicional, fazer amor consciente. "Há mais do que o suficiente para todos." "Só existe um de nós aqui - nós somos um." "Tudo é um reflexo do Divino, e está a meu favor."
PRÁTICAS	• Gerando Presença Amorosa - Escolhendo Ser Amado • Triagem Amorosa • Vendo Tudo como Amor (também conhecida como "Tudo Está a Meu Favor")
TÉCNICA DE RESPIRAÇÃO (conforme explicado no Capítulo 8)	Respiração em Coerência com o Coração
POSTURAS DE YOGA PARA OBTER MAIOR INTEGRAÇÃO	• Postura do Triângulo (*trikonāsana*) • Postura do Buraco da Agulha (*sucirandhrāsana*) • Postura do Peixe (*matsyāsana*) • Torção Vertebral Cruzada (*supta matsyendrāsana*)

Ao equilibrar o chakra do coração, curamos a codependência, os medos relativos à traição, o desaprendimento e a apatia. Disso resultam compaixão, amor e tranquilidade nos relacionamentos. No nível físico, podem ocorrer melhorias na pressão sanguínea, na circulação e nas doenças cardíacas e pulmonares, bem como outros benefícios.

Yoga para o Código do Coração

Juntamente com as práticas do Código do Coração, a seguinte postura de yoga ajudará a ativar e integrar o chakra do coração e a fazer sua energia fluir de novo de forma otimizada.

POSTURA DO TRIÂNGULO (*TRIKONĀSANA*)

Eis como praticar a Postura do Triângulo:

1. Fique de lado sobre um colchonete ou tapete de yoga com os pés separados a uma distância entre 90 e 120 cm.
2. Gire o pé direito para fora de modo que fique voltado para a extremidade curta do seu colchonete, apontando para longe do seu corpo.
3. Gire o pé esquerdo ligeiramente para dentro, de modo que o calcanhar seja o ponto de seu pé mais distante de seu corpo.
4. Gire os quadris ligeiramente em direção ao pé direito de modo que ambos os joelhos estejam seguros e estáveis.
5. Puxe a energia para cima ao longo da perna direita, levantando a rótula em direção ao quadril e o fêmur em direção à cavidade do quadril. Anime também sua perna esquerda. Puxe para cima ao longo do piso pélvico para ativar o *mūla bandha*.

6. Agora, dobre os quadris em direção à parte de trás do colchonete e estenda o tronco sobre a perna direita o máximo que puder. Alcance com a mão direita o topo do seu colchonete e, em seguida, repouse-a sobre o pé, canela ou coxa direita (evite colocar peso diretamente sobre o joelho ou estendê-lo de maneira excessiva). Você também pode colocar um bloco de yoga diretamente na parte interna da canela direita e repousar a mão sobre ele.
7. Gire o tronco para o lado sem desestabilizar seus quadris e estenda o braço esquerdo para fora do ombro, em direção ao teto. Você deve sentir um alongamento e um estiramento na parte lateral da sua cintura e na lombar.
8. Lentamente, coloque os braços de volta nas cavidades glenoidais dos ombros para ativar energicamente os músculos ao redor do coração.
9. Segure por várias respirações. Para sair da postura, incline ligeiramente o joelho direito, levante o tronco de volta para o centro e gire os pés de volta até a posição neutra.
10. Repita do lado esquerdo.

Agora, vamos integrar nossas práticas do Código do Coração e do BodyAwake enquanto realizamos a Postura do Triângulo.

1. Enquanto mantém a postura, conduza sua atenção para o espaço abaixo de seus pés, cerca de 60 cm abaixo do solo. Conduza também sua atenção para 60 cm acima de sua mão esquerda estendida. Imagine que você está atado entre esses dois pontos no espaço, acima de sua mão e abaixo de seus pés.
2. Junte as coxas, estenda a coluna e estique totalmente os braços enquanto, ao mesmo tempo, conecta os braços nas articulações do ombro e ativa os músculos ao redor do coração. Coloque vida em suas mãos até as pontas dos dedos. Reúna a si mesmo em seu âmago.

3. Inspire amorosamente pelas pernas e para dentro do *mūla bandha*, enchendo a bacia pélvica. Puxe estreitamente a parte inferior da barriga para trás em direção à coluna e pressione a parte de trás do seu coração puxando e juntando as omoplatas. Isso, em combinação com a compressão das coxas, gera um "assento" para os circuitos transferirem energia da terra para o âmago do corpo. (Isso é tremendamente útil, pois permite que o corpo mental libere seu esforço constante para gerir e/ou controlar tudo e deixar o amor fluir. Ele também permite a construção do canal central em um nível mais profundo, e para que o Eu Unificado com a Alma seja mais facilmente percebido.)

4. Contraia a parte inferior da sua mão (ou o pulso, se a mão estiver em um bloco de yoga) contra a parte interna da canela e gire o coração para o céu. Pressione tudo no seu âmago ao mesmo tempo. Expire esse amor por todo o âmago do seu corpo e para fora dos braços, mãos, pescoço e topo da cabeça. Na inspiração seguinte, inspire amor para dentro a partir do espaço além da cabeça e das mãos, através do pescoço e dos braços até o coração; então, pressione o coração e *mūla bandha*, e expire o amor para baixo através do corpo e para fora das pernas e dos pés em direção à terra. Contraia as coxas e a parte inferior das pernas ao expirar.

5. Libere *mūla bandha* e repita todo o ciclo por três ou quatro respirações, pressionando o âmago para construir a percepção sensorial com cada ciclo respiratório. Isso permite que você comece a sentir seu eu amoroso mais profundo dentro do seu âmago e construa mais rapidamente circuitos de comunicação.

POSTURAS DE YOGA ADICIONAIS PARA INTEGRAR O CHAKRA DO CORAÇÃO

Você pode usar estes *āsanas* juntamente com a Postura do Triângulo para aprimorar seu trabalho com o Código do Coração. Lembre-se de praticar enquanto pressiona as áreas que deseja integrar, e enquanto relaxa o corpo e imagina – e, em seguida, sente – a energia (você) movendo-se para cima e para baixo pelo canal central. Mais uma vez, ter o sentimento de amor à medida que realiza cada um deles intensifica tremendamente o seu poder.

- Postura do Buraco da Agulha (*sucirandhrāsana*)
- Postura do Peixe (*matsyāsana*)
- Torção Vertebral Cruzada (*supta matsyendrāsana*)

No Código do Coração, incorporamos amor incondicional, o mais poderoso ingrediente de cura que existe. O fogo do amor pode transmutar qualquer limitação e desafio. Podemos aplicar a vibração do amor para situações de "triagem" estressante ou situações dolorosas a fim de impedir que a energia desses desafios fique estagnada no corpo. O amor é a chave para todas as soluções da vida, e acontece que somos feitos de amor!

No próximo Código, adicionaremos mais combustível ao fogo que inflama o Eu Unificado com a Alma interior, usando a respiração, que é a energia que dá vida, o *prāṇa* – o próprio Espírito. É hora de ativar seus chakras e de despertar sua consciência em todos os níveis.

Capítulo 8

O Código da Respiração: O Poder da Vida em Si

"Dra. Sue, é você?"

Estava caminhando pelo corredor em direção à sala de espera do hospital, prestes a visitar uma amiga querida que havia passado por uma cirurgia após um derrame. A enfermeira de plantão da área de recuperação veio rapidamente pelo corredor em minha direção. Era Nancy, cujos filhos eram meus ex-pacientes.

"Lembra de mim?", ela perguntou. "Você salvou a vida do meu filho há muitos anos!"

"Claro que me lembro! Como vai, e como está Darren?

"Ele está excelente, está nas forças armadas agora – é forte como um touro!" Darren era um dos filhos gêmeos de Nancy. Vários anos antes, quando ele tinha cerca de quatro anos, eu o havia diagnosticado com uma "falha de crescimento". Sua irmã gêmea era brilhante e vibrante, enquanto ele era pálido e fraco, com diversas alergias e distúrbios respiratórios. Sua força vital estava diminuindo e não se esperava que vivesse por muito tempo. Os médicos não sabiam o que fazer por ele, então a irmã de Nancy – uma paciente minha – me indicou à família.

Ao observar Darren durante nossas sessões de tratamento, notei que sua respiração parecia "invertida". A maioria das crianças pequenas respira primeiro no abdômen e depois o peito se move. A respiração curta e rápida de Darren começava alta na parte superior dos pulmões, e seu abdômen raramente se envolvia. Trabalhei com ele utilizando a técnica BEST, usando pontos de pressão em torno de sua cabeça e no seu corpo. Também trabalhei com a sua respiração. Assim que os bloqueios foram eliminados, seu padrão respiratório mudou e sua saúde começou a melhorar. Darren voltou à vida. A cor de sua pele mudou quase instantaneamente após essa primeira sessão – seus lábios ficaram rosados e suas bochechas, coradas em minutos! Em sua visita seguinte, observei que seu novo padrão respiratório havia continuado. Nas semanas e meses seguintes, ele se tornou brincalhão enquanto sua força vital despertava. Logo estava ensinando à sua irmã o que era brincar de verdade!

Compartilhei a história de Darren com outros pacientes, dando-lhes tarefas específicas de respiração para fazer como dever de casa. Suas melhorias eram consistentes com as de Darren. Também compartilhei essas histórias de melhora com meu pai para que pudéssemos incorporar os métodos ao treinamento básico da técnica BEST. Com essa pesquisa e outros relatórios de benefícios, os médicos e profissionais de saúde treinados na BEST começaram a usar padrões respiratórios específicos também em suas clínicas, obtendo resultados significativos em todo o mundo.

Anos mais tarde, quando comecei a compreender que ativar a energia em meu âmago era fundamental para incorporar experiências energéticas de alta frequência, percebi que a respiração consciente provavelmente as intensificaria. Enquanto respirava com intenção nas áreas do meu próprio corpo que não estavam tão animadas, ou que não emitiam a sensação de que eu "estava lá", meu palpite se comprovou verdadeiro. Então comecei a ensinar a meus pacientes e alunos diversos padrões respiratórios para despertar as áreas do corpo que se correlacionavam com seus sintomas e padrões.

Nos meses e anos seguintes, compreendi que poderíamos prevenir muitos sintomas e respostas típicas a lesões ativando essas áreas de maneira sequencial, que incluía todos os níveis de energia do corpo. Essa prática desperta a consciência de cada nível de chakra, que antes estava adormecido porque ninguém "morava lá" para promover o despertar. As pessoas começaram a pensar, respirar e se comportar de maneira mais proativa, assertiva e compassiva – tudo porque estavam realizando uma versão maior de si mesmas. Conforme trabalhavam com a respiração em torno de seus sintomas e padrões físicos, sua Personalidade Protetora se acalmou e seu Eu Unificado com a Alma despertou!

Os padrões respiratórios desse Código são os mesmos que usei durante anos com meus pacientes e alunos e em minha rotina diária. Muitos aspectos dessas técnicas são derivados de modalidades tradicionais de reabilitação para fortalecer a coluna vertebral e intensificar a atividade de cura dinâmica no sistema neuromuscular. No entanto, minha experiência pessoal de corporificação e os resultados clínicos positivos ao trabalhar com meus pacientes me levaram a compilá-los nestes padrões específicos. Se utilizá-los regularmente, eles despertarão aspectos de seu Eu Unificado com a Alma que ainda podem estar adormecidos, esperando por sua atenção.

O Que É o Código da Respiração?

Respiração é espírito. Respiração é vida. Respiração é *você*! Quando a respiração se vai, o espírito, a vida e você deixam o corpo, e a experiência de vida como a conhecemos no plano físico acaba. Mas esta não é uma via de mão única. Podemos realmente infundir mais vida, mais de nós, *neste plano* agora, enquanto estamos aqui; podemos trazer mais do espírito, o Eu Unificado com a Alma, em nosso corpo. Para isso, devemos usar a respiração. O Código da Respiração refere-se, como diz o nome, a respirar e, assim, trazer mais vida para dentro de nós. Inspiramos mais do nosso verdadeiro eu em nosso campo de energia e corpo físico, e fazemos a energia fluir para que possamos incorporar totalmente a vida que viemos viver aqui.

Nessa altura, trabalhamos várias vezes com a respiração – para ancorar nossa consciência no corpo; para começar a movimentar a energia através do nosso sistema e aprender a linguagem da alma; para reconhecer, iluminar e limpar densidades ou interferências; e para infundir a vibração do amor do Eu Unificado com a Alma no campo de energia. Agora vamos aprofundar e intensificar o trabalho que viemos aperfeiçoando nos Códigos anteriores, focando *especificamente* na respiração, aprofundando nossa compreensão de que essa energia é quem e o que realmente *somos*.

Focalizar a mente em uma área do corpo e respirar nela ao mesmo tempo nos permite despertar e "estar" naquele espaço, e começar a viver a partir daí. Os chakras são parte integrante desse fluxo de energia e se interconectam com a respiração para criar transformação no corpo e na vida. É assim que "construímos" mais rapidamente a presença do Eu Unificado com a Alma e manifestamos mudanças significativas. Lembre-se, quando a energia não flui no corpo, ela não flui em sua vida.

Neste Código, daremos ênfase aos chakras, que não são simplesmente centros de energia, mas também pontos de ancoragem que abrigam os níveis de sua consciência. Coletivamente, eles são *você* (em uma forma um pouco menos física e mais energética)! Usar a respiração para estimular os chakras fornece a capacidade de mudar *intencionalmente*, com facilidade e graça, em vez de passar anos presos em enredos desafiadores e lições aprendidas no sofrimento e na dor. Quando os chakras não são ativados com nossa energia vital, eles não funcionam de maneira adequada e essa disfunção se reflete em nosso mundo externo. Quando os circuitos que conectam esses chakras são ativados, experimentamos uma harmonia muito maior no corpo, nos pensamentos e nas emoções.

Quando somos ativados no chakra da raiz, por exemplo, sentimos que pertencemos, e que a vida sustenta e reflete nosso bem-estar e felicidade. Temos energia física e saúde vibrante. Temos visões e sonhos, e agimos para manifestá-los. Se não estivermos ativos no chakra da raiz – se ele estiver adormecido, desequilibrado ou mesmo superestimulado – nossos pensamentos não são equilibrados ou harmoniosos, e reconhecemos a nós mesmos sob a perspectiva da sobrevivência em vez do poder de criação e apoio.

No Código da Respiração, insuflaremos energia diretamente em cada um dos chakras. Estaremos, portanto, insuflando energia nas habilidades e qualidades que esses chakras ativados transmitem. O benefício mais instigante do uso intencional da respiração está no fato de que ela cria mudanças *antes que a mente compreenda o que ocorreu*. Por exemplo, se direcionarmos a respiração dentro do plexo solar – no *chakra manipūra*, a sede de nosso poder pessoal – e fizermos nossa energia se mover pelo corpo, começaremos a nos sentir e agir de forma mais empoderada, mesmo que não saibamos conscientemente (com a mente) como ver e avaliar uma situação a partir de um lugar de maior poder pessoal ou de maior autoestima. Será possível simplesmente fazê-lo, porque mudamos em nosso nível de energia.

Como a respiração consciente atua como um integrador – o que significa que ela entrelaça os pensamentos, sentimentos, sensações e químicas no nível físico com a vibração e os circuitos no nível da energia – ela é a ferramenta de transformação mais poderosa disponível para nós, muito mais valiosa do que a meditação isoladamente. Quando escolhemos direcionar nossa respiração dentro de um chakra ou em uma área do corpo, escolhemos criar ali uma mudança e acioná-la como parte de nosso Eu Unificado com a Alma. Escolhemos insuflar o espírito e a energia sutil em nossa energia e forma físicas, e permitir que nos remodelem à imagem de nosso maior potencial.

Pat, de 72 anos, conseguiu respirar fundo em seu núcleo essencial pela primeira vez na vida simplesmente usando essas técnicas. No mesmo instante, ela foi capaz de abraçar e perdoar um padrão de dor emocional que se estendia por toda a sua vida em consequência de um abuso na infância. Essas técnicas também podem funcionar para você.

O Código da Respiração tem tudo a ver com manifestação – respirando à sua maneira dentro de seus sonhos, desejos e visões neste mundo. Por essa razão, também me refiro a este Código como o Código Manifestante. Este trabalho nos lembra de que a vida exterior é um reflexo da integração, da ativação, do despertar e da construção de circuitos de nosso mundo interior. Quando nosso mundo interior não está integrado, qualquer coisa que manifestemos no mundo exterior provavelmente será impermanente e insustentável. Sem integração interna, é preciso muita energia para criar coisas e ainda mais energia para sustentá-las.

Podemos nos manifestar a partir da Personalidade Protetora, mas essa manifestação parece e é muito diferente da que criamos como o Eu Unificado com a Alma, pois é impulsionada pela insegurança e pelo medo. Alguém terá de perder para que possamos ganhar. Talvez nossa saúde seja comprometida por uma carreira de sucesso, ou nossos relacionamentos para nos sentirmos validados. Nesses cenários, podemos ser "bem-sucedidos", mas não teremos intimidade ou saúde.

Para ter realização com satisfação, precisamos vir de um lugar de integração. Se aprendemos a integrar e vir das profundezas de nosso âmago como o Eu Unificado com a Alma, não apenas alcançaremos tanto ou mais no mesmo tempo, ou em menos tempo, como também manifestaremos nossos desejos de forma que todos ganhem, que haja o suficiente para todos, e que não tenhamos de roubar de nós mesmos ou dos outros algo importante para criar nossos desejos. Quando nos manifestamos a partir de um lugar integrado, o que criamos será *sustentável*. Nos sentiremos atraídos por coisas que estão alinhadas ao nosso bem maior e, assim, nossos próprios desejos se tornarão mais divinos e se manifestarão naturalmente.

Quanto mais despertamos nossos chakras, insuflando fluxo de energia dentro deles e os integrando uns aos outros, mais nossa mente será capaz de perceber e de sentir nossa verdade. Nossas ações refletirão nossa verdadeira natureza. Nosso verdadeiro propósito de vida surgirá e fluirá. Quando tivermos os circuitos construídos para suportar um maior fluxo de energia vital, não veremos os desafios como problemas. Não vamos levar as coisas para o lado pessoal e não nos envolveremos na escrita de histórias e narrativas; em vez disso, permaneceremos no fluxo e dissolveremos obstáculos potenciais antes que se tornem pedras em nosso caminho. Simplesmente, veremos tudo na vida como etapas do Projeto Despertar e as lições que elas contêm como maneiras de verificarmos onde precisamos infundir amor, luz e respiração, e construir circuitos.

Esta é a maneira como agora minha própria vida se desdobra.

QUANTO MAIS ENVELHEÇO, MAIS JOVEM FICO

Sou mais jovem agora do que trinta anos atrás.

Isso não é um exagero. Com relação à quantidade de energia que flui constantemente pelo meu corpo e do que sou capaz de realizar, *sou* mais jovem. Embarco em um avião toda semana. Fico diante de um público mais de 250 dias por ano. Gerencio uma equipe e um negócio. Planejo e escrevo cursos e oficinas. Lidero grupos para países distantes ao redor do mundo. Meu dia começa às 6h da manhã e, muitas vezes, não para até a meia-noite. Vou de reuniões ao ensino, ao voo, à redação, às entrevistas, ao tratamento, ao treinamento, às sessões por telefone. Sem falar em fazer e desfazer as malas, encontrar tempo para levar meus cães para passear e contribuir para meu relacionamento maravilhoso. Todo dia, toda semana é assim, mas quase nunca me canso. Durmo em média seis horas... e não vejo a hora de me levantar e começar tudo de novo no dia seguinte.

Como faço isso? É tudo uma questão de fluxo.

Minha vida há trinta anos era uma história muito diferente. Com 25 anos de idade, não conseguiria fazer tudo isso. Naquela época, eu trabalhava na clínica e tinha de tirar uma soneca todas as tardes. Sofria ataques de bronquite todo inverno e tinha enxaqueca, dor no pescoço, dor nas costas, dor no quadril, tensão nos ombros e uma boa quantidade de fadiga contínua. Algo estava sempre doendo. Mas depois do meu despertar energético, tudo isso foi embora. Meu dia de trabalho provavelmente dura 5h a mais do que antes, mas no fim do dia tenho tanta energia que poderia facilmente começar de novo. A renovação acontece de maneira constante e contínua. É fenomenal.

O maior benefício dessa renovação energética contínua é, para mim, meu entusiasmo, tremendamente aumentado, pela vida e por viver, e minha capacidade de perceber, confiar e falar sobre minha verdade sem me preocupar com o que os outros vão pensar, ou se o resultado será bem-sucedido. Minha hesitação – meu fator de medo – diminuiu drasticamente. Estou muito mais disponível para a intimidade, sou muito mais capaz de ser vulnerável e de ouvir e de receber *feedback* sem ter de me esquivar ou me opor. Meu perfeccionismo se suavizou por passar a amar as imperfeições da vida, sabendo que todas elas fazem parte de um belo desdobramento em algo maior e mais significativo. Minha necessidade de realizar está completamente estabelecida na celebração de quem somos como seres humanos, e minha disponibilidade para com os outros é tremendamente intensificada porque minha energia e recursos estão muito disponíveis.

Minhas visões para minha vida também floresceram. Deixei de me ver apenas como um indivíduo tentando "fazer a minha parte" em minha clínica singular em uma cidade singular, para compreender e aceitar meu papel como visionária global e professora espiritual. Eu me abri o suficiente para permitir que as circunstâncias e o fluxo de energia dentro de mim dessem apoio à minha capacidade de ensinar pessoas em uma dúzia de países ao redor do mundo. Pessoas do outro lado do oceano frequentam meus seminários, aprendem este trabalho e são atendidas no Instituto Morter, porque permiti que um maior senso de identidade fosse revelado e se manifestasse.

Olhando para trás, acho incrível que eu costumava ter medo de falar porque achava que não tinha nada a dizer que fosse importante, ou que minhas ideias não fossem significativas o suficiente para fazer a diferença para outras pessoas. Ao me permitir mergulhar em meu próprio Eu Unificado com a Alma usando as mesmas práticas e princípios que estou ensinando neste livro, aprendi que as coisas que compartilho são exatamente o que as pessoas precisam ouvir. A parte mais profunda de mim mesma sabe que isso sempre foi o destino; eu só precisava insuflar vida ao que já era destinado a se manifestar.

Cada um de nós tem capacidade para obter esse tipo de propósito – aquele que sempre conhecemos profundamente, mas não permitimos que a mente o leve em consideração ou o apoie por tempo suficiente para trazê-lo à vida. Pense nisto por um momento: tudo o que deseja ser, fazer e criar já está dentro de você, apenas esperando que conecte os *circuitos* necessários para trazer esses planos à luz.

Na verdade, neste ponto dos Códigos, adoraria que você realmente começasse a reconhecer que toda a sua experiência de vida é o Eu Unificado com a Alma tentando conduzir a mente de uma maneira mais eficaz e magistral. Você está constantemente se movendo em direção de saber o quão magnífico, forte e capaz você é – então aperte esse bloqueio que o está *avisando* que você sabe, respire através dele, como você aprenderá a fazer neste Código, e ame-o pelo que está revelando!

Esses Códigos fornecem as ferramentas para chamar a atenção da mente para o que o corpo está tentando revelar. Quando a mente e o corpo começam a respirar em colaboração um com o outro, nosso verdadeiro destino vem de dentro e se torna óbvio para nós – tão óbvio que não podemos *deixar* de honrá-lo. Nosso desdobramento acontece naturalmente, sem que tenhamos de forçar e tentar, e sem o tremendo dreno de energia que resulta da manifestação a partir da Personalidade Protetora. Não *tentei* criar nenhum tipo de expressão ou envolvimento maior no mundo; continuo sendo convidada para uma maior expressão e empenho porque estou desenvolvendo os circuitos que permitem obter a ressonância na frequência vibracional onde essas oportunidades vivem. Você também pode.

Despertamos para o nosso eu maior com facilidade, insuflando a respiração nas partes de nós mesmos que estavam adormecidas. No decorrer da vida, podemos descobrir a maioria dessas expressões de qualquer forma – mas por meio deste trabalho, é possível descobri-las *imediatamente*, manifestá-las e celebrá-las. Esse tipo de transformação dramática é a promessa do Código da Respiração. Formas específicas de respirar ativarão cada um de seus chakras individualmente e acionarão seus circuitos de maneira direcionada e proativa.

As Práticas do Código da Respiração

PRÁTICA 1: RESPIRAÇÕES PARA OS CHAKRAS UM A SETE

Tudo neste mundo é feito de energia e cada forma é composta de átomos, que podem ser divididos em partículas subatômicas, as quais estão em constante movimento dentro de uma quantidade infinita de espaço. Esse espaço, que existe dentro de todas as partículas e entre elas, é tão significativo quanto a própria forma. Na verdade, o campo unificado fornece o pano de fundo sobre o qual toda a vida está posicionada. Você sabia, por exemplo, que estudos científicos recentes mostram que as raízes das plantas crescem no espaço de energia entre as moléculas do solo e não no solo em si? Ou que nós, seres humanos, caminhamos sobre "almofadas" de energia em vez de efetivamente tocar o solo como pensávamos? Tudo, de fato, é energia! Para melhorar a saúde e a vitalidade, precisamos ativar e manter a energia invisível no espaço entre as partículas que compõem os tecidos do corpo e lhe dão vida. Por quê? Porque, na verdade, nós *somos* esse espaço invisível! Nós somos o espírito entre as partículas. Quando respiramos com percepção, uma energia vital flui pelo corpo, ativando intencionalmente todos os aspectos de nossa totalidade.

Quando o espaço entre as partículas é reduzido, áreas do corpo se tornam mais densas e nós ficamos mais comprimidos. Quando ficamos perturbados e nos contraímos, bloqueios energéticos podem se formar, levando a sintomas emocionais e/ou físicos. Para otimizar o fluxo de energia, devemos manter o espaço entre as partículas expansivo. Podemos até mesmo dizer que devemos dar a elas "espaço para respirar"!

Antigas tradições orientais de técnicas de respiração produzem resultados específicos no corpo físico. Incluí algumas delas conforme as adaptei em minha própria experiência de corporificação. Nesses exercícios, você se abrirá para as frequências vibracionais de cura e criatividade dentro de cada chakra e integrará essas frequências em seu corpo e mente no nível celular.

Lembre-se de que você é a própria respiração e *tem* um corpo para nele viver. Então, por que não aprender a habitar toda a sua casa?

A Respiração pelo Canal Central – 1º e 7º Chakras

A Respiração pelo Canal Central do Código da Ancoragem (página 143) conecta todos os pontos ao longo do canal central, mas, especificamente, faz com que a energia flua através dos chakras da raiz e do coração. Aqui está uma breve recapitulação desse exercício. Lembre-se de realizar uma respiração abdominal profunda, estendendo-a na inspiração e comprimindo-a na expiração.

1. Visualize um canal vertical estendendo-se da parte superior ao topo de sua cabeça, atravessando seu corpo até a ponta de sua coluna vertebral e penetrando na terra abaixo de seus pés.
2. Pressione seus pontos de ancoragem: o *mūla bandha*, o coração, a garganta e atrás dos olhos.
3. Concentrando-se no espaço acima de sua cabeça, inspire descendo pela parte central da cabeça, pela garganta e pelo coração; deixe a respiração chegar ao abdômen.
4. Então, a partir do abdômen, expire para baixo através do *mūla bandha*, saindo da ponta da coluna vertebral e penetrando na terra.
5. Na próxima respiração, inspire a partir do fundo da terra, subindo através da ponta da coluna até o abdômen.
6. Expire de volta pelo canal central, seguindo pelo coração, pela garganta, por trás dos olhos e saindo pelo topo da cabeça.
7. Agora pratique *ser* a respiração enquanto sobe e desce o canal. Seja a essência dentro do elevador subindo e descendo pelo poço. Uma experiência aprofundada começa a se formular a partir dessa última etapa.

O aspecto mais importante desse exercício está em seguir a respiração com atenção consciente durante todo o caminho pelo canal central, sem pular nenhuma porção do trajeto durante o processo. Faça isso como se você *fosse* a respiração se movendo pelo canal. Apenas imagine isso. Esse exercício conecta as energias sutis e vibracionais mais elevadas do universo com as energias físicas e aterradas no seu corpo e na terra em si, criando um caminho para uma integração mais profunda dessas várias energias que compõem você. Como todos os chakras principais residem ao longo do canal central, esse canal é como a "placa-mãe" do corpo; essa respiração muda os interruptores de energia para "ligado". A partir desse local ativado, um trabalho mais sutil com cada centro de chakra pode começar com mais facilidade e especificidade.

A Respiração no Vaso (Respiração Abdominal de Buda) – Segundo Chakra

Essa respiração tem por base a Respiração pelo Canal Central, concentrando-se na parte inferior do abdômen, na área do segundo chakra, o *svādhiṣṭhāna* ou chakra do sacro. Ao contrair os músculos abaixo do umbigo e se aprofundando na bacia pélvica enquanto respira, conservamos a força vital energética dentro do corpo, em vez de simplesmente movê-la através do sistema. Essas contrações criam um "funil" em vez de um mero canal, e permitem que a energia seja mantida durante mais tempo no corpo (e ative mais completamente os tecidos).

Essa prática pode beneficiar a todos, mas é importante sobretudo para trabalhar com um desequilíbrio ou bloqueio do chakra do sacro. Respirar dessa maneira melhora a vitalidade, desperta a energia criativa do segundo chakra e cultiva a sabedoria interior ou a capacidade para "confiar na intuição". Bilhões de bits de informação bombardeiam o campo de energia a cada milissegundo, e é aí que eles são cultivados, na região abdominal inferior, na área do segundo chakra. Confiar em nosso instinto é confiar em nossa capacidade de tomar decisões e realizar avaliações com base em mais informações do que a mente pensante pode gerenciar.

Realize a Respiração pelo Canal Central, movendo-se a partir do espaço acima da cabeça, seguindo ao longo do canal central do corpo até logo abaixo do umbigo na área do segundo chakra.

À medida que faz isso, contraia o *mūla bandha*, levantando os músculos do esfíncter de dentro para cima.

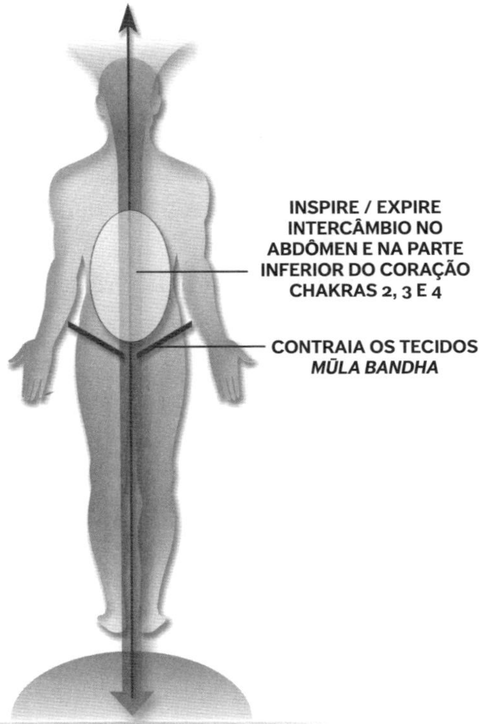

RESPIRAÇÃO NO VASO – 2º CHAKRA (RESPIRAÇÃO ABDOMINAL DE BUDA)

Segure continuamente o *mūla bandha* durante a inspiração e a expiração. Isso pode parecer desafiador porque a barriga está sendo contraída e expandida ao mesmo tempo. Permita que ambos os movimentos interajam entre si, criando um sentido de percepção nesse espaço de chakra. Esta é a resistência ou atrito interno intencional do qual já falamos antes.

Acople essa respiração com toda a respiração pelo canal central desde o espaço acima da cabeça até o espaço abaixo da ponta da coluna, e em seguida para dentro da terra, e então suba novamente, enquanto segura o *mūla bandha* o tempo todo. Isso integra as energias do segundo chakra com as energias de frequência mais alta do restante do canal central.

Respiração no Plexo Solar – Terceiro Chakra

A Respiração no Plexo Solar usa uma contração muscular adicional para ativar o *chakra manipūra*, o chakra do plexo solar e seus benefícios relacionados. Como essa respiração integra o terceiro chakra, ela intensifica a determinação, fortalece a autoestima e nos empodera em um sentido geral. Se essa área não for ativada, é difícil ter um senso verdadeiro de quem você é – ou ter o poder de honrá-lo, mesmo quando se tem tal senso. Essa respiração, quando praticada em conjunto com as outras, alimenta o fogo de sua paixão pessoal e pode mudar sua vida.

Veja como realizar a Respiração no Plexo Solar:

1. Enquanto respira pelo canal central, e com o *mūla bandha* contraído, contraia também os músculos peitorais superiores e una as omoplatas, puxando-as para baixo. Comprima o peito como se estivesse "segurando" o centro do coração com firmeza ou se abraçando dentro do peito.
2. Restrinja a área que vai de onde você respira até o espaço acima do umbigo e abaixo das costelas. (É o espaço que, se fosse golpeado, o deixaria sem fôlego.) Chamo a respiração nessa área limitada de respiração da Bola de Beisebol/Toranja.
3. Ao inspirar, empurre para fora essa área superior do estômago, expandindo-a até o tamanho de uma toranja; ao expirar, visualize essa área retornando ao tamanho de uma bola de beisebol.

4. Pratique a respiração da Bola de Beisebol/Toranja e, simultaneamente, acrescente a respiração pelo canal central. Inspire a partir do espaço acima da cabeça, fazendo a "bola de beisebol" aumentar até o tamanho de uma "toranja" na área do plexo solar; depois, expire para a terra, fazendo com que a "toranja" diminua de tamanho até ficar do tamanho da "bola de beisebol". Em seguida, inverta e respire a partir da terra subindo através do corpo até expirar em cima da cabeça; "toranja" na inspiração e "bola de beisebol" na expiração.

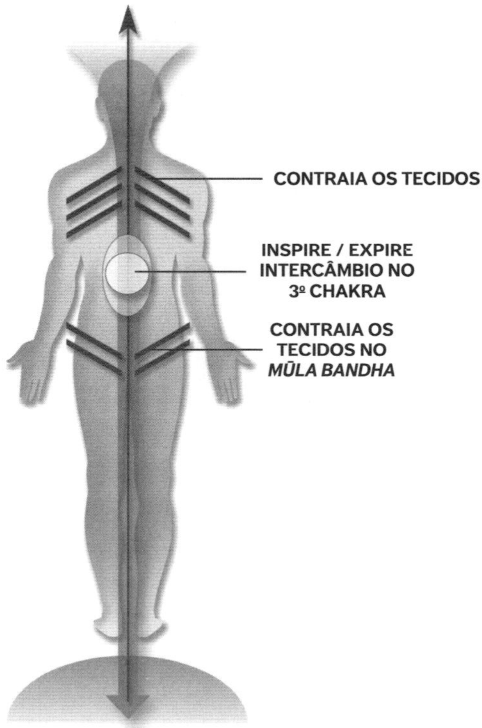

RESPIRAÇÃO NO PLEXO SOLAR – 3º CHAKRA

Respiração em Coerência com o Coração – Quarto Chakra

A Respiração em Coerência com o Coração concentra-se na expansão do *chakra anāhata*, o quarto chakra ou centro do coração, ativando a energia do amor e a dinâmica conectiva do coração enquanto ancora sua consciência no Eu Unificado com a Alma. Essa respiração também ajuda na resolução de conflitos e na recepção de amor, e imediatamente convida o ingresso de mais alegria e paz.

1. Comece com a Respiração no Vaso, preenchendo, na inalação, a parte inferior do abdômen ou barriga.
2. Continue a inalar no abdômen até que a parte média do tórax (o espaço do coração) também se preencha e a cavidade do tórax se levante, preenchendo, por último, os lobos pulmonares superiores.
3. Agora, expanda-se além do corpo com a respiração, imaginando que ela transborda o corpo e se expande ao redor dele.
4. Na expiração, esvazie primeiro o tórax e a área superior dos pulmões e depois continue esse esvaziamento até que o abdômen/barriga também comece a esvaziar. Imagine que você expira sua respiração em todas as direções, para o mundo, de maneira esférica. A próxima inspiração virá de todas as direções, e penetrará no abdômen.
5. Por fim, quando a expiração estiver se completando, puxe o umbigo para dentro e para cima, como se estivesse tentando colocá-lo em contato com a coluna vertebral. Complete sua expiração, de modo que sua última porção de ar seja expelida dos pulmões. Isso ajuda a restabelecer, no sistema nervoso, a resposta de luta-ou-fuga ou paralisia.
6. Depois de praticar essa sequência de seis a oito vezes, também conecte essa respiração com o canal central, inspirando para o abdômen, ou seja, com a respiração abdominal, a partir de onde você está sentando ou de pé, e expirando para cima da cabeça; depois, inverta o processo, inspirando a partir de cima da cabeça e expirando para a terra.

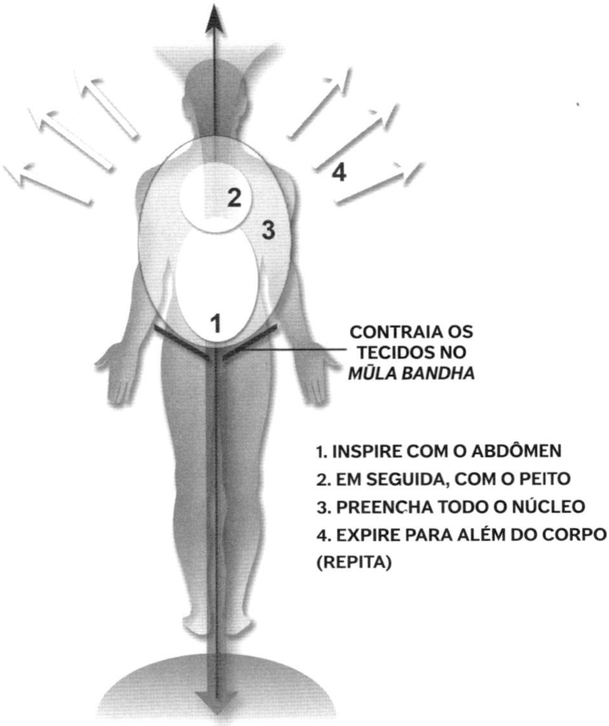

RESPIRAÇÃO EM COERÊNCIA COM O CORAÇÃO – 4º CHAKRA

Respiração Manifestante – Quinto Chakra

A Respiração Manifestante ativa o *chakra vishuddha*, o chakra da garganta e onde se situa sua verdade. Quando esse aspecto da consciência é vivificado, podemos ouvir e falar aberta e honestamente. Estamos focados em manifestar a verdade maior, e não apenas nossa percepção ou opinião pessoal ou Protetora. Isso permite que a vida se desdobre graciosamente porque estamos abertos, livres e em verdadeiro alinhamento com a lei universal.

Use essa respiração para ajudá-lo a se proclamar e a se manifestar para o mundo e para agir como o Eu Unificado com a Alma em vez da Personalidade Protetora.

Veja como praticar a Respiração Manifestante:

1. Com o *mūla bandha* no lugar, execute a Respiração no Plexo Solar – comprimindo os músculos abdominais, e também pressionando seus músculos peitorais com as omoplatas para trás e para baixo. Preencha seu abdômen e o espaço do coração com a respiração.

2. Mantenha o queixo nivelado e puxe-o em direção à nuca. Imagine "travá-lo" no lugar. Faça dessa área o foco central de cada inspiração e expiração. Contraia todos os músculos do espaço restante do núcleo a fim de isolar a garganta.

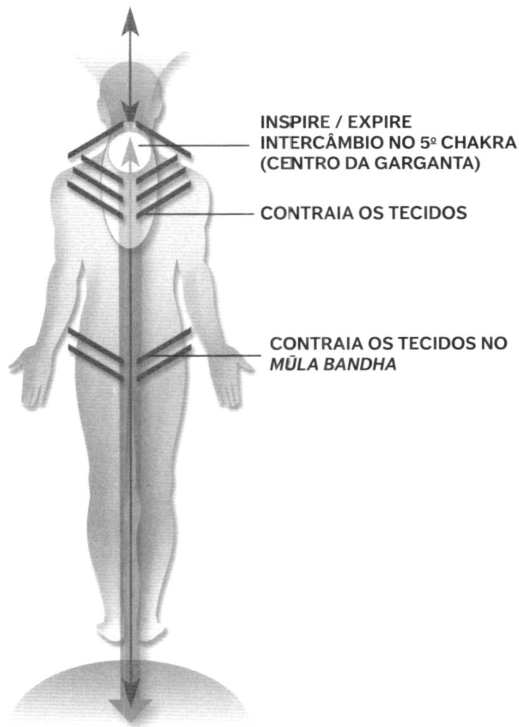

RESPIRAÇÃO MANIFESTANTE – 5º CHAKRA

1. Inspire a partir da região acima da cabeça e desça para a garganta com sua atenção consciente. Expire por todo o canal abaixo da garganta e em direção à terra. Em seguida, inspire a partir da terra, seguindo ao longo do corpo até a garganta, e expire saindo pelo topo da cabeça. Deixe a garganta ser o ponto central do intercâmbio da respiração, mas também se certifique de *sentir* a respiração (você mesmo *sendo* a respiração) movendo-se para cima e para baixo, ao longo de todo o canal, como uma luz quente e líquida.

Respiração Visionária (Respiração da Visão Interior) – Sexto Chakra

Esta respiração ativa os centros cerebrais superiores e o *chakra ājñā*, o terceiro olho. Isso o ajudará a perceber com precisão o que é, e a ver, além dos véus da Personalidade Protetora, a verdade do Eu Unificado com a Alma. Essa respiração cultiva maior clareza e percepção interior para que consigamos ler as mensagens sutis de energia de nosso próprio corpo. Para obter melhores resultados, pratique-a em conjunto com os outros trabalhos de respiração descritos neste Código a fim de estabilizar o canal abaixo do terceiro olho.

Neste exercício, inicialmente nos desviamos da linha de base da Respiração pelo Canal Central e, em vez dela, imaginamos a inspiração a partir de um ponto focal na frente da testa até o centro do cérebro; em seguida, expiramos pela parte de trás da cabeça. Ao realizar esse exercício, mantenha os pontos de ancoragem ao longo do canal central ativados ou contraídos, especialmente o *mūla bandha*.

Com os olhos fechados, gire os olhos para cima de modo a sentir a tensão nesse ponto de ancoragem. Mantenha o foco nessa área enquanto relaxa a tensão para a prática real, recriando a tensão sem perder o foco.

1. Perceba-se inspirando a partir da frente da testa até o centro do cérebro, no ponto de ancoragem atrás dos olhos. Imagine sentir a respiração preenchendo o espaço entre todas as células do seu cérebro, e dentro delas, ativando-as e nutrindo-as.

2. Imagine expirar pela parte de trás da cabeça a uma distância igual, oposta ao ponto de entrada.
3. Agora inverta o processo, inspirando a partir da parte de trás da cabeça até o centro do cérebro.
4. Imagine expirar pela testa para o seu ponto focal.
5. Repita várias vezes essa ação e, em seguida, conecte-a verticalmente com o canal central em cada intercâmbio. Inspire a partir da parte superior da cabeça até o *ponto de ancoragem no centro do* cérebro e, em seguida, expire ao longo de todo o canal até a terra.

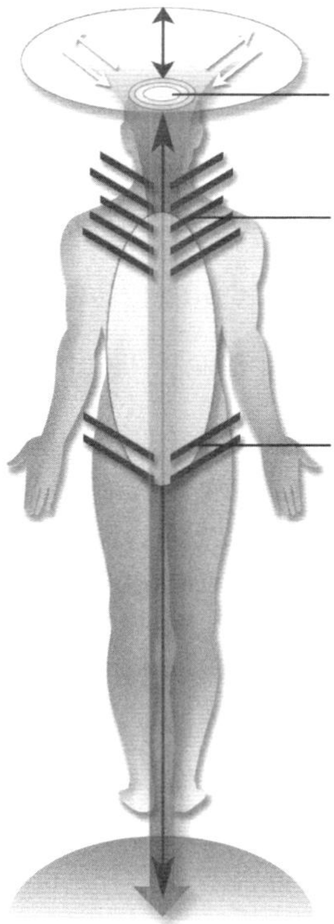

RESPIRAÇÃO VISIONÁRIA – 6º CHAKRA (RESPIRAÇÃO DA VISÃO INTERIOR)

PRÁTICA 2: RESPIRAÇÃO POR MIL CANUDOS MINÚSCULOS

Somos feitos, literalmente, de milhares de minúsculos tubos ou canais de energia chamados "nadis", e outros maiores chamados meridianos na anatomia do corpo sutil. Essa prática de respiração nos permite começar a trazer consciência a esses canais a fim de obter maior vitalização em nosso sistema. Essa prática é fundamental para curar lesões e dores crônicas, ao insuflar "espaço" em todos os tecidos musculares e conjuntivos. Também vivifica os tecidos das camadas externas do tronco, além do canal central, incluindo os braços e as pernas. É altamente benéfica para nos levar a expressar nossos dons e talentos inerentes, e o nosso propósito neste mundo, pois ajuda a remover bloqueios e a nos despertar para vibrações, realidades e capacidades que pensávamos estar fora de alcance. É intricadamente integradora.

Para fazer esse exercício respiratório, é preciso visualizar o corpo em três seções, como no diagrama da página 271:

- Dos pés à parte superior dos quadris.
- Da parte superior dos quadris aos ombros, incluindo os braços.
- Da parte superior dos ombros ao topo da cabeça.

1. Para começar, contraia todos os músculos da primeira seção do corpo (dos pés aos quadris).
2. Agora, inspire através dessa área, começando abaixo dos pés, como se o seu corpo de energia sutil fosse feito de mil canudos minúsculos, e estivesse sugando por eles um *milk-shake* muito espesso, centímetro por centímetro.
3. Continue contraindo o corpo internamente, inspirando com grande intensidade. Ao chegar à próxima seção do corpo, expire, mas *não libere a área de contração abaixo dessa seção.* Em vez disso, acrescente a ela a contração de cada músculo na seção

seguinte (do topo dos quadris aos braços e ombros). Na próxima inspiração, puxe a energia para cima, centímetro a centímetro, através de toda essa parte do corpo, até o topo dos ombros.

4. Expire na área do pescoço e dos ombros, mas *não libere* as contrações musculares de todo o corpo abaixo desse nível.

5. Em seguida, acrescente a terceira e última seção (da parte superior dos ombros até o topo da cabeça, incluindo pescoço, rosto, boca e couro cabeludo). Na inspiração, puxe a energia através dos canudos nessa seção, centímetro a centímetro, até puxá-la para o topo da cabeça.

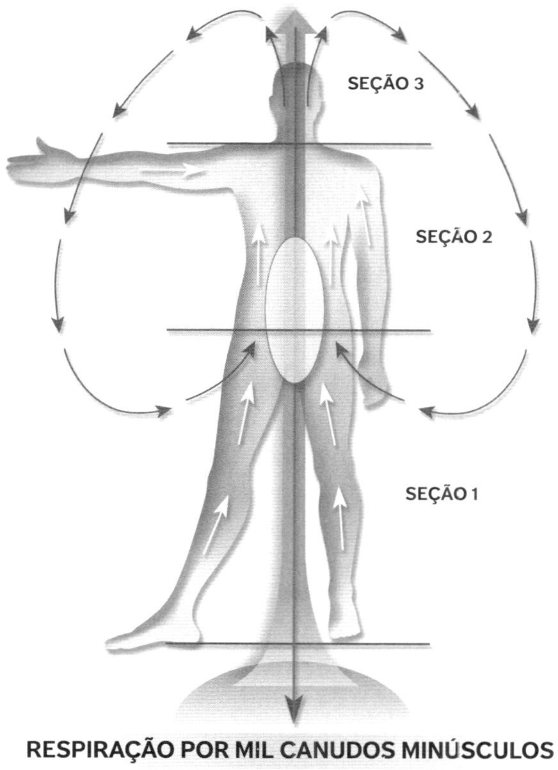

RESPIRAÇÃO POR MIL CANUDOS MINÚSCULOS

1. Prenda a respiração por um segundo e depois expire pelo topo da cabeça, sem relaxar um único músculo.

2. Sinta a energia se derramando por fora, ao redor do corpo – e então, relaxe tudo! Pense no Homem-Toro e em sua energia tridimensional, que vimos no Capítulo 3.

3. Inspire profundamente, expire e entoe o som relaxante de "ahhhh". Esteja ciente de uma nova energia fluindo em seu corpo a partir da parte superior da cabeça, como se você estivesse de pé sob uma cachoeira. *Permita-se sentir-se bem*. Seu sistema está sendo reabastecido energeticamente.

4. Repita a prática duas ou três vezes.

5. Finalize contraindo todas as três seções simultaneamente e inspirando de cima da cabeça para baixo e expirando por todo o corpo até a terra.

Essa respiração é uma técnica avançada, que se aprende melhor com as instruções ao vivo no Curso dos Códigos de Energia ou por meio de demonstração em vídeo (veja drsuemorter.com/energycodesbook), mas, por causa de seus tremendos benefícios de cura, quero ensiná-la aqui. Para ser de fato eficaz, essa técnica deve ser realizada regularmente e com grande atenção aos detalhes. Mas, depois de dominá-la, você terá um método poderoso para remover a interferência no fluxo de energia sutil do corpo – realmente fazendo com que seu fluxo pareça com o do Homem-Toro. Então, dê-lhe uma chance. Verá que ela fica mais fácil com a prática.

Também usaremos a Respiração por Mil Canudos Minúsculos em conjunto com a prática final desse Código para direcionar e curar lesões e dores crônicas. Os efeitos serão incríveis!

PRÁTICA 3: RESPIRAÇÃO DA FRONDE DE SAMAMBAIAS

A Respiração da Fronde de Samambaias é uma técnica para integrar finos detalhes do fluxo de energia na coluna vertebral, o que ajuda a sustentar as mudanças que estamos tentando fazer. Ela constrói circuitos em detalhes e, embora possa parecer complicada no início, com a prática ela começará a parecer simples e natural.

Imagine uma fronde de brotos de samambaia encaracolados. Veja como as folhas se enrolam estreitamente sobre si mesmas. Agora imagine-as se desenrolando de forma lenta, com suas curvas se endireitando até que a samambaia esteja esticada em todo o seu comprimento. Isso é mais ou menos o que faremos: enrolar em uma espiral, depois desenrolar para abrir o corpo novamente, inspirando enquanto avançamos.

Ao fazer isso, estaremos envolvendo um ponto ou local específico no sistema de energia – um local que fica logo atrás da parede abdominal, acima do *mūla bandha* e na frente do sacro, na ponta da coluna vertebral. Em algumas práticas orientais, esse ponto é chamado de *dantian*. Queremos nos apoderar desse lugar e, a cada inspiração, puxá-lo para cima através do corpo enquanto nos desenrolamos. Desdobraremos a coluna vertebral, vértebra por vértebra, de modo que cada segmento se torne o ápice da curva à medida que ela se desenrola.

Veja como fazer isso passo a passo:

1. Sente-se em uma cadeira ou de pernas cruzadas em um tapete de yoga ou no chão.

2. Contraia o *mūla bandha* e encontre o *dantian*, o espaço atrás do abdômen, acima do *mūla bandha* e na frente do sacro. Imagine-o como uma bolinha de luz e puxe-o para cima pelo canal central enquanto executa as próximas etapas e se torna essa bola de luz.

3. Expire e dobre o queixo sobre o peito. Continuando a expirar, curve o peito para baixo, em direção ao abdômen, e para dentro, em direção às coxas, enrolando-se como uma fronde de

samambaia se fechando. Enrole-se o máximo que conseguir sem sentir dor, expirando até que todo o ar seja liberado de seus pulmões. Imagine sua coluna vertebral curvando-se em uma espiral perfeita, como essa samambaia, não apenas articulada na base.

4. Agora inspire, pressionando as mãos contra as coxas. Empurrando a coluna vertebral para trás, afastando-a das mãos, desenrole o corpo para cima, um segmento da coluna de cada vez. Mantenha o queixo totalmente encolhido até que esteja mais uma vez sentado na vertical e seja hora de desenrolar o segmento do pescoço; quando chegar à coluna cervical, visualize a si mesmo desenrolando uma vértebra de cada vez até chegar à base do crânio. (*Observação*: é preciso inspirar o tempo todo em que estiver se desenrolando até a posição vertical, de modo que isso leve duas ou três respirações inicialmente; quando precisar expirar, pare exatamente na posição em que está seu desenrolar e expire, depois inspire de novo e prossiga de onde parou.)

5. Em seguida, incline o nariz em direção ao teto, vire os olhos para cima e os junte, então expire diretamente para fora do centro da testa e do topo da cabeça.

6. Agora, inspire a partir dessa mesma posição e, em seguida, expire e comece a se enrolar novamente, esvaziando o ar na respiração enquanto fecha a fronde de samambaia de volta para baixo até que retorne à sua posição completamente enrolada para a frente, com o queixo no peito e o peito para baixo em direção ao abdômen. Volte a testa e a cabeça em direção ao chão. Assim como no processo de desenrolar, pode ser necessário fazer isso ao longo de várias respirações; se precisar inspirar, faça uma pausa, respire e continue a curvar a coluna vertebral para baixo na próxima expiração.

7. Repita duas ou três vezes.

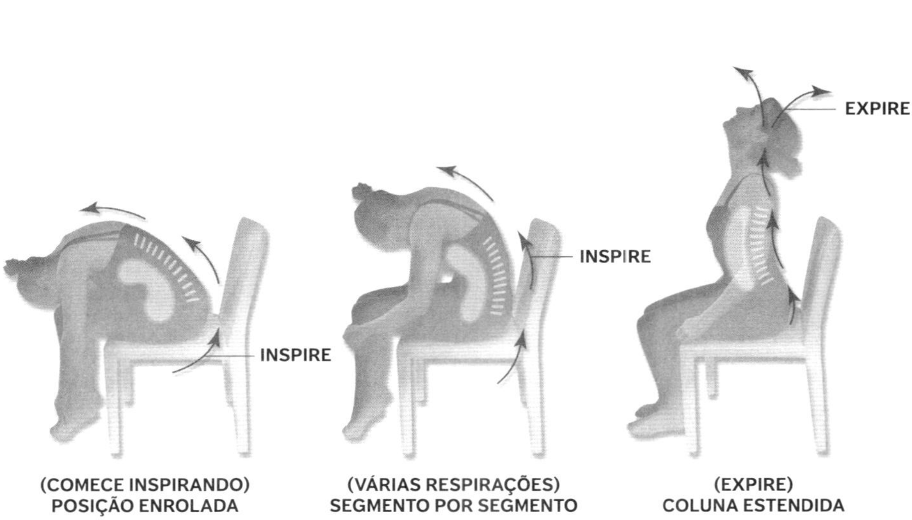

RESPIRAÇÃO DA FRONDE DE SAMAMBAIAS

O mais importante nessa prática é levar o seu foco consciente até um pequeno segmento da coluna vertebral de cada vez, de modo que a integração aconteça ao longo de toda a coluna. Repetir o exercício em conjunção com as outras técnicas de respiração – Chakras 1 a 7 e Respiração por Mil Canudos Minúsculos – aumenta *muito* a integração. Ao trabalhar com essas práticas de respiração e se familiarizar de maneira íntima com suas nuances, você começará a sentir, e perceber, verdadeiramente como as diferentes energias podem trabalhar juntas em seu corpo. Quando puder sentir seu verdadeiro eu como a energia do corpo, começará a se tornar um mestre em movimentar a energia. Quando puder mover a energia em seu corpo, poderá movê-la em sua vida; logo será capaz de mudar suas circunstâncias para aquela vida mágica com a qual sempre sonhou. Você irá muito além da cura, para viver como um criador.

Enquanto isso, porém, vamos fazer a cura acontecer!

PRÁTICA 4: PADRÕES DE RESPIRAÇÃO PARA A CURA

A dor existe (ou, mais precisamente, a disfunção ou falta de cura persiste) no corpo por causa da falta do fluxo de energia através da área afetada. Um bloqueio faz com que um excesso de energia se acumule como uma represa em um rio, o que causa dor. Para restaurar um fluxo otimizado e, portanto, a saúde, queremos que essa energia se mova através do bloqueio e circule e se integre novamente em todo o sistema.

Se uma área do corpo estiver fraca, isso significa que não há energia suficiente movendo-se por essa área, como a parte de trás da represa no rio. Queremos aumentar ali o fluxo de energia colocando sobre ela nossa atenção consciente e trazendo energia até ela com a respiração, abrindo caminho através da represa. Esse padrão de respiração começará a mover a energia através da área a fim de restaurar a funcionalidade.

Veja como fazer isso:

1. Pressione a área afetada. Não apenas a pressione mecanicamente; em vez disso, pressione-a como se estivesse acariciando-a a partir de dentro, fazendo contato consciente com ela, então insinue: "Estou escutando. Não vou te ignorar dessa vez. Estou abraçando o que está tentando me dizer. Agora percebo que estamos nisso juntos".

2. Em seguida, respire além da área, através da área e até o centro do coração, e expire pela outra extremidade do canal. Respirar além da área significa ir além da extremidade mais próxima e absorver a energia a partir de lá. Por exemplo, se o seu joelho estiver doendo, pressione-o como nos Mil Canudos Minúsculos, e então, em sua imaginação, desça além do seu pé para inspirar a energia da terra, através do pé e da parte inferior da perna, até o joelho – e depois para além dele, até o quadril, o abdômen e todo o caminho até o coração. Então expire pela garganta, cérebro e coroa, a parte mais alta da cabeça. Se a dor ou a falta de função estiver no quadril, deve ir novamente além do pé como ponto de partida. Se o problema estiver em um ombro, deve começar a

respirar a partir de um lugar além da mão, ou além do topo da cabeça, o que você sentir que está mais envolvido com o problema. Não importa de onde você comece a inspirar, sempre inspirará no coração e expirará pela outra extremidade do canal.

3. Enquanto está mapeando a respiração através da área problemática, comprima os músculos ao longo de todo o percurso. Comprima-os e os distenda ao mesmo tempo que respira. Isso puxa a energia através dos tecidos, despertando circuitos energéticos; então, comprima, distenda e respire!

4. Em seguida, inverta tudo, fazendo sua próxima inspiração a partir dessa nova extremidade do canal, através do coração, e expirando através da área afetada e saindo pelo ponto de partida original. Mantenha os músculos ao longo do caminho totalmente contraídos e distendidos ao passar por eles.

Esse padrão de respiração para a cura pode ser usado para qualquer parte do corpo que apresenta dor, tensão ou é regularmente problemática de alguma outra maneira. Ofereci alguns exemplos comuns de problemas e os padrões de respiração específicos para curá-los. Para uma demonstração em vídeo, acesse drsuemorter.com/energycodesbook. Consulte a seção Recursos, na página 390, para opções adicionais e suporte relacionado a essa questão.

Esses padrões de respiração para cada chakra também podem ajudar a curar traumas mentais e emocionais associados ao abuso físico, sexual, mental e emocional. Trabalhe o Corpo (página 167) foi particularmente útil para mim quando praticava o padrão respiratório específico associado ao chakra indicado. Além disso, recomendo que você tome um cuidado especial para sentir uma conexão profunda e íntima em seu coração ao realizar esse exercício. (Consulte as práticas do Código do Coração começando na página 232 se isso parecer difícil.) Compartilhar isso com meus clientes e pacientes resultou na diminuição da carga emocional, mudando toda a sua perspectiva e realizando a Inversão Quântica. Sei que esses códigos também o ajudarão.

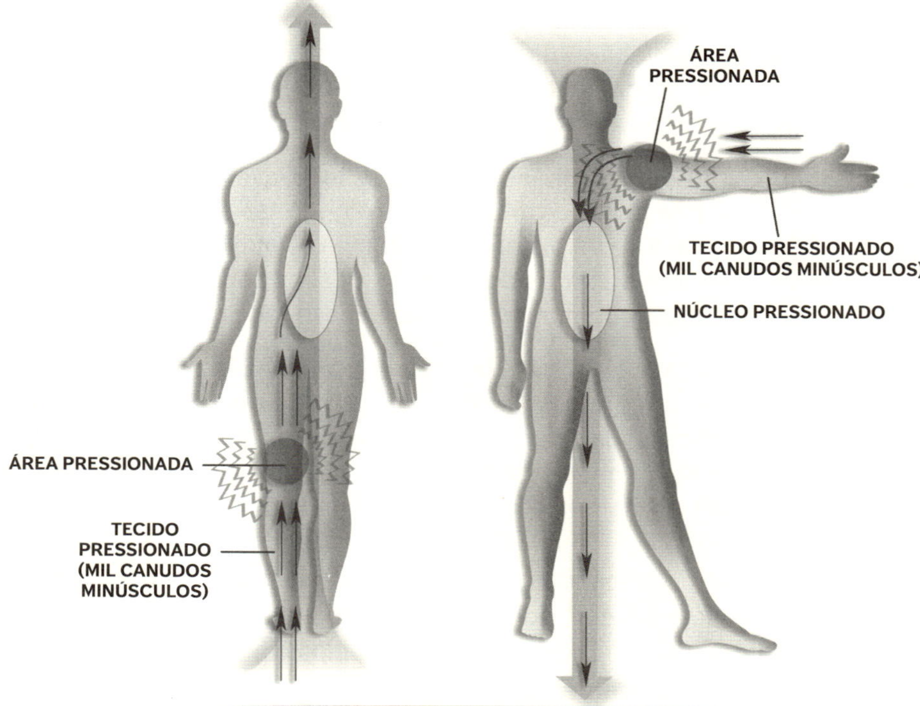

PADRÕES DE RESPIRAÇÃO PARA A CURA

Correlação entre Chakra e Código da Respiração – Chakra da Garganta

O Código da Respiração está correlacionado com o quinto chakra, ou chakra da garganta, localizado a meio caminho entre o coração e a garganta na base do pescoço. Em sânscrito, esse chakra é chamado *chakra vishuddha*, que significa "especialmente puro". Além de governar a voz e a respiração, ele manifesta nosso verdadeiro caminho se o permitirmos, porque é o porta-voz do Eu essencial, ou Eu Unificado com a Alma. Ele interage com o mundo exterior e expressa nossa verdadeira natureza criativa. Também está relacionado com o *uso* da imaginação. Para operar como criadores, muitas vezes temos de agir quando não há evidências de que nossa ação será bem recebida ou segura. Quando vivificada com nossa respiração consciente, essa área permite-nos sentir que a jornada é bem orientada e inspirada.

A tabela a seguir oferece um resumo de algumas das principais características do chakra da garganta. Novamente, observe como as propriedades energéticas do chakra espelham as áreas do corpo físico.

Correlação entre Chakra e Código da Respiração: Chakra da Garganta

NOME(S)	Quinto chakra, *chakra vishudda*
LOCALIZAÇÃO	A meio caminho entre o coração e a garganta, em uma área central na base do pescoço
COR	Azul
NOTA MUSICAL	Sol
ÁREAS DO CORPO AFETADAS	Boca, garganta, ouvidos, pescoço, voz, pulmões, tórax, mandíbula, vias aéreas, nuca, braços, glândulas tireoide e paratireoide
SINTOMAS DO "LADO ANVERSO"	Perfeccionismo, incapacidade de expressar emoções, criatividade bloqueada, dor de garganta, problemas na tireoide, dor no pescoço, zumbido no ouvido, asma
CARACTERÍSTICAS DO "LADO REVERSO"	Bom comunicador, facilidade para meditar, inspiração artística, sabe escutar. "Ouço e falo a verdade com amor e compaixão." "Manifesto a mim mesmo plenamente aqui." "Minha vida é um reflexo do meu mundo interior."
PRÁTICAS	• Respirações para os Chakras 1 a 7 (*Respiração pelo Canal Central 1 e 7, Respiração no Vaso [Respiração Abdominal de Buda] 2, Respiração no Plexo Solar 3, Respiração em Coerência com o Coração 4, Respiração Manifestante 5, Respiração Visionária 6*) • Respiração por Mil Canudos Minúsculos • Respiração da Fronde de Samambaias • Padrões de Respiração para a Cura
TÉCNICA DE RESPIRAÇÃO (conforme explicado no Capítulo 8)	Respiração Manifestante
POSTURAS DE YOGA PARA OBTER MAIOR INTEGRAÇÃO	• Postura da Cobra (*bhujaṅgāsana*) • Postura do Arado (*halāsana*) • Postura da Ponte (*setu bandhāsana*) • Entoação de Som (*Oṁ, Ma, Ha*)

Ao integrar o chakra da garganta, curamos o perfeccionismo, o bloqueio de criatividade e a incapacidade de falar e compartilhar nossas verdades profundas. Começamos a nos sentir conectados e livres. Boa comunicação, facilidade com meditação e expressão artística são outros resultados comuns. Problemas de tireoide, dor de garganta, zumbido no ouvido e asma, entre outros problemas de saúde, também melhoram com o equilíbrio do quinto chakra.

Juntamente com as práticas das técnicas de respiração neste Código, as seguintes posturas de yoga ajudarão a ativar e integrar o chakra da garganta e estimular seu fluxo de energia otimizado.

Yoga para o Código da Respiração

Embora a Postura da Cobra também possa ser usada para outros chakras (principalmente o chakra do coração) e muitas posturas possam afetar o centro da garganta, escolhi aqui a Postura da Cobra porque sua realização é fácil para quase todos. Além disso, ela possibilita uma linha específica de comunicação/percepção para cima e para baixo na face frontal do canal central.

POSTURA DA COBRA (*BHUJAṄGĀSANA*)

Veja como praticar a Postura da Cobra:

1. Deite-se de barriga para baixo sobre um tapete de yoga ou um cobertor. Se possível, junte as pernas de modo que seus dedões dos pés se toquem; se isso for desconfortável, tente manter as pernas separadas por uma distância não superior à largura do quadril.
2. Com a testa apoiada no chão, coloque as mãos diretamente sob os ombros, com os dedos voltados para a frente.
3. Pressione as palmas das mãos na terra. Pressione as partes mais altas dos pés na terra e ative as pernas. Ative o *mūla bandha* e puxe seu estômago e seu baixo ventre para cima e para dentro.

4. Agora, mantendo o queixo ligeiramente dobrado, levante a cabeça e o coração do solo o máximo que puder, confortavelmente, mantendo as pernas e as partes mais altas dos pés pressionadas contra a terra. Suas costas se arquearão em forma de C. Desça as omoplatas pelas costas; evite encolher os ombros em direção às orelhas.

5. Levante o queixo em direção ao local onde o teto e a parede se encontram, expondo a garganta. Não basta dobrar a cabeça para trás; mantenha o pescoço alongado e envolvido nessa operação.

6. Inspire e expire aqui, sentindo a respiração subindo e descendo pelo canal.

7. Para sair dessa postura, abaixe lentamente o queixo, depois abaixe o peito e a cabeça até o chão. Estenda os braços acima da cabeça, ou nas laterais, e vire a cabeça para um dos lados. Respire profundamente, relaxando o corpo. Em seguida, passe para a próxima parte de sua prática.

Agora vamos integrar nosso Código da Respiração com nossas práticas de BodyAwake enquanto estamos na Postura da Cobra.

1. Deitado de barriga para baixo com as mãos colocadas sob os ombros e as pernas se tocando, pressione a parte interna das coxas e os joelhos um contra o outro (ou um em direção ao outro) o máximo possível.

2. Pressione a parte alta dos pés no chão e visualize um reservatório de energia meio metro abaixo de onde você está deitado.

3. Pressione o *mūla bandha* e também pressione a barriga contra a terra enquanto inspira a energia pela frente do canal central e para dentro do núcleo, a partir de além da planta dos pés. *Sinta-se* dentro do espaço aberto da barriga. Aperte as omoplatas unindo-as e movendo-as para baixo, puxe o coração e o peito para a frente dos ombros enquanto inspira, então abra a garganta.

4. Gire os olhos para cima a fim de sentir a tensão e expire através desse espaço e para fora do topo da cabeça.

5. Em sua próxima inspiração, respire a partir de 60 cm acima do topo da cabeça e para dentro do centro do cérebro até a garganta e o peito, descendo pela face frontal do corpo até a barriga, pressionando a barriga aberta para dentro da terra.

6. Em sua expiração, pressione o *mūla bandha* e expire pela ponta da coluna vertebral, das pernas e dos pés, mantendo as pernas totalmente envolvidas no processo, como no caso dos Mil Canudos Minúsculos, e a parte alta dos pés pressionada para dentro da terra. Experimente uma linha de conexão de corpo inteiro com essa postura.

POSTURAS DE YOGA ADICIONAIS PARA INTEGRAR O CHAKRA DA GARGANTA

Estas *āsanas* podem ser usadas com a Postura da Cobra para aprimorar seu trabalho com o Código da Respiração. Lembre-se de que pressionar as áreas para as quais deseja atrair atenção é benéfico, mas relaxar nas posturas também é. Use seu bom senso para trabalhar com as práticas do Código da Respiração em cada uma destas posturas.

- Postura do Arado (*halāsana*)
- Postura da Ponte (*setu bandhāsana*)
- Entoação de Som (*Oṁ, Ma, Ha*)

Neste Código, a respiração consciente ativa e traz fluxo a cada um de nossos chakras para nos permitir incorporar mais plenamente o Eu Unificado com a Alma, manifestar nossos desejos e nosso verdadeiro caminho e criar cura em todas as áreas de nossa vida. Em seguida, o Código da Química fornecerá outra peça crucial do quebra-cabeça da corporificação, tanto para compreender de que forma a corporificação funciona como para criar as condições internas no corpo mais favoráveis para que ela ocorra. A saúde e a vitalidade plena nos esperam!

Capítulo 9

O Código da Química: A Alquimia da Corporificação

Há vinte anos, John compareceu ao meu escritório com um histórico médico tão grande que mal conseguia segurá-lo. Uma das seções, com 23 cm de espessura, estava repleta de resultados de testes, relatórios de diagnósticos, radiografias, protocolos de tratamento, resultados de exames de sangue, pareceres ortopédicos e neurológicos e prognósticos para uma variedade de condições: artrite, gota, diabetes, úlceras e colites ulcerativas, dores de cabeça crônicas, dor no pescoço, dor nas costas, dor no joelho, tireoide e fadiga suprarrenal, eczema, psoríase, refluxo e alguns outros. "Me deram menos de um ano de vida", disse ele com a voz trêmula. "Ouvi dizer que a sua clínica está ajudando as pessoas de maneiras incríveis com alguns desses tipos de problemas."

John era um homem muito gentil e estava em apuros. Me compadeci dele. "Sente-se", eu disse. "Vamos ver o que podemos descobrir."

Conversamos por alguns minutos, analisando seus relatórios. Notei que, periodicamente, ele enfiava a mão no bolso, pegava alguma coisa e a colocava na boca. Minha primeira impressão foi que estava controlando o açúcar no sangue com um punhado de nozes ou sementes, mas isso era consistente demais, e muito mais frequente do que o manejo do açúcar exigiria.

Tive de perguntar: "John, o que é isso que você está comendo? É uma bala de algum tipo?".

"Ah, isso? Não. É sal. Eu amo sal... simplesmente amo!"

"Então é *sal* o que está colocando na boca a cada minuto e meio?", perguntei.

"Sim. Compro o saco de 25 kg e coloco um pouco no bolso todas as manhãs, e o ponho na minha boca o dia todo.

Imediatamente eu soube o que estava acontecendo com ele. Não era nada complexo: era um vício em sal grosso! O sal era tóxico, desidratante e superestimulante para seu sistema – causando pressão alta e fazendo seu pH disparar para ácido. Ele também era viciado em outros estimulantes: açúcar, refrigerantes, nicotina e cafeína, entre outros!

Durante várias semanas, trabalhamos a química de seu corpo por meios naturais. Nós o tratamos com os procedimentos bioenergéticos que usava em meu escritório, desobstruindo os bloqueios subconscientes ligados à sua necessidade de constante estímulo. No mês seguinte, John havia curado a maior parte de suas condições. Os problemas restantes eram administráveis e continuaram a melhorar ao longo dos meses.

Sete anos depois, um John muito mais feliz enfiou a cabeça na minha sala de espera enquanto eu passava pela recepção. Não o via fazia alguns anos; ele havia se mudado para a Flórida, mas estava de volta à cidade para visitar os filhos. Queria me agradecer, e comemorava sua vida enquanto me mostrava fotos de seus novos netos.

"E as balinhas?", provoquei.

"Sem chance! Estou me sentindo bem demais para mexer com isso!", ele respondeu.

O Que É o Código da Química?

Anos atrás, antes de escrever *The Biology of Belief* (*A Biologia da Crença*), o dr. Bruce Lipton realizava apresentações nos seminários que meu pai, meus irmãos e eu promovíamos sobre cura natural por meio da bioenergética. Ele compartilharia as descobertas revolucionárias de sua pesquisa em um novo campo da ciência chamado epigenética. Em poucas palavras, a epigenética é o estudo da expressão dos genes, ou do que faz os genes agirem de determinadas maneiras, e como eles podem ser influenciados pelo estilo de vida, idade, doenças e até mesmo por padrões de pensamento. Esse campo começou a responder a algumas questões antigas sobre nossas próprias capacidades de influenciar e curar o corpo com o qual nascemos.

Para mim, talvez a descoberta mais instigante foi a de que a superfície de cada célula do corpo tem antenas, ou receptores, que dizem aos genes como devem agir com base nas mensagens energéticas e químicas que recebem de seu ambiente imediato. Independentemente de nossa constituição genética, da sequência do nosso DNA, ou das predisposições que herdamos de nossos pais ou avôs, uma célula agirá de acordo com as "informações" que recebe sobre seu ambiente, vindas do receptor em sua superfície. A melhor notícia de todas é que temos muito controle sobre o que é essa "informação", e que ambiente criamos para nossas células. Podemos, portanto, *consciente* e *deliberadamente*, dizer aos genes como devem agir.

Como tudo no universo, as células dependem de energia para obter informações. Essa energia, então, se torna física à medida que nosso corpo produz substâncias químicas (por exemplo, hormônios, enzimas etc.) de acordo com as informações provenientes do nosso campo energético. Essas substâncias químicas, por sua vez, criam o "ambiente" interno que direciona a função celular e dá origem à química geral do nosso corpo. Quando nosso campo energético muda, a química do corpo também muda. Por exemplo, o campo de energia determina como a glândula tireoide e as glândulas suprarrenais, em última análise, produzem hormônios; as células nessas glândulas "sentem" a energia no campo do corpo por meio dos receptores, semelhantes a antenas, na superfície das células.

Como são parceiros iguais na retroalimentação, o inverso também é verdadeiro: a química do nosso corpo afeta nossa energia. Isso significa que essa química facilita ou obstrui nossos esforços para incorporar o Eu Unificado com a Alma.

Neste Código, aprenderemos como criar um ambiente capaz de levar o corpo ao seu estado natural de calma, relaxamento, equilíbrio e eficiência. Quando o corpo físico encontra-se em um estado otimizado, o campo de energia é revitalizado. Podemos reativar circuitos fechados, integrar energia fragmentada, empoderar o corpo para que realize seu trabalho inato de autocura e criatividade, e permitir que o Eu Unificado com a Alma seja recebido. Em outras palavras, quando nosso corpo encontra-se em um estado otimizado, preparamos o palco para que ele manifeste bem-estar em todas as áreas da vida.

O processo que desempenha um papel crucial em tudo isso é o equilíbrio do pH do corpo.

A Importância do pH Corporal

Nossa história sobre John no início deste capítulo foi, em essência, uma história sobre a química do corpo. Refiro-me especificamente ao equilíbrio do pH dos fluidos em todo o corpo – quão ácido (pH baixo) ou alcalino (pH alto) o corpo é, enquanto ambiente para as células. Isso é importante porque as células permanecem saudáveis e vitais e têm capacidade de autorreparação em um ambiente alcalino, ao passo que (com exceção das células do estômago) elas começam a se romper ou apresentar mau funcionamento em um ambiente mais ácido.

Noventa e cinco por cento de todas as doenças ocorrem quando o corpo encontra-se em um estado ácido. Os cânceres são o resultado extremo de um estado altamente ácido. Outras doenças comuns – refluxo, osteoporose, hipertensão, gota, artrite, colesterol alto, hipotireoidismo, diabetes e excesso de retenção de gordura, para citar apenas alguns – também são sintomas de um ambiente corporal ácido. Infelizmente, o corpo da maioria das pessoas simplesmente é ácido demais para que ocorra a cura celular; o resultado é a atual epidemia de doenças e enfermidades crônicas. E embora a maioria de nós saiba atualmente que não se deve chupar sal grosso o dia todo, há muitas maneiras pelas quais, sem saber, contribuímos para nossa incapacidade de cura.

Nosso corpo sempre coloca energia, em primeiro lugar, na sobrevivência. O nível de pH da urina e da saliva do corpo é registrado em nosso sistema como uma ameaça à sobrevivência (quando muito ácido) ou um estado de segurança (quando adequadamente alcalino). As células são projetadas para flutuar em um ambiente alcalino e produzir ácido como um subproduto de seu funcionamento. A acidez é, na verdade, uma condição que ameaça a vida! Um estado extremamente ácido é chamado de acidose e pode levar a problemas cardíacos, AVC (Acidente Vascular Cerebral) e insuficiência renal e nos principais sistemas do corpo. Portanto, mesmo que o corpo tenha enfermidades ou outros problemas de saúde – até mesmo problemas muito sérios – ele, a fim de se curar, funcionará para equilibrar o pH antes de alocar qualquer energia curativa e recursos para outras tarefas.

Essa priorização constante de manter a alcalinidade é uma das principais razões pelas quais lesões e doenças se tornam crônicas – ou seja, elas nunca serão curadas. Por exemplo, se alguém se queixa de dor nas costas e seu pH é muito ácido, como médica eu poderia trabalhar em seu sintoma físico para sempre sem observar muita melhora. Por quê? Porque seu corpo está usando toda a sua energia de cura para neutralizar a acidez e, portanto, para evitar o colapso do sistema. Uma pessoa não vai morrer de dor nas costas, mas pode de fato morrer de um desequilíbrio químico ocasionado pelo excesso de acidez. Até que o equilíbrio químico seja restaurado, esse sistema optará por gastar toda a sua energia extra na administração desse problema que apresenta maior risco de vida, e a cura de problemas de menor prioridade não ocorrerá.

Milhares de casos em minha clínica, ao longo dos últimos trinta anos, revelaram que um desequilíbrio químico impedia que a dor nas costas, a lesão no joelho, a dor de cabeça, a depressão ou a ansiedade fossem curadas. Quando corrigimos o estado químico alcalinizando o corpo, o sistema foi capaz de mudar seu foco e começar a trabalhar para resolver problemas menores.

Mesmo com todas as evidências, o equilíbrio do pH é um tema polêmico. O motivo da controvérsia são as muitas variáveis que podem produzir testes com resultados conflitantes, inclusive quais fluidos corporais estão sendo testados, qual é a dieta ingerida pelo paciente, seu estado emocional e os fatores de saúde que ocorrem durante o período de testagem. (O pH da saliva e da urina é usado para testagem, pois o corpo protege o pH do sangue durante o maior tempo possível, sacrificando até minerais alcalinizantes dos ossos e dos músculos para isso.) Além disso, descobertas e recomendações relativas ao pH são frequentemente mal compreendidas. Por exemplo, um paciente com câncer em estágio IV pode testar pH alcalino na urina em consequência de degradação celular e não por causa de um equilíbrio químico adequado no corpo. Nos últimos quarenta anos, tenho visto muitas recomendações nutricionais e dietas da moda, que vêm e que vão. O que meu pai e eu observamos no ambiente clínico é o fato de que ter uma dieta alcalinizante para manter "reservas" alcalinas (encontradas nos fluidos extracelulares e, em última análise, nos tecidos musculares e ósseos, onde uma quantidade ainda maior dos minerais do corpo é armazenada) de onde o corpo pode extrair conforme necessário é o que permite que ele se cure.

Nossa química corporal – não a nossa força de vontade mental ou a nossa disciplina emocional, como alguns sugeririam – determina, em última análise, a facilidade ou dificuldade com que nos curamos e nos transformamos, pois a química do corpo é um fator equivalente, em nosso laço de retroalimentação no âmbito de todo o sistema, ao nosso campo de energia. Na verdade, a química do corpo é importante para manifestar todos os desejos na vida, pois ela reforça (ou inibe) nossa capacidade para nos conectar com o Eu Unificado com a Alma e para atrair esse Eu, nos sentir inspirados, ser elevados, tomar iniciativa e realizar a autocura em todos os níveis.

O que nos leva à questão crucial: "*Como equilibramos a química do corpo?*".

Numerosos elementos contribuem para a química do nosso corpo. Penso nisso como uma sopa caseira complexa, com vários ingredientes entrando para criar a mistura final. Esses ingredientes incluem os componentes óbvios – alimentos e bebidas, o ar que respiramos, as substâncias e produtos químicos que ingerimos ou absorvemos, e assim por diante. Outros ingredientes são menos óbvios, como nossos pensamentos, emoções e crenças – conscientes e subconscientes.

O interessante é que o "compartimento" do cérebro que abriga o subconsciente é também o lugar onde a sopa química do corpo é preparada. Chamada de Caverna de Brahma, Caverna da Criação ou Caverna da Colaboração em diversas tradições orientais, acredita-se que essa área no centro do cérebro seja o lugar onde se origina o pensamento criativo, e onde começa a geração de uma nova realidade. É o comando central para numerosas funções no corpo, de modo que aquilo que acontece aqui tem um enorme impacto sobre a química do corpo. Embora a interação de hormônios, neurotransmissores e reações sinápticas seja muito complexa, eis aqui uma maneira fácil de pensar sobre ela.

Imagine uma pequena caverna no meio do seu cérebro. O chão da caverna é feito de uma área do cérebro chamada hipotálamo, que recebe informações vindas de dentro do corpo – do mundo interno – e responde quimicamente a essa informação. Desequilíbrios químicos são, em última análise, regulados nesse nível. Agora, imagine que você está sentado nessa pequena caverna. Se estender o pé para fora o máximo que puder, ele chegaria à vizinhança da hipófise, a glândula mestra que controla o sistema hormonal. O hipotálamo e a hipófise têm uma relação direta entre si; aquele é um "centro de comunicação" para esta, trocando informações sobre quais hormônios são necessários e em que quantidade. As paredes da caverna são feitas do tálamo, que, entre outras coisas, recebe impulsos nervosos provenientes de nossos cinco sentidos, relatando informações vindas do mundo *exterior*. E assentada no fundo da caverna está a glândula pineal – uma glândula cujas células contêm bastonetes e cones, semelhantes aos bastonetes e cones dos seus olhos físicos. Tanto a glândula pineal quanto os olhos recebem fótons. Como não há abertura para o mundo exterior no centro do cérebro, essa glândula pode perceber frequências superiores às da luz visível, como as do nosso corpo energético e do Eu Unificado com a Alma. (Pessoalmente, minhas vivências indicaram que esse é o caso, de fato.) Finalmente, no piso da caverna há um alçapão, sob o qual está o subconsciente, onde residem as experiências que negamos, e às quais resistimos ou eliminamos de nossa consciência, juntamente com todos os aspectos de nós mesmos que ainda não foram despertados. Todas as reações dessas células e glândulas afetam continuamente nossa energia e fisiologia.

Vários ingredientes-chave são canalizados para essa caverna por meio das atividades do tálamo, do hipotálamo e da glândula pineal, que reúnem informações. O ponto culminante de toda a disseminação e a transmissão que ocorrem dentro dessa caverna é a "sopa" química do corpo, que é enviada para as células por meio da hipófise, do fluido cefalorraquidiano e de outras mensagens neurais. As células do cérebro e do corpo banham-se nas mensagens dessa sopa e respondem a elas.

A química dessa sopa não apenas determina como nos curamos, mas também como e quando finalmente despertamos para a grande verdade de quem somos como seres multidimensionais portadores de energia eterna – como o Eu Unificado com a Alma. Essa química contribui para nossa Inversão Quântica.

Vejamos alguns dos ingredientes que estão entrando na "panela de sopa" de nossa química corporal.

Os Alimentos que Ingerimos

Imagine o sistema digestivo como um fogão a lenha. Quando colocamos lenha no fogão, ela é consumida como combustível, e o subproduto são as cinzas da lenha. O subproduto criado quando uma substância foi metabolizada pelo corpo também é chamado de "cinzas". Chamamos um subproduto alcalino de "cinzas alcalinas" e um subproduto ácido de "cinzas ácidas".

Os alimentos e bebidas que consumimos afetam o pH do corpo depois de digeridos. Alguns itens, como o café, são ácidos tanto ao entrar como depois de metabolizados. Outros, como certas verduras, são alcalinos antes de entrar e alcalinos depois de metabolizados. E ainda outros itens, como laranjas e limões, são ácidos ao entrar e alcalinos depois de metabolizados, ou ainda há outros, como um bife, que são mais alcalinos ao entrar, mas geram cinzas ácidas poderosas depois.

Para criar e manter um ambiente celular saudável, precisamos comer muito mais alimentos que geram cinzas alcalinas do que cinzas ácidas. Se não o fizermos, o corpo é forçado a extrair material de suas reservas alcalinas para neutralizar as cinzas ácidas, a fim de que não percorram o restante do caminho no sistema digestivo queimando os tecidos dos rins e do cólon, causando colapso celular, doenças e enfermidades no trajeto. Quando ingerimos muitos alimentos de cinzas ácidas, tomamos emprestado mais alcalinidade do que acabamos colocando de volta. Isso não seria um problema se acontecesse apenas ocasionalmente, mas, no longo prazo, a ingestão constante de alimentos de cinzas ácidas esgota nossas reservas alcalinas, até que o corpo não consiga mais criar um estabilizante. Quando isso acontece, o sistema fica cada vez mais ácido. Sob essas condições, as células projetadas para flutuar em um ambiente alcalino começam a se decompor e as doenças ocorrem.

A retenção de gordura é uma resposta a uma química corporal ácida. Uma vez que a gordura é alcalina, o corpo retém gorduras e fluidos em uma tentativa de diluir ou neutralizar a condição ácida que está se acumulando no corpo. É mais fácil perder peso em um ambiente alcalino.

É aqui que entra a epigenética. Por muito tempo, supôs-se que certas doenças (incluindo diabetes, problemas cardíacos e circulatórios, e até câncer) eram condições hereditárias. Pode haver algum componente hereditário presente, mas, como aprendemos antes, o que desencadeia o comportamento do gene não é simplesmente nosso DNA herdado – é o ambiente diário no qual nossas células existem. Em muitos casos, isso se traduz em longos períodos de consumo de alimentos de cinzas ácidas, que geram um ambiente ácido no corpo e produzem as condições que propiciam o desenvolvimento da doença.

Isso é incrivelmente emocionante! As doenças que chegamos a acreditar serem inevitáveis e que, simplesmente, deveriam de ser enfrentadas podem, na verdade, ser evitadas ou mesmo revertidas criando-se uma química corporal alcalina. Evidências de longa data apresentadas em casos de pacientes em toda a comunidade clínica BEST mostram que quando uma pessoa diminui sua ingestão de alimentos acidificantes e aumenta a ingestão de alimentos alcalinizantes, ela se torna mais suscetível à autocura. O corpo automaticamente começa a retornar ao seu estado natural de bem-estar quando lhe oferecemos esse tipo de ajuda.

O Código da Química fornecerá as ferramentas para criar uma nova "receita de sopa" para a química do corpo e dará às células o que precisam para operar em um estado alcalino otimizado. Esse estado alcalino é necessário não apenas para o funcionamento celular individual adequado, mas também para a retransmissão precisa de informações do campo energético para a superfície da célula, e então para o interior da célula, a fim de que esta possa produzir sua química, que, por sua vez, traduz informações para o cérebro. Dessa maneira, o sistema sensorial produz respostas motoras precisas na vida.

Alimentos alcalinizantes são principalmente frutas e verduras; outros alimentos produzem alguma porcentagem de cinzas ácidas em graus variados. A proteína animal é a mais acidificante, seguida por laticínios e grãos. A cafeína é altamente acidificante, assim como o açúcar, refrigerantes, álcool e alimentos altamente processados, que contêm cores e sabores artificiais. E, naturalmente, nicotina e outras substâncias químicas que causam dependência criam acidez, além de outros efeitos nocivos bem documentados. Não podemos necessariamente compensar a acidez de um tipo de alimento comendo mais alimentos alcalinizantes. O excesso de proteína animal ingerido em um dia (mais de 30 g), por exemplo, gera mais ácido do que podemos alcalinizar em 24 horas, não importa o quanto de verduras se coma.

Meu pai costumava dizer: "Coma alimentos que estejam o mais perto possível de como a natureza os preparou". No entanto, com o advento da modificação genética, até essa solução está em perigo. Alguns estudos mostram que alimentos geneticamente modificados afetam os rins, o fígado, o coração, as glândulas suprarrenais e o baço de mamíferos. Atribuo isso ao fato de não serem reconhecidos pelo corpo como "alimentos reais". Muitos, como eu, acreditam que a alteração de ligações químicas naturais resulta em uma metabolização menos completa ou mais difícil no corpo e, portanto, um maior acúmulo de cinzas ácidas, o que requer maior esforço para que o corpo processe os alimentos. Portanto, quando pudermos, devemos comer produtos orgânicos, que não sejam geneticamente modificados.

A dieta desempenha um papel importante na saúde da química do corpo, mas há outro fator ainda mais influente: nossos pensamentos.

Os Pensamentos que Pensamos

Os pensamentos criam substâncias químicas. Pensamentos de baixa frequência criam substâncias químicas acidificantes. Pensamentos de alta frequência criam produtos químicos alcalinizantes. A experiência do amor gera os efeitos mais alcalinizantes em nosso sistema.

Por exemplo, quando estamos estressados, o corpo produz substâncias químicas (como o cortisol, o "hormônio do estresse") em resposta, a fim de tentar se proteger contra o estresse. Níveis elevados e prolongados de cortisol criam uma condição ácida no corpo porque o modo de luta-ou-fuga ou paralisia lida primeiramente com ameaças à nossa sobrevivência, antes das necessidades do corpo de filtragem, limpeza e cura. Quando estamos alegres, o corpo produz diferentes substâncias químicas (como a dopamina, o "hormônio da felicidade") e temos um resultado diferente na química do corpo.

O *Textbook of Medical Physiology* (*Tratado de Fisiologia Médica*), de Arthur Guyton, afirma que o Sistema de Ativação Reticular (SAR), um porteiro encarregado de priorizar o ingresso de estímulos a serem processados, é eclipsado por nossos próprios pensamentos. Isso resulta no fato de que os pensamentos interiores têm um impacto direto em nossa reação de luta-fuga ou paralisia e na subsequente química corporal sem qualquer regulação. Sabemos que os pensamentos podem encobrir – e de fato o fazem – os efeitos benéficos de uma boa nutrição no equilíbrio químico do nosso corpo. Isso significa que podemos ter uma dieta perfeitamente alcalinizante e ainda assim essa alimentação acaba criando uma condição ácida no corpo se nossos pensamentos (conscientes ou subconscientes) gerarem emoções de baixa frequência, como raiva, ódio, ressentimento, remorso – ou a causa número um do acúmulo ácido no corpo, o excesso de preocupação. Sim, a preocupação prolongada ou habitual produzirá mais ácido no corpo do que podemos alcalinizar ou neutralizar, independentemente da quantidade de alimentos alcalinizantes que ingerimos.

Podemos mudar nosso pH ácido dentro de algumas semanas se o desequilíbrio for de causa nutricional. No entanto, inúmeras vezes testei o pH da saliva e urina de clientes e constatei que estavam ficando muito ácidos, apenas para descobrir, quando pedi para que registrassem sua ingestão alimentar, que eles tinham uma dieta quase perfeita, e se alimentavam assim havia muito tempo – certamente por tempo suficientemente longo para fazer diferença na química do corpo. (Para mais informações sobre *kits* de testes de pH e como adquiri-los, consulte a seção Recursos na página 390. Nesses casos, nosso próximo passo seria investigar os tipos de pensamento que eles estavam tendo regularmente, e as emoções que resultavam desses pensamentos. Às vezes, os pacientes estavam muito conscientes de que se encontravam em uma situação difícil e experimentavam estresse, medo, preocupação e raiva. Muitas vezes, porém, descobrimos que não pensavam ou sentiam negativamente em um nível consciente, mas estavam de fato focados em curar, amar e perdoar, embora seus sistemas ainda estivessem funcionando em uma condição ácida. Nesses casos, padrões subconscientes subjacentes estavam causando a acidez; para resolvê-los, utilizamos as práticas do Código de Desobstrução, da BEST e da Liberação BEST para eliminar as emergências do subconsciente abaixo do alçapão de cada paciente e redefinir o "centro de comando" da relação tálamo/hipotálamo.

O papel do subconsciente na química do corpo não pode ser subestimado. O corpo precisa receber a mensagem de que a emergência acabou e que agora ele está seguro. Só então, podemos realmente relaxar quando nossa intenção é relaxar. Quando saímos de férias, podemos realmente rejuvenescer. O corpo pode residir de novo em uma química restauradora e podemos nos autocurar de verdade.

A mente consciente nem sempre pode fazer isso compreendendo e perdoando experiências passadas, e por isso temos de construir novos neurocircuitos com as práticas energéticas do Código de Desobstrução para começar a resolver essas interferências subconscientes, mesmo que não saibamos exatamente o que são elas. O Código da Química adiciona outro recurso poderoso, pois quando otimizamos a química do nosso corpo, as ações que tomamos para aumentar o fluxo de energia e nos abrir para o Eu Unificado com a Alma serão, em grande medida, intensificadas e empoderadas.

Se pudermos criar os tipos de substâncias químicas que nos apoiam e nos dão boas-vindas, e que estão presentes no corpo, nossa química se tornará um fator de estabilização. Elas se tornam uma parte consistentemente positiva do sistema de retroalimentação entre nosso campo de energia e a química de nosso corpo, e torna mais fácil permanecermos no Eu Unificado com a Alma sob toda uma variedade de circunstâncias externas. Em outras palavras, lidamos melhor com os estresses. Aliás, isso é verdade, quer estejamos na Personalidade Protetora ou no Eu Unificado com a Alma!

Nosso objetivo no Código da Química é produzir uma "sopa" de química corporal que equivale à paz, harmonia, alegria, bem-estar e autocura. Quanto mais nossas substâncias químicas internas são correlativas a uma vida em estado de totalidade, maior é a chance de permanecermos no estado de totalidade quando nossas circunstâncias externas mudam. Modificar o estado de nosso corpo físico torna mais tangível o estado de totalidade e nos permite ancorar uma parte maior de nossa energia no bem-estar, o verdadeiro estado no qual estamos destinados a viver.

A história da minha cliente, Barbara, ilustra bem isso.

Dor no joelho, dor nas costas, dor no pulso, mau humor, letargia e inchaço abdominal eram apenas alguns dos sintomas de Barbara. Ela também sofria de depressão, ansiedade e insônia, e não conseguia se concentrar no trabalho. Via-se excessivamente sensível a respeito de muitas coisas, a ponto de simplesmente não querer participar de atividades ou relacionamentos. Às vezes, chegava perto de desistir da vida por completo.

Depois de passar apenas dez dias alcalinizando sua química, a dor nas articulações de Barbara melhoraram significativamente. Dentro de três semanas, sua ansiedade se estabilizou muito, e ela passou a dormir durante a noite toda. Suas flutuações de humor e seus problemas de concentração também melhoravam a cada dia. "Foi como se eu estivesse dando à luz uma nova pessoa dentro do meu corpo!", ela disse. Algumas semanas depois, Barbara foi demitida de seu emprego. Não estava particularmente feliz com suas condições de trabalho: sua chefe era inconsistente e desconsiderava várias de suas contribuições para o negócio, muitas vezes planejando reuniões e cancelando-as no último minuto, e não respondia às recomendações de Barbara para melhorar a empresa. Mesmo assim, Barbara não esperava ser demitida – por e-mail, menos ainda. Ficou aborrecida, uma vez que seu trabalho representava tanto o seu sustento como sua expressão no mundo. "Graças a Deus, estou neste programa de alcalinização, e graças a Deus conheço esse trabalho. Nunca aceitei algo assim tão bem. No passado, algo parecido teria me abatido por semanas, ou meses", ela disse. Graças à sua química corporal mais forte e mais alcalina, Barbara adquiriu um sentido mais vigoroso do que nunca sobre quem ela era no mundo. Bem no fundo, sempre soube que seu trabalho não era seu destino, e agora sabia que tudo estava se desdobrando a seu favor. Sua estabilidade não vinha mais de fora, mas de dentro dela – que era um lugar magnífico para se estar!

Nas práticas do Código da Química, trabalharemos com a química do corpo. Por meio de alimentos e pensamentos/emoções, vamos criar o ambiente alcalino necessário para a cura, a totalidade e a verdadeira iluminação do Eu Unificado com a Alma. Agora, delinearei meu Programa de Nutrição de Cinzas Alcalinas a fim de que você obtenha um pH corporal otimizado, e indicarei exercícios para ajudá-lo a dominar os tipos de pensamentos que você pensa. Rapidamente, um equilíbrio será gerado em sua química corporal, sobretudo quando continuar a praticar os outros Códigos de Energia.

Vamos começar com meu programa de nutrição.

As Práticas do Código da Química

PRÁTICA 1: PROGRAMA DE NUTRIÇÃO DE CINZAS ALCALINAS

O Programa de Nutrição de Cinzas Alcalinas especifica os alimentos que contribuem para o pH ideal e o equilíbrio hormonal para a cura, o rejuvenescimento celular e a revitalização do corpo. Quanto mais alcalinizarmos, mais jovens ficaremos.

75% a 80% de Frutas e Verduras Frescas

Idealmente, comeríamos muitas de nossas frutas e vegetais crus. Se isso for, inicialmente, um desafio, comece devagar. O corpo pode estar bastante ácido no início, e talvez não produza a quantidade adequada de enzimas para digerir muitos alimentos crus. Muitas vezes, esse é o caso no sistema digestivo das pessoas mais idosas e daquelas que abusaram de alimentos ultraprocessados, fast-food e frituras por períodos prolongados. Mas, começando lentamente, é possível estabelecer uma tolerância maior, mesmo sendo mais idoso. Tenho constatado que a digestão de pessoas na casa dos noventa anos se torna mais jovem depois de passarem algumas semanas ou meses alcalinizando suas dietas.

Se houver frutas ou verduras que você não possa comer por causa de reações ou "alergias" (como aftas, erupções cutâneas ou sinusites), coma o que puder, pois suas reações revelam que seu corpo está muito ácido e, portanto, precisa do efeito alcalinizante de quaisquer alimentos crus que consiga tolerar. À medida que seu pH aumentar, seu corpo será capaz de tolerar mais variedades. O corpo produz muitas de suas enzimas em um regime de oferta e demanda; por isso, se esses são alimentos novos em sua dieta, coma-os primeiro cozidos e eles serão mais fáceis de tolerar. Ainda assim, mantenha-se aberto à sua própria transformação e à possibilidade de poder comer mais tipos de alimentos e alimentos mais vivos em pouco tempo. Se quiser que seu corpo fique mais vivo, é preciso comer alimentos "vivos"!

Os alimentos que são comidos em conjunto também desempenham um papel na capacidade do seu corpo para metabolizá-los, uma vez que diferentes alimentos requerem diferentes enzimas para a digestão. E as enzimas que digerem certos alimentos podem ser impedidas por outras enzimas que atuam sobre outros alimentos. Por exemplo, a enzima protease, que digere proteínas, exige um ambiente diferente do das enzimas amilase, maltase, sacarase e lactase, que digerem carboidratos. Quando proteínas e carboidratos são ingeridos juntos, as enzimas processam cada um deles com menos eficiência do que se cada um deles tivesse sido consumido sozinho ou com outros alimentos que são mais facilmente digeridos juntos. Por causa de seu alto conteúdo em água, os melões são mais bem consumidos separados de refeições mais pesadas, pois diluem o ambiente enzimático da digestão. Eles retardam o processo digestivo, e é por isso que muitas vezes nos sentimos desconfortavelmente cheios quando comemos um pedaço de melancia com o almoço. Pela mesma razão, é melhor não consumir grandes quantidades de água ou outros líquidos com as refeições.

As diretrizes a seguir o ajudarão quando você estiver com inflamação nas articulações, congestões sinusais crônicas, alergias, dores musculares e muitos tipos de dores de cabeça crônicas, ou quando o pH da saliva estiver baixo. Elas vão auxiliá-lo na digestão e aumentar suas reservas alcalinas.

- Coma proteínas com verduras, e não com amidos.
- Coma amidos com verduras, e não com proteínas.
- Coma frutas separadamente.
- Evite laticínios.

Sempre que seus testes de pH estiverem baixos, diminua significativamente a proteína animal até que seu pH suba e os sintomas melhorem.

Combinação de Alimentos para Aumentar seu pH

- Coma 75% a 80% de frutas e verduras
- Coma frutas sozinhas
- Coma melão separadamente
- Coma proteínas com verduras
- Coma amidos com verduras

NÃO COMA:

- Proteínas com amido
- Mais de 4 a 6 alimentos por refeição
- Laticínios

Use esta tabela se o seu pH estiver muito ácido e até que ele aumente.

Há também horários do dia em que seu sistema responderá melhor para digerir certos tipos de alimentos. Desde as primeiras horas da manhã até por volta do meio-dia, seu sistema digere frutas e verduras com mais facilidade. Quando se está tentando alcalinizar, passe a ingerir menos proteínas pesadas nessa hora do dia. Sua maior refeição é mais facilmente digerida no meio do dia, do meio-dia até cerca das 6h ou 7h da noite, quando o corpo está em um modo *digestivo*. Então o corpo ingressa em um ciclo de *assimilação*, durante o qual ele se beneficia de todos os bons nutrientes que colocamos nele durante o dia e os absorve na estrutura celular. Isso dura até por volta das 3h da manhã. Durante esse tempo, seu sistema começa a trabalhar na *eliminação* de todas as toxinas que foram consumidas durante o dia e ainda está se livrando dos subprodutos da digestão que simplesmente de nada servem a nós – o material que não precisamos armazenar – quando acordamos de manhã e continua nesse ciclo até cerca do meio-dia. Idealmente, não deveríamos comer depois das 19h ou 20h.

Há duas razões pelas quais talvez acordemos nas primeiras horas da manhã: uma delas está no fato de que talvez estejamos consumindo muitos alimentos tóxicos ou acidificantes, e estressando assim o sistema durante o ciclo de eliminação, colocando-o em sobrecarga. A segunda é que, de acordo com a tradição oriental a respeito do desenvolvimento da consciência, enquanto nos encontramos no ciclo de eliminação, podemos estar mais disponíveis para energias de frequência mais alta e, assim, aumentar o nosso nível de consciência a um nível subconsciente e celular, enquanto a mente consciente está adormecida. Por causa disso, muitas vezes o jejum era recomendado até mesmo para promover o progresso de uma pessoa. Guiei muitos indivíduos em programas de desintoxicação e de limpeza, que os ajudaram a perder peso, aumentar sua taxa de vibração energética, e curar asma, alergias, dores de cabeça crônicas, dores nas costas, colite, úlceras, sensibilidade alimentar, urticária, insônia, irritabilidade, vícios alimentares e outras condições. Com essas químicas melhoradas, nosso sistema pode "querer" que acordemos para que a mente consciente possa sintonizar-se nessa nova "estação de rádio vibracional" e novos circuitos possam ser construídos.

Por isso, nunca fique perturbado ao acordar no meio da noite, e não tema não estar descansado pela manhã. Em vez disso, comece gentilmente a praticar a Respiração pelo Canal Central e a fazer a varredura de densidades para aproveitar essa oportunidade de elevar sua frequência vibracional. E então, durante suas horas em claro, monitore seu pH. Se estiver na faixa ideal, está aumentando sua frequência. Senão, faça as mudanças necessárias para levar a química do seu corpo à faixa ideal a fim de poder sintonizar essa nova frequência vibratória e ativar mais do seu Eu Unificado com a Alma. (Para uma demonstração do teste de pH pela saliva, acesse: drsuemorter.com/energycodesbook, e consulte a seção Recursos na página 390 para mais informações sobre como obter *kits* de teste de pH.)

Teste de pH da Saliva – Interpretação dos Resultados

pH	COR	INDICAÇÕES	ALCALINIDADE	SUGESTÕES DE DIETA
7,2 a 8,0	Azul para Azul	Preocupação, ansiedade, rumo à exaustão do corpo	Reserva disponível	Pode adicionar arroz ou cereais se for vegetariano
8,0 a 6,4	Azul para Verde/Amarelo	Perturbações à frente, estresse crônico	Alguma reserva ainda disponível	Mais verduras, arroz integral
6,4 a 5,5	Verde para Amarelo	Perturbações à frente, estresse crônico	Mais verduras, arroz integral	Mais verduras, arroz integral
IDEAL 6,8 a 8,0+	Verde para Azul	Resposta preferível, lida bem com estresse	Níveis de reserva são adequados	75% de frutas e verduras, 25% de carnes e grãos
5,5 a 5,5	Amarelo para Amarelo	Fazer mudanças imediatas	A reserva acabou ou não está sendo utilizada	Acrescente gradualmente apenas verduras cozidas
5,5 a 6,4 - 8,0	Amarelo para Verde/Azul	Nem o melhor, nem o pior	A reserva está OK, o corpo está estressado	Menos carne e laticínios, acrescente frutas e verduras
6,2 a 6,8	Verde para Verde	Menos desejável	Reserva disponível	Acrescente verduras cozidas, menos carne, algumas frutas

Acesse vídeo pelo link: drsuemorter.com/energycodesbook para mais instruções e recomendações sobre a testagem do pH.

INSTRUÇÕES

- Não coma nem beba nada, a não ser água, durante **duas horas** antes de testar o pH da saliva.
- Rasgue uma tira de 2,5 cm e acumule um pouco de saliva sob a língua. Mergulhe nela o papel para pH sem tocar na língua. Não toque na extremidade que colocará na boca.
- Compare **imediatamente** a cor da tira com a tabela que acompanha o pacote de tiras de papel. A cor mudará mesmo depois de alguns segundos. Anote o número.
- Coloque na boca o suco de ½ limão e sinta sabor em toda a boca.
- Engula quatro vezes para remover o suco de limão; em seguida, repita o teste de pH com saliva sob a língua. Volte a verificar a cor da tira **imediatamente**. Anote o número.
- Números ideais: **6,8 (primeiro número)**
  8,0 (segundo número)

Tolerâncias do Código de Energia

Caso você, ao começar a fazer esse trabalho, sinta desejo por alimentos que agora sabemos que são acidificantes, não presuma que é indisciplinado, pois, na verdade, há uma razão mais profunda para seus anseios. Isso tem a ver com o ciclo universal de expansão-e-ancoragem. Já comentei sobre esse ciclo, destacando que ele ocorre à medida que evoluímos. Quando começamos a integrar e a mudar a sopa química do nosso corpo, pode ocorrer uma expansão em nosso campo de energia – e isso significa que alguma parte do nosso campo salta para uma frequência de vibração mais elevada, com uma expansão correspondente na consciência. De súbito, nós realmente não nos reconhecemos porque estamos tendo pensamentos que ocorrem em frequências mais altas que as habituais. Nossas mentes estão se abrindo e deixamos de nos sentir familiarizados com nós mesmos em um nível celular e vibracional profundo.

Quando isso acontece, nosso subconsciente começa a procurar uma maneira de nos levar a sentir mais alicerçados e conectados à energia familiar. O resultado é que ansiamos por "alimentos reconfortantes" que diminuem nossa vibração para que o corpo e a mente sintam-se mais em casa. Esses "alimentos de ancoragem" tendem a ser alimentos pesados, como carnes e lacticínios, alimentos gordurosos como sorvetes e frituras e alimentos estimulantes, como açúcares e carboidratos ricos em amido. Eles não apenas são energeticamente mais densos como também são alimentos que, da mesma forma, exercem um efeito acidificante no corpo, e essa acidez diminui a frequência vibracional da nossa energia. (Mesmo que o açúcar nos acelere, o que pode parecer expansivo, essa expansão dura apenas pouco tempo. O subproduto de longo prazo da ingestão de açúcar é a intensificação da atividade celular, que produz acidez, e então acabamos com uma condição de cinzas ácidas, que faz nossa vibração cair.)

Mecânica à parte, o que eu realmente quero que saiba é que esses anseios são *normais*. E se você se permitir ingerir um alimento desejado em um determinado momento, não só o anseio será interrompido como também isso pode até facilitar a ancoragem e a integração do que acabou de expandir em um nível energético. Portanto, entregar-se conscientemente aos seus desejos pode, na verdade, mantê-lo avançando em seu processo de integração. No entanto, note que eu disse *conscientemente*! Quando nos entregamos a alimentos que nos confortam, mas fazemos isso de maneira inconsciente, duas coisas geralmente acontecem para nos desviar do caminho ou nos fazer retroceder. Quando nos desviamos sem consciência, sentimos como se tivéssemos "fraquejado" e começamos a nos culpar. Dizemos a nós mesmos que somos fracos e que não temos força de vontade, disciplina ou amor-próprio. Esse tipo de autocrítica nos atira de volta na Personalidade Protetora, que desperdiça muito de nosso tempo e energia e realmente desacelera nosso *momentum*. Se tivermos uma maneira diferente e mais consciente de interpretar o que está acontecendo, não vamos nos culpar ou abusar de nós mesmos; esta é a chave para o progresso.

Entregar-se de maneira inconsciente e por muito tempo a anseios também nos atrasa. Corremos o risco de nos rendermos emocionalmente à ideia de que nunca conseguiremos nos alimentar direito e cuidar bem de nós mesmos. Por esse motivo, é preciso manter-se atento ao período que as tolerâncias duram. O corpo funciona em ciclos de três, sete e 21 dias. Se um desejo ou padrão alimentar persistir por mais de três dias, então é preciso ficar de olho na marca dos sete dias como ponto de parada. Continue trabalhando com os Códigos que aprendemos para ajudá-lo a manter os pés no chão e ancorado durante todo esse período de sete dias. Não seria bom levar um ciclo de 21 dias para fazer a ancoragem. Isso é importante porque muitos estudos mostram que um hábito se enraíza na marca de 21 dias; se você ficar em um padrão de desejos/cinzas ácidas por tanto tempo, vai ser mais difícil sair do ciclo.

Idealmente, quando sentir desejo por esses alimentos que trazem conforto, entregue-se – mas só um pouco, e de maneira controlada. O restante do seu firmamento acontece quando você se aprofunda nas técnicas de respiração, nos *āsanas* de yoga prescritos, e em outras práticas dos Códigos de Energia. Esse equilíbrio tem o benefício suplementar de criar o hábito de buscar conforto no único lugar de onde, verdadeira e sustentavelmente, ele vem: estar no Eu Unificado com a Alma. No longo prazo, o conforto proporcionado por qualquer fonte externa – comida ou outras – pode funcionar no momento, mas nunca dura.

PRÁTICA 2: EXERCÍCIO CONSCIENTE

Outra maneira de construir uma química corporal positiva, e de criar um ambiente ideal para o Eu Unificado com a Alma mover-se pelo seu interior, consiste em se empenhar em exercícios físicos conscientes e intencionais.

Muitas vezes, quando as pessoas se exercitam, elas não estão totalmente presentes em seus corpos. Muitas pessoas se distraem ouvindo música ou assistindo a programas de TV enquanto malham na esteira ou nos aparelhos de musculação; elas levam suas mentes para outro lugar, de modo que seus corpos possam trabalhar mais intensamente por períodos mais longos. Elas dizem: "Isso me ajuda a me exercitar".

Se praticarmos a Respiração pelo Canal Central enquanto nos exercitamos, na verdade reduzimos o tempo necessário para obter os mesmos – ou melhores – resultados. Já treinei atletas profissionais, triatletas e campeões de corridas de aventura para que quebrassem seus próprios recordes simplesmente respirando pelo canal central enquanto malhavam. Ao praticar a inspiração e a expiração ao longo do canal central com intenção consciente quando nos exercitamos ou treinamos, conseguimos ir mais longe, mais depressa e sem fadiga. Isso ocorre porque quando trazemos percepção ao Eu Unificado com a Alma, realmente passamos a ter acesso à energia – e a extraí-la – de uma fonte maior. Chamo o exercício dessa maneira intencional de Exercício Consciente.

Se movermos o corpo e, intencionalmente, usarmos a respiração ao mesmo tempo, começaremos a construir circuitos que conectam a concentração consciente (mente), o movimento (corpo) e a respiração (espírito). É a mesma unificação de mente, corpo e respiração de que nossos grandes e antigos mestres orientais falavam há milhares de anos, que cria mudanças reais na química do corpo em um período relativamente curto.

Quando realizada com essa percepção, o yoga é realmente o exemplo perfeito de Exercício Consciente. O yoga BodyAwake traz esse elemento consciente da Respiração pelo Canal Central e o foco mental juntamente com posturas tradicionais. Porém, caso não se sinta atraído pelo yoga, há muitas outras maneiras de realizar o Exercício Consciente e construir circuitos para o Eu Unificado com a Alma. Outros tipos regulares de exercício, como calistenia, corrida para manter a forma e musculação, podem se tornar conscientes acrescentando a Respiração pelo Canal Central de maneira específica, o que ensino em detalhes em aulas práticas do meu curso. Para uma demonstração em vídeo do Exercício Consciente, acesse drsuemorter.com/energycodesbook. (Consulte a seção Recursos na página 390 para fontes adicionais de instruções sobre o Exercício Consciente.)

A seguir, há um diagrama de um exercício comum de musculação, mostrando o fluxo de energia movendo-se pelo canal central à medida que se inspira ou expira.

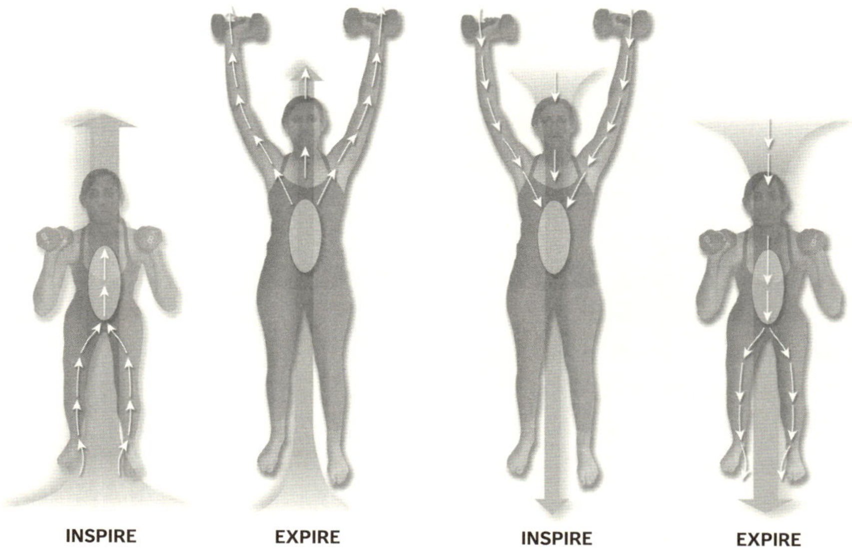

EXERCÍCIO CONSCIENTE

1. Ao levantar o peso, respire para cima, em um movimento que vem da terra, passa pelo *mūla bandha* e penetra em seu âmago.
2. Ao liberar o peso, expire pelo canal central e para fora do topo da cabeça.
3. Agora inverta esse movimento, começando com uma inspiração através do topo da cabeça.
4. Repita, respirando pelo canal a cada repetição do exercício.

Ensinei centenas de pacientes e clientes a movimentarem energia através do corpo enquanto se exercitam dessa maneira. Os resultados são surpreendentes. Não só o treino diário se torna mais agradável porque sentimos realmente, no corpo, um efeito imediato de elevação e fortalecimento, mas também ganhamos uma energia maior que se sustenta *o tempo todo*. E, naturalmente, adicionando isso ao regime de Códigos de Energia, você acelera de forma exponencial a transformação em toda a sua vida.

PRÁTICA 3: QUÍMICA ATRAVÉS DO PENSAMENTO

Este exercício usa o pensamento para cultivar intencionalmente uma química corporal alcalina. Nos concentramos em pensamentos positivos, de alta frequência, e reconhecemos e reformulamos quaisquer pensamentos recorrentes de baixa frequência que contribuam para um estado ácido. Isso combina os esforços em outras áreas para criar uma química corporal saudável e promover tanto um ambiente fisicamente benéfico para as células como um "lar" energeticamente sadio para o Eu Unificado com a Alma.

1. Comece com a Respiração pelo Canal Central, "amarrando" os seus pontos de ancoragem.
2. Agora, concentre-se em um momento vitorioso em sua vida – um momento em que você triunfou sobre algo desafiador e isso lhe pareceu uma vitória realmente grande. Lembre-se disso em

detalhes e observe como a energia se move em seu corpo em resposta a essa lembrança. Talvez você tenha se iluminado acima de sua cabeça ou em torno dos ombros, ou seu coração tenha se expandido. Pressione suavemente essa área para atrair até ela a atenção da mente de maneira focada.

3. Agora, mantenha-se nesse padrão e respire suavemente pelo canal, para cima e para baixo, até que essa mesma sensação vibracional possa ser sentida em todo o seu sistema – em outras palavras, até que aquilo que sentia em seu coração, cabeça ou garganta (ou onde quer que a sensação estivesse) agora também possa ser sentido em sua barriga, quadris, pernas e assim por diante. Queremos que todo o seu corpo se abra e se preencha com aquela mesma sensação.

Essa é uma prática de respiração reflexiva, meditativa. Estamos gerando um estado aberto para que todo o sistema possa ressoar na mesma frequência vibracional, pois essa vibração contribui para a química do corpo. Queremos que todo o corpo esteja envolvido em uma vibração vitoriosa. É preciso *incorporá-la*.

Você pode executar a mesma prática com outras vibrações de frequência ainda mais alta, frequências como as que se associam a inspiração, amor e alegria. Sintonizando diferentes "estações de rádio" positivas dessa maneira e incorporando suas frequências individuais: é assim que começamos a trabalhar influenciando a química do corpo por meio do pensamento.

Note que isso não é a mesma coisa que "pensamento positivo", o que, por si só, não vai curar você. Pensar positivamente – mesmo que o alçapão entre o consciente e o subconsciente esteja *aberto* – apenas nos impede de pensar *negativamente*, o que interferiria no processo de cura natural do corpo. (Se o alçapão estiver fechado, nossos pensamentos conscientes exercerão muito pouco impacto sobre nossa saúde e bem-estar.) Embora *estejamos* focando a mente positivamente nessa prática, estamos fazendo mais do que apenas ter pensamentos positivos, proclamando afirmações e sonhando sonhos apenas com a mente. Estamos trazendo as *vibrações* dessas coisas para todo o corpo em grande estilo – uma ação que eleva a frequência vibracional dos tecidos e "nos desperta" em nosso interior, e a ancora onde pode influenciar muito mais vigorosamente quem somos e quem nos tornamos.

Esse exercício também pode ser usado para fundir um "como" com um "sim" – fundir a possibilidade de um sonho com o *sentimento* de que você pode realmente ter esse sonho. Muitas vezes, nossos objetivos ou sonhos nos parecem maiores do que nós. Nós os queremos, mas quase de imediato pensamos: "Quem sou eu para pensar que posso ter isso?" e "Como posso alcançar isso?". Mas se não acreditamos em algo – se não "assumimos" – isso significa que não estamos tendo acesso à energia desse algo ou que essa energia não está realmente *viva* dentro de nós. E, como sabemos agora, se ela não estiver lá, em nosso âmago, e em nosso campo energético, ou o objetivo não vai se realizar ou não vai durar. Nossas manifestações tornam-se sustentáveis quando vamos além de acreditar, quando sentimos e *somos* nossos objetivos em nossa energia sutil e corpos físicos. Para chegar lá, precisamos incorporar a vibração do nosso sonho e mudar o fluxo de energia no padrão daquilo que criará o resultado desejado. Este exercício o ajudará.

Para fundir um "como" com um "sim":

1. Sente-se e imagine: "Sim!". Apenas essa única palavra, como se todo o universo estivesse lhe dizendo: "Sim!", como se não houvesse nada além de um grande "Sim!" acontecendo. Será como se você estivesse no maior estado de aceitação e realização possível – um estado imensamente expandido no qual você se sente um ser completo e total.

2. Sentado em seu melhor "Sim", observe como você sente a energia em seu corpo, como ela flui. Existe alguma área que atraia sua energia em uma direção ou em outra? Talvez haja uma grande expansão esférica, ou um sentimento mais leve que ocorra em todos os lugares.

3. Agora, pense em um objetivo que você tenha. Como ainda é uma meta e não algo já manifestado, vou supor que quando você pensar

nela, sua energia vai mudar. Isso poderia significar que existe alguma interferência subconsciente associada ao objetivo que o está impedindo de alcançá-lo. Talvez tenha a ver com acreditar que vai ser difícil, ou que algo tão maravilhoso nunca poderia acontecer com você. Qual seja a crença, a sensação que está tendo é, de alguma maneira, diferente de um "Sim!" definitivo.

4. Observe o padrão de energia do corpo em relação a esse desejo por um objetivo. Ancore esse padrão em sua percepção, anotando o que tem uma carga e onde a energia é acentuada.

5. Volte para o padrão "Sim!". Em seguida, lentamente, alterne entre os dois padrões, permitindo que eles comecem a se conectar um com o outro em sua percepção. Logo eles se encontrarão de forma mútua e completa, e abrirão um caminho de fluxo fotônico que incluirá a meta e o "Sim!" no mesmo padrão energético. O corpo então começará a se adaptar aos padrões combinados e reconhecerá isso como uma maneira familiar de ser.

Este exercício ajuda a dominar a tendência de hesitar quando temos um sonho, mas não sabemos como ele vai se manifestar, abrindo um caminho energético para a manifestação do nosso maior "Sim!".

Saiba que seus sonhos pertencem a você; eles são parte de você. Se não fossem, estaria sonhando com algo diferente. Eles são "destinados a acontecer" quando servem ao seu bem maior. E quaisquer que sejam suas intenções, desejos e sonhos, lembre-se sempre que tudo acontece, em primeiro lugar, no corpo!

PRÁTICA 4: YOGA PARA O CÉREBRO COM OS CÓDIGOS DE ENERGIA

Yoga trata de movermos áreas específicas do corpo ao mesmo tempo que nos focamos nessa área do corpo, mantendo a respiração consciente. É surpreendente que o mesmo pode ser feito para estimular os tecidos do cérebro, usando o que chamo de Yoga para o Cérebro.

Uma vez que a mensagem que vem dos centros cerebrais superiores, e da Caverna de Brahma, é tão importante para o equilíbrio químico do corpo (entre outras coisas), queremos ativar e animar os tecidos nessa área e fazer com que eles se comuniquem uns com os outros de maneira mais eficaz. Fazemos isso "exercitando-os" – movimentando-os e respirando enquanto estamos empenhados nesse processo. Isso desperta áreas do cérebro e contribui para a capacidade de perceber quem somos no âmbito do Eu Unificado com a Alma.

A única diretriz geral para esse exercício é que, ao mover os olhos, deve-se fazer isso *sem* movimentar a cabeça. Eis aqui os passos para realizar o Yoga para o Cérebro com os Códigos de Energia:

1. Com o nariz apontando diretamente para a frente e o queixo paralelo ao piso, gire os olhos para cima o máximo que puder fazer confortavelmente, como se estivesse tentando olhar para o teto. Você vai sentir de imediato alguma tensão atrás dos olhos.

2. Em seguida, pressione seus outros pontos de ancoragem – o *mūla bandha*, o coração, a garganta – tudo isso enquanto mantém os olhos virados para cima. (Conserve seus pontos de ancoragem contraídos durante todo o exercício.)

3. Inspire fundo, trazendo a respiração da terra e dirigindo-a para cima, pelo canal central e para o interior do seu âmago. Faça isso de maneira relaxada e permita-se sentir-se bem. Então, do âmago, expire diretamente pelo canal central em direção àquela tensão atrás dos olhos e prossiga para além do topo da cabeça.

4. Agora, imagine que há um relógio gigantesco na parede. Como seus olhos estão voltados para cima, pense que esse relógio marca 12h. Agora, gire os olhos para a posição de uma hora. Olhando para essa posição, inspire fundo a partir de cima da cabeça, e desça passando pela posição onde você sente agora a tensão atrás dos olhos, continuando a descer pelo canal central rumo ao seu âmago. A partir deste, expire através do *mūla bandha* e para baixo, para dentro da terra.

5. Agora, mova seus olhos para as 2h. Atraia a respiração a partir da extremidade terra do canal e a faça subir até o seu âmago. Ao expirar, subindo ao longo do canal, sinta a nova tensão por trás dos olhos e complete a expiração, imaginando que ela sai pelo topo de sua cabeça.

6. Mova os olhos para as 3h e repita os passos acima, inspirando a partir de cima da cabeça para baixo, para dentro do corpo, pressionando os pontos de ancoragem e expirando através do corpo em uma respiração abdominal.

7. Continue da mesma forma percorrendo todo o relógio, uma "hora" de cada vez.

8. Quando completar o relógio, termine com um exercício conhecido como *nadi shodhana* (*nadi* significa "canal" ou "fluxo", e *shodhana* significa "purificação" em sânscrito). Coloque o dedo indicador sobre a posição do terceiro olho e use o polegar e o dedo médio para alternar o fechamento de uma narina de cada vez. Com a narina direita aberta, inspire. Em seguida, feche a narina direita, abra a esquerda e expire. Em seguida, inspire pela narina esquerda, feche e expire pela direita. Termine com uma expiração pela narina direita. Repita o ciclo completo seis vezes.

Idealmente, recomendo que faça este exercício de Yoga para o Cérebro um total de quatro vezes – uma vez no sentido horário e uma vez no sentido anti-horário com os olhos abertos, e depois novamente em cada sentido com os olhos fechados. Embora não seja necessário fazer todas as quatro opções de cada vez, recomendo que, assim que começar o exercício, percorra todas as horas em um sentido, em vez de parar depois de apenas algumas horas. E faça uma rotação no sentido oposto para equilibrar.

Depois de terminar esse exercício e de olhar para a frente de maneira neutra, você sentirá de imediato algo diferente acontecendo no centro de sua cabeça. Terá a percepção de um maior senso de identidade (ou de sujeito) – de ser a presença dentro de você que está olhando para o mundo. O Yoga do Cérebro também ativa as áreas-chave do cérebro que queremos estimular – as áreas dentro e em torno dessa área do terceiro ventrículo chamada Caverna de Brahma, que intensifica a circulação e o fluxo de energia eletromagnética, promovendo um ambiente otimizado para a criação de uma "sopa" de química corporal saudável. Da mesma maneira que praticar piano traz progressivamente maior destreza sensorial e motora para os dedos, esse exercício desenvolve comunicação sensorial e motora nessa área-chave do cérebro.

Correlação entre Chakra e Código da Química: O Terceiro Olho

O Código da Química está correlacionado com o sexto chakra, localizado no centro da testa, acima e entre as sobrancelhas. Conhecido por suas qualidades de intuição, sabedoria superior, clarividência e inspiração, esse centro de energia também é conhecido como terceiro olho. Em sânscrito, é conhecido como *chakra ājñā* – literalmente, "comando". Não é por acaso que esse chakra está associado à glândula pineal e à hipófise, que, como aprendemos neste capítulo, estão alojadas nas zonas centrais do cérebro (a Caverna de Brahma) e administram a química do corpo e o despertar da consciência. As recomendações nutricionais e os exercícios físicos e mentais prescritos neste Código são fundamentais para ativar essas glândulas, estabilizar o chakra do terceiro olho e elevar a vibração energética do corpo para promover a saúde, a vitalidade e o empoderamento. Aqui, fundimos os mundos do céu (pineal) e da terra (hipófise) misturando suas energias. A integração está na maneira como conseguimos desenvolver nosso sexto sentido, como devemos fazer ao longo de nossas vidas.

As pessoas que têm problemas no chakra do terceiro olho literalmente não conseguem "ver" com clareza o que está acontecendo dentro delas e ao seu redor. Elas podem ignorar sinais vindos de seu corpo apontando onde a energia ou química do corpo precisa ser corrigida, ou podem ser cegadas por pensamentos de baixa vibração ou padrões de relacionamento que criam estresse no corpo. Podem ter problemas para confiar em seu conhecimento interior – as mensagens que vêm do hipotálamo e dizem respeito ao que está acontecendo no corpo e no campo energético. Podem ter dores de cabeça, problemas oculares ou tonturas. Podem lutar contra a depressão ou comportamentos viciantes por causa de uma química corporal comprometida e menor capacidade de autorregulação.

A tabela a seguir resume algumas das características-chave do sexto chakra. Mais uma vez, note como as propriedades energéticas do chakra espelham as áreas físicas do corpo

Correlação entre Chakra e Código da Química: Chakra do Terceiro Olho

NOME(S)	Sexto chakra, *chakra ājñā*
LOCALIZAÇÃO	A partir do centro da testa em direção ao meio do cérebro, acima e entre as sobrancelhas
COR	Índigo, anil
NOTA MUSICAL	Lá
ÁREAS DO CORPO AFETADAS	Olhos, base do crânio, ouvidos, nariz, olho esquerdo, lado esquerdo do cérebro, seios nasais, hipófise e glândula pineal
SINTOMAS DO "LADO ANVERSO"	Pesadelos, alucinações, dores de cabeça, dificuldades de aprendizagem, visão precária, problemas neurológicos, glaucoma
CARACTERÍSTICAS DO "LADO REVERSO"	Carisma, intuição elevada, perspectiva saudável, liberdade com relação ao apego, geração de criações perspicazes, percepção além dos cinco sentidos, visão do significado "nos bastidores", "Sou aquele por trás dos olhos".
PRÁTICAS	• Programa de Nutrição de Cinzas Alcalinas • Exercício Consciente • Química Através do Pensamento • Yoga para o Cérebro com os Códigos de Energia
TÉCNICA DE RESPIRAÇÃO (conforme explicado no Capítulo 8)	Respiração Visionária
POSTURAS DE YOGA PARA OBTER MAIOR INTEGRAÇÃO	• Postura do Cachorro Olhando para Baixo (*adho mukha śvānāsana*) • Postura da Vela (*salamba sarvāṅgāsana*) • Postura da Criança (*bālāsana*) • Postura do Guerreiro Invertido (*viparīta vīrabhadrāsana*), também chamada de Guerreiro 4 • Posturas de Equilíbrio

Juntamente com as práticas deste Código, as seguintes posturas de yoga ajudam a integrar e equilibrar esse centro de energia.

Yoga para o Código da Química

A Postura do Cachorro Olhando para Baixo é possivelmente a mais típica das posturas de yoga. É uma das primeiras que novos alunos aprendem e uma das mais comuns em qualquer prática ou estilo. As crianças a realizam naturalmente enquanto brincam. Ela inerentemente integra a alma à vida na Terra. Também é altamente benéfica para o terceiro olho porque direciona energia, atenção e fluxo sanguíneo para o cérebro.

POSTURA DO CACHORRO OLHANDO PARA BAIXO (*ADHO MUKHA ŚVĀNĀSANA*)

Eis como praticar a Postura do Cachorro Olhando para Baixo:

1. Comece com as mãos e os joelhos apoiados no tapete. Mantenha as mãos afastadas à largura dos ombros, com os dedos indicador e médio apontando para a frente. Apoie toda a mão no tapete de modo que possa sentir os cinco dedos e a palma da mão em pleno contato com a terra.

2. Com as pernas afastadas à largura dos quadris, dobre os dedos dos pés para baixo e levante lentamente os quadris, movendo-os também para trás. Estique as pernas o máximo possível de modo que seu corpo se torne um V invertido. Sinta a almofada plantar dos pés e todos os dedos dos pés firmados no tapete. (Se os seus calcanhares alcançarem o chão, firme-os no chão também, juntamente com toda a borda externa de cada pé.) Certifique-se de que os dedos dos pés estão voltados para a frente do seu tapete ou virados ligeiramente para dentro.

3. Estique os braços e permita que as omoplatas deslizem para longe de suas orelhas, alargando as partes superiores dos seus ombros. Gire a parte interna dos cotovelos suavemente em direção ao teto de forma que ambas as mãos permaneçam totalmente conectadas ao tapete.

4. Dobre levemente o queixo, sem curvar a parte superior das costas, a fim de alinhar sua coluna cervical (pescoço) com o restante de sua coluna. Olhe em direção ao seu umbigo.

5. Mantenha-se nessa posição durante pelo menos sessenta segundos (ou pelo maior tempo possível).

6. Para sair, desloque o olhar para as mãos. Dobre os joelhos e, suavemente, abaixe-se de volta ao chão.

Agora, vamos integrar as práticas do Yoga BodyAwake enquanto mantemos a Postura do Cachorro Olhando para Baixo.

1. Enquanto sustenta a postura o Cachorro Olhando para Baixo, imagine seus pés ancorados em um reservatório de energia dentro da terra, 60 cm abaixo do seu tapete. Plugue os pés nessa energia aterrando todos os quatro cantos de cada pé. (Se ajudar, você pode levantar os dedos dos pés para conectar a almofada plantar dos pés com mais firmeza ao tapete e, em seguida, acomode os seus dedos de volta em sua posição inicial.)

2. Ative as pernas. Se estiverem retas, levante as rótulas e músculos das coxas, e plugue a cabeça dos fêmures nas cavidades do quadril. Se os seus joelhos estiverem dobrados, simplesmente abrace todos os músculos das pernas ao redor dos ossos. Sinta tudo ativado.

3. Pressione o *mūla bandha*. Inspire energia através de suas pernas e para dentro de seu âmago a partir de além da parte inferior de seus pés, como na Respiração dos Mil Canudos Minúsculos do Código da Respiração. Encha o seu âmago com energia à medida que inspira. Aterre suas mãos no tapete, mas não deixe

suas omoplatas se encolherem em direção aos ouvidos. Contraia a área ao redor do coração, envolvendo os músculos em torno das laterais das costelas (músculo grande dorsal) em direção ao centro do peito. Sinta como isso conecta suas mãos à terra com ainda mais firmeza.

4. Gire os olhos firmemente para cima a fim de sentir a tensão por trás deles conforme expira para fora do topo da cabeça – mas também ao longo dos braços e para dentro da terra além das mãos.

5. Na próxima inspiração, mantenha os olhos virados para cima e respire a partir de 60 cm acima do topo de sua cabeça, bem como a partir de 60 cm abaixo do chão, onde suas mãos se conectam ao tapete. Deixe a respiração passar pela cabeça e pelo centro do cérebro, pela garganta e pelo peito; ao mesmo tempo, deixe a respiração subir pelos braços, através dos ombros e para dentro do coração. Em seguida, deixe a respiração misturada mover-se totalmente para dentro da barriga. Pressione o coração e permita-se sentir-se bem!

6. Ao expirar, pressione o *mūla bandha* e expire pela ponta da coluna vertebral e para baixo, ao longo das pernas e dos pés, mantendo as pernas totalmente ativadas e todos os quatro cantos dos pés pressionando a terra.

POSTURAS DE YOGA ADICIONAIS PARA INTEGRAR O CHAKRA DO TERCEIRO OLHO

Estes *āsanas* podem ser usados em conjunto com a Postura do Cachorro Olhando para Baixo a fim de melhorar o trabalho com o Código da Química. Lembre-se de que é benéfico pressionar áreas para as quais queremos atrair a atenção, mas depois disso relaxe nas posturas. Use seu bom senso para trabalhar com as práticas do Código de Respiração em cada uma dessas posturas.

- Postura da Vela (*salamba sarvāṅgāsana*)
- Postura da Criança (*bālāsana*)
- Postura do Guerreiro Invertido (*viparīta vīrabhadrāsana*), também chamada Guerreiro 4
- Posturas de Equilíbrio

Aprendemos muito sobre nossa natureza autêntica e sobre como liberar e/ou integrar qualquer coisa que nos impeça de experimentar a nós mesmos como quem realmente somos. Aprendemos a processar pensamentos, emoções e até mesmo alimentos de uma maneira que promove a expressão e a expansão do Eu Unificado com a Alma.

No próximo e último Código de Energia – o Código do Espírito –, veremos como é estar conectado com nosso âmago, nosso eu essencial, e então viver a vida com essa conexão intacta.

Capítulo 10

O Código do Espírito: Onde os Muitos Tornam-se Um

Muitos anos atrás, quando já trabalhava havia algum tempo com as práticas dos Códigos de Energia, e já testemunhava incríveis curas físicas e mudanças mentais e emocionais em mim mesma e em meus alunos, sentia-me impulsionada a mergulhar em uma prática diária de yoga. Para o meu deleite, descobri que o yoga, de fato, acelerava minha capacidade de ativar meus circuitos e de interpretar e integrar informações a respeito da química do meu corpo, do meu campo energético e do meu Eu Unificado com a Alma.

Sempre que me encontrava em uma postura de yoga e sentia tensão em uma área do meu corpo, eu fazia contato com os tecidos daquela área, pressionando-os. Então, respirava "através" deles. Embora na aula de yoga eu fosse instruída a respirar "para dentro" de uma área de tensão, respirar "através" dela revelou-se algo muito diferente, pois construía circuitos conectivos de comunicação que não eram abordados por nenhuma prática que fizesse anteriormente. Eu estava fazendo isso quando descobri que a tensão se liberava imediatamente e que eu podia avançar na postura, com mais força, resistência e facilidade. Meu corpo parecia mais leve, mesmo quando estava se tornando mais forte.

Um dia, levantei cedo e dirigi durante meia hora até o estúdio de yoga onde praticava. Minha intenção era participar de uma aula dada por um certo professor, cujos métodos me agradavam em especial. Quando cheguei, vi que esse professor não estava lá, e que um professor substituto conduziria a aula. Fiquei desapontada! Mesmo praticando e ensinando os princípios dos Códigos de Energia, eu me deixei levar pela predeterminação, antecipação e expectativa enquanto dirigia até lá – e me senti decepcionada quando percebi que as coisas não aconteceriam como eu planejara.

Já havia acompanhado uma aula com esse professor antes e simplesmente não gostava tanto dela. Não que sua aula não fosse boa; se tratava apenas do fato de que o seu ritmo era consideravelmente mais lento do que eu queria na época. Nos primeiros minutos da aula, fiquei frustrada, pensando: *Não é disso que eu preciso hoje*! Então, cerca de dez minutos depois, pensei: *Sue, isso é ridículo. São 6h da manhã. Você acordou às 5h, e dirigiu meia hora para estar aqui. Vai gastar a próxima hora completamente frustrada, ou vai se render a isso e se lembrar de que tudo o que acontece é em seu favor?* Com esse pensamento, me soltei no ritmo intencional mais lento da aula.

Enquanto o compasso de minha respiração diminuía até atingir o ritmo da instrução, e eu caía em meu próprio âmago, reconheci que o movimento pelo qual estávamos sendo guiados sustentava algo novo e benéfico para mim. À medida que nos movíamos através de um fluxo repetitivo de três posições diferentes, minha mente foi capaz de se liberar dentro de uma *presença* completa, tanto dentro de mim como na sala de aula. Eu estava ouvindo o instrutor, mas, ao mesmo tempo, também estava extraordinariamente sintonizada com a versão profunda, central e interna de mim mesma.

De repente, pude perceber uma substância branca enevoada suspensa dentro do meu corpo. Se fechasse os olhos, podia "ver" essa energia se transformando em um padrão que correspondia à postura que o meu corpo mantinha. Então, à medida que eu, lentamente, iniciava um movimento para a próxima postura, a substância nebulosa começava a se mover com a intenção – e se eu me acomodasse o suficiente, ela me levava efetivamente a detalhes emocionantes da postura, os quais nunca havia experimentado e sobre os quais jamais fora instruída. Então sua presença poderosa levava meu sistema para a próxima postura com um senso de sabedoria. Senti no nível celular que era aqui que as origens do yoga começavam; algo, dentro de mim, simplesmente "sabia" disso. As posturas estavam sendo guiadas pela nossa essência, e ao nos colocarmos nas posturas de forma intencional, podíamos encontrar mais facilmente esse estado de ser que aproveitaria essa antiga sabedoria.

Eu estava testemunhando uma versão espiritual de mim mesma e queria apenas parar de me mover e estar presente com ela – mas sabia que aquilo que havia trazido essa energia à minha percepção era a combinação perfeita do meu foco, intenção, *entrega*, respiração e movimento do meu corpo, e queria que isso continuasse acontecendo! Me vi desacelerando, não mais acompanhando os comandos do instrutor, pois não queria perder o foco do que estava acontecendo dentro de mim. Ironicamente, percebi que o instrutor que estava dando a aula que era lenta demais para mim agora parecia estar ensinando depressa demais.

A situação ilustra perfeitamente como precisamos abraçar o ritmo da vida e a velocidade com que as coisas nos são entregues, confiar no que está acontecendo e colaborar para a sua perfeição. Ao fazer isso, começamos a usar ativamente os chakras e os componentes significativos da Caverna de Brahma e outros centros superiores do cérebro, que contribuem para nossa capacidade de operar como criadores, vivendo efetivamente na vibração espiritual da unicidade. Somos internamente conscientes do que está surgindo, ao mesmo tempo que confiamos e trabalhamos com nossa vida externa conforme ela se desdobra. Quando aprendemos a respirar, a permanecer presentes e a honrar simultaneamente tanto o mundo interior quanto o exterior, começamos a nos mover com facilidade pela vida como o Eu Unificado com a Alma.

Mais tarde, pensando sobre essa aula de yoga, percebi que, por meio da colaboração entre mente, corpo, respiração e movimento, pude experimentar uma versão sutil e abrangente de mim mesma que antes era acessível apenas por meio da completa quietude da meditação. Circuitos adicionais estavam se ativando em mim, permitindo que eu percebesse mais da minha própria frequência de energia sutil – e essa frequência vibracional *gerou* automaticamente o novo processo de construção de circuitos, sem meu esforço consciente. Antes disso, qualquer distração (como as dicas do professor de yoga ou a presença de outras pessoas na sala) teria dispersado um pouco minha concentração, e eu não seria capaz de captar uma realidade tão sutil como a sintonização de uma "estação de rádio" diferente. Mas o mais emocionante era o fato de que, se eu podia encontrar esse nível de integração, *eu podia ensinar outras pessoas a fazer o mesmo*.

Depois desse evento, comecei a ensinar meus alunos a se conectarem à substância branca enevoada semelhante a um espírito, e a mergulhar naquele profundo senso de identidade ao se movimentarem. Logo eram capazes de ter, às vezes, percepções mais profundas sobre e fora do tapete de yoga. Era simplesmente uma questão de treinar a mente para perceber que somos seres espirituais tangíveis e que a realidade de nossa verdadeira natureza pode ser visível a nós.

O Que É o Código do Espírito?

Muitas vezes encontro pessoas que dizem: "Não sou muito espiritual". Isso é impossível, pois somos *feitos* de espírito. Espírito é energia. O espírito no corpo é a respiração. A verdadeira espiritualidade é mais tangível do que religiosa ou mística. É nossa fusão diária, minuto a minuto, da mente, do corpo e de nossa energia em uma só força unificada – o Eu Unificado com a Alma.

Quando nos empenhamos com nós mesmos dessa maneira unificadora, e agimos a partir desse lugar de unidade, a "espiritualidade" torna-se algo que experimentamos, expressamos e vivemos. Ela se torna inseparável de quem somos. Quando permitimos que nossos instintos viscerais ou nossa intuição guiem a mente, estamos vivendo vidas espirituais. Quando percebemos que não estamos sendo guiados pela energia espiritual, mas, em vez disso, que *somos* essa energia espiritual – que esse espírito é o nós "real", e não algo que encontramos ou que usamos – começamos a agir como *seres espirituais*.

O Código do Espírito ancora essa verdade para nós, dando-nos ferramentas para prontamente nos conectarmos com a sabedoria central profunda que surge no sistema do nosso corpo o tempo todo. Nesse Código, vamos além de sentir e de gerenciar nossa energia, e focalizaremos a mente de tal maneira que ela deixará de perceber essa energia como separada de si mesma. Como duas pessoas que passam tanto tempo juntas que começam a completar as frases uma da outra, não é necessária nenhuma pista física de uma para a outra a fim de alcançar a harmonia; ambas residem no mesmo fluxo de consciência.

Este é o nosso objetivo supremo: chegar a um ponto onde a mente e o espírito colaboram tão intimamente e de maneira tão consistente que ambos se tornam uma coisa só. Essa unicidade é a Inversão Quântica. É uma infusão completa do Eu Unificado com a Alma dentro da Personalidade Protetora, em que a mente e o corpo ocupam seu devido lugar como servos da alma, que se expressa neste mundo por meio deles. O resultado dessa fusão é uma personalidade plena de alma, que se envolve amorosa e poderosamente com a vida. Em vez de tentar obter, controlar ou agradar outras pessoas, agora sabemos que somos bons do jeito que somos e que a vida não apenas é segura, mas também sempre se desdobra em nosso benefício. Na verdade, não temos de pensar muito nisso; a vida é simplesmente nossa para vivê-la. Nesse lugar em que nos sentimos relaxados, podemos estar presentes e disponíveis para o que quer que surja em nosso caminho, independentemente do ritmo em que acontecer. Mais que isso, somos capazes de criar em vez de procurar por maneiras melhores de responder; podemos gerar experiências de vida sem hesitação ou adivinhações, e essas experiências, por sua vez, revelam ainda mais sobre nossa natureza essencial e o verdadeiro propósito de estarmos aqui.

Enquanto vivemos na Personalidade Protetora, concentramos nossos cinco sentidos externamente e, em certas ocasiões, temos palpites ou intuições, pressentimentos. Porém, à medida que retraímos nossa atenção para o mundo interior, percebemos que uma verdade mais profunda está se revelando *o tempo todo*. Erguendo-se do segundo chakra até o canal central, essa verdade esteve disponível a nós o tempo todo, mas nossa mente estava distraída demais pensando em como a vida "deveria" caminhar para realmente conseguir percebê-la.

À medida que a mente começa a se conectar a essa realidade unificada com a alma e a confiar nela profundamente, ela passa a perceber e traduzir mais depressa esses impulsos evolutivos que surgem de forma constante. Logo cada pensamento, ação e resposta são sustentados por um conhecimento mais profundo. Nossas respostas tornam-se colaborações, essencialmente cocriando e manifestando novas possibilidades. É isso o que estamos cultivando com os Códigos de Energia – construindo mais circuitos para detectar esses impulsos até que o fato de percebê-los seja natural e instintivo, e tais impulsos se tornem "mais altos" para a mente do que todas as pistas externas. Então, solidificamos ainda mais essa dinâmica ao escolhermos, conscientemente, agir (ou *não* agir) com base na comunicação de alma plena que a mente recebe. Viver a vida dessa maneira, de acordo com nossa própria sabedoria e verdade inerentes, é viver como o Eu Unificado com a Alma.

Ensinei e viajei por trinta anos, e conversei com dezenas de milhares de pessoas, e nunca ouvi uma delas sequer dizer que lamentava ter seguido uma intuição. Já *ouvi* centenas de vezes que alguém teve uma intuição e a ignorou, e mais tarde disse: "Rapaz, como me arrependo disso!". Deveríamos "fazer as contas"!

Todos já tivemos momentos em que não sabíamos o que fazer. Se fôssemos capazes de direcionar a atenção para o nosso âmago, provavelmente teríamos sentido um impulso subindo dentro de nós que nos teria guiado ao longo de nosso caminho mais elevado. Mas não fomos treinados para direcionar a atenção dessa maneira e, portanto, não conseguimos perceber essa intuição. Em vez disso, provavelmente tomamos uma decisão com base nas limitadas informações mentais, emocionais ou sensoriais da Personalidade Protetora. Os resultados de tais escolhas variam, mas geralmente não são aqueles para os quais teríamos sido dirigidos se tivéssemos acesso ao nosso pleno conhecimento interior. Com o Código do Espírito, caminhamos rumo à integração total entre corpo, mente e espírito, em que nossa direção é clara e certa, e as instruções vêm até nós sem esforço, conforme necessário, a partir de nosso interior – pois é onde nós moramos.

No entanto, mesmo ao integrar a mente, corpo, respiração e energia de forma plena, você ainda procurará, ocasionalmente, por uma intuição... e ela, simplesmente, não estará lá. Não conseguirá sentir nenhum impulso; parece que tudo está vago e escuro, como um vazio. Há uma razão muito boa para isso; então, não comece a contar a si mesmo a velha história dizendo que você é inapto, inadequado ou carente de qualquer forma, frustrando assim sua capacidade de seguir sua verdade. A razão disso é que você está dentro do Vazio da Criação.

ENTRANDO NO VAZIO DA CRIAÇÃO

Muitas pessoas acreditam que a experiência de vida progride em linha reta. Mas, na verdade, ela se desdobra mais como um círculo – efetivamente, em muitos círculos, que, se fossem empilhados um em cima do outro, pareceriam uma espiral ascendente. A cada volta ao longo do círculo, completamos um *ciclo*, que nos leva a um ponto de vista mais elevado, mais próximo do nosso potencial para a totalidade. É assim que evoluímos. Chamo esses sistemas de Ciclo da Vida, e o mais amplo, de Ciclo de Evolução. Quando um ciclo se completa, ele nos move para cima, para a próxima rodada de experiência evolutiva.

O ciclo tem três fases ou partes. Primeiro, nós *criamos*. Recebemos um novo impulso, uma nova inspiração, e tomamos a iniciativa para torná-lo real. Nessa fase, trazemos algo novo ao mundo – um negócio, um relacionamento, um filho, uma obra de arte ou uma peça musical. Em seguida, vem a fase de *sustentação*, em que o "projeto" está cumprindo seu propósito e estamos colhendo os benefícios dele. Aqui, estamos contribuindo, nos sentindo vivos e, possivelmente, até mesmo tendo abundância e sucesso.

Então, uma vez que o projeto tenha seguido o seu curso e cumprido o seu propósito, temos uma sensação de realização ou completude e uma necessidade de seguir em frente. Se não nos apegarmos ao que vivenciamos no ciclo de *sustentação*, podemos nos dirigir com mais facilidade até a fase final, a da *desconstrução*, na qual o projeto chega ao fim e precisamos deixá-lo para trás a fim de começar um novo ciclo.

Não é surpresa que a fase de *desconstrução* é aquela com a qual normalmente temos problemas. Se não estivermos cientes de que estamos em um ciclo e de que o próximo novo começo está logo adiante – quando não podemos ver além do lugar em que estamos no momento –, pode ser difícil se desapegar. Isso é especialmente verdadeiro se não estivemos presentes de maneira plena com nossa verdade profunda enquanto percorremos o ciclo, e se não reconhecemos como isso contribuiu para a nossa evolução e expansão.

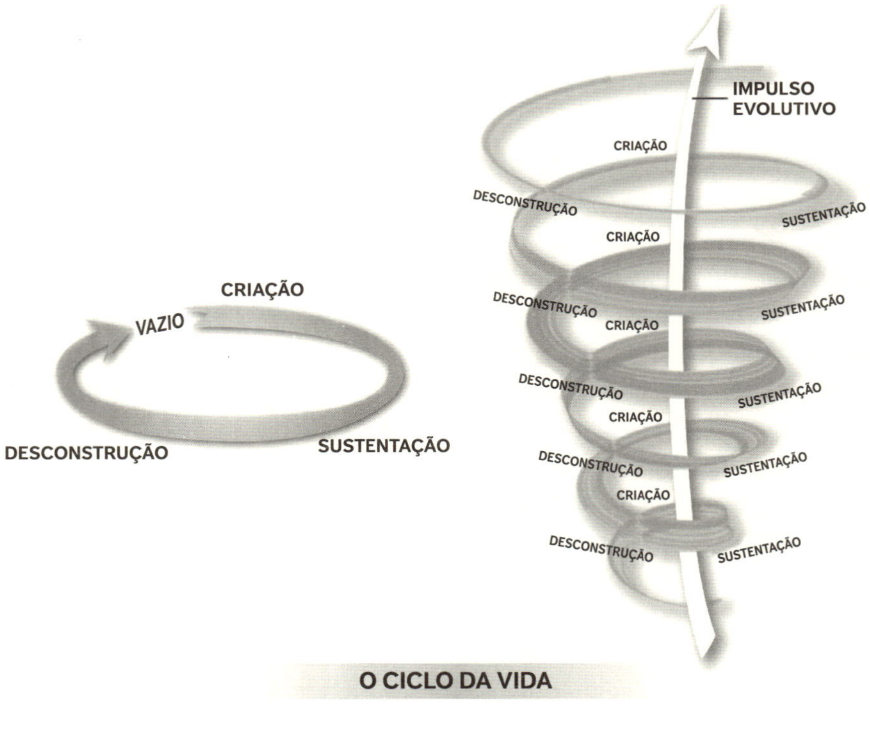

O CICLO DA VIDA

Podemos reconhecer com maior clareza essa relutância em abrir mão do apego em nossos relacionamentos. Quantas vezes já ficamos em um relacionamento romântico, amizade ou relação de trabalho por tempo demais? Quantas vezes relutamos em nos separar para seguir nosso caminho, mesmo sabendo que isso seria para o nosso bem? Quando construímos algo, queremos que dure para sempre. Mas, embora o amor dure para sempre, as percepções no mundo físico duram apenas até que seus ciclos se completem.

Dar a volta em torno do ciclo não é opcional. Não podemos escolher evitar as fases que nos incomodam. No entanto, *podemos* optar pela passagem por elas como Personalidade Protetora ou como o Eu Unificado com a Alma. Nosso objetivo, é claro, é despertar nossos circuitos a tal ponto que nos faça comparecer à vida como o Eu Unificado com a Alma, e nos entregar à plenitude da experiência. Então, poderemos dizer: "Eu vim, dei tudo de mim. O que quer que aconteça precisa acontecer". Se, por outro lado, nos retivermos e não dermos tudo de nós, teremos mais dificuldade em nos desapegar, em seguir em frente e estar disponíveis para o próximo impulso criativo que surgir.

Quando reconhecemos que este Ciclo de Evolução está acontecendo e que nossa natureza criativa está sempre renascendo aqui, neste planeta, fica mais fácil reconhecer que é seguro apenas deixar que esse fluxo aconteça e permitir que cada impulso evolutivo se levante e que os percebamos.

Mesmo que abracemos a vida plenamente em todas as fases do ciclo, e mesmo quando sabemos que o fim de um ciclo não é realmente *o* fim, ainda assim podemos encontrar o Vazio da Criação. O Vazio é uma pausa, uma quietude, um espaço aberto entre onde termina um ciclo e outro ciclo começa. Podemos procurar dentro desse lugar nossa intuição e conhecimento interior sobre o que vem a seguir, e nada encontrar. Podemos até sentir que não sabemos quem somos. Estamos desconectados, fora de um ciclo durante alguns batimentos cardíacos, flutuando na possibilidade.

Isso é normal. Quando alcançamos o Vazio, é porque chegamos à margem de um limite antigo, o ultrapassamos e ingressamos em uma parte ainda não explorada de nós mesmos. Ainda não temos um ponto de referência, mesmo como o Eu Unificado com a Alma, e nesse caso nossa intuição ainda não pode nos dirigir. Precisamos ficar confortáveis no Vazio, no desconhecido, e aprender a nos rendermos a ele enquanto nos preparamos para a próxima rodada de criação. Algumas antigas tradições orientais afirmam que *tudo* está simultaneamente presente. O som do AUM (*Oṁ*), o som de *todas* as vibrações combinadas, e o *nāda**, o "som interior" e seu silêncio correspondente, juntos representam o Vazio. Quando ficamos confortáveis aqui, neste "nada", ficamos disponíveis para a Inversão Quântica, que nos leva a ingressar em nossa expressão mais completa do Eu.

Isso é vital para aprendermos por que, paradoxalmente, o Vazio é feito de abundância! É impossível identificar qualquer coisa em particular dentro dele porque nada está faltando ou ausente. Nosso trabalho, portanto, é atribuir significado e identidade ao que está nessa vastidão – em outras palavras, criar o que desejamos a partir de uma miscelânea de possibilidades!

As práticas e ferramentas apresentadas neste capítulo o ajudarão a parar de se agarrar nos apegos do passado e a se mover graciosamente através do Vazio e para dentro da próxima fase criativa de sua vida. Quanto mais facilmente você fizer isso, mais fácil será permanecer ancorado na natureza do Eu Unificado com a Alma e construir circuitos de energia para expressar seu verdadeiro eu. O medo, a dúvida ou a incerteza não o puxarão de volta para a Personalidade Protetora. Em última análise, o Código do Espírito trata de aprender a viver em estado de graça, a confiar no fato de que a vida está se desdobrando como deve, e a reconhecer imediatamente tudo o que está acontecendo como algo benéfico e como um guia para o seu crescimento contínuo. Ao abraçar todas as suas experiências, em vez de sofrer, se lamentar, duvidar ou combater o ciclo natural da vida, é possível crescer e se integrar de maneira mais rápida e manifestar mais do que realmente queremos.

As estratégias deste Código acalmarão a mente hiperativa e a sintonizarão no Eu Unificado com a Alma, tornando-a verdadeiramente presente com ele, identificando-a com seus impulsos constantemente ascendentes. Este Código nos leva além de onde o estudo geral da medicina

---

* *Nāda*, do sânscrito, significa "som". O termo também se refere a uma vertente do yoga que trabalha com as vibrações. (N. do T.)

energética foi até agora. Vamos nos identificar com nossa energia, viver a partir dela, e criar uma realidade muito diferente. Quanto mais soubermos que não existe separação – que, na verdade, somos feitos de energia espiritual, que *somos* essa energia – mais conseguiremos nos identificar *como sendo* ela e mais cedo poderemos agir sem hesitar – sem questionar, duvidar ou ter de perguntar para outras pessoas a respeito do consenso delas antes de nos sentirmos seguros para ingressar em algo novo. Quando estamos traduzindo conscientemente as informações vindas do eu espiritual e transferindo-as para a vida física, convidamos o Céu para a Terra. Tornamo-nos verdadeiros Criadores, vivendo no CéuTerra – onde não há nenhuma separação entre os dois.

É *isso* o que o Código do Espírito nos oferece. Aqui estão suas práticas.

As Práticas do Código do Espírito

PRÁTICA 1: DESCOBRINDO SEU ESTILO DE MEDITAÇÃO

A fim de treinar sua mente para reconhecer que sua tarefa é administrar o seu verdadeiro eu, é preciso *começar a ouvir* esse seu eu real. Esse "eu" que estamos procurando é o que existe como seu profundo, verdadeiro e autêntico Eu Unificado com a Alma – aquele que você sabe ser, no fundo do coração, quem você é. Para viver sua vida mais verdadeira e mais gratificante, sua mente precisa servir a essa versão de si mesmo constante e consistentemente, sempre tomando-a como referência. Para fazer isso, precisamos ensinar a mente que o trabalho dela não é apenas ter pensamentos o tempo todo; ela precisa desacelerar por tempo suficiente para fazer seu verdadeiro trabalho – perceber o que o seu verdadeiro eu está revelando.

É possível fazer isso dedicando algum tempo todos os dias para interromper a mente em seu hábito atual de se entregar a pensamentos obsessivos. Em última análise, lembre-se de que a mente – como um cachorrinho – é treinada por meio da repetição, mas o campo de energia pode mudar em um instante. Seu objetivo é instruir os dois para trabalharem juntos a fim de se obter uma mudança eficiente e duradoura. Não é preciso realizar esse treinamento por longos períodos, mas no início será necessário praticá-lo regularmente. A melhor maneira de começar a desacelerar o "ventilador de teto em movimento rápido" que é a mente pensante, mantendo-a em estado de colaboração, é por meio da meditação.

Na meditação, retiramos nosso foco do mundo externo e o voltamos para dentro, a fim de ouvir o nosso verdadeiro eu, o Eu Unificado com a Alma. Isso é semelhante ao que já praticamos nos Códigos de Energia; só que agora, em vez de perceber o campo de energia (como se ele fosse algo separado de nós), estamos focados em treinar e domar a *mente* (que é apenas nossa ferramenta), de modo que ela aprenda a perceber e a interpretar automaticamente o nosso verdadeiro eu, assim como aconteceu comigo naquela aula de yoga.

Fazer com que a mente pensante fique livre de pensamentos, ou até mesmo os desacelere, não é fácil. É contraintuitivo àquilo que a mente, como Personalidade Protetora, quer fazer. Algumas práticas de meditação serão mais adequadas a você do que outras. Algumas pessoas aprendem melhor por meios visuais; quando veem algo desenhado ou escrito, elas se lembram melhor. Algumas pessoas aprendem melhor cinestesicamente; quando representam alguma coisa, repassando a aprendizagem por seu corpo, elas aprendem. E as pessoas que são mais auditivas aprendem melhor ouvindo instruções ou explicações.

A seguir comento métodos específicos para meditar com base nos três estilos básicos de aprendizagem. Eles utilizam os circuitos que já estão instalados em você. Uma prática regular e consistente de, idealmente, vinte minutos por dia o ajudará a treinar sua mente a ficar quieta quando você precisar ouvir o Eu Unificado com a Alma e construir ainda mais circuitos que o manterão sintonizado com a orientação que recebe de seu interior.

Caso seja um aprendiz visual:

1. Sente-se confortavelmente e coloque uma vela acesa à sua frente. Ajuste um cronômetro para cinco minutos.

2. Faça algumas respirações abdominais profundas e, em seguida, pressione seus pontos de ancoragem: *mūla bandha*, o coração, a garganta e os olhos.

3. Comece lenta e suavemente a Respiração pelo Canal Central e a continue ao longo da duração do exercício.

4. Agora, apenas olhe para a chama da vela. Seu objetivo aqui é ficar plenamente presente com a chama durante os cinco minutos completos. Isso significa que você precisará interromper os pensamentos que inevitavelmente entrarão em sua mente. Quando um pensamento surgir, diga: "Vou pensar nisso mais tarde. Exatamente agora, apenas a chama da vela, nada mais". Você pode até inspirar algumas vezes antes que o próximo pensamento se manifeste!

Meditamos para treinar a mente a ficar livre de pensamentos, para que possamos perceber a presença profunda subindo de dentro, e também para que possamos conscientemente colocar nossa atenção no que escolhemos no mundo exterior sem sermos controlados pela hiperatividade da mente. Pensamentos como: "Será que estou fazendo isto certo?", "Não consigo fazer isto" ou "Isso é loucura!" são comuns – e são perfeitos, pois ilustram o quanto a mente está comandando o show. Então, mais uma vez, quando os pensamentos surgirem, simplesmente diga: "Não. Não vou deixar você fazer isso agora. Por enquanto, fique apenas com a chama da vela". Dar à sua mente um foco visual o ajudará a se integrar mais facilmente ao seu papel apropriado: perceber o seu verdadeiro Você Unificado com a Alma!

Caso seja um aprendiz cinestésico:

1. Fique sentado em uma posição confortável por alguns momentos e respire lentamente. Não tente conduzir a respiração inspirando e expirando pelo canal central. Apenas siga a respiração – mantendo-se atento à maneira como ela se move com naturalidade pelo nariz, subindo até a área dos seios nasais, e descendo pela garganta e pela parte inferior dos pulmões.

2. Respire algumas vezes e pressione suave e lentamente o coração, e depois a garganta. Continue seguindo suavemente a respiração. Focalize em especial o que você sente ao prestar atenção às áreas comprimidas e à respiração, como se estivesse lá com elas – dentro de seu corpo. Por exemplo, você pode prestar atenção à sensação de resfriamento ou de aquecimento nas narinas ou ao fluxo perceptível de ar que entra nos seios nasais. À medida que expira, pode sentir o que acontece na garganta, ou como a expiração acontece nos pulmões. Às vezes, a respiração será mais óbvia vindo de cima, e às vezes indo para baixo. Perceba o máximo que puder sobre como é a *sensação* de cada momento e cada movimento.

3. Agora comece, de modo deliberado, a estender a respiração, inspirando lentamente enquanto conta quatro, seis ou oito. Em seguida, expire o mesmo número de contagens. Em última análise, você vai desacelerar a respiração até dez, doze ou quatorze contagens, e até mais – mas onde quer que esteja começando, a ideia principal é inspirar e expirar ao longo da mesma duração e sentir a respiração à medida que ela viaja pelo seu corpo. Embora, no início, a contagem seja útil e até mesmo necessária, conforme você continuar com essa prática com regularidade, você será capaz de permitir que o seu sistema sinta e perceba essa respiração ritmada sem necessidade de fazer a contagem.

Ao encarregar a mente com a tarefa de rastrear a respiração dessa maneira, os aprendizes cinestésicos interrompem o modo típico da mente de "trem desgovernado" e dão a ela a oportunidade de pousar no fluxo de energia no âmago que é o Eu Unificado com a Alma.

Caso seja um aprendiz auditivo:

1. Sente-se tranquilamente em um lugar onde não seja perturbado.

2. Feche os olhos e fale ou entoe um mantra de sua escolha – uma palavra ou frase simples que veicule uma ressonância energética particular e possa ser repetida (ou entoada) indefinidamente.

Alguns dos mantras comuns usados para práticas de meditação são "*Oṁ*" (ou "AUM"), que é o "som universal"; "*Sat Nam*", que significa "verdade, identidade" ou "eu sou a verdade"; e "*Oṁ Namah Shivaya*", que é traduzido entre os *siddhas* do shaivismo como "a consciência universal é una". Você também pode escolher um mantra em seu idioma, como "hallelujah" ou "aleluia", "eu sou o que sou" ou simplesmente "eu sou".

3. Cante, fale, entoe ou (de preferência) repita silenciosamente seu mantra, com continuidade, várias dezenas de vezes, ou, pelo menos, durante cinco minutos. Com a prática, você começará a sentir sua mente retroceder à medida que o som do mantra for adquirindo precedência em sua percepção. Mais tarde, você aumentará seu tempo até que a prática dure cerca de vinte minutos. Se sua mente divagar, pressione suavemente o *mūla bandha*, volte e comece de novo.

Para aprendizes auditivos, a repetição de um mantra é uma ferramenta muito útil para meditar com maior facilidade. A repetição da palavra ou da frase cria um efeito similar ao transe, que facilita a quietude da mente. Enquanto o som que você faz reverbera por todo o seu sistema, você se sente dentro do corpo, o que o torna mais consciente de ser "aquele que está nos bastidores". Isso lhe dá a perspectiva de que não é mais preciso identificar-se com a mente. Mesmo a situação de "dizer" em silêncio ou de manter internamente a "intenção" faz com que o seu mantra ative os circuitos que respondem bem ao aprendizado auditivo, e a mente ficará quieta.

Uma vez que tenha aperfeiçoado sua habilidade de residir gentilmente dentro do âmago de seu corpo durante a meditação, relaxe propositadamente toda a tensão muscular para permitir um benefício máximo de cada uma dessas três práticas.

Além disso, qualquer mantra que incorpore os sons das vogais profundas – *ah*, *ã*, *ee*, *o* e *u* – começa a ativar nossos centros de energia e, portanto, cultiva o despertar de aspectos de nossa consciência. Como vimos nas tabelas de chakras nestes capítulos dos Códigos de Energia na Parte 2, cada chakra corresponde a uma determinada nota musical que vibra na mesma frequência. Isso explica, em parte, por que todos nós amamos música, e por que somos frequentemente atraídos por ela, cantarolando, assobiando ou cantando – por causa das frequências vibracionais a que essas notas nos expõem. A música clássica, em particular, nos leva a um estado de "ativação de todos os botões", em que nos sentimos deleitados, rejuvenescidos e inspirados. Isso acontece porque muitas diferentes frequências vibracionais são ativadas conjuntamente e ao mesmo tempo, em diferentes ritmos, ativando os chakras de uma maneira muito gratificante e satisfatória. Outras sequências de tons e vibrações, como os cantos nas culturas orientais, também ativam os centros de energia de uma maneira que cultiva a quietude e a presença enquanto também nos permite sentirmo-nos lúcidos e despertos. Por essas diferentes razões, as vibrações tonificantes através do corpo, obtidas por meio do mantra e da música, trazem uma qualidade integradora aos diferentes centros de energia e aos seus níveis de consciência.

O comentário mais frequente que ouço de pessoas que estão aprendendo a meditar é o seguinte: "Eu tento meditar, mas minha mente simplesmente começa a pensar". Isso é normal, e é *a razão pela qual devemos meditar*! Abrace essa experiência em vez de julgá-la e construa um relacionamento melhor entre o seu Eu Unificado com a Alma e sua mente pensante. Coloque amor nisso.

Quando realizados mesmo três ou quatro vezes por semana, esses exercícios de meditação interromperão o fluxo constante de pensamentos de modo que podemos experimentar a nós mesmos *além* da mente pensante – de maneira que podemos experimentar o profundo estado de presença que todos nós buscamos. Precisamos desacelerar amorosamente as pás do ventilador de teto a fim de passar "entre" nossos pensamentos e ver o que existe além deles.

A próxima prática combina vários elementos individualmente poderosos, os quais, juntos, criam uma meditação em movimento que facilita a mudança para o âmbito do Eu Unificado com a Alma.

PRÁTICA 2: CAMINHAR NA NATUREZA USANDO A RESPIRAÇÃO PELO CANAL CENTRAL

Na natureza, ficamos mais relaxados. O estresse desaparece e nos sentimos mais confortáveis em nossa própria pele, mais parecidos com o nosso "verdadeiro eu", como se o que é falso respeito de nós desaparecesse. Podemos nos sentir animados e alegres; talvez ganhemos clareza.

As energias da natureza nos acalmam e nos vivificam, e apoiam nossos pensamentos mais criativos. Elas nos deslocam para fora da fisiologia de sobrevivência da Personalidade Protetora e nos fazem ingressar na fisiologia criativa do Eu Unificado com a Alma. Quando caminhamos pela natureza, sua energia nos acalma, nos revitaliza e nos liga à terra em uma bela expressão de nós mesmos. Emerge um conhecimento que não é distorcido pela lente do falso eu. Na ressonância vibracional da natureza, os mais poderosos ambientes de intercâmbio iônico no planeta nos apoiam, fisica e energeticamente, na realização da Inversão Quântica.

Muito do trabalho que realizamos até agora neste Código foi feito sentados em meditação enquanto trabalhávamos com nosso campo de energia e praticávamos a Respiração pelo Canal Central. Essa ferramenta nos coloca *em movimento*, ajudando-nos a construir circuitos no subconsciente, que sustentam a dinâmica dessa versão verdadeira e essencial de nós mesmos. Não basta apenas nos retirarmos em meditação e entrar em contato com a bela quietude do Eu Unificado com a Alma (embora seja um bom lugar para começar); em última análise, precisamos trazer esse Eu Unificado com a Alma para o mundo por meio da ação. Temos de *viver* como o Eu Unificado com a Alma e nos colocar em movimento em nossas vidas diárias em tempo real, onde podemos mudar toda a nossa experiência no mundo físico, e não simplesmente permitir que nosso verdadeiro eu exista em um mero vácuo meditativo.

Caminhar pela natureza é a ação perfeita para o trabalho com os Códigos de Energia. A frequência vibracional da natureza é a frequência vibracional do Eu Unificado com a Alma. Não estamos separados da natureza; a natureza é o que *somos*. Quando passamos algum tempo na natureza, é mais fácil encontrar nossa verdadeira frequência e entrar em harmonia dentro de nós. A Respiração pelo Canal Central intensifica a percepção do nosso campo de energia, cria novos conjuntos de circuitos para despertar nosso eu essencial e integra bolsões dispersos de energia estagnada que estão nos impedindo de reconhecer e de viver como nossa totalidade. Quando combinamos os dois e acrescentamos o movimento natural e regular da caminhada, uma poderosa alquimia é criada no corpo, no cérebro e na respiração.

Aqui estão os passos para Caminhar na Natureza Usando a Respiração pelo Canal Central:

1. Escolha um lugar para caminhar na natureza – nos bosques, em um prado, à beira-mar, ao longo de um rio ou córrego, nas montanhas, ou até mesmo em sua própria vizinhança... qualquer lugar onde você esteja em contato com o mundo natural.

2. A fim de chamar a sua atenção para um centro de energia adicional conhecido como o oitavo chakra, ou Estrela do Norte, localizado em algum ponto entre cerca de 45 a 60 cm acima da cabeça, estique os braços na posição vertical e estale os dedos. Memorize esse espaço. Esse chakra é o lar das energias de alta frequência do propósito de nossa vida.

3. Agora ative os pontos de ancoragem dos seus quatro Códigos de Energia fundamentais e realize a Respiração pelo Canal Central, incluindo a Estrela do Norte como um ponto de ancoragem adicional para a respiração conforme você se move ao longo do canal. Como sempre, permita-se sentir-se bem.

4. Pratique a combinação vibracional das sensações produzidas pelas belas paisagens e ambientes do mundo natural ao seu redor com seu mundo interior. Deixe o santuário externo modelar o que o seu santuário interno procura. Permita que eles se tornem coerentes. É um exercício fabuloso! Um de meus professores ordenava: "Uma hora na natureza todo dia". Isso me ajudou profundamente a me incorporar ou corporificar.

Os elementos da natureza correspondem a aspectos de nosso sistema e a fases do Ciclo de Evolução. Por exemplo, a água é o elemento do corpo emocional e está associada com a fase de *criação* do Ciclo de Evolução. Entre outras coisas, a água em movimento facilita o movimento das emoções estagnadas e o fluxo da criatividade. A terra é o elemento do chakra da raiz e se associa com a fase de *sustentação* do Ciclo de Evolução; caminhar pelos bosques exerce um tremendo efeito de ligação à terra e de equilíbrio. O elemento fogo está associado com o corpo mental no plexo solar e com a fase de *desconstru*ção do Ciclo de Evolução; ele queima velhos paradigmas e ilumina lugares ensombrecidos na psique. O elemento ar (na forma de vento) está associado ao Vazio da Criação; ele possibilita a expansão e ajuda a quebrar energias densas para permitir o surgimento de um novo ciclo.

Esses elementos juntos nos ajudam a integrar nossa energia. Por exemplo, quando pessoas indígenas dançam ao redor de uma fogueira, elas estão se enraizando dentro da continuidade da cultura e da memória compartilhada, enquanto queimam energias densas e bloqueios mentais para convidar a presença de uma visão clara. Quando ficamos de pé expostos ao vento no topo de uma montanha, podemos sentir como se o tempo tivesse parado – como se tivéssemos dado um passo em direção ao Vazio – ainda que estejamos ancorados nos ciclos de vida de um milhão de anos das montanhas.

Quando estamos integrados, quando mais circuitos estão operando, interpretamos os impulsos evolutivos que surgem através de nós com mais precisão, de maneira mais holística. Nossos desejos vêm de uma visão que emerge em nosso interior, e nossas escolhas vêm de um lugar mais alto dentro do propósito da Alma. Nossas ideias parecem inovadoras e criativas porque são baseadas na totalidade. Podemos então agir para aplicar essa totalidade e essa integração em nossas vidas diárias e viver mais plenamente como o Eu Unificado com a Alma.

Sim, tudo isso pode começar com um simples passeio pela praia ou caminhada na floresta!

PRÁTICA 3: PRESENÇA ATENTA E SEM PENSAMENTOS

Quando a mente fugidia ou desgovernada está fazendo seu trabalho, não estamos realmente *aqui*. Estamos em algum outro lugar – no futuro ou no passado – ou apenas repetindo sem pensar nossa maneira habitual de processar informações e de nos colocar em certas circunstâncias porque é isso o que está previsto ou aquilo com que estamos familiarizados. Nós acreditamos nessa previsão. Nós predeterminamos ou prematuramente chegamos a um resultado antes mesmo que a vida tivesse uma chance de se desdobrar. Para mudar isso, precisamos cultivar um novo padrão de "ausência de pensamentos".

Minha vida é um tremendo exemplo disso.

Da Previsão à Presença

Anos atrás, antes de ter começado a viver como meu Eu Unificado com a Alma, desde o momento em que eu abrisse os olhos, meu corpo estaria carregando toda a tensão do dia seguinte – de administrar minha clínica, gerenciar os outros médicos e minha equipe, lidar com a carga dos pacientes, ensinar as práticas do meu pai e acompanhar o ritmo vertiginoso necessário para completar tudo. Antes mesmo que meus pés tocassem o chão, já estava no modo de alto desempenho. Uma vez que havia criado em meu corpo esse padrão energético de estresse e atarefamento de alto nível de desempenho, meu dia não tinha outra escolha a não ser se desdobrar em conformidade com esse processo.

Estar no piloto automático é assim. Não há espaço para crescimento. Não há espaço para criatividade ou alegria espontânea. Não há espaço para o Eu Unificado com a Alma – o verdadeiro eu – emergir e ser conhecido. Se estivermos no piloto automático, nunca teremos a vida que pretendíamos ter quando viemos para cá.

Para sair desse programa, temos de mergulhar profundamente em nosso âmago e entrar por completo no momento presente, onde estamos *agora*.

Afinal de contas, quando se está no momento presente, não existem problemas. Podemos utilizar essa energia diferente a nosso favor.

Hoje, minha intenção é despertar e prosseguir ao dia antes que tenha um único pensamento sobre como esse prosseguimento ocorrerá. Caso eu me depare com minha mente começando a tentar compreender, interpretar, prever, analisar ou categorizar qualquer coisa, simplesmente caio dentro da Respiração pelo Canal Central. Enquanto concentro completamente minha mente na respiração e na presença amorosa do meu Eu Unificado com a Alma, me comunico com os circuitos de apenas viver.

Quando meus alunos estão ansiosos ou preocupados com algo que está por vir, peço-lhes que caiam em si e se perguntem: "Neste momento, agora, estou bem? Compreendo que amanhã pode ser um dia horrível, e que a próxima semana provavelmente poderá ser desafiadora – mas, agora, estou bem?". A mente consciente terá de admitir que, de fato, "agora mesmo, neste momento, estou bem". Então, e quanto ao próximo momento? E o próximo? A resposta será a mesma.

Quando passamos por alguns desses momentos, começamos a despertar a percepção, no nível subconsciente, de que se viermos para o *agora*, estaremos bem. É só quando nos antecipamos, projetando adiante no tempo sem estarmos ancorados no momento presente, que nos sentimos ansiosos ou com medo.

Aqui estão os passos para cultivar a Presença Atenta e Sem Pensamentos:

1. Ao acordar de manhã, antes de sair da cama, faça uma varredura do canal central e observe onde seu corpo está ativado ou se há alguma área que prenda sua atenção mais do que outras.

2. Pressione qualquer área que estiver ativada ou onde a energia pareça não estar fluindo facilmente. De maneira lenta e suave, respire sobre essa área ao longo do canal central, integrando-a.

3. Consulte a sua tabela de chakras para ver com quais aspectos da consciência essa área do corpo e sistema de energia se relacionam.

Conscientemente, mantenha a intenção de dar a essa área mais de sua atenção ao longo do restante do dia. Observe como ela está se revelando em sua vida e como pode estar pedindo que você a aprimore.

4. Ao colocar os pés no chão e entrar no mundo, procure reconhecer por quanto tempo consegue ficar completamente presente enquanto passa pelas ações do seu dia. Ao sair da cama, olhe no espelho, escove os dentes, use o banheiro etc., para ver até onde em sua rotina você consegue permanecer totalmente presente e se abster de pensar no futuro ou no passado. Apenas delicie-se com o que está realmente fazendo. Quanto mais presente estiver, mais poderá viver alegremente como o Eu Unificado com a Alma.

No começo pode parecer que você tenha de caminhar em câmera lenta para ficar presente. No entanto, quanto mais circuitos construir, mais facilmente poderá passar com rapidez e prontidão pela vida, com a capacidade de "estar aqui e agora". Esse é um tremendo hábito a desenvolver, e o momento perfeito para praticá-lo é logo nos primeiros momentos da manhã, antes que a mente entre totalmente no piloto automático. O consciente e o subconsciente estão mais sintonizados um com o outro nesse momento perfeito e podem desenvolver mais facilmente novos padrões de função. Quanto mais presença atenta e sem pensamentos trouxermos ao dia, mais circuitos poderemos construir para manter essa profunda quietude interior, mesmo quando estamos em movimento.

À medida que nos ancoramos e integramos no momento presente e temos os circuitos necessários ativados, podemos permanecer na fisiologia do momento presente mesmo pensando no futuro. Será possível abordar o futuro com uma completa sensação de conforto, sabendo que, quando chegar a cada momento, saberemos *exatamente* o que fazer, pois vamos abordá-lo da mesma maneira como estamos, agora, abordando este momento – sem condições, apegos, julgamentos, rejeições ou medo.

PRÁTICA 4: MESCLAR PADRÕES PARA ATIVAR O EU UNIFICADO COM A ALMA

O caminho mais rápido e direto para gerar mudanças – em seu corpo e em sua vida – é no nível energético. Isso porque a energia se move mais depressa do que qualquer outra coisa – certamente mais depressa do que podemos mudar nossos padrões de pensamento e crenças! O imenso poder do pensamento pode dirigir fótons e fazer com que a "realidade" se manifeste neste mundo tridimensional. Neste exercício, vamos trabalhar, conjuntamente, com o pensamento e a energia para nos aproximarmos ainda mais de nossa identificação e corporificação do Eu Unificado com a Alma.

A maneira como nos definimos para nós mesmos exerce um efeito tangível sobre o que criamos em nossas vidas. Sempre que usamos as palavras "eu sou", estamos criando um poderoso padrão diretivo em nosso arranjo energético, que o mundo físico seguirá como seu projeto de manifestação. Por isso, é extremamente importante estar consciente das coisas sobre as quais dizemos "eu sou".

Agora, eu adoraria que você se conscientizasse de como se sente dentro de seu corpo, fisiologicamente, quando faz uma declaração "eu sou". Há uma certa energia que corre pelo corpo quando fazemos uma declaração "eu sou" independentemente da qualidade que pretendemos afirmar. Declarações "eu sou" que nos alinham com a Personalidade Protetora são diferentes, energeticamente, de declarações "eu sou" que nos ancoram de maneira mais profunda no Eu Unificado com a Alma.

Gostaria que você conhecesse o padrão do fluxo de energia que acontece através do corpo quando declaramos nos identificar com o Eu Unificado com a Alma. (Esse Eu é a presença absoluta e inabalável do Divino em nós, ao passo que a Personalidade Protetora representa o mundo relativo da percepção, do julgamento e das crenças limitantes. Essa prática permite que os dois padrões de energia associados a cada um deles se tornem um só.) Observe onde os padrões de energia do corpo estão florescendo. Onde eles estão correndo? Onde estão se integrando? O que está acentuado? O que parece recuar para o fundo, empalidecendo na presença dessa nova identidade?

Por exemplo, um padrão perceptível é que os músculos externos do corpo – os músculos de luta-ou-fuga, que seriam ativados se um urso entrasse na sala – se soltam quando nos movemos para o nosso núcleo. Quando levamos o foco da nossa mente ao canal central do corpo, trabalhamos os músculos de maneira mais profunda em no nosso âmago, e respirando nesse lugar, esses músculos externos se soltam de forma automática. Física e emocionalmente, tornamo-nos mais centrados, à medida que nos alinhamos ao longo do fio de prumo central do corpo.

À medida que minha mudança pessoal em direção ao meu Eu Unificado com a Alma e a minha orientação interior começaram a se integrar, notei uma tremenda mudança na maneira como os músculos por trás dos meus olhos trabalhavam juntos dentro do meu crânio. Uma liberação ocorria regularmente conforme comecei a construir os circuitos para operar de dentro para fora, em vez de responder de fora para dentro. Quando meu terceiro olho se abriu, a área do meu chakra da coroa passou a se conectar a esse outro mundo onde era possível ver a energia e viver como um ser de energia.

Você também pode posicionar sua atenção em seus olhos enquanto cai em seu âmago de forma abrangente. Os músculos relaxarão mais facilmente e você sentirá como se estivesse "sentado" sem esforço atrás de seus olhos. Quando percebi isso, comecei a trabalhar com o foco do olho, como uma porta para ingressar conscientemente no Eu Unificado com a Alma. A respiração-relógio do Yoga para o Cérebro, do Código da Química, ajuda a ativar as energias do Eu Unificado com a Alma, o Eu essencial. Na tradição iogue, essa prática de direcionar o olhar é chamada *drishti*; é usada para intensificar e direcionar a energia de uma postura para despertar os centros cerebrais superiores associados às posições oculares específicas. No entanto, não é preciso estar realizando uma postura de yoga para obter o benefício desse foco direcionado.

Esse exercício, o auxiliará a começar a mesclar a Personalidade Protetora e o Eu Unificado com a Alma, que, em última análise, o ajudará a emergir como a versão terrena amorosa e poderosamente empenhada de quem você realmente é – o você absoluto e divino.

1. Primeiro, para acionar a perspectiva da sua Personalidade Protetora, pense em algo em que você não é tão bom, mas gostaria que fosse – por exemplo, talvez queira ganhar mais dinheiro ou ser forte e estar em boa forma física. Ou talvez pense em como você tem muito o que fazer hoje, mas não dispõe do tempo que acha que precisaria. Basta escolher algo em que você se julga menos confortável, capaz e/ou preparado. A pressão que sente no corpo por causa desses pensamentos é a presença da Personalidade Protetora.

2. Reflita sobre essa ideia por alguns momentos e observe quais pensamentos e emoções emergem para você. Sinta o que está acontecendo *em seu corpo* quando se concentra nesses cenários. Sente seu pescoço travado, sente um surto de energia no coração ou não sente força em suas pernas? Reserve um minuto para explorar o que está acontecendo dentro de você, no que diz respeito à sua energia, e anote isso mentalmente.

3. Agora, para desenvolver um senso mais amplo do Eu, mergulhe profundamente no âmago do corpo, trazendo presença focada para a área ao redor da coluna vertebral, do abdômen e do coração. Respire a partir daí com profundo relaxamento da musculatura externa. Declare a si mesmo "eu sou" à medida que faz isso. Quando você se concentra dessa maneira, a energia muda para um fluxo drasticamente diferente.

4. Observe por um momento os diferentes pensamentos e emoções que vêm até você; então, *sinta* o que está acontecendo energeticamente dentro do seu corpo. Sente uma impressão repentina de "aterramento" ou uma enorme expansão em seu centro cardíaco? Fique algum tempo com isso, permitindo que a mente perceba todas as mudanças sutis que vêm do seu âmago, e faça um inventário mental.

5. Agora você vai misturar os dois padrões. Respire a energia que flui profundamente a partir do núcleo do Eu Unificado com a Alma, passando ao longo do canal central e ingressando no padrão

> limitado da Personalidade Protetora. Respire-os "juntando-os". Os dois se tornarão um só, e um novo padrão de energia positiva será gerado enquanto um padrão antigo associado a um pensamento limitante se dissolve. A energia eletromagnética fluirá de maneira mais integrada, firmada e inabalável. Você será capaz de observar a si mesmo tendo pensamentos limitantes ao longo de todo o seu dia, enquanto ainda se sente profundamente assentado em um lugar de bem-estar absoluto. Será muito bom! Uma nova linha de base se estabelecerá em relação à sua tendência de se comparar com o mundo exterior, e um novo conjunto de circuitos serão ativados para a orientação interior do seu "eu sou".

Conectar dessa maneira os dois padrões de energia isolados fornece ao seu subconsciente evidências fisiológicas de que a barra está limpa – que esse problema não precisa mais ser considerado uma ameaça. Estamos mostrando fisiologicamente ao subconsciente que estamos nos sentindo mais empoderados porque o corpo está mais relaxado quando pensamos sobre o assunto antigo. Isso é muito poderoso! Se o subconsciente pode ter a experiência de mudança de energia, ele começa a receber a realimentação do sucesso. Começa a soar como: "Sabe de uma coisa? Posso mudar isso. Acabei de pegar essa grande energia trancada em minha garganta e nos meus ombros, extraída da versão 'Personalidade Protetora' desse exercício, e a transformei na verdadeira versão de empoderamento do meu sistema".

Essa prática do Código do Espírito muda o sistema de comunicação inerente ao corpo, vindo de saída de mão única para uma super-rodovia de mão dupla, onde sentimos constantemente como a energia flui, e então imediatamente convidando-a a ingressar em outro fluxo, que correlacionamos com algo mais inspirado, vitorioso ou expandido. Queremos mover continuamente a energia do corpo em conformidade com aquilo que preferiríamos que o corpo experimentasse; é assim que nós, de maneira consciente, mudamos e criamos nossas vidas. Isto, novamente, é o verdadeiro ato de Criação. Temos a total capacidade de criar uma vida que amamos *por meio do corpo* conforme nos tornamos conscientes de como ele funciona e de como utilizamos sua genialidade.

Após identificarmos a maneira como o Eu Unificado com a Alma se sente no corpo, a mente ativa pode aumentar drasticamente a velocidade com que *o* incorporamos plenamente, afirmando – usando tanto palavras quanto sua disposição energética – que ele é *quem somos*. Em outras palavras, *podemos* dissolver padrões de energia previamente associados a um pensamento limitante afirmando o que queremos por meio do "eu sou" e outras declarações criativas enquanto incorporamos o padrão de energia do Eu Unificado com a Alma. É dessa maneira que tentamos mudar a nós mesmos e a vida em uma espécie de caminho de fora para dentro, de cima para baixo, e para trás, e começamos a nos transformar na única maneira que realmente funciona – de dentro para fora.

Correlação entre Chakra e Código do Espírito: Chakra da Coroa

O sétimo chakra, ou chakra da coroa, é totalmente voltado para o aspecto superior da nossa natureza, às vezes referida como nossa "superconsciência". Conhecido como *chakra sahasrāra* em sânscrito ("o lótus de mil pétalas"), é o nosso ponto de acesso a outras dimensões além da dimensão física.

À medida que o chakra da coroa torna-se mais integrado, saímos da mente temerosa, constantemente pensante, e ingressamos na mente superconsciente, que existe além do pensamento – em outras palavras, fora da Personalidade Protetora e dentro do Eu Unificado com a Alma. O pensamento obsessivo cessa. Tornamo-nos pacíficos, focados, abertos, disponíveis e sem julgamento. À medida que isso acontece e começamos a nos identificar com o eu espiritual, o falso eu da Personalidade Protetora desmorona, dissolve-se, enfraquece ou oscila – e de repente, pela primeira vez na vida, não nos importamos com isso! Não importa que não podemos continuar nos escondendo. E que isso não funciona para manter nossa autoimagem egoísta. Que simplesmente não parece importante ser defendido ou ter a última palavra em uma discussão. De repente, podemos permanecer presentes com alguém que esteja nos desafiando. Declarações que levariam a uma discussão – como "Você não me entende" ou "Você devia ser mais assim ou assado" – não nos incomodam mais. Porque agora estamos ancorados em nossa própria energia e conectados com nossa efetiva fonte espiritual, não vamos perder a cabeça, nos fragmentar ou perder o foco ou intenção desejados com base nas ações ou reações dos outros. Construímos a energia essencial do nosso Eu Unificado com a Alma de modo que nossa personalidade, em um grande número de circunstâncias, não precisa mais ser protetora. Simplesmente permanecemos em nosso coração, e amorosamente presentes, porque sabemos que tudo está acontecendo de uma maneira divina a serviço do nosso propósito maior.

À medida que nos tornamos o Eu Unificado com a Alma, toda a insegurança, paralisia e dúvida a nosso próprio respeito, que se mantêm com a Personalidade Protetora, saem pela janela. Nós sabemos quem somos. Vemos com clareza o que é importante para nós. Sabemos como agir. Não temos vergonha, ou relutância ou constrangimento. Estamos confortáveis sendo nosso verdadeiro Eu Unificado com a Alma e agindo de forma amorosa no mundo como esse Eu.

Quando nosso chakra da coroa não está integrado, nos sentimos estagnados. Percebemos a nós mesmos como separados – dos outros, do espírito e até mesmo de nossa própria energia. Isso pode levar a batalhas da vontade ou do ego, pensamento obsessivo, depressão, ansiedade e outros distúrbios associados à mente, como epilepsia e Alzheimer. Por outro lado, quando o chakra da coroa está integrado, nosso sistema energético floresce como um lótus de mil pétalas. Estamos em constante expansão, sempre receptivos e em permanente evolução em nosso estado mais natural: o do Eu Unificado com a Alma amorosamente presente.

A tabela a seguir oferece um resumo de algumas das principais características do chakra da coroa.

Correlação entre Chakra e Código do Espírito: Chakra da Coroa

NOME(S)	Sétimo Chakra, *chakra sahrasrāra*
LOCALIZAÇÃO	Topo da cabeça
COR	Violeta / Branca
NOTA MUSICAL	Si
ÁREAS DO CORPO AFETADAS	Crânio superior, pele, córtex cerebral, olho direito, lado direito do cérebro, sistema nervoso central, glândula pineal
SINTOMAS DO "LADO ANVERSO"	Depressão, pensamento obsessivo, confusão, sensibilidade a poluentes, exaustão crônica, epilepsia, Alzheimer
CARACTERÍSTICAS DO "LADO REVERSO"	Personalidade Divina, magnetismo, realização miraculosa, transcendência, paz com o eu, colaboração com propósito superior, visão interior. "Eu sou um ser divino." "Eu sou isto." "A vida é um reflexo de tudo o que eu sou."
PRÁTICAS	• Descobrindo seu Estilo de Meditação • Caminhar na Natureza Usando a Respiração pelo Canal Central • Presença Atenta e sem Pensamentos • Mesclar Padrões para Ativar o Eu Unificado com a Alma
TÉCNICA DE RESPIRAÇÃO (conforme explicado no Capítulo 8)	Respiração pelo Canal Central
POSTURAS DE YOGA PARA OBTER MAIOR INTEGRAÇÃO	• Postura do Cadáver (*śavāsana*) • Parada de Cabeça (*śirṣāsana*) • Postura do Coelho (*sasangāsana*) • Flexão para a Frente em Ângulo Amplo (*prasārita pādottānāsana*)

Juntamente com as práticas deste Código, as seguintes posturas de yoga ajudam a integrar e a equilibrar o chakra da coroa.

Yoga para o Código do Espírito

Śavāsana é a postura praticada ao final da maioria das aulas de yoga – geralmente a postura favorita de todos! É traduzida como Postura do Cadáver, mas significa apenas uma postura de total quietude e entrega. Produz enormes benefícios para o sistema nervoso central e está associada ao chakra da coroa.

POSTURA DO CADÁVER (*ŚAVĀSANA*)

Veja como praticar (tradicionalmente) *śavāsana*:

1. Deite-se de costas em um tapete de yoga ou no chão, com os pés à largura dos quadris e os braços estendidos ao lado do corpo. Deixe os pés caírem e as mãos relaxarem com as palmas voltadas para o teto. Deixe o pescoço acomodar-se em sua curva natural, com a parte de trás do crânio repousada no chão.

2. Relaxe conscientemente todo o corpo, começando pelos pés. Deixe que uma onda de total suavidade e entrega suba pelas suas pernas, penetrando em seus quadris, seu âmago e seu coração. Sinta o relaxamento se espalhando, descendo pelos braços até os pulsos e mãos. Em seguida, relaxe a parte superior do tórax, garganta, pescoço, rosto e pele do couro cabeludo. Sinta a energia movendo-se mais livremente por todo o seu corpo.

3. Deixe sua respiração relaxar até atingir seu ritmo normal – não muito profunda nem muito superficial. Volte sua atenção para dentro. Se algum lugar em seu corpo não estiver plenamente relaxado, deixe sua mente descobri-lo, e então, de maneira consciente, suavize-o. Em seguida, deixe-se levar completamente para o reino que fica além de todo pensamento ativo.

4. Permaneça nesse estado relaxado durante pelo menos cinco a dez minutos (ou mais, se o tempo permitir).

5. Quando estiver pronto para sair da postura, comece gentilmente a mexer os dedos das mãos e dos pés. Mova a cabeça de um lado para o outro, sentindo a nuca em contato com o tapete. Quando estiver pronto, junte os joelhos ao peito e role para um lado. Respire uma ou duas vezes na posição fetal, e então, lentamente, erga-se para uma posição sentada.

Agora, vamos integrar nossas práticas do Código do Espírito e do BodyAwake enquanto estamos em *śavāsana*.

1. Enquanto realiza a postura, deitado de costas no chão, fique atento para o enorme bolsão de energia 60 cm sob a terra abaixo de você.
2. À medida que a onda de energia sobe pelo seu corpo, conscientemente permita que ela siga pelo canal central, subindo pelo corpo à medida que o fluxo do campo de toro aumenta no seu âmago.
3. Comece a Respiração pelo Canal Central. À medida que cada parte do corpo relaxa, mergulhe mais plenamente em seu âmago e no centro do cérebro. Permita que a mente se libere até um lugar além do pensamento e deixe que esse estado sem pensamentos seja ancorado profundamente no interior de seu sistema – o assoalho pélvico.
4. Comece a relaxar cada aspecto do corpo em uma ordem que pareça *liberar* cada músculo com os Mil Canudos Minúsculos, começando com os pés e subindo por todo o corpo, sendo o coração e o *mūla bandha* os últimos a se libertarem.
5. Passe vários minutos nesse espaço de profunda quietude para permitir que o Eu Unificado com a Alma suba à superfície da sua percepção.
6. Quando estiver pronto para a transição, saindo da postura, mova-se primeiro a partir do âmago e faça uma pressão suave nos quatro pontos de ancoragem e uma Respiração pelo Canal Central. Emitir um sussurro tranquilo, um som profundamente interno de "Ma", acentuará a expressão reveladora do Eu Unificado com a Alma nesse momento significativo.
7. Uma vez ativado o núcleo, comece a mover seus pequenos grupos musculares (dedos das mãos, dos pés etc.). Lembre-se, estamos aqui para cultivar novos circuitos *de dentro para fora* com os Códigos de Energia; essa prática aprimora esses circuitos.

POSTURAS DE YOGA ADICIONAIS PARA INTEGRAR O CHAKRA DA COROA

Esses *āsanas* podem ser usados em conjunto com o *śavāsana* para aprimorar seu trabalho com o Código do Espírito. Lembre-se de que pressionar áreas para onde deseja chamar a atenção é benéfico, mas relaxar nas posturas também é. Use o seu bom senso para trabalhar com as práticas BodyAwake em cada uma dessas posturas, primeiro ativando o âmago e depois relaxando-o.

- Parada de Cabeça (*śirṣāsana*)
- Postura do Coelho (*sasangāsana*)
- Flexão para a Frente em Ângulo Amplo (*prasārita pādottānāsana*)

Parabéns! Isso conclui o sétimo e último conjunto de práticas que compõem o programa dos Sete Códigos de Energia. Agora você tem todas as ferramentas e o *know-how* necessários para fazer a sua própria Inversão Quântica, a fim de viver como o Eu Unificado com a Alma. Todos esses Códigos de Energia o despertaram para a capacidade de expandir sua percepção, sua corporificação e a expressão do Eu Unificado com a Alma, o criador divino de suas experiências.

A seguir, na Parte 3, mostrarei como transformar os códigos em uma prática contínua, diária e fácil de implementar para agilizar sua própria Inversão Quântica. Em seguida, veremos como é a vida ao ser abordada a partir do Lado Reverso do Modelo, onde começamos a operar no estado de verdadeiro Poder de Criação.

Parte III

Uma Nova Maneira de Viver: A Vida Corporificada

Capítulo 11

Fazendo a Inversão Quântica, Um Dia de Cada Vez

Na Parte I deste livro, adquirimos uma nova maneira de ver a nós mesmos, nossa vida e o restante do mundo. Aprendemos que somos, efetivamente, almas brilhantes – seres de energia – em um caminho que nos leva a despertar para a nossa própria magnificência, e também aprendemos que a vida e tudo o que há nela é um reflexo do lugar onde precisamos despertar. Na Parte II, com o programa dos Sete Códigos de Energia, aprendemos a lidar com as circunstâncias que levam ao despertar. Aprendemos uma nova maneira de estar com nós mesmos e em resposta à vida. Aqui, na Parte III, vamos voltar os olhos para uma nova maneira de viver: como não apenas podemos fazer a Inversão Quântica de uma vez por todas, mas também como podemos construir continuamente circuitos para o Lado Reverso do Modelo, de modo que sejamos capazes de incorporar, todos os dias, mais do nosso Eu Unificado com a Alma.

Agora que você experimentou a sensação de "despertar" o Eu Unificado com a Alma, é provável que queira reunir tudo o que aprendeu da maneira mais fácil possível e também da forma que fará a maior diferença em sua vida. É disso que trata este capítulo: levá-lo a usar os Códigos de Energia agora e torná-los um novo hábito e um novo modo de vida. Vou apresentar várias maneiras claras e fáceis de começar a implementar os Códigos, para iniciar, de maneira ativa e eficiente, o trabalho que o levará a cumprir o seu destino aqui na forma física, incorporando o Eu Unificado com a Alma.

Essas práticas podem ser adicionadas sem eforço até mesmo nos dias mais agitados. Você terá várias maneiras diferentes de incorporá-las em sua programação. Se preferir algo estruturado, talvez goste das rotinas curtas e formais. Caso contrário, compartilharei outras ideias para compor uma prática diária não estruturada e adaptável (mas igualmente poderosa). Basta escolher a opção que funciona melhor para você e começar. Porque isso é realmente o mais importante... começar *agora* a se empenhar conscientemente com o ser de energia que é seu verdadeiro eu. Começar hoje a viver conscientemente sua verdadeira natureza, como o ser espiritual que tem uma experiência física, além da espiritual. Não há literalmente nada neste mundo que traga como resultado uma diferença maior em sua vida.

Como sempre, seu objetivo com essas práticas é construir circuitos da maneira mais constante e consistente possível – que tragam a energia de alta frequência para eliminar as impurezas e as densidades energéticas, infundindo e ativando assim aquelas partes ainda não despertas de nossa consciência e de nosso corpo com o Eu Unificado com a Alma. Depois de experimentar essa infusão e integração, você nunca mais olhará para trás! No entanto, é importante lembrar que essa não é uma solução única e "pronta". A Inversão Quântica e a vida que vivemos no Lado Reverso do Modelo não acontecem apenas por meio da compreensão cognitiva. Também acontecem por meio da *incorporação* ou *corporificação*.

Para que essa transformação aconteça nos espaços entre as partículas – onde reside o eu verdadeiro –, é preciso *viver* essas práticas, exercitá-las continuamente, como sua nova maneira de estar no mundo. Isto exige repetição, o que treina a mente. Queremos que o papel padrão da mente seja o de acompanhar a energia que flui através do corpo, em vez de protegê-la e defendê-la, ou de reagir de alguma outra maneira à história em sua cabeça. Exercitar continuamente as práticas dos Códigos refreará o desejo da mente de empurrar e impulsionar a vida, o que desvia sua atenção para fora do seu núcleo e o afasta do reino intuitivo.

Como qualquer outra prática, treinar a mente para perceber sua verdadeira natureza como um ser de energia requer dedicação e consciência. Levará algum tempo (embora não necessariamente *muito* tempo) para percorrer todo o seu sistema, construindo novos circuitos em todos os lugares onde for necessário experimentar plenamente o Eu Unificado com a Alma dentro do corpo. Se realizar essas práticas com atenção, começará a sentir uma diferença quase de imediato – mas a integração total não acontecerá em um instante (pelo menos, provavelmente não). Seja paciente. Você se integrará ao ritmo que atende perfeitamente à sua evolução pessoal e aos acordos que fez no Ponto de Ônibus antes de vir para cá.

Não se preocupe: vai ser muito bom! E assim que começar a realizar as práticas regularmente, elas ganharão *momentum*. A memória celular é semelhante à memória muscular: assim que começamos a obter ressonância na vibração nova e mais elevada (do Eu Unificado com a Alma), todas as práticas de integração são combinadas. Em outras palavras, você não as recomeçará todos os dias; em vez disso, toda vez que exercitar as práticas dos Códigos de Energia, estará continuando de onde parou. A prática se torna autossuficiente e autossustentável.

A vibração da sua devoção pelo despertar da sua natureza divina será incorporada a esse efeito composto, pois a vibração da verdadeira devoção, uma forma de amor, *é* a vibração do Eu Unificado com a Alma. Nossa devoção nos leva exatamente para o lugar aonde estamos tentando chegar. Nossa intencionalidade sincera, autêntica e preciosa gera uma energia equivalente ao nosso destino. Energeticamente, é a combinação vibracional com os centros cerebrais superiores, acima do cérebro primitivo. Ao abordá-la dessa maneira, chegamos antes mesmo que a mente saiba que realizou a jornada. Incorporando essa vibração por meio de nossa devoção sincera... já estamos lá!

Algo que foi dito no início deste livro merece ser repetido aqui: você pode ser uma versão totalmente nova de si mesmo – mais saudável, mais feliz, mais empoderada – em apenas alguns meses, ou mesmo semanas. Mas somente se *aplicar* o que aprendeu. O tempo passará, independentemente do que escolher fazer; cabe a você empenhar-se em usá-lo. Portanto, convido-o a abraçar este trabalho com devoção, paixão e propósito no que diz respeito à sua própria expansão e incorporação. Eu prometo, você se sentirá grato a si mesmo por isso.

Então, vamos ver como podemos aplicar melhor tudo isso em nossa vida diária. A pergunta que sempre recebo dos alunos do meu curso é a seguinte: "Quando realizo essas práticas?". O que digo a eles – e a primeira opção que vou lhe dar – é "Nunca não!".

Nunca Não!

Depois de minha exaltada abertura, fiquei obcecada em recriá-la. Como médica, abordei o esforço cientificamente, e fui capaz de sistematizar (e reproduzir de maneira consistente) um estado de ser que, em geral, era considerado esotérico e fora de alcance. Durante minha pesquisa, descobri que essas práticas podem ser realizadas em qualquer lugar, a qualquer hora – enquanto faço qualquer coisa! Embora não esteja sugerindo que você deva abordar esse trabalho com o mesmo fervor que dediquei, acredito que deva tentar trabalhar com as práticas dos Códigos de Energia todos os dias.

Podemos realizar quase qualquer atividade enquanto desenvolvemos simultaneamente nossos neurocircuitos sensoriais. Quanto mais praticar a integração dessas práticas simples de construção de neurocircuitos em suas atividades cotidianas, mais naturais e fáceis de se obter elas se tornam.

Desafie-se a avaliar com que frequência, e durante quantas atividades diárias regulares diferentes, você "nunca não" praticará – isto é, nunca deixará de praticar – estes dois exercícios fundamentais: Respiração pelo Canal Central e Sujeito-Objeto-Sujeito: Trabalhe o Corpo.

Comece uma competição consigo mesmo para ver quanto do seu dia você consegue gastar construindo circuitos de uma ou de ambas as maneiras, conforme segue sua programação regular. Faça disso a sua meta até que se torne seu hábito.

A lista a seguir, de possíveis cenários de construção de circuitos, o ajudará a dar o salto inicial; não é exaustiva, de modo algum; então, sinta-se à vontade para fazer suas próprias adições.

Você pode construir circuitos quando estiver:

- deitado na cama
- falando ao telefone
- escrevendo mensagens de texto
- navegando na internet
- assistindo à TV
- cozinhando
- comendo
- lavando a louça
- indo ao banheiro
- tomando banho ou uma ducha
- caminhando, correndo ou fazendo outros exercícios (veja o Exercício Consciente no Código da Química)
- esperando na fila
- praticando yoga (pontos em dobro para este!)
- fazendo compras
- passando algum tempo na natureza (pontos em dobro aqui também!)
- acariciando um animal
- dirigindo
- no transporte público a caminho do trabalho
- lendo
- trabalhando em seu computador
- fazendo amor

- ensinando ou falando para um grupo
- tentando tomar uma decisão
- lavando roupas
- matutando a respeito de algo desafiador
- escovando os dentes
- fazendo jardinagem
- usufruindo das férias
- __________________ (você escolhe!)

Enquanto desenvolvia os Códigos e trabalhava para construir circuitos em todo e qualquer lugar, usei um ato tão simples como puxar o cinto de segurança antes de dirigir como um lembrete e uma oportunidade para praticar. Torcendo o corpo um pouco mais ao estender a mão para pegar o cinto de segurança, pressionando o coração e inspirando e expirando para cima e para baixo ao longo do canal central, construí novos circuitos – sem criar qualquer interrupção no meu dia. Então dei um passo adiante: ao me virar para olhar pela janela traseira enquanto saía da garagem, girava meu pescoço um pouco mais conscientemente, dobrava o queixo e sentia a parte de trás dos meus olhos enquanto fazia isso. Depois, dirigia a respiração para cima, para dentro do centro do cérebro, e a deixava sair pelo topo da cabeça – construindo circuitos para os centros superiores do cérebro e abrindo uma rodovia do meu coração até meu gênio criativo.

Ao abordar isso de tal maneira, a grande aventura da vida se torna: "Como posso construir circuitos enquanto carrego sacolas de mercado ou estou guardando as compras? Enquanto pego uma mala ou tiro caixas de um depósito? Não estou apenas atento às técnicas adequadas para levantar coisas, como dobrar os joelhos e segurar o objeto próximo ao corpo de modo a não machucar as costas, mas também à de respirar para cima e para baixo ao longo do canal central?".

O convite é para constatar quão criativo você pode ser ao realizar as práticas *enquanto vive sua vida*. Em que outras maneiras consegue pensar? Para receber muito mais ideias e para participar da conversa, visite minha página no Facebook em Facebook.com/DrSueMorter. Você encontrará todos os tipos de apoio e discussões sobre como os alunos do meu curso e outros estão implementando esse trabalho.

Para ajudar a tornar esta uma nova maneira de viver, você pode primeiro fazer alguns lembretes amigáveis. Cole notas adesivas nos lugares onde seus olhos pousam com frequência ao longo do dia – no espelho do banheiro, na geladeira, no painel do carro. Defina um alarme recorrente (por exemplo, para cada quinze, trinta ou sessenta minutos) em seu *smartphone* ou outro dispositivo digital. Ou simplesmente combine certas atividades com uma prática dos Códigos de Energia, de forma que, sempre que realizar a atividade, você também realize a prática simultaneamente. Uma de minhas alunas criou o hábito de realizar a Respiração pelo Canal Central toda vez que vai ao banheiro. Embora tenha começado isso como uma maneira de curar naturalmente uma infecção do trato urinário (e curou, em 24 horas), ela o manteve como parte de seu novo regime de Códigos de Energia. Pensou: "Por que não? O que mais vou fazer naquele momento? Posso aproveitar muito bem o tempo!".

A seguir, apresento algumas maneiras adicionais e informais que podem ser integradas às práticas dos Códigos de Energia em sua vida sem você precisar "arranjar tempo" em seu dia normal.

NO SEU "INTERVALO" DE FICAR SENTADO

Um dos grandes alertas de saúde hoje é que ficar sentado durante muito tempo é prejudicial à saúde, e por isso somos aconselhados a fazer pausas frequentes de ficar sentados. Alguns especialistas dizem que, a cada meia hora que ficamos sentados, precisamos ficar em pé por oito desses minutos e nos movimentar por dois. Convido-o a aproveitar seus intervalos de ficar sentado para realizar algumas posturas do Yoga BodyAwake. Fazer exercícios de yoga é muito mais benéfico do que apenas nos levantarmos e nos alongarmos; tem um efeito totalmente diferente. O yoga encaixa o corpo dentro de formas geométricas sagradas, as quais permitem que energias de frequência mais elevada fluam através delas automaticamente, sintonizando a estação de rádio do Eu Unificado com a Alma – nosso objetivo final – com pouco esforço. Você pode praticar apenas um *āsana* para um chakra em cada intervalo (e tentar cobrir todos os sete chakras em cada dia) ou fazer uma rápida varredura em cada intervalo a fim de reconhecer qual chakra precisa de atenção naquele momento e escolher uma postura para isso. (Para acessar uma lista das posturas de yoga recomendadas para cada chakra, consulte Rotinas de Trinta Minutos na página 369). Como alternativa ao yoga, você pode praticar a Marcha Morter ou o Passo mPower durante o intervalo, o que proporcionará enormes efeitos integrativos sobre o sistema nervoso central e o sistema eletromagnético.

Outro uso poderoso do seu "intervalo de ficar sentado" é praticar técnicas de respiração. Você pode praticar a Respiração da Fronde de Samambaias sempre que se levantar de uma cadeira: curve-se para a frente à maneira de um broto de samambaia enquanto se prepara para ficar de pé e, em seguida, "desenrole" a coluna vertebral enquanto se levanta lentamente até uma postura ereta. Igualmente poderoso seria realizar a Respiração por Mil Canudos Minúsculos.

Caso não possa ficar de pé durante o intervalo, estenda a mão direita para trás e segure o encosto da cadeira à direita; coloque o seu pé direito à frente e o esquerdo atrás de si, talvez embaixo da cadeira. Contraia os quatro pontos de ancoragem. Alcance o joelho direito com a mão esquerda (cruze o corpo). Vire o queixo sobre o ombro esquerdo. Em seguida, respire profundamente pelo canal central, subindo pelas pernas, depois pelo corpo, e expire pelo topo da cabeça. Volte para uma posição sentada neutra. Inspire profundamente por cima da cabeça, e em seguida inspire através do coração à medida que entra no corpo e, em seguida, expire para baixo, ao longo das pernas, até a terra. Repita do outro lado. Mover a energia apenas com a respiração é quase o mesmo que ficar de pé, no que diz respeito a construir circuitos para vivificar esses importantes caminhos de corporificação.

Você pode escolher qualquer um dos exercícios de técnicas de respiração que se adaptem ao que precisar naquele dia: a Respiração no Vaso para sabedoria criativa, a Respiração pelo Plexo Solar para poder pessoal, a

Respiração em Coerência com o Coração para amor e alegria, a Respiração Manifestante para falar a sua verdade, ou a Respiração Visionária para acentuar sua visão interior voltada para o domínio supremo da vida. Cada uma delas serve para trazer mais força vital ao núcleo central do corpo a fim de unificar e conservar a energia, em vez de dispersá-la e perdê-la ao longo do dia. (Há um resumo desses exercícios para refrescar a memória um pouco mais adiante neste capítulo.)

MANTENDO UM OLHO NO INTERIOR

Finalmente, embora este capítulo seja de fato sobre medidas *proativas* para o desenvolvimento de circuitos, quero lembrá-lo de que sempre deve manter "um olho no interior" e praticar o "Trabalhe o Corpo" como sua maneira de responder a qualquer momento (e a cada momento) que se sentir emocionalmente provocado e perceber uma carga em seu campo de energia. Este é *o* caminho mais rápido e direto para a evolução de nossa consciência (e para a cura da vida) porque, graças às sensações no corpo, estamos recebendo orientação direta do Eu Unificado com a Alma a respeito de onde mais precisamos nos esforçar nesse momento.

Estou sempre trabalhando o corpo. Estou sempre prestando atenção ao que está acontecendo dentro do meu corpo quando tenho um pensamento específico, ou quando estou tentando elaborar um plano para o futuro ou decidir como responder a um convite. Estou constantemente referenciando o fluxo interno dentro do meu núcleo e percebendo se ele está fluindo quando estou pensando da maneira como estou pensando. Se perceber que não está fluindo – por causa de um bloqueio, acúmulo ou lacuna – então me ocupo de construir circuitos, apertando a área onde sinto a sensação ou carga, e respirando ao longo do canal central. Então, realmente quero encorajá-lo a ver isso não como algo que é feito como uma prática formal, mas sim como algo a ser feito o tempo todo.

Quando abordamos a vida com esse nível de intenção e consciência do "nunca não", vemos que cada experiência ou momento é uma oportunidade para construir o circuito que facilitará nossa cura, expansão e evolução – em outras palavras, o nosso despertar como o Eu Unificado com a Alma. Tudo se resume simplesmente na rapidez com que queremos que essa transformação ocorra. Se você for como eu e muitos de meus alunos, ficará tão ansioso para começar a celebrar a vida no Lado Reverso do Modelo que estará em constante estado de foco! Tudo bem; não há como exagerar, absolutamente.

Essa referência interna, a respiração e a visualização vão, na verdade, torná-lo *mais presente* – tanto no momento em que está quanto em toda a sua vida. Ela o acorda e o mantém alerta, evitando que você entre no piloto automático ou em um modo de vida mecânico. Como você estará constantemente voltando sua atenção mais profundamente para o seu âmago, terá acesso a mais recursos inatos, o que lhe dará maior capacidade para lidar com experiências com graça, facilidade e consciência. Também o tornará mais disponível para amar.

Vamos examinar algumas opções mais formais para incorporar os Códigos de Energia na sua agenda diária. Você pode escolher entre as estruturas oferecidas ou realizar todas elas – o que puder fazer com o tempo de que dispõe. Quanto mais, melhor, e nenhuma delas exclui qualquer uma das outras!

Rotinas da Manhã e da Hora de Dormir

Algumas das maiores oportunidades para construir circuitos ocorrem ao despertarmos pela manhã e pouco antes de adormecermos à noite. No estado semiadormecido/semiacordado, o alçapão entre as mentes consciente e subconsciente é mais amplo e as duas podem comunicar-se mais facilmente. Quando o consciente e o subconsciente se conectam, a nossa verdade profunda sobe à superfície da mente consciente, onde pode nos guiar na realização dos desejos do nosso coração da maneira mais autêntica. Convido-o a criar uma rotina para começar e terminar o dia com as práticas dos Códigos de Energia. Nesta rotina começamos o dia com uma Varredura do Canal Central e o terminamos nos banhando na vibração transformacional do amor.

VARREDURA DA MANHÃ

Antes de começar o dia, enquanto ainda está deitado na cama, realize o exercício da Presença Atenta e Sem Pensamentos do Código do Espírito: faça uma varredura pelo canal central e contraia e integre todas as áreas que precisam de sua atenção. Defina suas intenções para o dia utilizando essas energias como prioridade. Consulte o diagrama dos chakras na página 106) para determinar mais recomendações para se concentrar ao longo do dia e estimular sua energia a fluir nessas áreas, respirando através delas regularmente. Por exemplo, digamos que durante sua varredura você sinta uma dor no pescoço. Pressione o pescoço em resposta a essa percepção e comece a respirar pela área, conectando-a ao canal central. Consulte o diagrama e leia o que mais está envolvido com o chakra da garganta (neste exemplo). Inclua em suas intenções naquele dia o que chamar sua atenção no diagrama (talvez "perfeccionismo" e "incapacidade de expressar emoções" se destaquem na sua leitura). Estabeleça sua intenção de liberar e suavizar seu perfeccionismo e permita-se expressar suas emoções da melhor maneira possível enquanto respira pela região da garganta, conectando-a ao canal central. Seu corpo está revelando aquilo em que você precisa se concentrar em seguida para sua evolução.

GRATIDÕES NA HORA DE DORMIR

Quando me aconchego na cama à noite, sempre digo: "Ah, adoro minha cama!". Você também não adora sua cama? É o casulo perfeito para realizar este trabalho, porque ali nos sentimos seguros e protegidos, e podemos construir circuitos como em nenhum outro lugar. O esforço mais eficaz é feito em um estado de *presença amorosa* e *respiração*. O amor é a vibração que abre o alçapão entre o seu subconsciente e a consciência. A presença é o foco e a percepção completos com a mente. E a respiração move a energia, ou espírito, através do corpo. Cultive sua capacidade de amar sem motivo algum no conforto da sua própria cama.

Uma rotina perfeita para a hora de dormir, que complementa a rotina matinal de Presença da Mente Atenta Sem Pensamentos, é o exercício Gerando Presença Amorosa do Código do Coração, na página 232. Assim como a rotina matinal, faça isso enquanto estiver deitado na cama, pouco antes de dormir. Preencha todo o seu corpo com amor e profunda gratidão e respire através do canal central para ancorar essa vibração em seu campo energético. Observe onde há alguma interrupção em seu fluxo contínuo através do canal central e faça o trabalho de construção do circuito nesta área enquanto você adormece em seu sono agradável.

Você pode ampliar este exercício fazendo o Passo mPower em ambos os lados pelo menos uma vez antes de ir para a cama.

Todo mundo fala sobre a importância da gratidão, mas eu gostaria de falar sobre a importância da gratidão no que se refere a viver como criadores da própria vida. Quando fazemos exercícios como o anterior, trazemos à mente, propositadamente, coisas que geram a sensação de gratidão – não para qualquer resultado em nosso mundo exterior, mas para que possamos aprender como "praticar" a sensação de gratidão. Expressamos gratidão a fim de modelar as frequências vibracionais do Eu Unificado com a Alma (alegria, amor, apreciação e presença). Eventualmente, vamos querer gerá-los para nós mesmos o tempo todo. Quando nos tornamos capazes de evocar a frequência da gratidão pensando em algo que apreciamos, podemos dar o próximo passo de invocar a sensação de gratidão sem nenhuma razão específica – o que, por sua vez, nos ajuda a chegar à disposição de "não importa o que aconteça na minha vida hoje; estou praticando gratidão. E não há nada que alguém possa fazer a respeito disso!". É verdadeiramente empoderador nos conhecermos e nos sentirmos como os mestres da nossa experiência interna, independentemente das circunstâncias externas.

Rotinas de Dez Minutos

Se puder reservar dez minutos todos os dias para se dedicar à prática dos Códigos de Energia, existem várias formas altamente integradoras de dedicar esse tempo. Idealmente, nos tornamos tão versados nas práticas dos Códigos que, em vez de escolher com a mente pensante o que fazer, deixamos a energia, que é o nosso verdadeiro eu, direcionar a mente para o que é necessário. Quanto mais familiarizados estivermos com todas as práticas, mais fácil será apanhar aquela que está sendo solicitada em nossa "caixa de ferramentas" e usá-la naquele dia. No entanto, eis a seguir algumas rotinas diferentes; elas praticamente não ocuparão tempo algum do seu dia e ainda fornecerão suporte estruturado.

DEZ MINUTOS DE RESPIRAÇÃO ATENTA E SEM PENSAMENTOS PELO CANAL CENTRAL

Na prática da Presença Atenta e sem Pensamentos, interrompemos a mente fugidia com todas as suas preocupações em relação ao passado e ao futuro, e atraímos a concentração plena e consciente da mente para o momento presente, sem pensamentos. É o oposto de estar no piloto automático. Entramos em cada dia e em cada momento de uma nova maneira, sem expectativas e com uma abertura às possibilidades, apenas observando o que realmente está se desenrolando diante de nós e dentro de nós.

Vou encorajá-lo a trabalhar até fazer isso por dez minutos seguidos. Isso será especialmente eficaz em um intervalo no meio de um dia agitado de trabalho, quando sua mente está acelerada, mas é benéfico em qualquer momento. Ative os quatro pontos de ancoragem enquanto faz isso e adicione a Respiração pelo Canal Central. *Seja a energia interior* que se move através do canal central, em vez de apenas visualizar a energia subindo e descendo dentro do corpo. Para começar a se identificar como o Eu Unificado com a Alma, é preciso ingressar no canal com toda a sua concentração consciente e *ser isso* sem pensar em mais nada – colocar seu foco total em *ser essa* energia, no interior.

Então desafie-se aqui: "Será que consigo relaxar minha mente e usar os quatro pontos de ancoragem para encontrar meu alinhamento central e então liberar todos os meus músculos, mas permanecer focado na presença central alinhada e respirar nesse estado do Canal Central? Posso trabalhar até dez minutos inteiros nisso?".

DEZ MINUTOS DE RESPIRAÇÃO PELOS CHAKRAS

As práticas do Código da Respiração baseiam-se nas técnicas de respiração utilizadas em tradições antigas (conhecidas como *prāṇāyāma* ou "controle da respiração"). Os yogues e adeptos que estudam a consciência usam essas práticas como uma maneira de unificar as camadas do ser e de criar *momentum* dirigido à iluminação. Respirar essas respirações individuais, uma em cima da outra, constrói uma percepção dentro do corpo que, em última análise, permite que realmente despertemos para o Eu Unificado com a Alma. Portanto, isso é muito mais do que apenas respirar fundo.

Ao longo de uma rotina de dez minutos, você pode simplesmente passar pelas seis práticas fundamentais das técnicas de respiração pelos chakras. Reserve um pouco mais de noventa segundos (cerca de cinco a dez respirações) para cada prática. A seguir, eis uma breve recapitulação das práticas.

1. Respiração pelo Canal Central (Chakras 1 e 7): Para começar, ative o *mūla bandha*, pressione o coração, contraia a garganta e vire suavemente os olhos para cima. Em seguida, exercite a respiração pelo Canal Central para cima e para baixo.

2. Respiração no Vaso (Chakra 2): Inspirando a partir da última Respiração pelo Canal Central, distenda a barriga o máximo que puder para fora, para a frente. Enquanto continua a inspirar, pressione para baixo os músculos que estão se levantando com o *mūla bandha*. Então, ao expirar, puxe a barriga de volta em direção à coluna vertebral nesta Respiração Abdominal de Buda, ou no Vaso, para liberdade criativa.

3. Respiração pelo Plexo Solar (Chakra 3): Em seguida, transforme-a em uma Respiração pelo Plexo Solar, em que você contrai tudo na parte superior do corpo e tudo abaixo do umbigo; depois, exatamente onde as costelas se separam, respire "bola de beisebol, toranja, bola de beisebol, toranja" – isolando a área do terceiro chakra para o poder pessoal.

4. Respiração em Coerência com o Coração (Chakra 4): A partir da Respiração pelo Plexo Solar, inspire novamente o grande Ventre de Buda e, em seguida, continue inspirando através da área do Plexo Solar e eleve a respiração até os lobos pulmonares superiores e o peito, de modo que esteja fazendo a respiração abdominal e respirando nos lobos pulmonares superiores simultaneamente, em uma grande inspiração. Continue inspirando até que a respiração se expanda para além do corpo e depois expire em todas as direções em uma esfera gigante. Agora inspire a partir dessa esfera gigante para o interior da barriga e continue inspirando até preencher novamente os lobos pulmonares superiores. Isso ativa seu amor e alegria.

5. Respiração Manifestante (Chakra 5): A partir da Respiração em Coerência com o Coração, expire completamente e depois inspire. Contraindo tudo na parte inferior do corpo, abaixo da área da garganta, acentue a respiração na área do chakra da garganta com toda a atenção, abrindo a garganta como faria se estivesse bocejando, mas tentando manter a boca fechada durante o bocejo (Inspirar dessa maneira permite que a garganta se abra). Expire pelo topo da cabeça, para fora dele. Agora inverta, inspirando de cima para baixo na garganta, acentuando da mesma

maneira para abrir a garganta, e depois expire por todo o corpo até a terra. Esse exercício é semelhante à Respiração pelo Canal Central, mas com o ponto de mudança na garganta, em vez da região central/coração/abdômen.

6. Respiração Visionária (Chakra 6): Localize o sexto chakra virando os olhos e sentindo a tensão por trás deles; memorize esse local. Escolha um objeto em que possa concentrar sua atenção (como a chama de uma vela, um talismã, uma pedra ou flor simples ou algum outro objeto em seu espaço) e coloque-o de 60 a 90 cm à frente de onde você está sentado. Respire como se traçasse uma linha no ar a partir desse ponto focal até o centro do seu cérebro, como se fosse a inspiração que "movesse" o ponto de atenção em sua direção para o centro do sexto chakra ou terceiro olho. Em seguida, expire pela parte de trás da cabeça ao longo da mesma distância (apenas imagine). Agora inverta, inspirando a partir de trás até o centro do cérebro e expirando para a frente. Agora conecte a Respiração Visionária com a familiar Respiração pelo Canal Central, só que dessa vez com o ponto de mudança no terceiro olho, e não na parte inferior do canal.

É possível praticar facilmente essa rotina em qualquer ocasião durante o dia: em uma pausa de dez minutos no trabalho, enquanto espera alguém para uma reunião de almoço, durante o tempo que falta para os seus filhos saírem da aula de caratê ou na estação de trem. Em outras palavras, não exige que você fique sentado sozinho, feche os olhos e se concentre tão intensamente que não consiga ficar apresentável em público (apenas tente não fazer caretas!). É seguro e integrativo, de modo que você ainda consegue permanecer altamente funcional (por motivos óbvios, não recomendo realizar essas práticas no trabalho se estiver operando máquinas pesadas ou realizando cirurgias, mas em outros casos dá certo). Se, ocasionalmente, você quiser um apoio extra para ancorar seu novo padrão vibracional após o exercício, poderá optar por fazer uma curta caminhada antes de retornar às suas tarefas, a fim de integrar os novos circuitos.

DEZ MINUTOS DE YOGA PARA O CÉREBRO

Para a prática de Yoga para o Cérebro (ver página 310), que estimula os importantes centros superiores do cérebro na região média da cabeça, deve-se manter a cabeça imóvel, mover os olhos de acordo com as horas do relógio e respirar pelo canal central. Para essa rotina de dez minutos, recomendo praticar o Yoga para o Cérebro durante os primeiros seis a sete minutos. Isso deve dar tempo para uma volta do relógio nos sentidos horário e anti-horário pelo menos uma vez. Em seguida, passe os últimos três a quatro minutos realizando várias Respirações pelo Canal Central com posturas de yoga do Código da Ancoragem. Esse sequenciamento é importante porque o Yoga para o Cérebro é uma técnica acelerada para ativar centros cerebrais superiores; portanto, queremos nos certificar de fundamentar e integrar a transformação em todo o corpo. Se sentir alguma tontura, faça isso em casa. Com a prática, será mais fácil realizar ao longo do dia a qualquer hora.

DEZ MINUTOS DE RESPIRAÇÃO DA FRONDE DE SAMAMBAIAS

Exercite a Fronde de Samambaias durante cinco a sete minutos, depois a Respiração pelo Canal Central e alguns *āsanas* de yoga diferentes do Código da Ancoragem. (Para relembrar como realizar a Respiração da Fronde de Samambaias, consulte a página 273). Esse exercício envolve o *dantian* (um importante depósito de energia) e integra o fluxo de energia na coluna vertebral. Essa integração de ajuste fino é fundamental para sustentar a transformação pela qual você está passando com todos os Códigos de Energia.

Rotinas de Trinta Minutos

Novamente, embora seja mais benéfico estar sintonizado com o que seu corpo está dizendo que precisa e então escolher entre todas as práticas dos Códigos de Energia adequadas, adotar uma prática diária definida de trinta minutos também trará uma transformação rápida e poderosa. Portanto, se puder dedicar meia hora e quiser alguma estrutura formal para ajudá-lo a construir circuitos de maneira eficiente e eficaz, escolha uma das seguintes rotinas de meia hora.

UM COMBO DE RESPIRAÇÃO E MEDITAÇÃO

Essa combinação é muito mais integrativa do que a meditação sozinha. Nessa rotina, use o estilo de meditação que lhe for mais natural, com base no seu estilo de aprendizagem primário (visual, auditivo ou cinestésico). Primeiro, faça as práticas de técnicas de respiração associadas aos chakras. Há uma razão importante para isso. Considerar o *prāṇa*, ou a energia que se move através do seu sistema, como um precursor da meditação, aumentará em grande medida a eficácia da meditação para criar avanços na construção de circuitos.

Essa "meditação viva" tem sido o foco das minhas aulas de meditação nos últimos dezessete anos. Com ela, reunimos nossa vida diária e nosso senso do Eu Unificado com a Alma – para que cada dia se torne uma experiência de meditação ambulante, expressiva e *integrativa*. Isso tem sido profundamente útil para meus pacientes, clientes e alunos. Abordar a meditação de outra maneira, creio eu, aumenta as distinções entre dois mundos *diferentes* – o interior e o exterior. Estamos aqui para reunir tudo – a fim de experimentar o CéuTerra – e não excluir um ou outro.

Essa rotina combinada ajudará meditadores iniciantes e experientes a aproveitar ao máximo seus esforços de meditação, para que possamos nos beneficiar de todas as experiências incríveis que temos na meditação e infundi-las em nosso sistema nervoso.

Veja como fazer isso:

1. Sente-se em uma cadeira, ou de pernas cruzadas no chão ou em um tapete de yoga.

2. Faça a rotina de Dez Minutos de Respiração pelos Chakras (ver página 365).

3. Passe os próximos cinco minutos praticando uma versão do *prāṇāyāma* chamada *kapalabhati*, que se traduz como "respiração que brilha no crânio", também conhecida como Respiração do Fogo. É essencialmente uma respiração igual a outros padrões respiratórios, mas é realizada em um ritmo mais rápido. Tem um efeito de limpeza nos circuitos eletromagnéticos do seu sistema – uma espécie de limpeza energética que queima as impurezas.
   Comece com uma expiração completa pelo nariz, esvaziando todo o ar da barriga, puxando a barriga/abdômen inferior de volta em direção à coluna vertebral. Em seguida, solte-a e deixe a barriga inspirar mais ar automaticamente. Expire mais uma vez, com força, pelo nariz. Repita e aumente o ritmo. Você notará que na verdade está apenas se concentrando na expiração forçada; a inspiração é reflexiva e ocorre sozinha à medida que se relaxa momentaneamente os músculos abdominais entre as expirações. Para completar esse exercício respiratório, conecte a respiração ao canal central com algumas respirações profundas e lentas pelo canal central (essas respirações pelo canal central podem ser realizadas como respirações alternadas pelas narinas [*nadi shodhana*] a fim de estimular equilíbrio no cérebro. Para instruções, em inglês, acesse o vídeo em drsuemorter.com/energycodesbook).

4. Agora libere o padrão respiratório estruturado e qualquer tensão muscular no corpo todo e, durante os próximos quinze a vinte minutos, sente-se em meditação usando o método de sua escolha (para meditações guiadas curtas, em inglês, acesse drsuemorter.com/energycodesbook).

5. Ao sair da meditação, faça duas torções da coluna vertebral para cada lado (alternando os lados), extensões e flexões, pois permitem que o corpo integre e memorize o que você acabou de vivenciar. Deite-se de costas no chão. Respire para cima e para baixo pelo canal central enquanto dobra os joelhos, e solte-os suavemente para a esquerda enquanto gira a coluna vertebral, o pescoço e o queixo para a direita. Solte e repita do outro lado (se não puder deitar no chão por qualquer motivo, pode fazer isso girando o tronco enquanto está sentado em uma cadeira. Use as costas da cadeira para apoiá-lo enquanto, com os joelhos voltados para a frente, você gira a coluna vertebral, o pescoço e o queixo para a direita e depois para a esquerda).
   Para a flexão da coluna vertebral, enquanto estiver deitado no chão (ou sentado em uma cadeira), contraia a parte frontal do corpo de modo que você se enrole em uma bola, abraçando os joelhos contra o peito o mais estreitamente possível. Para a extensão da coluna vertebral, use a Postura do Camelo (consulte o Código da Desobstrução, página 220, para obter instruções) ou deite-se de bruços no chão e levante o peito com os braços estendidos ao longo do corpo (você também pode estender-se cuidadosamente sobre o encosto de uma cadeira de encosto baixo, levantando o peito o tempo todo para proteger as costas).

O yoga também promove o movimento ativo da energia pelo corpo. Muitas vezes, porém, temos uma boa aula de yoga que termina com alguns minutos de *śavāsana* (Postura do Cadáver); então nos sentamos, a aula termina e vamos embora. No entanto, se praticássemos *śavāsana* e depois apenas sentássemos em meditação por algum tempo, integraríamos muito mais do grande trabalho que acabamos de realizar no tapete de yoga. Como isso nem sempre é possível dentro do seu estúdio de yoga, recomendo muito que você vá para um espaço tranquilo fora do estúdio ou sente-se no carro e realize uma breve meditação antes de sair do estacionamento. Dez minutos extras mergulhando em seu eu interior profundo enquanto estiver nesse maravilhoso estado de presença serão altamente benéficos para a construção de circuitos em seu corpo. Certifique-se de estar totalmente lúcido antes de dirigir!

Posturas de Yoga BodyAwake™

1º CHAKRA				
Postura da Cadeira	Postura do Guerreiro 1	Postura da Pirâmide	Postura da Árvore	Flexão para a Frente em Pé
2º CHAKRA				
Postura do Barco	Postura do Rei Pombo	Bicicleta Iogue	Torção Vertebral Cruzada Sentada	Respiração do Fogo
3º CHAKRA				
Postura do Camelo	Postura do Arco	Postura da Prancha Invertida	Postura da Lua Crescente	Respiração do Fogo
4º CHAKRA				
Postura do Triângulo	Postura do Buraco da Agulha	Postura do Peixe	Torção Vertebral Cruzada	
5º CHAKRA				
Postura da Cobra	Postura do Arado	Postura da Ponte	Entoação de Som (Oṁ, Ma, Ha)	
6º CHAKRA				
Postura do Cachorro Olhando para Baixo	Postura da Vela	Postura da Criança	Postura do Guerreiro Invertido (Guerreiro 4)	Posturas de Equilíbrio
7º CHAKRA				
Postura do Cadáver	Parada de Cabeça	Postura do Coelho	Flexão para a Frente em Ângulo Amplo	

TRINTA MINUTOS DE YOGA BODYAWAKE

O yoga é altamente integrativo por si só, sobretudo quando realizado com a respiração consciente nos Códigos de Energia. Ao longo de todos os Sete Códigos, forneci posturas básicas de yoga que ajudam a abrir cada chakra e aumentar seu fluxo. Você pode realizar essas posturas na ordem em que são apresentadas ou, de preferência, integrá-las à sua prática de fluxo para ativar todos os chakras sequencialmente. Para sua conveniência, listei aqui todas as posturas que discutimos, classificadas pelo chakra que mais afetam.

Também juntei essas posturas para uma rotina curta, mas altamente eficaz, de Yoga BodyAwake a fim de ajudar a construir os circuitos restauradores necessários para reprogramar sua Personalidade Protetora e ativar o Eu Unificado com a Alma. Para ver o fluxo da prática, acesse o site em inglês drsuemorter.com/energycodesbook.

TRINTA MINUTOS DE TÉCNICAS DE RESPIRAÇÃO PARA A CURA

Se estiver lesionado, se apresentar uma fraqueza física ou sentir dor, ou se tiver algum problema de saúde – tudo isso indica que uma área do seu corpo apresenta um bloqueio de energia ou um fluxo inadequado – recomendo que você dedique seus trinta minutos por dia em um Padrão de Respiração para a Cura para a área afetada. Por exemplo, se tiver infecções urinárias persistentes ou recorrentes, pode passar meia hora respirando profunda e intensamente através das áreas do primeiro e do segundo chakra, da forma mostrada no vídeo que se encontra em drsuemorter.com/energycodesbook, e trabalhar o corpo ao pensar nos sintomas que está tendo. Você também pode realizar a Liberação BEST para limpar qualquer interferência subconsciente e emoções não resolvidas que possam estar contribuindo para a persistência do problema. (A raiva não resolvida, por exemplo, é um fator comum por trás de infecções urinárias.) Deixe seu corpo dizer-lhe quais emoções devem ser eliminadas, pois a solução provavelmente se revelará de maneira orgânica. Se tiver dor no joelho, certifique-se de colocar pressão suficiente na articulação do joelho para acentuar a sensação nesse local enquanto faz o trabalho respiratório, puxando a respiração através da área da articulação, como mostra o vídeo. O trabalho específico em várias áreas do corpo é uma perfeita maneira de passar até curtos períodos de tempo, uma, duas ou três vezes ao dia. Lembre-se de que o processo é semelhante, independentemente da condição. Desse modo, é possivel traduzir essa técnica para tratar outros problemas, como dores de cabeça, dores no pescoço, dores nos ombros, dores e nós no estômago, falta de ar, tensão em qualquer parte do corpo e outros incômodos. Para obter informações adicionais sobre Padrões de Cura, consulte a seção Recursos na página 390.

A energia está sempre tentando subir através do corpo enquanto tenta se integrar; portanto, o bloqueio estará sempre *acima* da área dolorida ou que não responde. Sempre trabalhe com seus padrões de respiração *através* da área, de baixo dela ou para cima dela, a fim de obter melhores resultados. E sempre inclua o corpo inteiro nas respirações finais da prática e incorpore a uma Respiração por Mil Canudos Minúsculos para finalizar. (O vídeo vai ajudar!)

Todas as práticas ensinadas neste capítulo amplificam o Eu Unificado com a Alma. A integração é boa para o corpo: ele *quer* que seu fluxo seja restaurado. É construído para ser autocurativo, autorregulador e autoiluminador – para se mover tanto em direção à sua verdadeira natureza, em Unificação com a Alma, como em direção ao seu *design* original. Em outras palavras, o corpo é *planejado* para fazer o que estamos pedindo que faça agora. Ele precisa apenas de uma pequena ajuda vinda da mente e da nossa intenção, e então seu próprio *momentum* assumirá o comando. Nosso trabalho é facilitar, e então seguir com esse fluxo natural.

Quando reconhecemos a transformação que estamos buscando como sendo relativa ao fluxo e não à mudança, ela tende a vir até nós com mais facilidade. Isso porque é mais fácil para a mente Protetora abraçar o fluxo do que abraçar a mudança. Enquanto nos identificarmos como a Personalidade Protetora, a mudança será difícil de ser bem recebida. Mas à medida que nos identificamos como o Eu Unificado com a Alma, sentimos a mudança e a percebemos como fluxo, e o fluxo é bom. Quando entramos no âmago do corpo e permitimos esse fluxo, as dores estomacais desaparecem. As dores no pescoço desaparecem. As fraquezas no corpo começam a se fortalecer porque essa força vital empoderadora flui através do corpo. Notamos que a "mudança" está acontecendo, porém ela não é propriamente uma mudança, mas fluxo. A mudança acontece de forma automática quando permitimos que o fluxo flua. Ele entra de fininho, pela porta dos fundos! É lindo de se ver.

Agora que você tem um conjunto claro de práticas e técnicas fáceis de usar para construir os circuitos que o leve a perceber e viver a vida como o Eu Unificado com a Alma, vamos explorar como a vida é de verdade quando esses circuitos são construídos. Essa é a vida no Lado Reverso do Modelo, após a Inversão Quântica.

Capítulo 12

A Vida no Lado Reverso: Vivendo o Eu Unificado com a Alma

Sete anos depois da minha dramática abertura inicial para o meu próprio Eu Unificado com a Alma, fui convidada por uma amiga de uma amiga para dar uma palestra em uma conferência de mulheres em Copper Mountain, no Colorado. Depois da minha palestra, alguém na plateia veio até mim e perguntou se eu teria interesse em fazer uma apresentação em uma conferência no próximo ano. "É claro", eu disse, sem realmente saber a magnitude daquilo que estava aceitando.

Pouco tempo depois, um organizador entrou em contato comigo e perguntou se eu tinha um vídeo de amostra para que pudessem ver como eram minhas apresentações. Eu não tinha, mas estava em processo de criar um, porque alguém da organização Tony Robbins estava pedindo a mesma coisa para que eu pudesse falar com a equipe técnica de lá. Então, me apressei a terminar o vídeo e o enviei. Uma resposta veio rápido. Eles não apenas queriam que desse uma palestra, mas também que eu fosse a palestrante de abertura na primeira manhã do evento!

Animada com a oportunidade, comecei a pensar. Pensei no que gostaria de dizer e como poderia dizê-lo... mas, para minha surpresa e consternação, *nada* me veio à mente! Por mais que tentasse, me via apenas em um enorme branco. Estaria me dirigindo a um público de cerca de dois mil palestrantes profissionais na convenção anual da National Speakers Association (Associação Nacional de Oradores) – seu maior evento do ano. Essa situação de "nada vir à mente" não resolveria nada! Meus antigos circuitos estavam convencidos de que eu precisava planejar e continuei tentando. Com minha mente tão envolvida em como eu achava que deveria ser, outra forma de encarar a questão sequer me ocorreu.

Faltando ainda alguns meses para a conferência, a cada poucos dias eu sentava e pensava um pouco. Mas apesar de ter caneta na mão e papel de sobra, ainda assim nada acontecia. Semanas e meses se passaram desse jeito. Me preocupava com o processo a cada momento entre as sessões, a tensão aumentando a cada tentativa. Até me convenci de que o problema era a caneta e o papel, então troquei-os pelo computador! E ainda assim... nada.

Logo faltavam duas semanas para a conferência, e então apenas uma semana. *Ainda* assim, não conseguia pensar no que dizer. Eu tinha certeza de que queria falar sobre algo, mas isso levaria apenas quinze minutos e eu tinha *uma hora* e quinze minutos para preencher! Decidi voar mais cedo para o local da conferência e "fugir" para poder clarear a mente. Um dia e meio no quarto de hotel e ainda nada me ocorrera. Na noite anterior à minha apresentação, ainda estava trabalhando nisso. Fiquei acordada até depois da meia-noite e despertei cedo na manhã seguinte, esperando um vislumbre. "Vou tomar um banho! Toda genialidade acontece no chuveiro!", disse com otimismo, na esperança de me convencer. Lá fiz meu último esforço decidido, até um retumbante resultado zero antes de chegar a hora de partir. Ao me vestir e caminhar pelo saguão até o elevador naquela manhã, senti como se minha carreira tivesse terminado antes mesmo de começar. Foi a caminhada mais dolorosa da minha vida!

Nos bastidores, equipada com meu microfone, ouvi meu nome ser chamado quando me apresentaram, e o simpático diretor de palco disse: "Acho que é você!" enquanto me dava uma cutucada. Ao percorrer a rampa que levava ao palco, parecia que estava andando na prancha. Meu fim estava próximo, podia sentir!

Quando saí de trás da cortina para as luzes, algo enorme tomou conta do meu interior. Foi como se as Cataratas do Niágara tivessem se aberto sobre minha cabeça e se derramado dentro de mim! Tudo que podia fazer era estar presente e aplicar todo o meu esforço para formar as palavras que estavam inundando através de mim. Voei pelo palco gigante de uma ponta a outra de uma maneira que me dava a impressão de sequer estar tocando o chão. Olhando para o público, pude ver que as pessoas estavam totalmente envolvidas; foi um dos momentos mais mágicos da minha vida. Ao terminar minha última frase, olhei para o relógio. Para minha surpresa, ele zerou assim que olhei. O público rugiu com o exercício que acabávamos de completar. Antes de tudo terminar, a plateia me aplaudiu de pé três vezes. Quando entrei nos bastidores e comecei a respirar novamente, a presidente da Associação veio correndo, com lágrimas nos olhos, para me dizer que meu discurso tinha sido "mais do que esperava!" e que eu "subi o nível do que tinha de acontecer naquele palco no futuro!".

Depois da conferência, recebi e-mails e cartas sobre o profundo impacto da palestra. Alguns deles citaram especialistas na área de oratória, perguntando se eu havia estudado com eles (eu sequer havia ouvido falar de qualquer um desses especialistas). Eles insistiam que eu devia ter ensaiado inúmeras vezes e estudado a estrutura da palestra repetidamente para que tudo corresse tão bem. Mas não, o que passou por mim naquele dia foi muito maior do que qualquer coisa que pudesse ter estudado, planejado ou ensaiado. Foi muito mais do que minha mente pensante poderia imaginar. O que passou por mim naquele dia foi pura Presença. Foi *fluxo*. Isso me mudou, e mudou o que eu era capaz de fazer de dentro para fora.

Também mudou outras pessoas. Sete anos depois, quando regressei à Convenção da NSA, pessoas me paravam no saguão e afirmavam com entusiasmo como tinham sido afetadas por aquela primeira palestra todos aqueles anos antes. O fluxo também os mudou – mais, tenho certeza, do que jamais teria feito sozinha. Desde então, permito que minha mente intuitiva esteja no comando e administre o fluxo que emerge de dentro em resposta às necessidades de cada público. É assim que o Eu Unificado com a Alma funciona. Tem acesso a uma totalidade e a um conhecimento maiores do que aquele que o intelecto sozinho poderia nos trazer.

Essa experiência maravilhosa (apesar de ter lutado contra ela até o último segundo) é uma ilustração do "espaço unificado" para onde estamos todos caminhando na evolução da nossa consciência. Com os Códigos de Energia, todos podemos nos tornar um funil onde a Presença pura flui desobstruída através de nós e para fora de nós a fim de transformar magicamente nossa própria vida e a dos outros. Uma vez que estabelecemos e permitimos esse fluxo, e compreendemos que a Presença que se move através de nós *é* o nosso verdadeiro eu, começamos a fazer a Inversão Quântica radical e abrangente.

Mesmo com um vislumbre espontâneo e milagroso da verdade da minha natureza essencial, como tive durante minha experiência exaltada inicial, ainda precisamos construir circuitos para incorporar e viver plenamente a nossa vida diária como o Eu Unificado com a Alma. Tudo bem! É assim que funciona. Em vez de uma chegada repentina ao destino final da perfeição total e abrangente, nós efetivamente nos desdobramos para vir a ser quem realmente somos, pedacinho por pedacinho, como as muitas pétalas de um lótus que se abre. Começamos a nos curar em todos os níveis, rica e plenamente, e a expandir-nos para a nossa profunda beleza e grandeza.

Neste capítulo final, gostaria de oferecer um vislumbre de como a vida é quando começamos a realmente *vir a ser* o funil para o fluxo desimpedido do Eu Unificado com a Alma. Embora a vida no Lado Reverso do Modelo seja única para cada um de nós nas suas expressões individuais, algumas características comuns vão colorir nossas perspectivas e interações como um todo.

A Vida no Lado Reverso: a Perspectiva Geral

O atributo mais significativo da vida no Lado Reverso é que paramos de nos identificar com a mente e nos identificamos com o Eu Unificado com a Alma. Falamos de "minha mente" em vez de "minha alma" como uma terceira pessoa externa. Não trabalhamos mais para dominar a mente, pois a mente se adapta com naturalidade ao seu papel de observadora e facilitadora. Aqui, estamos simplesmente em um estado diferente do ser – uma relação de confiança no universo, um estado de fluxo.

Uma vez no Lado Reverso, sabemos com absoluta certeza que o nosso mundo interior é o mundo real, e o mundo exterior é apenas um reflexo. Portanto, sabemos que, independentemente do que aconteça, "nós damos conta do recado". A mente analítica fica em segundo plano, nos bastidores, não mais pensando em excesso, mas reconhecendo que *somos* a essência que percebemos e servimos ao nosso desdobramento em vez de competir com ele. Não há nada a se "fazer"; precisamos apenas ser o que realmente somos.

Nossos pensamentos estão alinhados com o bem maior e podemos ver o bem maior em tudo o que está acontecendo. Sabemos, sem dúvida, que tudo está a serviço da nossa própria expansão – assim como a de todos os outros – e que não importa o que aconteça, "tudo está a nosso favor". Por causa disso, o amor é automático. Não há julgamento ou rejeição, apenas aceitação total e compaixão completa, que é arraigada e integrada.

Confiamos em nosso desejo porque sabemos que ele é filtrado pelo amor. Não mais temendo falar ou nos manifestarmos, levamos a cabo as nossas visões, tomando medidas ousadas e amorosas. Sabemos que somos feitos de bondade e por isso, sem hesitação, confiamos em nossos desejos e ações. Não há reservas; estamos todos dentro! Sabemos que não desejaríamos uma vibração específica se ela não fosse uma parte de nós que está pronta para nascer no planeta, mesmo que possa parecer muito diferente do que pensávamos que seria. Nós nos desapegamos de como pensamos que as coisas serão, porque estamos firmados no CéuTerra, onde todas as coisas servem, em última análise, ao nosso bem maior.

Conforme dominamos o nosso desejo, as nossas visões e o nosso poder, as pessoas começam a experimentar e a perceber uma força e uma presença à nossa volta que as fazem querer se aproximar. Elas começam a ouvir quando falamos. Nos vemos recebendo a promoção ou o adiantamento, ou aceitando o papel de visionários, embora isso nunca tenha sido algo que pretendíamos ser. Como ilustra minha história no início deste capítulo, a vida flui para nós e através de nós – como nós – superando qualquer coisa que poderíamos ter sonhado.

Lembre-se de que o plano supremo no Ponto de Ônibus era experimentar nossa divindade – o amor Divino. E assim, idealmente, reconheceremos os desafios que enfrentamos como o maior apoio disponível precisamente para aquele resultado. As relações familiares, as finanças e o trabalho envolvem nossos circuitos e, assim, oferecem os desafios conclusivos que solicitamos no Ponto de Ônibus e nos levam à descoberta de nossa magnificência e capacidade de amar. Quando, por exemplo, depois de receber a notícia de que tinha sido quase totalmente deixada de fora do testamento de meu pai e de ter trabalhado o corpo como presença amorosa sempre que a mágoa surgia, isso construiu os circuitos para que o amor fluísse novamente em torno da minha família (e fiquei encantada por um dia receber um pacote contendo algumas xícaras de chá da minha mãe!). Isso é possível para todos nós.

Às vezes é difícil acreditar que podemos fazer a escolha de "apenas amar" e fazer com que isso realmente funcione em nossas vidas. Convido-o, mais uma vez, a experimentar. A maioria de nós (inclusive eu) não foi criada em um ambiente que nos ensinasse que "apenas amar" era inteligente, ou mesmo possível. Mas ao aceitar o seu poder de livre-arbítrio dessa maneira, você começará a se sentir como uma poderosa presença amorosa no mundo. Esse amor será verdadeiramente incondicional, uma vez que não são necessárias condições para experimentá-lo, a não ser a sua própria escolha consciente. Seu *verdadeiro eu*, aquele que reside como a verdadeira essência nos bastidores das histórias de sua vida, é o único ingrediente na receita maior da vida que tem o poder de integrá-lo de volta do esparramamento, dissolver as pedras no rio, transformar sua vida e a vida das pessoas ao seu redor e se manifestar como o poder do universo.

O Caminho do Propósito: Causando um Impacto no Mundo, Digno do Lado Reverso

Estamos aqui para ser os criadores de nossas vidas e mestres de nossa realidade. Tudo na vida é energia, o que significa que *não há nada que não sejamos*. Tudo o que experimentamos e encontramos na vida é um reflexo perfeito do nosso mundo interior; isso significa que somos nós quem determina e revela o CéuTerra dentro de nós mesmos. É sua tarefa – seu destino – compreender a verdade de sua magnificência e permitir que ela se desdobre a partir de dentro, construindo circuitos para incorporar uma capacidade maior de brilho fluindo através de você. Usando os Códigos de Energia, retornamos ao nosso corpo e aprendemos a sentir a nossa verdade a partir de dentro. Nos estabelecemos em nosso âmago, aprendendo a viver a partir do Eu Unificado com a Alma à medida que se expande em uma capacidade maior de amar. Respiramos mais vida para dentro de nossas células, animando o espaço intermediário à medida que despertamos nosso verdadeiro potencial criativo. E, finalmente, nos conectamos plenamente com o Espírito, abrindo nosso sistema para abraçar uma versão maior de nós mesmos, ao incorporar as verdades de que somos feitos de amor e tudo nesta vida está trabalhando a nosso favor.

Desde o momento em que você desembarcou aqui vindo do Ponto de Ônibus, e em cada instante, situação e experiência desde então, a vida lhe forneceu exatamente o que você precisa para evoluir rumo a uma consciência maior do amor – e continuará a fazê-lo pelo tempo que permanecer aqui na Terra. O mundo foi criado no amor, e o propósito da sua vida é descobrir o poder de Criação que há dentro de você; você está em um caminho de desdobramento.

Somos o próprio sopro da vida, e se quisermos que o Eu Unificado com a Alma permaneça vivo e bem, é preciso soprar mais desse sopro da vida nesse Eu, e menos no mundo exterior. Quando fazemos isso – quando dedicamos de forma respeitosa, séria e sincera nossa atenção interna a esse canal central e respiramos para cima e para baixo ao longo dele – estamos na verdade dando uma enorme contribuição para a comunidade e a humanidade em geral.

Para obter seu maior impacto no mundo, você não precisa de seguidores. Não precisa ter algum grande propósito ou missão orientada externamente. Precisa somente ser mais quem você já é – o Eu Unificado com a Alma. O restante fluirá a partir daí.

Quando voltamos toda a atenção para o interior, não leva tempo para que a transformação ocorra, pois o eu para o qual nos despertamos opera além do espaço e do tempo. Por exemplo, projetos que lhe disseram que levariam cinco anos para se manifestarem tornam-se lucrativos, fluindo abundantemente, em um ano. Inspirações e recursos surgem do nada, impulsionando seu progresso em seu verdadeiro caminho. Situações complicadas são resolvidas com facilidade e da melhor forma para todas as partes. Todo mundo ganha.

À medida que se vive cada vez mais na vibração do amor, da paz, da abundância e da harmonia dentro de si mesmo, começamos, efetivamente, a perceber essas mesmas qualidades no ambiente. É como se sintonizássemos em uma emissora de televisão na qual vemos, ouvimos e sentimos que tudo o que está acontecendo está servindo a algo "bom". Depois que nos damos permissão para "amar, não importa o que aconteça", o mundo exterior não tem escolha a não ser refletir de volta a imagem do amor incondicional. Isso pode demorar um pouco, mas prevalecerá. Não há como *não* prevalecer! Quando se vive em um espaço de gratidão, celebração e alegria que inclui todos – onde todos são bem-vindos e você se vê neles –, a versão *criadora* finalmente consegue ter a vida que veio viver aqui.

Pense no Eu Unificado com a Alma como sendo o eu *conectado*. Como digo em meus cursos: "Não há nada que nós não sejamos". Quando vivemos nesse espaço, vemos automaticamente a partir da frequência vibracional da conexão. Na verdade, é essa ligação que temos procurado desde o início, na Personalidade Protetora. Passamos a vida tentando encontrar essa conexão por meio dos relacionamentos, das nossas atividades e até das nossas expectativas, mas acabamos por aprender que é literalmente impossível que essa seja a resposta, pois o mundo externo é apenas um reflexo de como estamos incorporando a "frequência de conectividade" dentro de nós. Quanto mais tendemos à tarefa singular de nos ativarmos como o Eu Unificado com a Alma, mais sua presença em nossa vida e no mundo entra em foco. Encontramos a conexão que procuramos. Ela esteve aqui o tempo todo; chama-se CéuTerra. É a estação de rádio na qual experimentamos todo o nosso potencial como Criadores e vivemos como a expressão mais verdadeira de nós mesmos. O que poderia ser mais significativo ou propositado do que isso?

Agora que estamos no fim (desta etapa) de nossa jornada juntos, quero compartilhar uma última observação importante para ajudá-lo a levar o que aprendeu aqui de volta ao mundo, e ela é...

Seja profundamente íntimo. Permita-se ser profundamente vulnerável por dentro. Ouça interiormente para ouvir o que você precisa abordar primeiro e trabalhe nisso sem julgar ou escrever uma história sobre isso. Essa conexão íntima com o seu verdadeiro Eu Unificado com a Alma permitirá que você perceba onde seu trabalho mais eficaz será feito, e o apoiará quando começar a se envolver e a se expressar no mundo com um maior nível de autenticidade.

Construa um relacionamento sagrado com a *maneira como as coisas acontecem*. A maneira como o universo se expressa é uma das coisas mais profundas e intensas que você pode abraçar, pois você é o universo.

Finalmente... faça o trabalho. Faça-o sempre que puder, com alegria plena e de todo o coração. Este é literalmente o trabalho mais importante que você fará em seu tempo aqui na Terra.

Quando perceber que quer compartilhar esse trabalho com outras pessoas, dê-lhes este livro e depois tenha conversas ricas e significativas com elas. Quando apoiamos uns aos outros em nosso crescimento, desenvolvemos confiança amorosa e criamos uma experiência externa do que este mundo deveria ser – um desdobramento a serviço da nossa magnificência.

Nunca subestime o poder de apenas uma pessoa dizer "Sim" ao seu verdadeiro Eu. Agora é a hora de escolher sua experiência de vida. Seu próprio despertar ativa o campo ao seu redor e sua ressonância vibracional tem impacto *global*. Sempre foi seu destino realizar o seu poder como um ser divino e energético de amor. O CéuTerra aguarda apenas a sua permissão para se manifestar aqui e agora. Você vai dizer sim?

Este trabalho não é meu presente a você; é o *seu* presente para o mundo, porque, quando você se envolver com ele e o incorporar, dará um passo com todo o seu poder como Criador, e o mundo inteiro se beneficiará como resultado disso.

Com Grande Amor, do fundo do coração do meu Eu Unificado com a Alma,
Dra. Sue

REFERÊNCIAS

Addington, Jack Ensign. *The Hidden Mystery of the Bible*. Camarillo, CA: DeVorss, 1969.

Alder, Vera Stanley. *The Finding of the "Third Eye"*. Ed. Rev., 1968. Reimpressão, Nova York: Samuel Weiser, 1970.

Anderson, James E., MD. *Grant's Atlas of Anatomy*. 7ª ed. 1978. Reimpressão, Baltimore: Williams & Wilkins, 1980.

Ardekani, Ali Mirabzade. "Genetically Modified Foods and Health Concerns". *Iranian Journal of Biotechnology* 12, nº 2 (primavera de 2014). doi:10.5812/ijb.19512.

Babbitt, Edwin D. *The Principles of Light and Color*. Nova York: Babbitt & Co., 1878.

Becker, Robert O.; Selden, Gary. *The Body Electric: Electromagnetism and the Foundation of Life*. 1985. Reimpressão, Nova York: William Morrow, 1987.

Bhagavati, Ma Jaya Sati. *The 11 Karmic Spaces: Choosing Freedom from the Patterns that Bind You*. Sebastian, Flórida: Kashi, 2012.

Bohm, David. *Wholeness and the Implicate Order*. Londres: Routledge and Kegan Paul, 1980. [Em português: *A Totalidade e a Ordem Implicada.* São Paulo: Editora Cultrix,1992 (fora de catálogo).]

Brennan, Barbara Ann. *Light Emerging: The Journey of Personal Healing*. Nova York: Bantam Books, 1993.

Brookie, Kate L.; Best, Georgia I.; Conner, Tamlin S. "Intake of Raw Fruits and Vegetables Is Associated with Better Mental Health than Intake of Processed Fruits and Vegetables". *Frontiers in Psychology* 9 (2018). doi:10.3389/fpsyg.2018.00487.

Bryant, Edwin F., tradutor, *The Yoga Sutras of Patanjali: A New Edition, Translation, and Commentary; with Insights from the Traditional Commentators*. Nova York: North Point Press, 2009.

Burr, Harold Saxton. *Blueprint for Immortality: The Electric Patterns of Life*. Londres: Neville Spearman, 1972.

Childre, Doc; Rozman, Deborah, PhD. *Transforming Depression: The HeartMath®* Solution to Feeling Overwhelmed, Sad, and Stressed. Oakland, CA: New Harbinger Publications, 2007.

Chopra, Deepak, MD; Kafatos, Menas C., Ph.D. *You Are the Universe: Discovering Your Cosmic Self and Why It Matters*. Nova York: Harmony, 2017.

Condron, Daniel R., DM, DD, MS. *Permanent Healing*. 3ª ed. Windyville, MO: SOM Publishing, 1995.

De Vendômois, Joël Spiroux *et al*. "A Comparison of the Effects of Three GM Corn Varieties on Mammalian Health". *International Journal of Biological Sciences* 5, nº 7 (2009): 706–26. doi:10.7150/ijbs.5.706.

Diamond, Harvey; Diamond, Marilyn. *Fit for Life*. Nova York: Warner Books, 1985.

Easwaran, Eknath, tradutor, *The Upanishads*. 2ª ed. Tomales, CA: Nilgiri Press, 2007.

Ganong, William F., MD. *Review of Medical Physiology*. 10a ed. Los Altos, CA: Lange Medical Publications, 1981.

Gerber, Richard, MD. *Vibrational Medicine: New Choices for Healing Ourselves*. Santa Fe, NM: Bear, 1988. [*Medicina Vibracional: Uma Medicina para o Futuro*. São Paulo: Editora Cultrix, 1992.]

Gray, Harry, FRS. *Gray's Anatomy of the Human Body*. Editado por Charles Mayo Goss, AB, MD. 29ª ed. norte-americana. Filadélfia: Lea & Febiger, 1973.

Greenblatt, Matthew, org. *The Essential Teachings of Ramana Maharshi: A Visual Journey*. 2ª ed. Carlsbad, CA: Inner Directions Foundation, 2003.

Guyton, Arthur C. *Textbook of Medical Physiology*. 6ª ed. Filadélfia: Saunders, 1981.

Hawkins, David R., MD, PhD. *The Eye of the I: From Which Nothing Is Hidden*. West Sedona, AZ: Veritas, 2001.

______. *Transcending the Levels of Consciousness: The Stairway to Enlightenment*. West Sedona, AZ: Veritas, 2006.

Hay, Louise L. *You Can Heal Your Life*. 1984. Reimpressão, Carson, CA: Hay House, 1994.

Holmes, Ernest. *The Science of Mind: A Philosophy, a Faith, a Way of Life*. Ed. rev. 1938. 1ª ed., Nova York: Tarcher, 1998.

Hunt, Valerie V. *Infinite Mind: Science of the Human Vibrations*. Malibu, CA: Malibu Publishing, 1995.

Iyengar, B. K. S. *Light on Yoga: Yoga Dipika*. Ed. rev. Nova York: Schocken Books, 1979.

John, Da Free. *The Yoga of Consideration and the Way that I Teach*. Clearlake, CA: Dawn Horse Press, 1982.

Kandel, Eric R.; Schwartz, James H., eds. *Principles of Neural Science*. 1981. Reimpressão, Nova York: Elsevier, 1983.

Kelder, Peter. *The Eye of Revelation: The Ancient Tibetan Rites of Rejuvenation*. Editado por J. W. Watt. Booklocker.com, 2008.

Khalsa, Dharma Singh, MD; Cameron Stauth. *Meditation as Medicine: Activate the Power of Your Natural Healing Force*. Nova York: Fireside, 2002.

Leeson, Thomas S., MD, PhD; Leeson, C. Roland, MD, PhD. *A Brief Atlas of Histology*. Filadélfia: Saunders, 1979.

Lipton, Bruce H., PhD. *The Biology of Belief: Unleashing the Power of Consciousness, Matter and Miracles*. Santa Rosa, CA: Mountain of Love, 2005.

Maghari, Behrokh M.; Ardekani, Ali M. "Genetically Modified Foods and Social Concerns". *Avicenna Journal of Medical Biotechnology* 3, nº 3 (julho de 2011): 109-17.

Maximow, Alexander A; Bloom, William. *A Textbook of Histology*. 6ª ed. 1952. Reimpressão, Filadélfia: W. B. Saunders, 1953.

McTaggart, Lynne. *The Field: The Quest for the Secret Force of the Universe*. Nova York: HarperCollins, 2002.

Moore, Keith L., PhD, FIAC. *Clinically Oriented Anatomy*. 2ª ed. Baltimore: Williams & Wilkins, 1985.

Morter, M. T., Jr., DC. *An Apple a Day?: Is It Enough Today?* Rogers, AR: B.E.S.T. Research, 1996.

______. *Correlative Urinalysis: The Body Knows Best*. Editado por John M. Clark, DC. Rogers, AR: B.E.S.T. Research, 1987.

______. *Dynamic Health: Using Your Own Beliefs, Thoughts and Memory to Create a Healthy Body*. Ed. rev. Rogers, AR: B.E.S.T. Research, 1997.

______. *The Healing Field: Restoring the Positive Energy of Health*. Rogers, AR: B.E.S.T. Research, 1991.

______. *The Soul Purpose: Unlocking the Secret to Health, Happiness, and Success*. Rogers, AR: Dynamic Life, 2001.

______. *Your Health, Your Choice: Your Complete Personal Guide to Wellness, Nutrition and Disease Prevention*. Hollywood, FL: Frederick Fell, 1990.

Myss, Caroline, PhD. *Anatomy of the Spirit: The Seven Stages of Power and Healing*. Nova York: Harmony, 1996.

Netter, Frank H. *The CIBA Collection of Medical Illustrations*. vol. 4, *Endocrine System and Selected Metabolic Diseases*. 1965. Reimpressão, Summit, NJ: CIBA Pharmaceutical, 1981.

New, Susan A. "Intake of Fruit and Vegetables: Implications for Bone Health". *Proceedings of the Nutrition Society* 62, nº 1 (novembro de 2003): 889-99. doi:10.1079/pns2003352.

Oschman, James L. *Energy Medicine: The Scientific Basis*. 2ª ed. Filadélfia: Elsevier, 2016.

Oschman, James L. Chevalier, Gaétan; Brown, Richard. "The Effects of Grounding (Earthing) on Inflammation, the Immune Response, Wound Healing, and Prevention and Treatment of Chronic Inflammatory and Autoimmune Diseases". *Journal of Inflammation Research* 8 (2015): 83-96. doi:10.2147/JIR.S69656.

Percival, Harold W. *Thinking and Destiny: With a Brief Account of the Descent of Man into This Human World and How He Will Return to the Eternal Order of Progression*. 1946. Reimpressão, Dallas: Word Foundation, 1987.

Pert, Candace B., PhD. *Molecules of Emotion: Why You Feel the Way You Feel*. Nova York: Scribner, 2003.

Pusztai, A., PhD. "Genetically Modified Foods: Are They a Risk to Human / Animal Health?" *American Institute of Biological Sciences* (2001). www.action- bioscience.og.

"The Puzzling Role of Biophotons in the Brain". *Technology Review* (blog). 17 de dezembro de 2010. www.technologyreview.com.

Rahnama, Majid *et al.* "Emission of Mitochondrial Biophotons and Their Effect on Electrical Activity of Membrane via Microtubules". *Journal of Integrative Neuroscience* 10, nº 1 (março de 2011): 65-88. doi:10.1142/s021963521100 2622.

Rinpoche, Sogyal. *The Tibetan Book of Living and Dying*. Ed. rev. Editado por Patrick Gaffney e Andrew Harvey. Nova York: HarperCollins, 1994.

Rolf, Ida P. *Rolfing: Reestablishing the Natural Alignment and Structural Integration of the Human Body for Vitality and Well-being*. Rochester, VT: Healing Arts Press, 1989.

Rose, Colin; Nicholl, Malcolm J.. *Accelerated Learning for the 21st Century: The Six Step Plan to Unlock Your Master-Mind*. Nova York: Dell, 1997.

Schiffer, Fredric, MD. *Of Two Minds: A New Approach for Better Understanding and Improving Your Emotional Life*. Londres: Pocket, 2000.

Schimmel, H. W. *Functional Medicine*. Heidelberg: Karl F. Haug Verlag, 1997.

Sheldrake, Rupert. *A New Science of Life: The Hypothesis of Formative Causation*. Los Angeles: Tarcher, 1981. [Em português: *Uma Nova Ciência da Vida: A Hipótese da Formação Causativa e os Problemas Não Resolvidos da Biologia*. 1ª ed. São Paulo: Editora Cultrix, 2013.]

Sills, Franklyn. *Craniosacral Biodynamics*. Ed. rev. Vol. 1. Berkeley, CA: North Atlantic Books, 2001.

Snell, Richard S., MD, PhD. *Clinical Neuroanatomy for Medical Students*. Boston: Little, Brown, 1980.

Solomon, Eldra Pearl; Davis, P. William. *Understanding Human Anatomy and Physiology*. Nova York: McGraw-Hill, 1978.

Storrs, Carina. "Stand Up, Sit Less, Experts Say; Here's How to Do It". CNN. 7 de agosto de 2015. Acesso em janeiro de 2018. http://www.cnn.com/2015/08/06/health/how-to-move-more/index.html.

Taylor, Jill Bolte, PhD. *My Stroke of Insight: A Brain Scientist's Personal Journey*. Nova York: Viking, 2008.

Van Auken, John. *Edgar Cayce's Approach to Rejuvenation of the Body*. Virginia Beach, VA: A.R.E. Press, 1996.

Van Wijk, R. *Light in Shaping Life: Biophotons in Biology and Medicine*. Geldermalsen, Holanda: Meluna, 2014.

Wapnick, Kenneth, PhD. *Forgiveness and Jesus: The Meeting Place of a Course in Miracles and Christianity*. 6ª ed. 1998. Reimpressão, Temecula, CA: Foundation for A Course in Miracles, 2004.

Yukteswar Giri, Swami Sri. *The Holy Science*. 8ª ed., 1990. Reimpressão, Los Angeles: Self-Realization Fellowship, 2013.

RECURSOS

Para obter informações sobre cursos ao vivo com a dra. Sue, acesse drsuemorter.com.

Os recursos a seguir podem ser encontrados em nossa página drsuemorter.com/energycodesbook. Por favor, acesse a página Recursos periodicamente, pois implementamos e atualizamos continuamente nossos conteúdos para um melhor suporte. Observe que nenhuma experiência anterior é necessária para realizar qualquer um destes exercícios e técnicas.

***108 Ways to Embody Your Magnificence* [108 Maneiras de Incorporar sua Magnificência] (livro), dra. Sue Morter, 2017.**
Dicas para gerenciar os estresses e mal-entendidos da vida, proporcionando uma mudança de paradigma que nos abre à realidade abundante de que "tudo serve". A dra. Sue nos mostra como mudar nossa perspectiva em um empoderamento completo com recomendações simples e breves, uma mensagem de cada vez, neste guia divertido e revelador para manifestar a verdade mais profunda de quem somos.

***108 Ways to Embody Your Magnificence* [108 Maneiras de Incorporar sua Magnificência] (áudio), dra. Sue Morter, 2015.**
Versão em áudio de *108 Maneiras de Incorporar sua Magnificência*, para ajudar o leitor a ingressar conscientemente na plena expressão do seu verdadeiro Eu. Ouça enquanto dirige ou caminha pelo parque. Aprenda enquanto vive e viva enquanto aprende.

***BodyAwake™ III – Breathwork from The Energy Codes® Chakras One, Two, and Three* [BodyAwake™ III, Técnicas de Respiração extraído de Os Sete Códigos de Energia Chakras Um, Dois e Três] (vídeo), dra. Sue Morter, 2013, 2ª ed., 2018.**
Somos feitos de energia – vibração sonora e luz. Estamos aqui para aprender a administrar com maestria essa energia, além de nossos pensamentos e crenças limitadoras. As técnicas conscientes de respiração inauguram o espaço criativo e seguro de que precisamos para, com graça e dignidade, mudar nossas crenças. Aprenda a

mover a energia pelos chakras um, dois e três a fim de desobstruir bloqueios subconscientes, perfurando véus que impedem a integração de todos os aspectos da sua consciência, intensificando a vitalidade e mudando da sobrevivência para a criação.

BodyAwake™ IV – Yoga Activation **[BodyAwake™ IV – Ativação pela Yoga] (vídeo), dra. Sue Morter, 2013, 2ª ed., 2018.**
Durante milhares de anos, o yoga demonstrou que há posições corporais específicas que promovem uma cura física, mental e emocional no corpo. Combinado com padrões respiratórios conscientes, esse alinhamento intensifica nossa orientação e disposição na vida, ajudando-nos a ter uma visão mais ampla e a transformar o estresse em oportunidade. *BodyAwake IV* ensina posições introdutórias para intensificar o fluxo de energia e começar a utilizar o yoga como medicina energética, como descrito nas práticas dos Códigos de Energia expostas neste livro. Junte-se à dra. Sue para uma série de instruções guiadas de exercícios físicos suaves e conscientes e padrões de respiração que nutrem o corpo e o espírito.

BodyAwake™ V – Healing Patterns **[BodyAwake™ V – Padrões de Cura] (vídeo), dra. Sue Morter, 2014, 2ª ed., 2018.**
Lesões e estresse podem deslocar e desacelerar o fluxo de energia à medida que se movem pelo corpo. Sistemas de energia estagnados interrompem a recuperação e o rejuvenescimento celular. A cura acontece quando a energia recupera seu fluxo natural. Aqui, a dra. Sue nos ensina a mover energia para dentro do corpo e por ele todo, com técnicas específicas para repadronizar os campos de energia sutil para a cura. Estude práticas para resolver padrões específicos de dor (sejam eles provenientes de lesões ou de origem desconhecida) e aprenda a traduzir essas técnicas e aplicá-las a outras necessidades de cura específicas para você.

BodyAwake™ VI – Yoga Practices **[BodyAwake™ VI – Práticas de Yoga] (vídeo), dra. Sue Morter, 2015, 2ª ed., 2018.**
Em *BodyAwake VI*, a dra. Sue compartilha instruções de yoga combinadas com as técnicas de respiração dos Códigos de Energia, orientando o leitor a mover conscientemente o *prana* – a energia da cura – através dos tecidos. Torne-se mais flexível, acelere a cura e descubra sua presença em seu âmago mais profundo. Essas práticas são planejadas para permitir que você pratique meditação enquanto estiver

em movimento. Inclui uma prática sentado, uma prática iniciante-intermediária e duas práticas intermediárias.

***BodyAwake™ VII – Advanced Breathwork from The Energy Codes®, Chakras Four, Five, Six, and Seven* [BodyAwake™ VII – Técnicas de Respiração Avançada extraído de Os Sete Códigos de Energia, Chakras Quatro, Cinco, Seis e Sete] (vídeo), dra. Sue Morter, 2015, 2ª ed., 2018.**
Ative e integre esses chakras com demonstrações adicionais do padrão da Respiração da Fronde de Samambaias para cura e criatividade mais efetivas. Respirar conscientemente em áreas específicas do corpo sintoniza os tecidos relacionados que abrigam esses níveis superiores de consciência, despertando e vivificando-os. Neste programa em vídeo, a dra. Sue ensina padrões de respiração para ativar sua capacidade para a autocura, iluminação, integração, manifestação e amor pleno.

***BodyAwake™ VIII – Stacking Up the Column – Central Channel Enhancement* [BodyAwake™ VIII – Empilhando a Coluna – Intensificação do Canal Central] (vídeo), dra. Sue Morter, 2015, 2ª ed., 2018.**
A paz de espírito e uma sensação de bem-estar surgem naturalmente quando aprendemos a soltar o laço apertado que o ego impõe sobre nossa vida. A dra. Sue nos conduz ao longo de um processo que direciona a mente para dentro de modo a nos ajudar a cultivar essa liberdade. Você aprenderá a liberar seus padrões de alto desempenho, protegidos ou protetores, desenvolvendo esse sentido profundo de centralização e conectividade com sua verdadeira paixão. A dra. Sue o guiará até o núcleo central do seu ser – seu Eu essencial Unificado com a Alma –, permitindo que maior fluxo, facilidade e abundância ocorram automaticamente em sua vida. Experimente a presença absoluta intensificando a percepção no âmago do seu ser. Desenvolva a percepção no âmago do seu ser para obter força e vitalidade, e fortaleça sua capacidade de permanecer alinhado sob estresse.

***BodyAwake™ IX – Conscious Calisthenics: Exercise for Everyone* [BodyAwake™ IX – Calistenia Consciente: Exercício para Todos] (vídeo), dra. Sue Morter, 2016.**
O *exercício consciente* representa um salto quântico acima e além do exercício calistênico tradicional. Intensifica sua vibração e sua força vital e promove vitalidade no corpo. O movimento intencional de energia através do corpo, combinado com a

respiração focalizada nos ajuda a gerar novos neurocircuitos, os quais nos levam a níveis mais elevados de consciência. Use musculação, avanços, faixas elásticas de exercícios etc., com as técnicas de respiração BodyAwake para obter maior benefício dos esforços que você já está fazendo para melhorar sua saúde. Ancore sua consciência enquanto desenvolve maior força corporal. Use regularmente para integração e fortalecimento da mente-corpo-respiração.

***BodyAwake™ Yoga for Healing – Three Yoga Practices to Embrace Vitality and Embody Flow* [Yoga BodyAwake™ para a Cura – Três Práticas de Yoga para Abraçar a Vitalidade e Incorporar o Fluxo] (áudio), dra. Sue Morter, 2018.**
A dra. Sue nos guia por meio de uma prática de yoga lenta e suave, com técnica de respiração focada para promover o movimento da inteligência curativa inata e a energia restauradora essencial por todo o corpo com o propósito específico de obter cura física. O Sistema de Doze Chakras dos Códigos de Energia é colocado em destaque, especialmente os chakras oito, nove e dez, para a incorporação consciente de energia sutil de alta frequência sobre o tapete de yoga. O *BodyAwake Yoga for Healing* [Yoga BodyAwake para a Cura] integra e rejuvenesce mente, corpo e alma no canal central do corpo. Destinado a praticantes iniciantes e intermediários, este CD de áudio MP3 contém três práticas de yoga gravadas ao vivo em um retiro de cura em Evergreen, Colorado. Consulte seu médico antes de iniciar este ou qualquer programa de exercícios.

***The Bus Stop Conversation – Soul Contracts and Life Purpose (audio with workbook)* [A Conversa no Ponto de Ônibus – Contratos da Alma e Propósito da Vida (áudio com apostila)], dra. Sue Morter, 2014.**
Entramos nesta vida com poderosos contratos de alma, acordos feitos em nosso caminho sobre o que procuramos experimentar aqui no corpo e neste planeta. Descubra como tudo – desde suas experiências mais dolorosas até as mais sublimes – acontece não *com* você, mas *para* você. Em *The Bus Stop Conversation* [A Conversa no Ponto de Ônibus], a dra. Sue nos guia em uma exploração profundamente pessoal, através da qual você mudará sua perspectiva sobre tudo em sua vida de forma poderosa e profunda.

Fear into Fire – Tools from The Energy Codes® for Passionate Life Purpose **[Do Medo ao Fogo – Ferramentas extraídas de Os Sete Códigos de Energia para um Propósito de Vida Apaixonado] (áudio), dra. Sue Morter, 2015.**
Debaixo de cada medo há um fogo reprimido e apaixonado que precisa retornar à nossa vida diária. Prosperidade e paixão são a mesma coisa. Mude seus medos para sempre com uma total mudança de paradigma e aprenda a tomar decisões a partir desse espaço apaixonado dentro de você, domine o invisível para obter resultados poderosos, liberte-se da tagarelice mental do autoquestionamento e crie uma mudança de realidade, convertendo o medo na poderosa ferramenta de transformação que é destinado a ser.

Front Side, Back Side – Awaken the Creator Within **[Lado Reverso, Lado Anverso – Desperte o Criador Dentro de Si] (áudio com apostila), dra. Sue Morter, 2013.**
Se existisse uma escala para o empoderamento pessoal, o Lado Reverso seria a perspectiva ideal: livre e forte. O Lado Anverso seria a perspectiva vitimizada: incapaz e indigna. O propósito da sua jornada de vida é atravessar para o Lado Reverso do Modelo em todos os aspectos de sua experiência. A dra. Sue nos orienta a respeito de como usar a experiência de vida de modo a nos despertar para o nosso verdadeiro poder. Contém ensino por conversação com trechos de apresentações ao vivo, meditações e exercícios reflexivos.

Lineage Yoga – Light Is Your Lineage, Love Is Your Legacy, Three Yoga Practices **[Linhagem de Yoga – A Luz É sua Linhagem, o Amor É seu Legado, Três Práticas de Yoga] (áudio), dra. Sue Morter, 2013.**
A dra. Sue nos orienta com claras instruções a respeito de técnicas de respiração apaixonada enquanto atravessamos *āsanas* (posturas) fundamentais de yoga para purificar o corpo, abrir o âmago e encontrar nosso centro na vida. Experimente uma forma mais profunda de incorporação com as inspiradoras e iluminadas percepções da dra. Sue sobre yoga, baseadas em tecnologias de civilizações antigas e seus ensinamentos. Para praticantes iniciantes e intermediários, este programa de áudio contém três aulas gravadas ao vivo no Lineage Retreat (Retiro de Linhagem) da dra. Sue em Sedona, no Arizona.

***Passionate Purpose – The Power of Doing YOUR Thing* [Propósito Apaixonado – O Poder de Fazer o SEU] (áudio), dra. Sue Morter, 2015.**

A paixão não tem a ver com experiências específicas, mas, sim, com nossa capacidade de ter acesso e viver a partir da verdade de quem somos. O propósito não diz respeito ao que pretendemos alcançar, mas, sim, ao que estamos destinados a *ser* – trata-se de revelar nossa magnificência. Você não precisa de um milagre e não precisa de um guru. Você já é os dois. Neste programa de áudio de duas horas da dra. Sue, descubra como encontrar, revelar e empenhar seu poder e seu propósito apaixonado para o resto de sua vida.

***Sacred Stream Yoga – Conscious Movement of* Prana *for Healing, Three Yoga Practices* [Yoga da Corrente Sagrada – Movimento Consciente do *Prana* para a Cura, Três Práticas de Yoga] (áudio), dra. Sue Morter, 2016.**

O fluxo pleno e abundante de energia através do corpo é essencial para a cura e a vitalidade. O movimento do corpo que realiza posturas antigas e sagradas, em conjunto com a respiração consciente, inflama esse fluxo e faz o corpo retornar ao seu estado natural de autocura. Percorrendo verticalmente a distância da cabeça até a ponta da coluna vertebral, a Corrente Sagrada é o fluxo de energia ao longo do canal central profundo do corpo. É nele que reside o eterno e essencial Agente de Autocura. Essa prática destina-se a despertar e integrar a presença curativa inata, intensa e profunda, no âmago do seu ser. Você vai ancorar seu campo de energia e se alinhar com a força da natureza, construir uma presença consciente em seus centros de poder, e aprender *āsanas* para ganhar acesso à sua sabedoria profunda. Você construirá conjuntos de neurocircuitos para manifestação e autoexpressão, e experimentará seu Eu essencial Unificado com a Alma no reino físico.

***Kit* de pH**

Kit completo para testar o pH da saliva, incluindo papel de tornassol, comprimidos de ácido para testar o pH e um livreto de interpretação dos resultados dos testes com recomendações para melhorar o *status* do pH.

AGRADECIMENTOS

Os Sete Códigos da Energia tiveram um caminho cheio de bênçãos até o presente ponto de expressão. Em primeiro lugar, gostaria de agradecer a Bonnie Solow, da Solow Literary, por sua maravilhosa administração do manuscrito deste livro para a revisão pela Simon and Schuster. Sua crença neste trabalho e em mim realmente mudou minha vida. Acima de tudo, sou abençoada pela sua amizade.

Todo livro requer uma equipe editorial, e *Os Sete Códigos da Energia* teve muita sorte por poder contar com uma equipe tremendamente talentosa, a começar pela minha brilhante editora, Sarah Pelz, cuja clara visão e bondosa *expertise* também nos uniram a uma especialista no campo e nos tópicos dos Códigos, a coeditora Leslie Meredith. A familiaridade astuta e refinada de Leslie com a ciência, juntamente com seu brilhante domínio do processo editorial, modelaram este projeto em uma bela alquimia de coração, mente e alma. Me sinto honrada pelas contribuições talentosas dessas duas mulheres incríveis.

Sou profundamente grata pelo círculo íntimo de anjos que mantiveram um espaço sagrado para mim desde os primeiros momentos do meu exaltado despertar: Marci Shimoff, pela sua apaixonada orientação e encorajamento para escrever um livro, bem como sua experiência no desenvolvimento do seu conteúdo, e pelo seu amor e luz, desde o primeiro dia. Mais uma vez ela é meu anjo e minha milagreira; Suzanne Lawlor, por sua presença inabalável em minha vida como uma detentora da verdade e incorporação do Amor Divino; e AlexSandra Leslie, pela sua perspectiva elevada a respeito de todas as coisas possíveis.

O dom de um escritor incrível é imensurável e fui abençoada por ter o ajuste perfeito a uma mensagem que exigia a síntese de tradição e inspiração, perspectivas orientais e ocidentais, inovação e cuidado autêntico: Brookes Nohlgren, cuja genialidade em captar meu discurso falado e formular um fluxo narrativo para *Os Sete Códigos da Energia* criou este livro. Sua rara forma de devoção em compreender e compartilhar esse conteúdo a serviço de um mundo melhor tocou meu coração para sempre – mil bênçãos sobre sua coroa; Bryna Haynes, uma extraordinária editora de conteúdo, por sua sabedoria, devoção, prontidão, acréscimos editoriais e experiência – outra bênção, de fato.

Com minhas extensas viagens, "seria necessário toda uma aldeia" para viver minha vida. A incrível equipe ao meu redor no Morter Institute carinhosamente se autodenominava "O Povo da Aldeia". Sou abençoada todos os dias por poder chamá-los de meus amigos e de minha querida equipe: Kris Conlin, que tem sido meu braço direito pela sua capacidade de explorar minuciosos detalhes e sua organização, além de ser uma aliada editorial dedicada. Sou eternamente grata por sua integridade e coragem. Este livro não teria acontecido sem seu brilho; Andrea Stumpf, cuja assistência na redação e na modelagem das imagens do livro melhoraram todos os aspectos deste projeto. Sou eternamente grata por seu espírito brilhante e pelo seu amor e bondade; Monica Turner, por seu maravilhoso talento e devoção em criar o trabalho artístico nestas páginas e por sua amizade constante; Glynis Pierce, por seu controle de tráfego aéreo do Morter Institute, e por cuidar de mim; Breeze Woodlock, por estar ao meu lado a todas as horas e por tantos anos.

Minha jornada espiritual inicial e o despertar pelo "raio de luz" foram uma época extremamente preciosa em minha vida, um tempo em que minha experiência de unificação com a alma passou a se desdobrar. Aquelas almas amigas que me abraçaram estão impressas em meu coração para sempre: Melanie Mills, Mary Ann Shurig, dra. Rebecca Anderson, Arielle Azeez (Pinky), Bill Psillas, dr. Michael Hermann, Keith Schaon e depois Windy Woodland, e nossa saudosa dra. Julia Moses.

Muitos dos meus professores mais queridos não estão mais no planeta e vivem em mim todos os dias por minha devoção e ensinamentos. Minha gratidão é quase indizível: Ma Jaya Sati Bhagavati, a mais linda professora e guru do amor incondicional da minha vida, que me deu o nome espiritual Saraswati Ma Jaya, representando a ponte entre a ciência e as artes, muito antes que eu soubesse que essa ponte seria o meu destino. Eu me curvo. Shirdi Baba, Neem Karoli Baba, Ramana Maharshi, Virginia Essene e Angeles Arrien, eu não estaria aqui sem sua orientação, física e etérea.

Reverendo Michael Beckwith, por me encontrar nos reinos mais elevados e afirmar o que sei ser verdadeiro e por me encorajar a emergir e revelar; Lynne McTaggart e dr. Joe Dispenza, por seu maravilhoso incentivo para que eu assumisse este projeto considerável e levasse esta mensagem ao público mundial.

Dra. Vicki Knapke, minha melhor amiga há mais de trinta anos; dr. Scott Cooper, por seu amor pela BEST e pelo Instituto Morter, bem como por sua constante disponibilidade para a amizade, cuidado e tratamento entre minhas viagens.

Os estúdios de yoga que mantiveram seu espaço para minha pesquisa e desenvolvimento de yoga ao longo dos anos estão impressos no tecido deste trabalho e são lembrados sempre que dou minhas aulas e cursos de Yoga BodyAwake. Obrigada: The Yoga Center, Heather Thomas e Karen Fox; Cityoga School of Yoga and Health, Dave Sims; Marsha Pappas e Nikki Myers; e o Blooming Life Yoga Studio and School, Lily Kessler.

Meus sinceros agradecimentos ao dr. Raj Maturi e a Cassie Stockamp por suas graciosas demonstrações de yoga filmadas como recursos para este livro; e a Ryan Penington pela sua videografia perfeitamente criativa e profissional; profunda gratidão a Jeralyn Glass, da Crystal Cadence, Music of the Heart, pelo acompanhamento musical às meditações do livro.

Aos muitos pacientes, clientes e alunos cujas histórias ajudaram a ilustrar esta mensagem, e incontáveis pacientes e alunos que contribuíram fazendo as muitas perguntas que levaram às respostas agora chamadas de Sete Códigos de Energia.

A família está sempre na raiz do nosso despertar, corporificação e libertação. Tanto as nossas origens como as nossas escolhas revelam o nosso propósito de unificação espiritual aqui. Existe agradecimento melhor a uma mãe e a um pai do que viver em seu próprio eu superior? Não há palavras além de: "Mamãe e papai, sou abençoada por tê-los como meus pais. Minha gratidão aos meus irmãos, dr. Ted e dr. Tom, e às suas esposas, minhas queridas cunhadas Janna e Anna, por se manterem estreita e firmemente agarrados ao sonho do trabalho de nosso pai, e por administrá-lo como fizeram todos esses anos, e por me amarem. Eu os amo muito".

E, claro, minha querida dra. Elisa Zinberg, por estar comigo a cada passo do caminho – cada viagem, decisão e descoberta; por amar tão copiosamente Sophie e Gracie; e por cuidar incessantemente de inúmeras coisas importantes. Lucy, meu amor eterno e mais profunda gratidão.

Sobre a Autora

Palestrante internacional, mestre em medicina bioenergética e visionária do campo quântico, a dra. Sue Morter ensina o retreinamento do sistema nervoso e do sistema de energia sutil do corpo por meio de um processo chamado Incorporação ou Corporificação. Por meio de seus seminários e retiros sobre os Sete Códigos de Energia e o Yoga BodyAwake, e de sua série de vídeos BodyAwake, ela ilumina as relações entre pensamentos quânticos, medicina energética e cura por meio da repadronização dos impulsos nervosos através do corpo, pelo uso da mente e de técnicas de respiração profunda. Ela retreina o cérebro, muda antigos padrões de memória e depois nos ensina a ir além do cérebro rumo a uma cura sustentável. Seu objetivo supremo e propósito de vida é despertar a divindade na humanidade. Para isso, ela realiza retiros de yoga, meditação e autocura no México, Bali, Peru, Egito, Índia, Irlanda e Ilha de Páscoa, bem como nos Estados Unidos.

A dra. Sue aparece em vários documentários, que incluem *The Opus*, *The Cure Is...*, *Discover the Gift*, e *Femme*. Atuou em conselhos de licenciamento profissional e em organizações de serviços humanos por trinta anos. Como líder proeminente em sua profissão, recebeu vários prêmios de destaque nas áreas de cuidados naturais com a saúde e liderança transformacional.

É fundadora e visionária do Morter Institute for BioEnergetics, uma organização comprometida em ensinar técnicas de autocura e uma nova abordagem da vida baseada na ciência quântica e na medicina energética, na elevação da consciência e no domínio da vida. O Instituto Morter é um destino internacional para a cura e para a educação do bem-estar, oferecendo cursos e tratamentos contínuos para centenas de milhares de pessoas desde a década de 1980. A dra. Sue é professora mestre da Técnica de Sincronização Bioenergética (BEST, na sigla em inglês), uma poderosa modalidade de cura por meio da medicina energética desenvolvida por seu pai e ensinada a profissionais de saúde no mundo todo.

Ela extrai inspiração de sua experiência como médica que já atendeu dezenas de milhares de pacientes durante mais de trinta anos; de um despertar transformador durante práticas de meditação; e de sua paixão pessoal por desvendar o código da própria vida. Estimula os públicos científico, de desenvolvimento pessoal, espiritual e de serviços de saúde, criando pontes entre os mundos da ciência, do espírito e das possibilidades humanas. Sua maior alegria tem sido compartilhar suas descobertas com centenas de milhares de espectadores, tanto presencialmente quanto on-line, nas três últimas décadas.

Como palestrante e facilitadora de longa data na área de serviços de saúde de autoajuda, a dra. Sue está atualmente no palco – ensinando, conduzindo oficinas ou apresentando-se como principal palestrante, bem como em outras apresentações – mais de 250 dias por ano. Ela tem disponíveis dezenas de CDs, DVDs e materiais de apoio on-line.

Como membro ativo do Transformational Leadership Council (Conselho de Liderança Transformacional), colabora com muitos outros poderosos professores, agentes de cura e líderes no empenho de criar um mundo melhor.

Entre seus compromissos e palestras, a dra. Sue desfruta de seu lar tranquilo no campo perto de Indianápolis, Indiana, com seu parceiro e dois schnauzers miniatura. Também mora meio período em Long Island, Nova York.

Para obter mais informações sobre o Morter Institute, os programas de tratamento BioEnergéticos, os cursos sobre os Sete Códigos de Energia da Dra. Sue, o Yoga BodyAwake, o Curso de Formação de Professores de Yoga BodyAwake e excursões conscientes da JourneyAwake a locais sagrados ao redor do mundo, visite www.DrSueMorter.com.